ISOKO (Hg.) AMAKURU KI ? **Über leben in Rwanda** **Vivre au Rwanda**

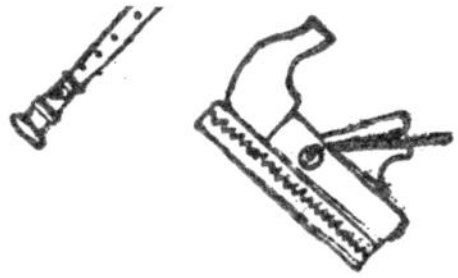

ISOKO (Hg.)

AMAKURU KI ?

Über leben in Rwanda
Vivre au Rwanda

Verlag für Interkulturelle Kommunikation

Distribution au Rwanda:
ISOKO Rwanda
B.P. 775
Kigali

CIP-Kurztitelaufnahme der Deutschen Bibliothek

Amakuru ki? :
Über Leben in Rwanda / ISOKO (Hg.) -
Frankfurt/Main : Verl. für Interkulturelle
Kommunikation, 1987
ISBN 3-88939-141-9

NE: Internationale Solidarität und
Kommunikation e.V.

Umschlagentwurf: Bernd Wendt, 5223 Berkenroth
Herstellung: F.M. - Druck, 6367 Karben 2

INHALT - TABLE DES MATIERES

ANHANG - ANNEXE

AMAKURU KI?

Muraho, amakuru ki? Guten Tag, was gibt's Neues? So begrüßt man sich in Rwanda, und so möchten wir auch Sie begrüßen und Ihnen gleichzeitig viel Spaß, Neugierde und Offenheit bei der Lektüre dieses Buches wünschen.

ISOKO steht für "Internationale Solidarität und Kommunikation". Gleichzeitig heißt ISOKO auf Kinyarwanda, der nationalen Sprache Rwandas, je nach Aussprache entweder 'Markt', also der Ort, auf dem Güter, Dienstleistungen und auch Informationen ausgetauscht werden, oder 'Quelle' . Hier handelt es sich um eine Informationsquelle für all jene, die interessiert sind, von Menschen in anderen Kulturen etwas zu erfahren, sie besser verstehen zu lernen.

Somit will dieses Buch ein vielfältiges Bild über Leben und Arbeiten in einem Land der sogenannten Dritten Welt, in Rwanda, Zentralafrika, vermitteln. Die in Europa existierenden Bilder über afrikanische Länder sind meist von Hunger und politischen Katastrophen bestimmt. Wir wollen hier die verschiedensten Lebensbereiche der rwandischen Bevölkerung, Aspekte ihrer geschichtlichen Entwicklung, ihrer religiösen Überzeugungen, ihrer Arbeitsformen, ihres Bildungssystems, ihrer Gesundheitsversorgung, ihrer eigenen Entwicklungsplanung und anderes mehr beschreiben.

Bei allem Anspruch einer umfassenden Darstellung können wir doch nur einen sehr kleinen Ausschnitt der Lebensrealität in Rwanda aufzeigen. So bleiben z.B. die hochkomplexe Sprache, die oralen (mündlich überlieferten) Traditionen und Erzählkunst, Musik und Tänze, philosophische Überzeugung, Rechtsprechung, die konkreten Strategien der Daseinsbewältigung, die Einflüsse von außen und weltwirtschaftliche Zusammenhänge weitgehend unberücksichtigt.

Obwohl das Land sehr klein ist, gibt es zwischen den einzelnen Regionen, manchmal von einem Hügel (so heißt es in Rwanda, wenn man "auf dem Land" sagen möchte) zum nächsten andere Verhaltensweisen, Formen der Ar-

AMAKURU KI?

Muraho, amakuru ki? Bonjour, quoi de neuf? C'est ainsi que l'on se salue au Rwanda et c'est ainsi que nous vous saluons aussi tout en vous souhaitant beaucoup de plaisir,de curiosité et d'ouverture pendant la lecture de ce livre.
ISOKO est tout à la fois le sigle de "Internationale Solidarität und Kommunikation" (Solidarité et communication internationales) et un mot de la langue nationale du Rwanda, le kinyarwanda. Isoko signifie, selon la manière dont il est prononcé, soit "marché", c'est-à-dire le lieu où les biens, les services et aussi les informations et les nouvelles sont échangés, soit "source". Ici, il s'agit d'une source d'informations pour tous ceux qui désirent découvrir des hommes et des femmes appartenant à d'autres cultures et essayer de mieux les comprendre.
Ce livre présente donc différents aspects de la vie et du travail dans un pays du soi-disant tiers-monde, le Rwanda, en Afrique Centrale. Les images des pays africains en Europe sont le plus souvent marquées par la faim et les catastrophes politiques. Nous voulons donner ici une description des différents domaines de la vie de la population rwandaise, de divers aspects de ses formes de travail, de son système d'instruction, de celui de la santé publique, de sa propre planification de développement et d'autres encore.
Voulant satisfaire au désir de donner une présentation aussi complète que possible, nous ne pouvons nous limiter qu'à certaines facettes de la réalité vécue au Rwanda. Ainsi ne parlerons nous pas, par exemple, de cette langue extrêmement complexe qu'est le kinyarwanda, des traditions orales et de l'art des conteurs, de la musique et de la danse, des convictions philosophiques, de la jurisprudence, des stratégies concrètes de maîtrise de l'existence, des influences de l'extérieur, de la situation du pays dans l'économie mondiale.

Bien que le pays soit très petit, il y a des différences dans les comportements, les formes de répartition

beitsteilung, Sprachwendungen usw. Entsprechend haben die Autorinnen und Autoren der einzelnen Beiträge auch unterschiedliche Sichtweisen und Wahrnehmungen. ISOKO versteht sich hier als Forum, viele verschiedene Aspekte rwandischen Lebens zu beschreiben und dabei auch unterschiedliche Meinungen zu Wort kommen zu lassen. Somit sind die Autor(inn)en für ihre Beiträge allein verantwortlich.
Der Beitrag zur Geschichte z.B. stellt in einem Überblick über die historische Entwicklung die 20 Jahre deutscher Kolonialherrschaft in Rwanda relativ ausführlich dar. Die Autoren haben sich dafür entschieden, um die rwandischen und deutschen Leser mit einem Abschnitt gemeinsamer Geschichte bekannt zu machen, der in beiden Ländern weitgehend unbekannt ist.

Da die Texte ihre richtige Ausdruckskraft eher in der Originalsprache haben, stellen wir die Originaltexte den jeweiligen Übersetzungen voran. Die meisten Übersichten und Tabellen sind jeweils zweisprachig zusammengefaßt. Daher bitten wir, bei Verweisen auf Tabellen in den Texten der anderen Sprache nachzusehen.
Geldbeträge sind immer in rwandischen Francs (Frw) angegeben (Wechselkurse siehe Anhang).

Wir haben uns bemüht, die Beiträge durch ergänzende Informationen, Zahlenmaterial u.ä. anzureichern. Aber es sei hier vor einem zu starken Glauben an die Aussagekraft statistischer Daten gewarnt. Jeder Durchschnittswert verzerrt Realitäten. So sagt z.B. das Bruttosozialprodukt nichts über die Lebensrealität und -qualität und die Verteilung der materiellen und nicht-materiellen Güter aus. Auch wenn Rwanda nach den Maßstäben der Industrieländer zu einem der ärmsten Staaten der Welt gehört (da u.a. die Subsistenzlandwirtschaft nur zu ganz geringem Maß in die Berechnung des Bruttosozialprodukts eingeht), so leidet doch dort normalerweise niemand Hunger. Dank der Fähigkeiten der rwandischen Bäuerinnen und Bauern hat Rwanda trotz zahlreicher Eingriffe und Entwicklungshilfe von außen überlebt.

du travail, les expressions linguistiques, etc... entre les régions et même parfois d'une colline à l'autre (au Rwanda, "sur la colline" est synonyme de "à la campagne"). Ainsi les auteurs des différents articles de ce livre divergent dans leur perspective et leur perception des choses. Le but d'ISOKO est de servir de forum permettant la description de différents aspects de la vie rwandaise tout comme la diversité d'opinions des auteurs. Ces derniers répondent donc seuls de leur propres articles.
L'article historique, par exemple, présente les vingt ans de colonisation allemande au Rwanda de manière relativement détaillée. Les auteurs ont choisi cette époque afin de faire connaître aux lecteurs rwandais et allemands un morceau d'histoire qui leur est commun mais largement inconnu.

Les textes conservant toute leur force d'expression plutôt dans leur version originale, nous avons placé la version traduite à la suite de chaque texte original. La plupart des tableaux et des résumés sont présentés en deux langues à la fois. Nous vous prions donc, lorsqu'il est fait référence à un tableau, de regarder dans le texte de l'autre langue. Les sommes d'argent sont toujours exprimées en Francs rwandais (Frw) (cours de change: cf. en annexe).

Nous nous sommes efforcés d'enrichir les articles d'informations complémentaires, de chiffres, etc....
Nous tenons cependant à mettre nos lecteurs en garde contre une foi excessive en la force des données statistiques. Toute valeur "moyenne" déforme un peu la réalité. Par exemple, le produit national brut ne révêle rien de la réalité et de la qualité de la vie, ni de la répartition des biens matériels et immatériels. Tandis que le Rwanda fait partie des Etats les plus pauvres du monde selon les critères des pays industrialisés (car, entre autre, l'économie d'autosubsistance n'est que très faiblement prise en ligne de compte pour le calcul du produit national brut), en fait, personne, normalement, n'y souffre de la faim. Grâce aux capacités et aux facultés des paysannes et des

Wir wünschen uns, daß das Buch so manchen in Europa existierenden Bildern und Vorstellungen über die sogenannte Dritte Welt entgegenarbeiten kann. Für Interessierte besteht auch die Möglichkeit, zu einzelnen Themenbereichen Diareihen oder eine Fotoausstellung auszuleihen (vergl. am Ende des Buches).

Zweisprachig haben wir das Buch veröffentlicht, damit auch wenigstens einigen Rwandern die Möglichkeit offensteht, nachzulesen, was in Europa über sie publiziert wird. Dies erscheint uns eine zentrale Voraussetzung für einen partnerschaftlichen Dialog. Den Anspruch, den wir bei den Buchkalendern 'Mulisanze mu Rwanda' und 'Mu rugo i Rwanda' (vgl. am Ende des Buches) durchsetzen konnten, nämlich auch in Kinyarwanda zu schreiben, haben wir aus Kostengründen, wegen Überforderung der wenigen ISOKO-Mitglieder und da schließlich jene, die sich in Rwanda den Kauf eines Buches leisten können, meist auch Französisch sprechen, aufgegeben.

Ein Danke-schön an die Autor(inn)en und alle, die uns geholfen haben, besonders an Christine Briotet-Ohlsen, Monique Lütgens, Marlene Peter-Schmidt, Marie-José Schneider-Ballouhey, Helga Shahidi und Reinhild Wagner.

Wir wünschen Ihnen viel Spaß bei der Lektüre und freuen uns über Kritik, Meinungen und Anregungen!

Die Herausgeber: **ISOKO**
Internationale Solidarität
und Kommunikation e.V.

Frankfurt,
im Juli 1987

Regina Abelt, Jean-Damascène Bizimana, Jean-Népomuscène Gahururu, Maria Grill, Christian Rugwizangoga, Bernard Twagiramungu, Ulrich Schäfer, Hildegard Schürings

paysans, le Rwanda a survécu malgré les nombreuses interventions et aides au développement venues de l'extérieur.

Nous espérons que ce livre combattra certaines images et idées du soi-disant tiers-monde existant en Europe. Tout intéressé a la possibilité d'emprunter des séries de diapositives sur des thèmes selectionnés ou une exposition de photos (voir en fin du livre).
Nous éditons ce livre en deux langues afin qu'au moins certains Rwandais aient la possibilité de lire ce qui est publié sur eux en Europe. Ceci nous paraît être une condition primordiale pour un dialogue entre pairs. Nous avons du abandonner le projet d'y inclure une version en kinyarwanda, que nous avions pu réaliser pour les livre-calendriers "Mulisanze mu Rwanda" et "Mu rugo i Rwanda" (voir en fin du livre), pour des raisons de coûts, parce-que cela représentait trop de travail pour les membres peu nombreux d'ISOKO, et enfin parce-que les Rwandais qui ont les moyens de s'acheter un livre, savent le plus souvent aussi parler français.

Nous remercions les auteurs et tous ceux qui nous ont aidé, en particulier Christine Briotet-Ohlsen, Monique Lütgens, Marlene Peter-Schmidt, Marie-José Schneider-Ballouhey, Helga Shahidi et Reinhild Wagner.

Nous vous souhaitons beaucoup de plaisir à lire ce livre et serons heureux de recevoir vos critiques, vos opinions et vos suggestions!

Les éditeurs: **ISOKO**
Internationale Solidarität
und Kommunikation e.V.

Frankfurt,
en juillet 1987

Regina Abelt, Jean-Damascène Bizimana, Jean-Népomuscène Gahururu, Maria Grill, Christian Rugwizangoga, Bernard Twagiramungu, Ulrich Schäfer, Hildegard Schürings

Africa

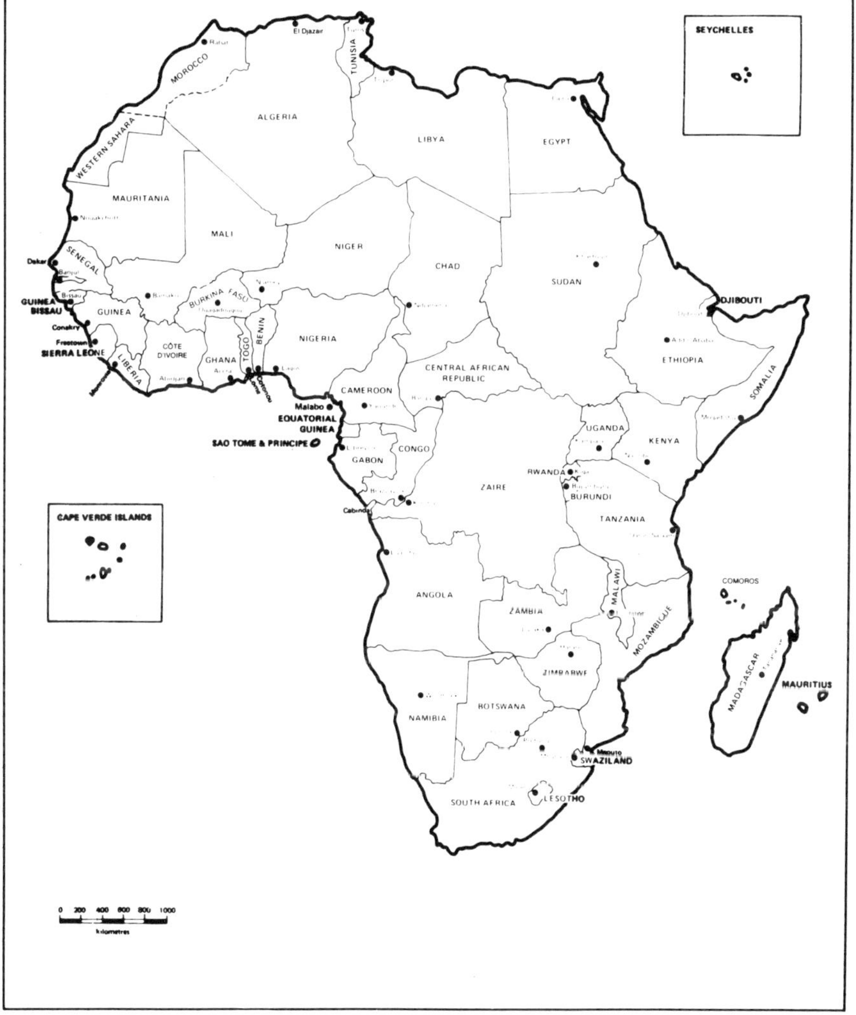

SEYCHELLES
El Djazair
TUNISIA
MOROCCO
ALGERIA
LIBYA
EGYPT
WESTERN SAHARA
MAURITANIA
MALI
NIGER
CHAD
SUDAN
SENEGAL
Dakar
Banjul
Bissau
GUINEA BISSAU
GUINEA
Conakry
Freetown
SIERRA LEONE
LIBERIA
BURKINA FASO
CÔTE D'IVOIRE
GHANA
TOGO
BENIN
NIGERIA
DJIBOUTI
ETHIOPIA
SOMALIA
CENTRAL AFRICAN REPUBLIC
CAMEROON
Malabo
EQUATORIAL GUINEA
SAO TOME & PRINCIPE
GABON
CONGO
UGANDA
KENYA
RWANDA
BURUNDI
ZAIRE
TANZANIA
Cabinda
CAPE VERDE ISLANDS
ANGOLA
ZAMBIA
MALAWI
MOZAMBIQUE
COMOROS
MADAGASCAR
MAURITIUS
ZIMBABWE
NAMIBIA
BOTSWANA
Maputo
SWAZILAND
LESOTHO
SOUTH AFRICA
0 200 400 600 800 1000
kilometres

Damien Rwegera et Gudrun Honke

DYNAMIQUE HISTORIQUE DE LA SOCIETE RWANDAISE

1. Le Rwanda des historiens et des anthropologues

Un royaume bien organisé, un état fort structuré, hiérarchisé, centralisé et gouverné par un monarque puissant; trois groupes appelés ethnies (les Batwa, les Bahutu, les Batutsi), dont l'une (les Batutsi) a dominé les autres depuis des siècles grâce à sa supériorité intellectuelle et à ses qualités d'éleveurs de gros bétail et de guerriers; un mini empire expansionniste et craint des voisins qui a longtemps résisté aux envahisseurs esclavagistes arabes: telle est la carte de visite du Rwanda, fabriquée de toutes pièces par les historiens, anthropologues, missionnaires-chercheurs européens et tenant lieu, jusqu'à présent, de présentation du pays avant la colonisation.

D'après cette carte de visite, les Batwa sont les premiers habitants d'un Rwanda entièrement recouvert de forêt, ensuite viennent les Bahutu, groupe bantu qu'on fait venir de la région du Tchad et qui ont défriché cette forêt, enfin les Batutsi, groupe "hamite" qu'on fait venir du Nord-Est de l'Afrique ont apporté la vache, instrument à la fois de domination et de civilisation.

Toujours d'après cette "bande dessinée" de l'histoire du Rwanda, la coexistence des trois groupes ethniques s'est traduite en "antagonisme séculaire" entre Bahutu (agriculteurs et sujets) et Batutsi (pasteurs et seigneurs) formant un système de clientèle, reflet de la féodalité du Moyen Age européen.

Cette interprétation lénifiante est un mythe tenace qui, malheureusement, n'explique ni la culture commune (conception de la vie, religion, langue etc...) ni la complexité de l'organisation sociale et économique des Banyarwanda (= Rwandais). La construction d'une vision

Gudrun Honke und Damien Rwegera

DIE GESCHICHTLICHE ENTWICKLUNG DER RWANDISCHEN GESELLSCHAFT

1. Das Rwanda der Historiker und Ethnologen

Ein wohlorganisiertes Königreich, ein Staat mit einem fein ausgeprägten System hierarchischer Ordnung und politischer Herrschaft, regiert von einem mächtigen König; eine Bevölkerung, die aus drei sogenannten ethnischen Gruppen besteht, den Batwa,Bahutu und Batutsi, von denen eine (die Batutsi) dank ihrer geistigen Überlegenheit und dank der Herrscherqualitäten, die sie sich als Hirtennomaden und Krieger angeeignet hatte, über die beiden anderen dominierte; ein expansionistisches, von den Nachbarn gefürchtetes Minireich, das jedem Eindringling, sogar den arabischen Sklavenhändlern, widerstand: so sieht das Bild von Rwanda vor der Kolonialzeit aus. Entworfen von europäischen Historikern und Ethnologen, von Forschungsreisenden und Missionaren, wird es bis heute immer wieder reproduziert.
Auf diesen Gemälde figurieren die Batwa als die ersten Einwohner eines noch vollkommen vom Urwald bedeckten Rwanda. Dann wandern die Bahutu ein, ein vermutlich aus der Gegend des Tschad stammendes Bantuvolk, das den Urwald gerodet haben soll. Und endlich erreichen die Batutsi Rwanda, ein "Hamiten"-Volk, das man aus dem Nordosten Afrikas gekommen wähnt. Sie sollen die berühmten Kühe mitgebracht haben, und damit das Instrument zur Beherrschung und Zivilisierung der beiden anderen Völker.
Denn, so die Fortsetzung dieses Bilderbogens aus Rwandas Vergangenheit, die sozialen Beziehungen der drei ethnischen Gruppen entwickelten sich zu einem Jahrhunderte währenden Antagonismus: indem den Bahutu die Rollen von Bauern und Hörigen auf den Leib geschrieben, die Batutsi dagegen in den Status von Viehzüch-

historique non conforme à la réalité résulte, en grande partie, des objectifs et des intérêts des colonisateurs et des missionnaires qui avaient besoin d'un groupe dominant et historiquement légitimé pour gouverner plus facilement la colonie.
En fait, il est très difficile de reconstruire l'histoire de la société rwandaise. Les premières sources écrites sont des descriptions des premiers européens qui sont venus au Rwanda à la fin du 19ème siècle. Quant aux traditions orales collectées et transcrites surtout par le philosophe, poète, ethnologue et historien rwandais Alexis Kagame, une grande partie a été prise comme vérité historique et non comme représentation de l'idéologie du pouvoir royal rwandais. L'insuffisance de collecte systématique (des traditions orales) et étendue à toutes les couches sociales populaires n'a pas permis de modifier l'image donnée par les sources orales officielles.

Die Besitzergreifung Afrikas/La Conquête de l'Afrique
Gemälde von/Tableau de Franz Leffler 1885

tern und Grund- respektive Lehnsherren versetzt wurden, identifizierte man die traditionelle Gesellschaftshierarchie mit dem Klientel-System, einem Abglanz des Lehnswesens aus dem europäischen Mittelalter.
Hierbei handelt es sich um eine allzu vereinfachende Interpretation der rwandischen Geschichte, um einen sich beharrlich haltenden Mythos, der unglücklicherweise weder die gemeinsame Kultur (Lebensweise, Sprache, Religion usw.) noch die komplexe soziale Ordnung der Banyarwanda (= Rwander) erklärt. Er entsprach stattdessen eher den Interessen und Zielen der Kolonialmächte und Missionare, die zwecks effektiverer Verwaltung von Kolonie und Kirche eine einheimische Oberschicht brauchten, deren Privilegien historisch zu legitimieren beim Etablieren der neuen Ordnung nur nützlich sein konnte. So entstand eine Geschichtskonstruktion, die mit der Realität nicht übereinstimmt.
Es ist in der Tat sehr schwierig, die Geschichte der rwandischen Gesellschaft zu rekonstruieren. Die ältesten schriftlichen Quellen sind die Berichte und Darstellungen der ersten Europäer, die Ende des 19. Jahrhunderts nach Rwanda kamen. Was die oralen Traditionen anbelangt, gesammelt und aufgeschrieben vor allem von dem rwandischen Philosophen, Dichter und Ethnohistoriker Alexis Kagame, so wurden sie zum großen Teil allzu vordergründig mit historischer Wahrheit gleichgesetzt. Daß es sich dabei um die Literatur der Batutsi-Aristokratie handelt, die deren Königsherrschaft ideologisch erklärt und rechtfertigt, wurde dagegen oft übersehen. Darüber hinaus ist eine systematische und alle Bevölkerungsschichten einbeziehende Sammlung mündlicher Überlieferungen nur in unzureichendem Maße erfolgt. Es ist daher (noch) nicht möglich, das sich aus den offiziellen Quellen ergebende Bild mit Hilfe anderer oraler Traditionen zu korrigieren.
Die archäologischen Ausgrabungen (von van Grunderbeek, van Noten und anderen), so bedeutend sie auch sind, klären nicht alle ungelösten Probleme, insbesondere weder die mysteriöse Herkunft und die mutmaßlichen Wanderungen jeder der drei Gruppen, aus denen sich die rwandische Bevölkerung zusammensetzt, noch die Entste-

Les fouilles archéologiques (van Grunderbeek, van Noten, etc...) bien qu'importantes ne résolvent pas toutes les questions en suspens notamment l'origine mystérieuse, la migration hypothétique de chacun des trois groupes composant la population rwandaise d'une part, la formation, l'évolution et l'organisation des petits états qui constituaient le Rwanda pré-colonial d'autre part.
Cependant il existe aujourd'hui et fort heureusement une génération de chercheurs dont les efforts tendent à découvrir un visage non caricaturé de la société rwandaise. C'est dans cette optique que les auteurs de ce texte présentent un aperçu de l'histoire du Rwanda qui respecte autant que faire se peut les recherches les plus récentes concernant le Rwanda pré-colonial, les premiers contacts entre les Banyarwanda et les Bazungu (européens), la période coloniale allemande et belge et le Rwanda après le recouvrement de sa souveraineté.

Maison d'habitation - Wohnhaus 1907

hung, Entwicklung und Organisation der kleinen Staaten, die das vorkoloniale Rwanda konstituierten.
Dennoch gibt es heute - und das ist ein wahres Glück, eine Forschergeneration, die das zur Karikatur verzerrte Antlitz des traditionellen Rwanda zu entschleiern begonnen hat. In dieser Optik präsentieren die Autoren des folgenden Textes ihren Abriß der Geschichte Rwandas. Zugrundegelegt werden, so weit wie nur eben möglich, die neuesten Forschungen über das vorkoloniale Rwanda, die ersten Kontakte zwischen Banyarwanda und Bazungu (= Europäer), die Periode der deutschen und belgischen Kolonialzeit und Rwanda nach der Wiedergewinnung seiner Souveränität.

2. Das vorkoloniale Rwanda

Bereits seit einigen Jahrzehnten findet die prähistorische Archäologie unwiderlegbare Beweise dafür, daß die Entwicklung der ersten Hominiden auf dem afrikanischen Kontinent, genauer gesagt in Ostafrika (ostafrikanischer Graben) stattfand. Ein harter Schlag - das sei am Rande vermerkt - für die Eurozentristen und die alteuropäische Konzeption vom Ursprung der Menschheit.
1950 entdeckte Dr. Heinzelin im Nordosten von Zaire (zentralafrikanischer Graben), also nicht weit von Rwanda entfernt, den Menschen von Ishango (ca. 10 000 bis 20 000 v.Chr.). In Rwanda selbst haben die archäologischen Ausgrabungen viele Funde aus der Altsteinzeit (ab ca. 1 300 000 v. Chr.) an den Tag gebracht, die den Gedanken aufkommen lassen, daß es nicht unmöglich wäre, wenn eines Tages die Präsenz der ersten Menschen auch in diesem Land nachgewiesen würde. Die Funde aus der Region Butare (im Süden Rwandas) beweisen, daß dort eine Bevölkerung lebte, die bereits Eisenverarbeitung (ab ca. 685 v. Chr.) und Töpferkunst beherrschte.
Selbst wenn bei diesen Ausgrabungen nur wenige Spuren der Siedlungsweise und sozialen Organisation aufgefunden wurden, so lassen doch die Funde auf folgendes schließen: Überreste von Schmelzöfen, Holzkohle, Rinderzähne, Getreidekörner und Tonscherben weisen auf

2. Le Rwanda pré-colonial

Depuis quelques décennies déjà, l'archéologie préhistorique a situé, avec des preuves irréfutables, l'émergence du premier homme sur le continent africain et plus précisement en Afrique de l'Est (Rift oriental). Soit dit en passant, pour les européocentristes ce fut un coup de massue sur les idées reçues quant à l'origine de l'homme.
En 1950, le Docteur de Heinzelin découvrait l'homme d'Ishango (environ 10 à 20.000 ans B.P.) au Nord-Est du Zaïre et pas loin du Rwanda (Rift occidental). Au Rwanda même, les fouilles archéologiques (malheureusement elles ne sont pas encore systématiques) ont mis en relief beaucoup d'indices (âge de la pierre ancien à partir de 1.300.000 B.P. environ) qui font penser qu'il ne serait pas impossible de déceler aussi la présence des premiers hommes dans ce pays. Les vestiges trouvées dans la région de Butare (Sud du pays) atteste la présence d'une population qui maîtrisait déjà le travail du fer (environ 685 B.C.) et de la céramique.
Même si ces fouilles n'ont trouvé que peu de traces du mode d'habitat et de l'organisation sociale, les découvertes de restes attestant des activités d'élevage (dents de vache), d'agriculture (cultures céréalières), de chasse, de métallurgie (fonte de fer, charbon de bois) et de céramique (fabrication de poterie) indiquent, au moins, qu'une organisation sociale existait et que des communautés d'individus vivaient dans cette contrée qui par ailleurs présente des conditions écologiques favorables à la communication et à la vie humaines. Confrontés à des problèmes liés probablement à l'élargissement de leur communauté, les hommes et les femmes de cette époque ont tenté de satisfaire des besoins nouveaux grâce à des techniques nouvelles (métallurgie du fer) permettant l'augmentation du rendement agricole. En outre, ces techniques impliquaient une division du travail un peu plus élaborée et indubitablement une structure sociale comportant des fonctions précises (élevage, agriculture, artisanat, commerce).

Aktivitäten hin wie Viehzucht, Landwirtschaft (Getreideanbau), Jagd, Metallgewinnung (Eisenverhüttung auf Holzkohlebasis) und Herstellung von Keramik. Also hatten sich in dieser Gegend, die übrigens günstige ökologische Voraussetzungen zur Befriedigung menschlicher Grundbedürfnisse und zur Kommunikation untereinander bietet, Menschen zu Gemeinschaften zusammengeschlossen, die ein bestimmtes Niveau an sozialer Ordnung aufwiesen.
Bei dieser Entwicklung spielte das Beherrschen der Eisentechnik (ob es sich dabei um eine autochtone Erfindung oder um eine Übernahme aus anderen Regionen Afrikas handelte, ist eine der bislang unbeantwortet gebliebenen Fragen) eine zentrale Rolle. Sei es, daß die Verwendung von Ackergeräten aus Eisen Bodenerträge und Bevölkerungswachstum förderte; sei es, daß die Männer und Frauen jener Epoche Probleme, die sich aus dem Wachstum und Ausbau ihrer Gemeinschaften ergaben, dank der Eisenverarbeitung lösen und größeren Anforderungen entsprechen konnten, die neue Technologie brachte eine ausdifferenziertere Form der Arbeitsteilung und somit eine nach bestimmten Arbeitsbereichen und sozioökonomischen Funktionen (Viehzucht, Landwirtschaft, Handwerk und Handel) gegliederte Gesellschaftsstruktur. Die landwirtschaftliche Entwicklung erhielt weitere Impulse durch den Anbau neuer Kulturpflanzen, die aus Nord-, West- und Ostafrika übernommen wurden.
Ungefähr zu Beginn unserer Zeitrechnung wurde die Hirse eingeführt, später die Banane (um das Jahr 1000), schließlich gegen Ende des 17. Jahrhunderts aus Amerika stammende Pflanzen: Mais, Bohnen, Süßkartoffeln, Maniok. Um ihre Lebensbedingungen zu verbessern, haben die Bäuerinnen und Bauern also immer ihre Produktionsmethoden und Konsumgewohnheiten verändert. Nebenbei gesagt, ohne jede Entwicklungshilfe aus Europa!
Wie nun die verschiedenen Volksgruppen (Hutu, Tutsi, Twa) in den hier beschriebenen Prozeß gesellschaftlicher Entwicklung zu integrieren sind, d.h. wer zuerst einzelne Gebiete Rwandas bewohnte, wann andere Völker einwanderten, das stellt nach wie vor ein wahres Mysterium dar. Zahlreiche Hypothesen wurden aufge-

Forgerons au travail - Schmiede bei der Arbeit 1907

Par la suite, le développement de l'agriculture s'est poursuivi avec l'adaptation de plantes importées de l'Afrique du Nord, de l'Afrique Orientale et Occidentale. Au sorgho (autour de l'an 0) se sont donc ajoutés le bananier (autour de l'an 1000) ainsi que les plantes américaines (fin du 17ème siècle): maïs, haricot, patate douce, manioc. Les paysannes et les paysans ont donc toujours changé leurs habitudes de production et de consommation pour améliorer leurs conditions de vie. Sans aucune coopération technique européenne, soit dit en passant!
Le type des premières populations qui ont occupé certaines régions du Rwanda, l'immigration d'autres peuples dans ce pays ainsi que le brassage de groupes humains différents (Hutu, Tutsi, Twa) ayant participé à cette évolution constituent un véritable mystère.

stellt, um das Geheimnis zu lüften. Doch sie sind alle nicht zur Erklärung der kulturellen Einheit, der Komplexität der sozialen Beziehungen und Organisation geeignet, die die Gesellschaften im zentralafrikanischen Zwischenseengebiet kennzeichnen.
Wie es scheint, haben sich ungefähr im 15. Jahrhundert in verschiedenen Teilen Rwandas kleine Staaten (Königreiche) konstituiert. Die Staatenbildung wird das Ergebnis einer langen Evolution gewesen sein: Aus und neben Verwandtschaftssystemen wie Familie, Lineage und Clan* entwickelte sich ein System, das die politischen Funktionen zentralisierte. Daneben gab es nach wie vor Gemeinschaften, die nur nach dem Prinzip von Lineage oder (Unter-)Clan und damit stärker ökonomisch als politisch organisiert waren, z.B. Gemeinschaften, an deren Spitze die Abakungu (= Grundbesitzer) standen. Die Kleinstaaten waren autonom und boten ihren Bewohnern den organisatorischen Rahmen zur landwirtschaftlichen Produktion,zu Handwerk, Binnen- und Außenhandel (bis zur ostafrikanischen Küste).
Jeder der ungefähr fünfzehn kleinen Staaten wurde von einem Mwami (= König) regiert, der als Vater und oberster Priester seines Volkes galt, als Garant der Beziehungen zwischen Vorfahren und Lebenden (religiöse Funktion), der Produktion - Regen, Saat, Ernte (ökonomische Funktion), des militärischen Schutzes und Erfolges (kriegerische Funktion) sowie der Stabilität der gesamten Gesellschaft (soziopolitische Funktion). Daher war seine Person geheiligt, seine Position durch göttliche Herkunft legitimiert. Dieses sakrale Königtum stellte die für das afrikanische Zwischenseengebiet typische Herrschaftskonzeption dar.
Aufgrund neuerer Arbeiten rwandischer Historiker steht fest, daß Königreiche existierten,in denen ausschließlich ein Hutu-König regierte, und wiederum andere, in denen ein Tutsi-Monarch herrschte. Mit an Sicherheit grenzender Wahrscheinlichkeit hat jedes kleine Königreich, einmal fest etabliert, danach getrachtet,

---

* Lt. Ethnologie soziale Gruppen, die auf realen (Lineage) oder symbolischen (Clan) Verwandtschaftsbeziehungen basieren.

Des hypothèses ont été avancées pour l'expliquer mais elles ne résolvent pas l'énigme de l'unité culturelle et de la compléxité des relations et des organisations sociales caractéristiques des sociétés de l'Afrique interlacustre.
Autour du 15ème siècle, il semble que des petits états (royaumes) fruits d'une lente évolution de l'organisation familiale qui s'est structurée en lignage et clan se sont installés sur différentes portions géographiques du Rwanda. Il y avait aussi des communautés organisées seulement en lignages ou en sous-clans. Leur organisation était plus axée sur l'économie que sur la politique (cfr. l'organisation des communautés dominées par Abakungu ou riches terriens).Ils vivaient en autonomie et assuraient à leurs populations respectives des conditions de vie propices à la production, à l'artisanat et au commerce interne et externe (jusqu'à la côte orientale de l'Afrique).
Chacun de ces petits états (15 environ) était gouverné par un roi (mwami), père et premier prêtre de son peuple, garant des rapports entre les ancêtres et les vivants (fonction religieuse), de la production - pluie, semailles, récoltes - (fonction économique), de la protection et des succès militaires (fonction guerrière), et du bon fonctionnement de la société toute entière (fonction sociopolitique). De ce fait sa personne était sacrée et sa légitimité d'origine divine. Ces royautés sacrées étaient des structures étatiques typiques de l'Afrique interlacustre.
D'après de récents travaux d'historiens rwandais, il a été établi qu'il existait des royaumes commandés uniquement par des monarques Hutu et d'autres par des monarques Tutsi. Chaque petit royaume, une fois solidement établi, a, sans doute, cherché à entretenir des relations (échange de femmes et de biens) avec d'autres, tissant ainsi des liens d'alliance et/ou d'opposition voire même de domination. Par le jeu classique d'alliance/opposition/domination entre puissances, si petites soient-elles, ces royaumes ont entrepris d'agrandir leurs domaines. C'est ainsi que, petit à petit, une des royautés, en l'occurence celle des Tutsi-Banyiginya, a plus ou moins réussi à implan-

Beziehungen (Austausch von Frauen und Gütern) zu den anderen zu unterhalten, also ein außenpolitisches Gewebe aus Allianzen und/oder Oppositionen, ja sogar von Dominanzen zu knüpfen. Um ihren Herrschaftsbereich auszudehnen, bedienten sich auch diese Königreiche des klassischen Spiels aller Mächte, wie klein sie immer sein mögen: Bündnispolitik, Konkurrenzkampf und Politik der Stärke. Schritt für Schritt gelang es so einem aus ihrer Mitte, und zwar dem Königreich der Tutsi-Banyiginya, Zentral-, Ost- und Süd-Rwanda den Stempel seiner Macht mehr oder weniger deutlich aufzudrücken.

Als die Europäer gegen Ende des 19. Jahrhunderts ins Herz Afrikas vorstießen, um die Regionen zu erforschen, die zum Empfang kolonialer Weihen bereitstanden, bot ihnen Rwanda das Bild eines Landes, wo ein einziger König (Kigeri IV. Rwabugiri) über drei zwar physisch unterschiedliche, aber sprachlich und kulturell homogene Bevölkerungsgruppen herrschte. In Wirklichkeit jedoch war das Unternehmen des Königs Kigeri IV. Rwabugiri, ganz Rwanda politisch zu einigen, trotz seiner Herrscherqualitäten und kriegerischen Heldentaten nicht von Erfolg gekrönt. Zwar unterhielten einige Regionen (z.B. manche Hutu-Königreiche) gute Beziehungen zur Zentralmacht, wahrten dabei aber die Autonomie ihrer Institutionen. Während andere den königlichen Befehlen nur unter militärischem Druck gehorchten, gab es auch Regionen, die die Gesandten Rwabugiris offen bekämpften. Kigeri IV. Rwabugiri hatte nämlich eine "Verwaltungsreform" eingeführt, welche - da die "Beamten" nun von ihm selbst ernannt wurden - mit den Rechten einiger Chefs der Lineages und somit der herkömmlichen hierarchischen Ordnung brach.

Im Zentrum der sozialen und ökonomischen Organisation, die für die altrwandische Gesellschaft charakteristisch war (und die in Teilbereichen noch immer funktioniert), stand die Familie, d.h. eine Gruppe Eltern und Kinder unter der Leitung eines Familienoberhauptes. Patrilineare Abstammung (die Kinder galten als nur mit der Familie des Vaters verwandt) bestimmte die

ter son pouvoir au Centre, à l'Est et au Sud du Rwanda.

Lorsqu'à la fin du 19ème siècle, des européens parviennent au coeur de l'Afrique pour explorer des régions susceptibles de convenir à la colonisation, la société rwandaise leur offrit l'image d'un pays commandé de bout en bout par un seul roi (Kigeri IV Rwabugiri) qui règnait sur trois groupes de population physiquement différents mais culturellement et linguistiquement homogènes.
Cependant malgré les qualités et les prouesses guerrières du roi Kigeri IV Rwabuguri, ses tentatives d'unification politique du pays n'ont pas réussi. En effet, certaines régions entretenaient de bonnes relations avec le pouvoir central tout en sauvegardant l'autonomie de leurs institutions (certains royaumes Hutu),d'autres n'obéissaient aux ordres royaux qu'avec la force militaire, enfin il y en avaient qui combattaient ouvertement les émissaires du roi. Ce dernier, pour renforcer son pouvoir central, avait installé des responsables nommés par lui-même, brisant ainsi l'autonomie de certains chefs de lignage et cour-circuitant les modes d'organisation des hiérarchies traditionnelles.

Au centre de ces modes d'organisation sociales qui caractérisaient l'ancienne société rwandaise (et qui, partiellement, continuent à fonctionner) se trouvaient la famille c.à.d. un groupe de parents et d'enfants réunis par la filiation agnatique. Cette unité de production fonctionnait donc sous l'autorité d'un chef de famille. Ce dernier gérait à sa guise le travail de sa ou de ses femmes et de ses filles (production agricole et artisanale, travail ménager et éducation des enfants), de ses fils (production agricole, garde du bétail, divers services obligatoires chez le ou les patrons du chef de famille). Il organisait, selon ses intérêts, les mariages de ses filles et de ses fils. Disposant d'un pouvoir absolu sur toute sa famille, le chef défendait le patrimoine, réglait les conflits entre les membres de sa famille (p.e. entre ses petits

Zugehörigkeit zur familialen Produktionsgemeinschaft (patriarchalisches System). Zu seinem und der Familie Nutzen organisierte der Familienchef die Arbeit seiner Frau/Frauen und Töchter (Landwirtschaft und Handwerk, Hausarbeit und Erziehung der Kinder) und seiner Söhne (Landwirtschaft, Viehhüten, Ableisten obligatorischer Dienste bei dem oder den Schutzherren) sowie, nicht zuletzt, die Heirat seiner Kinder. Mit absoluter Macht über die gesamte Familie ausgestattet, verteidigte er den gemeinsamen Besitz, regelte die Konflikte unter den Familienmitgliedern (z.B. unter seinen jüngeren Brüdern) sowie die Auseinandersetzungen der Familie mit Außenstehenden und bewahrte so den Zusammenhalt und die Einheit all der Seinen. Die Ausübung religiöser Zeremonien schließlich - es handelte sich um den Ahnenkult, eine hauptsächlich im familiären Bereich praktizierte Religion - symbolisierte den Höhepunkt seiner Macht.
Die Familie war Teil einer größeren sozialen Einheit, der Lineage, an deren Spitze sich ebenfalls ein Chef befand (diese Führungsposition wurde in der Regel vom Vater auf den Sohn vererbt), der - ähnlich wie das Familienoberhaupt - administrative und juristische (Verteilung von Land und Vieh, Regelung von Streitfällen), sowie militärische und ökonomische Funktionen (Schutz vor kriegerischen Übergriffen und ökonomischer Ausbeutung, Klientel-System) innehatte. Bei den Beziehungen zwischen den einzelnen Lineages bildeten Solidarität, Opposition und das Spektrum der Methoden,die zur Erlangung der Vorherrschaft nützlich sind, wie auf einem Schachbrett die Figuren einer Partie, die wir bereits von den kleinen rwandischen Königreichen kennen.
Was den Clan anbelangt, das Lieblingskind der Ethnohistoriker, so handelte es sich um eine Einrichtung, die eine Anzahl Lineages zusammenführte. Dabei war es durchaus möglich, daß zum gleichen Clan durch die Barrieren sozialer Schichtung voneinander getrennte (Hutu-, Tutsi-, Twa-) Lineages gehörten. Der Clan hatte, streng genommen, keinerlei ökonomische oder politische Funktion. Gleichwohl blieb die Ausübung bestimmter Rituale den Mitgliedern dafür zuständiger Clans vorbehalten.

frères) et entre ceux-ci et l'extérieur, maintenait la cohésion et l'unité au sein de tous. Il assurait enfin des fonctions religieuses par la pratique du culte des ancêtres qui était essentiellement familial,atteignant ainsi le point culminant de son pouvoir.

Les familles étaient des éléments d'une plus grande organisation (le lignage) à la tête de laquelle se trouvait aussi un chef (succession héréditaire en général) qui avait aussi des fonctions administratives et judiciaires (distribution du sol et du bétail, réglement des litiges), militaire et économique (protection et système de clientèle). Sur l'échiquier des rapports entre les lignages, la solidarité,les oppositions et les divers types de domination constituaient les cartes d'un jeu analogue à celui des petits royaumes du Rwanda.
Quant au clan, terme chéri des ethnohistoriens,c'était une entité plus vaste regroupant un certain nombre de lignages quelquefois séparées les uns des autres par des barrières de la stratification sociale (Hutu, Tutsi, Twa). Le clan n'avait, à proprement parlé, ni fonction économique ni fonction politique. Cependant des activités rituelles spécifiques étaient réservées aux membres de certains clans.

Dans tous les petits royaumes, le pouvoir royal fonctionnait de manière à transcender clans, lignages et familles. Les rois exigeaient de leurs sujets, par l'intermédiaire des lignages, des impôts en nature, de telle sorte qu'on pourrait dire sans crainte de se tromper que l'administration royale était essentiellement et exclusivement fiscale. La levée des impôts constituaient souvent des pierres d'achoppement entre le pouvoir royal et des populations dont la pauvreté et les famines ne permettaient pas de répondre aux exigences des fonctionnaires de la cour.
En effet, il faut bien convenir qu'une autre stratification d'ordre socio-économique existait dans la société rwandaise et ce, malgré la complexité(famille, lignage, clan, pouvoir royal) de son ordre social. Car cette complexité pourrait faire croire à une harmonie

In allen kleinen Königreichen hatte sich die königliche Macht zu einer Clan, Lineage und Familie übergreifenden Instanz herausgebildet. Da auch politische Herrschaft materieller Absicherung bedarf, forderten die Könige von ihren Untertanen Steuern (in Form von Naturalien). Dieses Recht übten sie so aus, daß die königliche Verwaltung ausschließlich als Steuerbehörde arbeitete. Das Einziehen der Steuern, eine Aufgabe der Lineages, bildete nicht selten einen Stein des Anstosses zwischen König und Volk. Armut und Hungersnöte machten es einem Teil der Bevölkerung unmöglich, den Forderungen der königlichen Beamten zu entsprechen.
Denn man muß sich darüber im klaren sein, daß in der rwandischen Gesellschaft bei aller Komplexität ihrer sozialen Ordnung doch beträchtliche ökonomische Unterschiede existierten. Und mag auch das aus Familie, Lineage, Clan und Königsherrschaft eng geknüpfte Netz der sozialen Beziehungen an eine Harmonie, geboren aus der legendären Solidarität vorkapitalistischer Gesellschaften, glauben lassen, es ist unabdingbar, sich eines deutlich vor Augen zu führen: Arme und Reiche hatten zwar beide Teil an der landwirtschaftlichen Nutzung ihres Landes, doch standen sie, was die Aufteilung von Grund und Boden oder Vieh anbetraf, nicht auf gleichem Fuß. Denn, im Gegensatz zu der von der ethnohistorischen Literatur verbreiteten Legende, verlief die Demarkationslinie nicht nur zwischen Hutu und Tutsi, sondern vor allem zwischen reichen Hutu und/oder Tutsi (Grundbesitzern und Vieheigentümern) auf der einen und armen Hutu und/oder Tutsi, die weder über Land noch Vieh verfügten, das ihren Lebensunterhalt hätte sichern können, auf der anderen Seite.Diese Situation traf, mehr oder weniger ausgeprägt, auf alle Minikönigreiche im vorkolonialen Rwanda zu.
Gegen Ende des 19. Jahrhunderts hatte sich die Lage krisenhaft zugespitzt. Schwere Steuerlasten, ständige Kriegszüge, das offenkundige Bestreben, Rwanda stärker politisch wie verwaltungstechnisch zu zentralisieren, die Monopolisierung der Macht zugunsten eines einzigen Königs (Kigeri IV. Rwabugiri), der es zudem noch an Achtung vor den traditionellen Gesetzen der Thronfolge fehlen ließ, mörderische Intrigen und das Verschwinden

résultant de la solidarité légendaire des sociétés précapitalistes. Ici il faut se rendre à l'évidence: Pauvres et riches partageaient une même culture mais n'étaient pas sur le même pied d'égalité pour un partage équitable de la terre et du gros bétail. Et, contrairement aux idées répandues par la littérature ethnohistorique, la ligne de démarcation ne passait pas uniquement entre Hutu et Tutsi mais bien entre riches Hutu et/ou Tutsi (propriétaires fonciers et/ou de gros bétail) et pauvres Hutu et/ou Tutsi ne possédant ni propriétés ni bétail qui puissent suffire à leurs besoins. Cette situation se retrouvait, avec plus ou moins d'acuité, dans tous les petits royaumes constituant le Rwanda précolonial.

Dans ce contexte, les lourds impôts, les incessantes campagnes guerrières, la volonté affichée de centralisation politique et administrative, le pouvoir personnel et absolu, le manque de respect à l'égard des règles traditionnelles concernant la succession des rois, les intrigues meurtrières et la disparition de nombreux favoris (femmes, chefs de lignage, chefs d'armées) etc..., tous ces facteurs et d'autres non recencés ici, ont contribué à imprimer un cachet d'impopularité à la royauté Nyiginya du Rwanda central de la fin du 19ème siècle, et ce, malgré le prestige dont jouit encore Kigeri IV Rwabugiri dans la mémoire des Banyarwanda.

Cette faiblesse s'est transformée en catastrophe avec le coup d'état de Rucunshu (1896) qui a vu Rutarindwa, roi désigné par Rwabugiri et déjà régnant, destitué de force et poussé au suicide (il s'est brûlé vif dans sa maison avec sa famille) par la reine-mère Kanjogera et ses frères qui intronisèrent le jeune Yuhi V Musinga. La non-reconnaissance de Musinga par certaines factions légitimistes, des querelles entre les lignages au pouvoir depuis peu et ceux destitués, le soulèvement de certaines régions du Nord firent du royaume du Rwanda une proie facile pour l'appétit des colonisateurs.

zahlreicher Günstlinge (Frauen, Chefs von Lineages, Heerführer), das Ensemble dieser und anderer Mißstände drückte dem Königtum der Nyiginya-Dynastie aus Zentralrwanda - trotz des hohen Ansehens, das König Kigeri IV. Rwabugiri in der Erinnerung der Banyarwanda noch immer genießt - einen Stempel der Unpopularität auf. Mit dem Staatsstreich von Rucunshu (1896) schlug die Krise in eine Katastrophe um. Rutarindwa, von Rwabugiri zu seinem Nachfolger ernannt und bereits an der Regierung, wurde von der Königinmutter Kanjogera und ihren Brüdern abgesetzt, zum Selbstmord getrieben (er verbrannte sich mit seiner Familie in seinem Haus) und statt seiner der junge Yuhi V. Musinga inthronisiert, den legitimistische Gruppen nicht als rechtmäßigen König anerkannten. Der sich aus diesem Konflikt ergebende Kampf zwischen Lineages, die die Macht übernommen bzw. verloren hatten, sowie Aufstände in den nördlichen Regionen machten aus dem rwandischen Königreich eine leichte Beute für die nach Kolonien lechzenden Europäer.

3. Abanyarwanda (Rwander) und Abadage (Deutsche)

1897 präsentierte Hans Ramsay, Hauptmann der ost-afrikanischen "Schutztruppe", am Königshof den "Schutzbrief" und hißte die schwarz-weiß-rote Flagge mit dem Reichsadler. Als 1894 der Graf von Götzen, ein preussischer Offizier und Forschungsreisender, als erster Europäer Rwanda durchquerte, hatte das Deutsche Reich seine Herrschaft über Deutsch-Ostafrika weiter gefestigt, und es galt nun, die Ansprüche der englischen und belgischen Konkurrenz auf Rwanda zurückzuweisen. Denn die Grenzen der Interessenssphären waren am grünen Tisch der Berliner Konferenz 1884/85 gezogen worden und gaben zu unterschiedlichen Interpretationen Anlaß. Sie wurden erst 1910 endgültig fixiert und entsprechen dem aktuellen Grenzverlauf.
In der Hoffnung, mit Hilfe der Kolonialmacht seinen Thron zu retten, akzeptierte Musinga die Herrschaft der Deutschen, nicht zuletzt auch auf dem Hintergrund ihrer militärischen Überlegenheit. Seine Rechnung ging insofern auf, als Widerstandsbewegungen, gegen ihn und

3. Abanyarwanda (Rwandais) et Abadage (Allemands)

En 1897, Hans Ramsay, capitaine de la "troupe de protection" de l'Afrique orientale allemande, présenta à la cour royale la "lettre de protection" et hissa le drapeau noir-blanc-rouge arborant l'aigle du Reich. Depuis la visite (1894) du Comte von Götzen au Rwanda, premier européen à avoir traversé le pays, le Reich allemand avait étendu son hégémonie à l'Afrique orientale allemande et il était résolu à prendre de vitesse la concurrence anglaise et belge qui nourrissait des prétentions à l'égard du Rwanda. Les frontières des sphères d'influence avaient été tracées sur le tapis vert de la Conférence de Berlin en 1884/85 et donnaient motif à des interprétations divergentes. Elles ne furent fixées définitivement qu'en 1910 et correspondent au tracé actuel de la frontière.

C'est en reconnaissant leur supériorité militaire que Musinga accepta la domination des Allemands dans l'espoir qu'ils allaient l'aider à consolider son pouvoir fragile. Son calcul s'avéra juste dans la mesure où les mouvements de résistance dirigés contre lui et la puissance coloniale furent réprimés manu militari. Les Allemands mirent en pratique l'hégémonie coloniale sous la forme de la "indirect rule". Ils renforcèrent la position du roi, laissèrent les structures sociales et juridiques traditionnelles relativement inchangées et misèrent sur une implantation à long terme du système colonial.
Il s'agissait là d'une stratégie conforme aux conditions rencontrées. La densité élevée de la population par rapport aux autres parties de la colonie (1,5 millions d'habitants pour 26.338 km² avec seulement 40 Allemands par exemple en 1913) et la situation isolée du Rwanda faisait garder présente à l'esprit la crainte d'une guerre de libération qu'une modification par trop draconienne des structures traditionnelles aurait pu provoquer. La guerre des Maji-Maji en Afrique orientale allemande et deux révoltes dans le Nord du Rwanda montrent que ce souci n'était pas sans fondement.

die Kolonialmacht gerichtet, mit militärischen Mitteln unterdrückt wurden. Die Deutschen praktizierten die Kolonialherrschaft in Form der "indirect rule" (indirekte Herrschaft). Sie stärkten die Position des Königs, ließen die traditionelle Sozial- und Rechtsstruktur relativ unangetastet und setzten auf eine langfristige Durchsetzung des Kolonialsystems.
Hierbei handelte es sich um eine den Verhältnissen angemessene Strategie. Die im Vergleich zu den übrigen Teilen der Kolonie hohe Bevölkerungsdichte (1,5 Mill. Einwohner auf 26 338 qkm gegenüber z.B. 1913 nur 40 Deutschen) und die abgelegene Lage Rwandas ließen die Furcht vor einem Befreiungskrieg, den eine allzu drastische Veränderung der traditionellen Ordnung hätte provozieren können, immer präsent bleiben. Auf dem Hintergrund des Maji-Maji-Krieges in Deutsch-Ostafrika* und zweier Revolten im Norden Rwandas war diese Sorge nicht ganz unberechtigt.
Daher gab die Kolonialverwaltung Rwanda nicht für deutsche Siedler frei - zum großen Ärger einiger Kolonialenthusiasten. Stattdessen verfolgte sie das Ziel, die vorhandenen Ressourcen durch Umstrukturierung der traditionellen Landwirtschaft zu entwickeln. Die fleißigen Bauern sollten Produzenten landwirtschaftlicher Exportgüter (Kaffee) werden, der enorme Viehreichtum versprach lukrative Handelsgewinne. So glaubte der Resident Kandt, den Kaffeebedarf im Deutschen Reich durch den Import aus Rwanda decken zu können. Auch winkte bei der hohen Einwohnerzahl ein interessanter Absatzmarkt für deutsche Produkte. Die Durchsetzung dieser Ziele kam über bescheidene Anfänge nicht hinaus. Erst 1907 wurde die Residentur Rwanda als 23. Bezirk von Deutsch-Ostafrika gegründet und die zivile Kolonialverwaltung in Kigali etabliert.

---

* Aufgrund rigoroser Maßnahmen der deutschen Kolonialverwaltung und ihrer afrikanischen Kollaborateure (Einführung der Kopfsteuer, Zwangsarbeit, Zwangsanbau von Baumwolle) kam es 1905-1907 zum Maji-Maji-Aufstand fast aller Völker Ost- und Südtanzanias. Im Krieg und bei nachfolgenden Hungersnöten (Politik der verbrannten Erde) starben über 100 000 Menschen.

C'est aussi pourquoi l'administration de la colonie n'ouvrit pas le Rwanda à une implantation de colons allemands, à la grande fureur de quelques enthousiastes pionniers. Elle donna la préférence à l'objectif consistant à développer les ressources disponibles en restructurant l'agriculture traditionnelle. Les travailleurs paysans étaient appelés à devenir des producteurs de biens d'exportation agricoles (café) et l'énorme richesse en bétail laissait entrevoir des perspectives commerciales lucratives. C'est ainsi que le résident Kandt pensait pouvoir couvrir les besoins en café du Reich allemand par les importations du Rwanda. Le nombre important d'habitants promettait également des débouchés intéressants pour les produits allemands.
La réalisation de ces objectifs ne dépassa pas le stade de modestes débuts. Ce n'est qu'en 1907 que la résidence du Rwanda fut créée comme 23ème district de l'Afrique orientale allemande et que l'administration coloniale civile fut établie à Kigali.

Les six années suivantes (de 1908 à 1914) suffirent tout juste pour inciter quelques rares maisons commerciales européennes et un nombre plus important de négociants indiens et arabes à s'intéresser à cette région isolée. Des localités furent fondées et elles se transformèrent en petits centres commerciaux. On construisit des routes qui permirent aux caravanes commerciales en provenance du Congo de se diriger vers la côte de l'Afrique orientale. En 1914, le Reichstag accorda 40 millions de marks-or pour la construction d'une voie ferrée de Tabora (aujourd'hui Tanzanic) à la frontière du Rwanda, ce qui assurait la jonction du Rwanda à la voie ferrée menant jusqu'au port de Dar-es-Salaam. Le reste des frais de construction devait être réuni par la population africaine en prélevant un impôt personnel. La réalisation de cette déterminante mesure d'infrastructure fut empêchée par la première guerre mondiale.

Die folgenden sechs Jahre (1908-1914) reichten gerade dazu aus, einige wenige europäische Handelshäuser und eine größere Zahl indischer und arabischer Kaufleute für diese abgelegene Region zu interessieren. Orte wurden gegründet, die sich zu kleinen Handelszentren entwickelten. Wege wurden ausgebaut, auf denen die Handelskarawanen vom Kongo Richtung ostafrikanische Küste zogen. 1914 bewilligte der Reichstag 40 Mill. Goldmark für den Bau einer Eisenbahnlinie von Tabora (im heutigen Tanzania) zur Rwanda-Grenze und damit den Anschluß Rwandas an die Eisenbahn bis zum Hafen von Dar-esSalaam. Der Rest der Baukosten sollte durch Erhebung von Kopfsteuern von der afrikanischen Bevölkerung aufgebracht werden. Die Realisierung dieser entscheidenden Infrastrukturmaßnahme wurde durch den Ausbruch des 1. Weltkrieges verhindert.
In der allgemeinen Erkenntnis, daß mit der tatkräftigen Hilfe der Missionen Überzeugungsarbeit im Sinne des neuen Systems geleistet werden könnte, gab die deutsche Kolonialverwaltung bereitwillig den katholischen Weißen Vätern (1900) und der deutschen protestantischen Bethel-Mission (1907) die Erlaubnis, die Bekehrung der rwandischen Bevölkerung zum Christentum ins Werk zu setzen.
Da die politische Herrschaft in Rwanda religiös verankert war, stellte die neue Religion einen fundamentalen Angriff auf die traditionellen Machtverhältnisse dar. Der König, seine politischen Berater und die meisten Chefs verweigerten daher eine Konversion zum Christentum. Die Erfolgslosigkeit bei der politischen Führungsschicht vor Augen, widmeten sich Weiße Väter wie Bethel-Missionare vornehmlich der ländlichen Bevölkerung.
Auch hier trafen sie zunächst auf Ablehnung und Widerstand. Aber Zwangsmaßnahmen, auch eine gewisse Neugierde veranlaßten dann manchen Rwander zum Besuch der Missionsstationen. Vor allem für ärmere Bevölkerungskreise, die sich eine Verbesserung ihrer Lebenssituation erhofften, gewann die Mission Attraktivität. Weniger die christliche Lehre als vielmehr Krankenfürsorge, die Möglichkeit von Lohnarbeit (die Missionare zahlten einen geringen Lohn in Form von Stoffen

Etant convaincue de façon générale que l'aide énergique des missions était également de nature à accomplir un travail de persuasion dont profiterait le nouveau système, l'administration coloniale allemande accorda volontiers aux Pères Blancs (en 1900) et à la mission protestante allemande de Bethel (en 1906) l'autorisation de se consacrer à la conversion au christianisme de la population rwandaise.

Comme le pouvoir politique au Rwanda était ancré dans la religion traditionnelle, la nouvelle religion représentait une attaque fondamentale contre les rapports hégémoniques traditionnels. Aussi le roi, ses conseillers et la plupart des chefs refusèrent-ils de se convertir au christianisme. Les Pères Blancs et les missionnaires de Bethel se résignèrent à leur échec auprès de l'élite politique et se consacrèrent désormais essentiellement à la population rurale.
Ici aussi, ils butèrent tout d'abord sur le refus et la résistance; mais des mesures de coercition ainsi qu'une certaine curiosité incitèrent plus d'un Rwandais à se rendre dans les stations des missions. La mission exerça un grand attrait sur les couches les plus pauvres de la population qui espéraient une amélioration de leurs conditions de vie. La doctrine chrétienne les attirait moins que les soins médicaux; la possibilité d'accomplir un travail rétribué (les missionnaires versaient un salaire modeste sous forme d'étoffes et de perles, c'est-à-dire des articles reservés jusqu'à ce jour aux riches), la possibilité d'acquérir des qualifications artisanales et de suivre des cours scolaires offraient des perspectives de promotion sociale, si bien qu'environ 13.000 Rwandais se firent baptiser jusqu'en 1914.
La première guerre mondiale mit fin de façon inopinée à l'ère coloniale allemande.

und Perlen, d.h. Artikeln, die bislang den Reichen vorbehalten gewesen waren), Vermittlung handwerklicher Fähigkeiten und Schulunterricht boten eine Chance sozialen Aufstiegs, so daß sich bis 1914 ca. 13 000 Rwander taufen ließen.
Der Erste Weltkrieg setzte dem kolonialen Wirken der Deutschen ein unerwartetes Ende.

4. Rwandische Gesellschaft und belgische Kolonisierung

Dank englischer Hilfe besetzten ab 1916 belgische Truppen Rwanda. Nach dem ersten Weltkrieg gab der Völkerbund Belgien seinen Segen, d.h. das Mandat über Rwanda. Zur Erfüllung des kolonialen Auftrages hielten die Belgier bereits einen Trumpf in der Hand: die Arbeit und Absichten der katholischen Missionare.
Den Weißen Vätern bescherte der Machtwechsel eine religiöse Monopolstellung (die deutschen protestantischen Missionare mußten Rwanda mit den deutschen Truppen verlassen) und einen katholischen Kolonialherren, dem das Ensemble der gesellschaftlichen Strukturen seiner neuen Kolonie unbekannt war. So brauchten die Belgier die an die Geheimnisse des rwandischen Königtums gewöhnten Missionare, um ihre Herrschaft schnell und ohne größeren Widerstand zu etablieren. Umgekehrt waren die Missionare auf die Kolonialmacht angewiesen. Denn wie die politische Absicherung ihrer religiösen Errungenschaften geboten schien, so galt es doch vor allem, die Gunst der Stunde zur Christianisierung des Königs und der führenden Chefs zu nutzen, auf daß nun endlich ihr langersehntes Ziel, ein "christliches Königreich im Herzen Afrikas" erreicht würde - ein Unternehmen, das ohne einen gewissen Druck von seiten der Kolonialmacht nur wenig Aussicht auf Erfolg bot.
Da die schulische Ausbildung bereits in den Händen der Missionare lag, den nun besten Kennern rwandischer Sitten und Gebräuche, gab sich die belgische Kolonialverwaltung gern mit der finanziellen Unterstützung der Missionsschulen zufrieden. Hier fiel den Missionaren ein Betätigungsfeld zu, welches sich zur Realisierung ihrer Ziele bestens eignete. Der Ausbau des schuli-

4. La société rwandaise et la colonisation belge

Dès 1916, les troupes belges occupèrent le Rwanda grâce à l'aide des Anglais. Après la guerre, la Société des Nations confirma la Belgique dans ses visées coloniales en lui confiant un mandat sur le Rwanda. Pour accomplir sa politique coloniale, la Belgique avait déjà des atouts dans l'oeuvre des missionnaires catholiques.
Grâce à leur monopole (les missionnaires protestants de nationalité allemande avaient dû quitter le Rwanda avec les troupes allemandes) et à un colonisateur catholique ignorant les structures sociales du Rwanda, les missionnaires, en l'occurence les Pères Blancs, profitèrent de ce moment favorable du changement du pouvoir colonial. Le nouveau colonisateur avait besoin de ces missionnaires habitués aux arcanes du pouvoir royal rwandais pour asseoir sa domination sur le pays. Réciproquement les missionnaires avaient besoin du pouvoir colonial belge pour consolider leurs acquis et convertir surtout le roi et les grands chefs pour faire ainsi exister un "royaume chrétien au coeur de l'Afrique".

Comme l'enseignement des jeunes Banyarwanda était déjà assuré par les missionnaires, devenus meilleurs connaisseurs des coutumes rwandaises, la Belgique se contenta d'assurer des subsides aux écoles des missionnaires qui trouvèrent là un terrain privilégié pour la réalisation de leurs objectifs. Le développement de cette scolarisation surtout destinée aux fils des chefs Tutsi garantissait aux missionnaires des conversions de plus en plus sûres et massives et au pouvoir colonial belge une pépinière de futurs chefs prêts à collaborer. La stratégie des occupants belges et des missionnaires Pères Blancs était claire: il fallait systématiquement affaiblir le pouvoir rwandais traditionnel en formant de nouveaux dirigeants convertis et donc totalement soumis à l'autorité étrangère.
C'est ainsi que l'organisation sociale et politique traditionnelle eut à subir de profondes modifications.

schen Sektors, vor allem den Söhnen der Tutsi-Chefs zugedacht, gab ihnen den Garantieschein für immer selbstverständlicher und zahlreicher werdende Bekehrungen. Und die Kolonialverwaltung erhielt so eine Schmiede kollaborationswilliger zukünftiger Kader. Die Strategie von Weißen Vätern und belgischen Besatzern war eindeutig: Es galt, durch Ausbildung neuer Führungskräfte katholischen Glaubens, der fremden Gewalt völlig ergeben, die traditionellen Herrschaftsstrukturen systematisch zu schwächen.
So kam es zwangsläufig zu einer tiefgreifenden Änderung der alten Ordnung. Eine "Verwaltungsreform" ersetzte zum überwiegenden Teil das herkömmliche Verwaltungssystem durch sogenannte "Chefferien" und "Unter-Chefferien", die mit der neuen rwandischen Elite besetzt und der Aufsicht belgischer Kolonialbeamter unterstellt wurden. Letztere unterstanden wiederum einem Residenten (mit Sitz in Kigali) und einem Gouverneur (in Bujumbura - außerhalb von Rwanda), den höchsten Repräsentanten der neuen rwandischen Obrigkeit.
Dieses System "indirekter" Kolonialherrschaft wie auch die steigende Christianisierung stießen auf den Widerstand des Königs Musinga, der daher von den Weißen Vätern in Zusammenarbeit mit der belgischen Kolonialverwaltung abgesetzt wurde. Sein Sohn Rudahigwa, vom Bischof und Weißen Vater Leon Classe erzogen und erwählt, wurde 1931 vom Gouverneur Voisin als König inthronisiert. Jener Akt, undenkbar im System des sakralen Königtums, besiegelte das Ende der Unabhängigkeit Rwandas, das nun in Lebenspraxis und Denken, in Wirtschaft und Politik einem grundlegenden Strukturwandel unterworfen wurde.
Denn die Kolonialmacht beschränkte sich nicht auf Veränderungen, die das Netzwerk der traditionellen Strukturen zerrissen, sondern übte auch direkten Druck auf die Bevölkerung aus: Träger- und andere Frondienste, Zwangsarbeit im Bergwerk und beim Straßenbau bestimmten nun den Alltag vieler Rwander. Während sich die belgische Herrschaft so dank direkter und indirekter Gewalt etablierte, riefen die steigende Repression, wiederholte Hungersnot sowie die Auswirkungen der

Une "réforme" administrative remplaça, en grande partie, le système des hiérarchies traditionnelles par des chefferies et des sous-chefferies tenues par la nouvelle élite rwandaise sous la supervision d'administrateurs de territoire belges. Ces derniers étant eux-mêmes placés sous la haute autorité d'un Résident (siégé à Kigali) et d'un Gouverneur (siégé à Bujumbura - à l'extérieur du Rwanda).

Ce système colonial d'administration "indirecte" ainsi que l'intensification de la christianisation rencontrèrent l'opposition du roi Musinga qui fut destitué par les Pères Blancs avec la collaboration de l'autorité belge. Son fils Rudahigwa, formé et choisi par Léon Classe, évêque Père Blanc, fut intronisé en 1931 par le Gouverneur Voisin. Cet acte, impensable dans le système de la royauté sacrée du Rwanda signa l'arrêt de l'indépendance d'un pays qui, désormais, allait subir de profondes modifications dans ses structures aussi bien mentales, sociales, économiques que politiques.
Parallèlement à ces modifications opérées dans le tissu socio-politique rwandais, le pouvoir colonial augmentait au sein même de la population les contraintes dûes au portage, aux diverses corvées, au travail forcé (mines, construction de routes) etc..

Les abus du pouvoir colonial se multiplièrent, renforçant la domination de l'autorité belge sur la société rwandaise. Ces contraintes jointes aux effets de la crise économique mondiale de 1929 et surtout aux diverses famines provoquèrent de nouveaux mouvements de révolte contre les colonisateurs. C'était là l'expression violente d'une opposition qui s'est toujours manifestée mais souvent sous des formes plutôt silencieuses: Refus de conversion, émigration en Tanzanie et en Ouganda, dictons inventés pour afficher le mépris voué aux colonisateurs.
Malgré ces mouvements de résistance, la société rwandaise avait subi un changement profond dans les rapports sociaux. Des conceptions nouvelles de ces rapports étaient imposées par les missionnaires.

Weltwirtschaftskrise von 1929 neue Widerstandsbewegungen hervor. Kam es hier einmal mehr zum Ausbruch von Gewalt, so hatten doch die Rwander seit dem Beginn der Kolonisierung und Missionierung ihres Landes auch auf mehr oder weniger lautlose Weise gegen die Fremdherrschaft protestiert: sie verweigerten die Bekehrung, wanderten nach Tanzania und Uganda aus, erfanden Spitznamen und Redensarten, in denen die Verachtung, die sie den Kolonisatoren entgegenbrachten, deutlich zum Ausdruck kam.

Doch aller Widerstand, wie latent oder manifest auch immer, konnte nicht verhindern, daß sich die rwandische Gesellschaft in ihren sozialen Beziehungen tiefgreifend wandelte. Die neue Konzeption wurde ihr von den Weißen Vätern aufgezwungen. Indem die Missionare den Tutsi-König und die Tutsi-Größen als Passepartout für die Christianisierung Rwandas einsetzten (und daher fleißig am Mythos von der Überlegenheit dieser "Ethnie" mitwebten), trieben sie einen Keil zwischen die beiden Bevölkerungsgruppen und schufen die Voraussetzungen für den späteren "ethnischen" Konflikt.

Von Anfang an haben die europäischen Kolonisatoren die Macht des Mwami von Rwanda auf Kosten derjenigen Hutu-Könige und -Chefs, die von der Zentralmacht unabhängig geblieben waren, verstärkt. Später beseitigten die Belgier die Hutu-Königreiche von Bukunzi und Busozo (im Südwesten Rwandas). Schließlich wurden alle Hutu-Chefs, die einen festen Platz in der hierarchischen Ordnung des vorkolonialen Rwanda innegehabt hatten, abgesetzt. Zur Besetzung dieser und anderer Posten in der kolonialen Verwaltung, Justiz und im Bildungsbereich standen einzig die Söhne der Tutsi-Chefs bereit, denen die Missionare die Segnungen ihres pädagogischen Wirkens zuerst und fast ausschließlich zukommen ließen. Die Politik der Weißen Väter zielte darauf ab, die rwandische Gesellschaft nach dem Bild der mittelalterlichen Feudalgesellschaft des christlichen Abendlandes zu formen. Zu diesem Zweck stilisierte man - ohne groß zu differenzieren - die Batutsi zu einer Lehnsherrenrasse, deren mythische Herkunft im Himmel lag, um so ihre aktive Beteiligung am kolonialen System zu rechtfertigen. Die Bahutu hingegen erhielten

Ceux-ci en prenant le roi et les chefs tutsi comme intermédiaires indispensables pour leur action de christianisation et en participant à la création du mythe de la supériorité de cette "ethnie" exacerbèrent les clivaques ethniques et jetèrent les bases de la future question ethnique Hutu/Tutsi.
Dès le début de la colonisation européenne, l'autorité du Mwami du Rwanda fut renforcée au détriment des rois et des chefs Hutu. Plus tard les Belges supprimèrent les royaumes Hutu du Bukunzi et du Busozo (Sud-Ouest du Rwanda). Enfin des chefs Hutu qui avaient des responsabilités au sein des hiérarchies traditionnelles furent déposés et remplacés par les nouveaux fonctionnaires Tutsi qui avaient désormais le droit de bénéficier en priorité de l'enseignement des missionnaires. Une fois formés, les jeunes fils des chefs Tutsi furent les seuls à occuper les postes dans l'administration, dans la justice, dans l'enseignement etc... Les missionnaires Pères Blancs visaient ainsi à former une société rwandaise à l'image de la société féodale de l'occident chrétien. L'ethnie Tutsi, sans distinction, devenait une race de seigneurs, dont l'origine mythique devait se situer au ciel justifiant ainsi sa participation active au système colonial et missionnaire. L'ethnie Hutu, quant à elle, recevait les attributs d'une "race" inférieure destinée à la servitude. Les Batwa servaient de bouffons et de marginaux de ce système presque entièrement importé.

A la suite de ces nouveaux antagonismes sociaux ("ethniques") le système de clientèle pastorale fut renforcé et étendu prenant ainsi le pas sur les autres composantes du système des hiérarchies sociales traditionnelles. Cette politique coloniale qui a radicalement transformé la société rwandaise constitua un net recul par rapport à l'organisation sociale du Rwanda de la fin du 19ème siècle.
Ainsi donc, malgré des réalisations coloniales indéniables surtout en infrastructures et quelques timides réformes, le système politico-administratif mis en place et entretenu par les autorités coloniales et missionnaires s'avéra porteur d'inégalités criantes et

die Attribute einer minderwertigen "Rasse", zum Dienen geboren. Den Batwa blieb die Rolle von Hofnarren und Randfiguren in diesem nahezu gänzlich importierten System.
Mit dem neuen sozialen ("ethnischen") Gegensatz wurde das Klientel-System ausgebaut, das nun die anderen Institutionen der traditionellen Sozialordnung in den Hintergrund drängte. Verglichen mit der sozialen Organisation Rwandas gegen Ende des 19. Jahrhunderts, stellte die von der Kolonisierung erzwungene Entwicklung einen deutlichen Rückschritt dar.
Wenn auch die Belgier einige Entwicklungsprojekte, vor allem im infrastrukturellen Bereich, realisierten und zaghafte Reformen in die Wege leiteten, so blieb doch am Ende eines unbestreitbar: Das von Kolonialmacht wie Missionaren etablierte und gestützte System gründete sich auf eine Ungleichheit, die zum Himmel schrie. Die Aussperrung des größten Bevölkerungsteils aus Politik und Verwaltung stellte eine schwärende Wunde dar, die 1959 aufbrach. So mündete der "ethnische" Konflikt in eine unglücklicherweise blutige Revolution, und so wurde das Königtum zur Zielscheibe der Parteien, die die Bahutu in aller Eile gründeten, um die Bevölkerung zu mobilisieren und die Befreiung von Tutsi- und belgischer Kolonialherrschaft gleichzeitig in Gang zu setzen.
Am 1. Juli 1962 erlangte Rwanda seine Souveränität zurück.

5. Rwanda nach der Wiedererlangung seiner Souveränität

Nach der Unabhängigkeit versuchte Grégoire Kayibanda, Präsident der 1. rwandischen Republik, die Probleme des Landes mit Hilfe neuer politischer Strukturen zu lösen. Die PARMEHUTU (Partei der Hutu-Emanzipationsbewegung) wurde als das Instrument gegründet, mit dem man die Massen mobilisieren, ihre Anstrengungen zum Aufbau des unabhängigen Rwanda organisieren wollte.
Der neue Staat, klein und arm, mußte nicht nur die Verbesserung seiner wirtschaftlichen Lage in Angriff nehmen, sondern er sah sich vor allem mit aus dem

d'un blocage social qui allaient s'exprimer bruyamment et, malheureusement, de manière sanglante au cours de la révolution sociale de 1959. Le pouvoir royal devint alors la cible de partis Hutu créés en toute hâte pour mobiliser la population et se débarasser en même temps du pouvoir Tutsi et de la colonisation belge.
Le Rwanda recouvra sa souveraineté le 1er juillet 1962.

Broyage du Sorgho - Herstellung von Sorghum-Hirsemehl

"ethnischen" Antagonismus resultierenden sozialpolitischen Problemen konfrontiert, die die Kolonisierung ja wesentlich verschärft hatte. Einige Reformen konnten zwar erfolgreich durchgeführt werden (z.B. die Demokratisierung des Unterrichtswesens), aber unglücklicherweise waren die neuen Strukturen noch zu wenig institutionalisiert, als daß sie hätten Widerstand leisten können gegen den Ungeist jenes berüchtigten Gegensatzes, der - in das Korsett des "Ethnizismus" gezwängt - nun als "Regionalismus" immer mehr an Boden gewann und das Land in den Strudel eines Bürgerkrieges zu reißen drohte.
Den Bürgerkrieg konnte das Militär unter der Leitung von Generalmajor Juvénal Habyarimana am 5. Juli 1973 mit knapper Not verhindern: Er gründete die 2. Republik, stellte die nationale Einheit und den inneren Frieden wieder her. Allerdings unternahm er all diese Anstrengungen nicht, um dann die Entwicklung Rwandas seinen Bürgern allein zu überlassen. So gründete er 1975 die MRND (Revolutionäre Nationale Bewegung für Entwicklung) als Organ der politischen Willensbildung, das die Richtlinien einer eigenständigen Entwicklungspolitik auf der Basis des Friedens und der Einheit des rwandischen Volkes verkündet. Und als Leitmotiv für die Aktivitäten, die die Rwander anspornen sollen, selbst der Motor für die Entwicklung ihres Landes zu werden, wurden vom Präsidenten Habyarimana Umuganda (Gemeinschaftsarbeit für den Aufbau Rwandas) und Animation (kulturelle Präsentation der rwandischen Lebenspraxis, z.B. in Form von Gesang und Tanz) eingesetzt.
Die Bilanz aller Aktionen ist, nicht zuletzt auch dank internationaler Unterstützung, weitgehend positiv: Demokratisierung der politischen Institutionen (Direktwahl des Präsidenten und der Abgeordneten, Wahl der Vertrauensleute in den Gemeinden usw.), Ausbau des Wasser- und Elektrizitätsnetzes, Ausarbeitung einer Raumordnungspolitik, Aufhebung der geografisch bedingten Isolation Rwandas durch eine Außenpolitik, die auf gute Nachbarschaft hält, Aufschwung des Handels, Stabilität der Landeswährung, grundlegende Verbesserung des öffentlichen Gesundheitswesens, Steigerung der

5. Le Rwanda après le recouvrement de sa souveraineté

Après l'indépendance, Grégoire Kayibanda, Président de la 1ère République Rwandaise, essaya de résoudre les problèmes du pays à travers de nouvelles structures politiques. Le PARMEHUTU(Parti du Mouvement de l'Emancipation Hutu) fut fondé pour servir d'instrument de la mobilisation et de l'organisation des masses.
Le nouvel état, petit et pauvre, devait non seulement résoudre les problèmes économiques, mais s'affronter aux problèmes politico-sociaux issus de l'antagonisme "ethnique" exacerbé par la colonisation. Sur bien des plans il y eut des succès (démocratisation de l'enseignement par exemple) mais malheureusement les nouvelles institutions étaient trop jeunes pour résister aux démons de ce fameux antagonisme qui, confiné jusque là dans l'ethnisme, s'était petit à petit étendu dans le "régionalisme" et allait faire sombrer le pays dans l'abîme d'une guerre civile. Celle-ci fut évitée de justesse par l'armée sous la conduite du Général-Major Juvénal Habyarimana le 5 Juillet 1973. Il fonda la 2ème République. Il restaura l'unité nationale et la paix. Il ne ménagea pas ses efforts pour que le développement du Rwanda soit l'affaire de tout Rwandais et de tous les Rwandais. En 1975, il fonda le MRND (Mouvement Révolutionnaire National pour le Développement), organe d'expression politique qui prône le développement endogène basé sur la paix et l'unité du peuple rwandais. L'umuganda (Travaux Communautaires pour le développement) et l'Animation (expression culturelle des réalités vécues par les Rwandais) ont été mis en exergue par le Président Habyarimana pour inciter les Rwandais à être leur propre moteur de développement.
Le bilan de toutes ces actions soutenues par l'aide extérieure est largement positif: démocratisation des institutions (élections présidentielles et parlementaires, élections des conseillers dans les communes etc...); eau et électricité; aménagement du territoire et mise en vigueur du désenclavement du pays par la politique internationale de bon voisinage; développe-

landwirtschaftlichen Produktion usw...
Trotz aller Erfolge der 2. Republik stehen noch gravierende Probleme zur Lösung an: Bevölkerungsexplosion, Armut der Landbevölkerung, schlechte Wohnverhältnisse, fehlende Arbeitsplätze, wovon besonders die Jugendlichen betroffen sind. Und vor allem anderen wächst mit der Macht des Geldes der Unterschied zwischen arm und reich (eine Folge übler Geschäftemacherei, der Rückseite der Medaille einer gelenkten freien Marktwirtschaft).
Gewiß, es gibt Gründe, in diesem Lande, wo eine einzigartige Kultur und Sprache jahrhundertelange Tradition haben, zu leben und hoffnungsvoll in die Zukunft zu blicken. Aber über die Wirtschaftspolitik hinaus muß unverzüglich der Kampf gegen die soziale Ungerechtigkeit aufgenommen werden, die nun keinen "ethnischen" Charakter mehr hat, sondern auf dem Gesetz des Dschungels der modernen Wirtschaft beruht. Die internationale Hilfe erlaubt es Rwanda, auf dem Wege des Fortschritts ein Stück voranzukommen. Das ist ein Faktum. Aber der Munyarwanda (= Rwander) kann bei der Lösung seiner Probleme auch - und das ist ein weit wichtigeres Faktum - auf die Mobilisierung eigener Kräfte zählen, im Vertauen auf seine Kultur und im Bewußtsein seiner Geschichte.

ment du commerce; stabilité de la monnaie nationale; amélioration substantielle de la santé publique; accroissement de la production agricole etc...
Cependant, malgré tous ces succès de la 2ème République, il reste toujours les problèmes tenaces de l'explosion démographique, de la pauvreté des paysans, de mauvaises conditions de l'habitat, de l'emploi surtout des jeunes et de l'inégalité croissante devant le pouvoir de l'argent (fruit de l'affairisme et de ses maux, revers de la médaille du libéralisme planifié).
Certes des raisons de vivre et d'espérer existent dans ce pays où l'unicité de la culture et de la langue sont de tradition multiséculaire. Mais au delà des politiques économiques, il faut sans cesse abolir les inégalités qui ne sont plus basées sur les antagonismes "ethniques" mais sur les lois de la jungle de l'économie moderne. L'aide extérieure permet au Rwanda d'avancer sur la voie du progrès. C'est un fait. Mais c'est un fait aussi encore plus grand que le Munyarwanda peut compter sur ses propres efforts pour résoudre ses problèmes dans la fierté de sa culture et la conscience de son histoire.

Des hommes dansants au Nord du Rwanda.- Tanzende Männer in Nordrwanda, 1907

Bibliographie

Au coeur de l'ethnie. Ethnies, tribalisme et état en Afrique. Ed. par Jean Loup Amselle et Elikia M'bokolo. Paris 1985

Chrétien, Jean-Pierre: Hutu et Tutsi au Rwanda. In: Au coeur de l'ethnie. a.a.O., S. 129-165.

La civilisation ancienne des peuples des Grands Lacs. Colloque de Bujumbura 4. - 10 Sept. 1979. Paris 1981

Czekanowski, Jan: Forschungen im Nil-Kongo-Zwischenseengebiet.Bd.1: Ethnographie Zwischenseengebiet Mpororo, Ruanda. Leipzig 1917

Grunderbeek, Marie van / Roche,Emile de / Doutrelepont, Hugues: Le premier âge du fer au Rwanda et au Burundi. Archéologie et environnement. Butare 1983

Hertfeld, Marcel d' / Coupez, A.: La royauté sacrée de l'ancien Rwanda. Tervuren 1964

Heusch, Luc de: Rois nés d'un coeur de vache. Paris 1982

Histoire rurale de l'Afrique des Grands Lacs. Ed. par Jean-Pierre Chrétien. Paris, Bujumbura 1983

Kagame, Alexis: Un abrégé de l'ethnohistoire du Rwanda. Butare 1972

Kagame, Alexis: Un abrégé de l'histoire du Rwanda de 1853 à 1972. Butare 1975

Kandt, Richard: Gewerbe in Ruanda. In: Zeitschrift für Ethnologie 36 (1904), S. 329-372.

Lemarchand, René: Rwanda and Burundi. London 1970

Linden, Ian and Jane: Church and Revolution in Rwanda. New-York, Manchester 1977

Louis, W.M. Roger: Ruanda - Urundi, 1884-1919. Oxford 1963

Maquet, Jacques J.: Le système des relations sociales dans le Rwanda ancien. Tervuren 1954

Mbonimana, Gamaliel: L'instauration d'un royaume chrétien au Rwanda (1900 - 1931). Thèse de doctorat (Typoscript). Louvain 1981

Nahimana, Ferdinand: Le blanc est arrivé, le roi est parti. Une facette de l'histoire du Rwanda contemporain 1894-1931. Kigali 1987

Nahimana, Ferdinand: Des lignages aux Royaumes et des Royaumes aux chefferies. Histoire socio-politique des régions périphériques nord et nord-ouest du 16ème siècle à 1931. Thèse de doctorat (Typoscript). Paris 1986

Noten, Francis van: Histoire archéologique du Rwanda. Butare 1983

Ntezimana, Emmanuel: Coutumes et traditions des royaumes Hutu du Bukunzi et du Busozo. In: Etudes Rwandaises 13, 2 (1980), S. 15 - 39.

Ntezimana, Emmanuel: Les réactions rwandaises aux présences européennes (1870 - 1945): Questions de typologies et de terminologies. (Typoscript)

Gudrun und Otto Honke / Nahimana, Ferdinand / Rwegera, Damien: Le Rwanda et les Allemands. (Typoscript) Kigali 1985

Vansina, Jan: L'évolution du royaume Rwanda des origines à 1900. Tervuren 1962

Vidal, Claudine: Situations ethniques au Rwanda. In: Au coeur de l'ethnie. a. a. O., S. 167-184.

" Les 'Bantu' et leur civilisation

I. Le contenu réel des termes "Civilisation" et "Culture".

Au cours de la présente étude nous utiliserons les termes Civilisation et Culture. Il importe de préciser dès l'abord la signification qu'ils représentent pour nous.

Certains auteurs ayant traité des peuples de la zone Bantu, à laquelle nous nous limitons en cette étude, ne reconnaissaient pas à nos Africains le qualificatif de Civilisés; ce qualificatif, à leurs yeux, ne convenait qu'aux représentants de la Civilisation Européo-Américaine. Cette attitude n'a pas encore été entièrement redressée dans l'esprit de certains. En voulant souligner en ce paragraphe le fait de la Civilisation et des Cultures de l'aire Bantu, nous n'ignorons pas que ces deux notions ont été l'objet de discussions approfondies dans les milieux scientifiques et que plusieurs opinions ont été formulées à ce sujet. Nous n'avons donc pas la prétention d'innover, ni de présenter au lecteur une opinion nouvelle en parallèle. Notre intention est simplement d'essayer une application africanisée de ces opinions déjà en cours.

Cette application africanisée des principes déjà établis ne suit cependant pas la trajectoire de ces mêmes opinions; elle en glane simplement certains éléments et les lance sur la trajectoire africaine. Ceux qui les formulaient à partir de la rive européenne ont abouti, en effet, à la conclusion de peuples non-civilisés. Or en nous plaçant sur la rive africaine, nous devons démontrer comment, d'après les principes énoncés par eux-mêmes, les initiateurs des Cultures Bantu dès le début et ensuite d'une génération à l'autre jusqu'à nous, étaient des Civilisés. Nous devons faire remarquer à leur contempteurs que leurs cogitations comportaient une confusion, à savoir la non-distinction entre l'entité Civilisation d'une part, et l'entité Technique d'autre part. Ils n'avaient pas perçu que la Technique est l'un des éléments qui composent l'entité Civilisation, et que le degré de la Technique peut être moindre ou élevé sans que, dans le premier cas, l'entité Civilisation en soit annihilée.

Toute notre étude, d'un bout à l'autre, tend à étaler l'un des éléments qui composent l'entité Civilisation. Nous voulons souligner dès l'abord, de la rive africaine, qu'aucun groupe humain ne peut se perpétuer sans mener son exister au sein d'une Civilisation, laquelle conditionne sa survie. L'entité Civilisation doit être considérée sous deux aspects: objectivement et subjectivement.

" **Die Bantu und ihre Zivilisation**

1. Der wirkliche Inhalt der Begriffe "Zivilisation" und "Kultur"

Im Verlauf der vorliegenden Untersuchung werden wir die Begriffe Zivilisation und Kultur benutzen. Es ist wichtig, von Anfang an die Bedeutung, die diese Begriffe für uns haben, zu klären.
Gewisse Autoren, die sich mit den Völkern des Bantu-Gebietes, auf das wir unsere Untersuchungen eingrenzen, beschäftigten, haben uns Afrikanern nicht das Attribut zivilisiert zuerkannt; dieses Attribut stand in ihren Augen nur den Vertretern der europäisch-amerikanischen Zivilisation zu. Diese Haltung ist im Geist bestimmter Leute immer noch nicht ganz revidiert worden. Wenn wir nun in diesem Absatz das Faktum der Zivilisation und der Kulturen des Bantu-Gebietes beschreiben, dann ist uns bewußt, daß diese beiden Begriffe Gegenstand tiefschürfender Diskussionen in wissenschaftlichen Kreisen waren und daß es verschiedene Meinungen dazu gibt. Wir wollen aber keine neue Meinung präsentieren, sondern dem Leser nur eine afrikanisierte Anwendung der bereits bekannten Meinungen vorstellen.
Diese afrikanisierte Anwendung bereits festgelegter Prinzipien folgt jedoch nicht der Bahn, die die verschiedenen Meinungen genommen haben; sie nimmt nur bestimmte Elemente auf und bringt sie auf eine afrikanische Bahn. Diejenigen, die diese Prinzipien von der europäischen Seite aus formulieren, sind nämlich zu dem Schluß gelangt, daß es nicht-zivilisierte Völker gäbe. Wenn wir uns aber jetzt auf den afrikanischen Standpunkt stellen, müssen wir zeigen, wie nach diesen Prinzipien die Initiatoren der Bantu-Kultur von Anfang an und dann von einer Generation zur anderen bis heute zivilisierte Menschen waren. Wir müssen den Verächtern dieser Gesellschaften zeigen, daß ihr Denken auf einer Verwirrung beruhte, nämlich auf der Nichtunterscheidung zwischen der Wesenheit Zivilisation einerseits und der Wesenheit Technik andererseits. Sie hatten nicht gemerkt, daß die Technik eines der Elemente ist, aus denen die Wesenheit Zivilisation besteht, und daß der Grad der Technisierung geringer oder höher sein kann, ohne daß im ersteren der beiden Fälle die Wesenheit Zivilisation dadurch annulliert würde.
Unsere gesamte Untersuchung will von Anfang bis Ende eines der Elemente, aus denen die Wesenheit Zivilisation besteht, ausbreiten. Wir wollen von Anfang an betonen, daß vom afrikanischen Standpunkt aus keine menschliche Gruppe sich fortpflanzen kann, ohne ihre

Alexis Kagame (1912 - 1981)
Prêtre, historien, ethnologue, poète et philosophe.
Il a été directeur du Journal Kinyamateka, prêtre dans une paroisse rurale, professeur au Grand Séminaire et à l'Université nationale du Rwanda, et Vicaire général du diocèse de Butare.
Par l'oeuvre monumentale qu'il a laissé, il a contribué de façon insigne à sauvegarder les valeurs traditionnelles de l'Afrique et du Rwanda en particulier.

Alexis Kagame (1912 - 1981)
Priester, Historiker, Ethnologe, Dichter und Philosoph.
Er war Chefredakteur der Zeitschrift Kinyamateka, Priester in einer ländlichen Pfarrei, Professor am Priesterseminar und an der nationalen Universität von Rwanda sowie Generalvikar der Diözese Butare.
Durch seine zahlreichen Arbeiten hat er ganz besonders dazu beigetragen, die traditionellen Werte Afrikas und besonders Rwandas zu bewahren.

Source/Quelle: Vivant Univers, No. 357, Mai-Juin, Namur 1985, p.36.

Existenz im Inneren einer Zivilisation zu führen,einerZivilisation, die das Überleben bedingt. Die Wesenheit Zivilisation muß unter zwei Aspekten betrachtet werden: unter dem objektiven und dem subjektiven Aspekt.
Objektiv betrachtet kann die Zivilisation nicht in einem Satz definiert werden; man kann sie eher durch eine möglichst genaue Beschreibung der Elemente, aus denen sie besteht, definieren. Nennen wir einige dieser Elemente: a) Zunächst ein linguistisches System, zu dem die verschiedenen Sprachen, die in dem betrachteten Gebiet gesprochen werden, gehören. b) Ein sehr großes Territorium, über das sich dieses linguistische System erstreckt; die Grenze dieses Systems stimmt mit der des Territoriums überein. c) Eine beträchtliche Zeitdauer, in der dieses Territorium, oder wenigstens sein ursprüngliches Gebiet, falls es im Laufe der Generationen größer geworden ist, bewohnt wird. d) Ein funktionierendes Wirtschaftssystem mit Eigentum im allgemeinen und Eigentum an Grund und Boden im besonderen; dieses System wird wirksam bei der Erzeugung, dem Vertrieb und dem Verbrauch der verschiedensten Güter. e) Ein grundlegendes System des öffentlichen Rechts, das sowohl nach innen als auch nach außen wirksam wird und auf das sich die regionalen Anwendungen, seien sie schriftlich oder mündlich überliefert, beziehen. Dieses öffentliche Recht enthält insbesondere die Verwaltung der Rechsprechung, ohne welche eine Gesellschaft bald zerfallen würde. f) Ein System von gesellschaftlichen Bräuchen, das das Ritual der privaten Beziehungen zwischen Personen, Familien und Sippen regelt und das vor allem die Heiratszeremonien und alles, was die Erziehung der Kinder, soweit sie auf das Leben in dieser Gesellschaft vorbereitet werden, betrifft. g) Ein Komplex von technischen Kenntnissen, die den tatsächlichen Bedürfnissen dieser Menschengruppen angemessen sind. Diese technischen Kenntnisse sind die Basis der zahlreichen unterschiedlichen Formen von Handwerk, das es den Mitgliedern einer Zivilisation erlaubt, ihre wesentlichen Bedürfnisse zu befriedigen. h) Eine grundlegend einzigartige, aber variierbare Norm für das künstlerische Schaffen in Literatur, Musik, Plastik usw.,dessen Stil diesem bestimmten Gebiet eigen und nur naheliegenden Gebieten analog ist. i) Ein Komplex von wissenschaftlichen Kenntnissen, die wirklich, aber auch erdacht sein können und die den menschlichen Geist nicht ruhen ließen, wenn nicht eine wirkliche oder angenommene Antwort gefunden worden wäre. (Sogar die höher entwickelten Zivilisationen haben sich in einem bestimmten Stadium ihrer Geschichte mit angenommenen Antworten zufriedengegeben; denken wir nur an das Weltbild vor Kopernikus

Objectivement considérée, la Civilisation ne peut se définir en une phrase; on peut la définir plutôt par une description aussi détaillée que possible des éléments qui la composent. Citons-en quelques-uns: a) En premier, un système linguistique auquel se réfère la variété des langues parlées dans l'aire considérée. b) Un territoire immensément vaste sur lequel s'étend ce système linguistique; la limite de ce dernier marque celle dudit territoire.c) Une ancienneté respectable de l'occupation de ce territoire ou du moins de son foyer initial, s'il a été élargi d'une génération à l'autre. d) Un système économique efficace, auquel est liée la propriété en général et du sol en particulier; lequel système inspire la production, la circulation et la consommation des biens de tout ordre. e) Un système fondamental de Droit public interne et international (ou interclanique et intertribal), auquel se réfèrent les applications régionales, écrites ou coutumières selon les cas, comportant particulièrement l'administration de la Justice sans laquelle la société concernée serait rapidement désagrégée. f) Un système de coutumes sociales réglementant le rite des relations privées entre les personnes, les foyers et les familles, organisant surtout le cérémonial qui entoure le mariage et tout ce qui concerne l'éducation des enfants pour les préparer à vivre convenablement dans la société considérée. g) Un ensemble de connaissances techniques proportionnées aux besoins réels de ces groupes humains. C'est à partir de pareilles connaissances que se diversifient les formes sans nombre de l'artisanat, grâce auxquelles les participants d'une Civilisation subviennent à leurs besoins essentiels. h) Une norme fondamentalement unique et cependant variée des réalisations artistiques: littéraires, musicales, plastiques, etc., dont le style est propre à ladite zone et seulement analogue à celles qui lui sont parallèles. i) Un ensemble de connaissances scientifiques, parfois réelles et parfois imaginaires, qui ne laisseraient pas en paix l'esprit humain si une réponse réelle ou supposée n'était trouvée. (Les Civilisations supérieures elles-mêmes, à un certain stade de leur Histoire,se sont longtemps contentées de ces réponses supposées; que l'on songe au telluri-centrisme avant Copernic, etc.). j) Un système de pensée profonde (ou: philosophique) qui sera sûrement vrai s'il est implicitement vécu, parfois imaginaire s'il est explicitement affirmé, par exemple sur la nature réelle de l'être ou sur la conception du monde. k) Un système religieux qui donne à l'homme la réponse sur son origine, une règle de conduite à tenir dans ses relations avec les trépassés, vis-à-vis aussi des forces suprasensibles en soi inexpliquées, et vis-à-vis de

usw.) j) Ein System tiefgehenden Denkens (philosophischen Denkens), das gewiß wahr ist, wenn es innerlich gelebt wird, hin und wieder aber imaginär ist, wenn es nur nach außen hin verkündet wird, z.B. über die tatsächliche Natur des Seins oder über die Vorstellung von der Welt. k) Ein religiöses System, das dem Menschen die Antwort auf die Fragen nach seiner Herkunft gibt, Verhaltensregeln für die Beziehungen mit den Verstorbenen, gegenüber den übersinnlichen Kräften, die aus sich selbst heraus unerklärbar sind, und gegenüber dem ewig Existierenden sowie über den Sinn der Existenz des Menschen auf der Erde und seine letzte Bestimmung. So können wir eine konzentrierte Definition der objektiven Zivilisation geben. Sie ist die Anpassung einer Gruppe von Menschen, die ihre ganze menschliche Natur (Intelligenz,Willen, Sensibilität und körperliche Aktivität) benutzt, um die natürliche Umgebung zu zähmen und zu verschönern (Klima und Jahreszeiten, Mineralien, Wasservorkommen, Fauna und Flora), um die inneren Ursachen einer Zerstörung fernzuhalten, sich gegen ähnliche Gruppen, die versuchen könnten, sie zu absorbieren, zu verteidigen, und um den Nachkommen die globalen Erfahrungen, die sie von den Initiatoren der Zivilisation erhalten haben, weiterzugeben.

Das ist die objektive Zivilisation, so wie wir sie verstehen. Wenn sich auch die Liste ihrer Elemente in unserer Aufzählung vielleicht nicht erschöpft, so ist sie doch beispielhaft genug. Wenn wir uns eine menschliche Gruppe vorstellen, die keines dieser Elemente besäße oder der in einer bestimmten Epoche der menschlichen Geschichte eine bestimmte Anzahl davon fehlen würden, so steht fest, daß diese Gruppe schon im Niedergang begriffen wäre und kurz davor stünde, ihre Auflösung von innen heraus zu erleben oder durch die Dekadenz ihrer Institutionen von einer ähnlichen,aber stärkeren Gruppe absorbiert zu werden. Deshalb behaupten wir mit Nachdruck, daß keine menschliche Gruppe sich jemals bis zu unserer heutigen Zeit fortgepflanzt hat, ohne daß ihre Existenz auf der lebendigen Teilhaftigkeit an einer Zivilisation beruht hätte. Sogar die Pygmäen, die unter den Laubdächern des Äquatorialwaldes der Jagd nachgehen, sind von ihrem Standpunkt aus zivilisiert, und sie hätten sich nicht bis zur heutigen Zeit fortgepflanzt, wenn sie sich nicht dem Kanon ihrer Zivilisation unterworfen hätten.

Diejenigen, so sagten wir, die es gewagt haben, von Völkern ohne Zivilisation zu sprechen, verwechseln die Zivilisation selbst mit einem ihrer Elemente, nämlich dem Grad der Technisierung. Entsprechend der Technisierung kann man die Zivilisation klassifizieren. Wir müssen anerkennen, daß die Technisierung unserer Zivilisation

l'Existant éternel, ainsi que sur le pourquoi de l'exister de l'homme sur la terre ou sa fin ultime. Ainsi pouvons-nous donner de la Civilisation objective une définition condensée. C'est l'adaptation d'un groupe humain, se servant de la nature humaine totale (intelligence, volonté, sensibilité et activités corporelles) pour domestiquer et embellir le milieu physique où il doit vivre (climat et saisons, minéraux, hydrographie, faune et flore), se garder des causes internes de désagrégation, se défendre contre les groupes similaires qui tenteraient de l'absorber et pour transmettre à sa descendance l'expérience globale reçue de ses initiateurs.

Voilà la civilisation objective telle que nous la concevons. Si la nomenclature de ses éléments que nous venons d'aligner n'est peut--être pas exhaustive, du moins est-elle suffisamment exemplative. Si nous supposions un groupe humain dépourvu de tous ces éléments à la fois ou qui en manquerait un certain nombre, à une époque donnée de l'Histoire de l'humanité, il est certain qu'il serait déjà à son déclin, prêt à succomber à sa désagrégation de l'intérieur, ou, à la suite de sa décadence institutionnelle, à être absorbé par un groupe similaire plus vigoureux. Aussi affirmons-nous avec force qu'aucun groupe humain ne s'est jamais perpétué jusqu'à nos temps sans mener son existence grâce à la participation vitale à une Civilisation. Même les Pygmées qui vaquent à la chasse sous le feuillage de la forêt équatoriale sont civilisés à leur point de vue et ils ne se seraient pas perpétués jusqu'à nous sans se conformer au canon de leur Civilisation.

Ceux qui ont osé parler de Peuples sans Civilisation, disions-nous plus haut, ont confondu la Civilisation elle-même avec l'un de ses éléments: le degré de la Technique. C'est par la Technique que l'on peut classer les Civilisations. Nous devons reconnaître que la Technique de la nôtre était incomparablement inférieure à celle de l'Européo-Américaine. A comparer les Civilisations, certaines d'entre elles ont développé tellement leur Technique, domestiqué la nature et se la sont tellement asservie, qu'elles se jouent des lois de la pesanteur, permettent à l'homme de sillonner le firmament et vont même jusqu'à poser leurs pionniers sur la lune. D'autres au contraire sont tellement aux balbutiements de cette domestication de la nature, qu'elles s'en croient encore les esclaves. Et entre ces deux extrêmes de Civilisations hautement technicisées et celle à technique rudimentaire, à peine ébauchée, s'étage la gamme des Civilisations plus ou moins technicisées ou en voie du développementtechnique.

La Civilisation sous son aspect subjectif ne nous prendra pas

hinter derjenigen der europäisch-amerikanischen Gesellschaft weit zurückstand. Wenn man die Zivilisationen vergleicht, so stellt man fest, daß einige unter ihnen ihre Technik so weit entwickelt haben, daß sie die Natur gezähmt und sich so weit untertan gemacht haben, daß sie sich über die Gesetze der Schwerkraft hinwegsetzen und es so den Menschen ermöglichen, den Himmel zu durchstreifen, ja sie lassen sogar ihre Pioniere auf dem Mond landen. Andere hingegen stehen noch an den allerersten Anfängen dieser Zähmung der Natur, so daß sie sich noch für ihre Sklaven halten. Und zwischen diesen beiden Extremen, nämlich den hochtechnisierten Zivilisationen und denen mit rudimentärer, kaum entwickelter Technik, erstreckt sich die Bandbreite der mehr oder weniger technisierten oder in der Entwicklung ihrer Technik begriffenen Zivilisationen.

Der subjektive Aspekt der Zivilisation wird uns nicht lange beschäftigen: Er bedeutet nur die Teilhabe eines bestimmten Individuums an den genannten Elementen der objektiven Zivilisation. Es wäre überflüssig zu betonen, daß kein Individuum in der Winzigkeit seiner Person alle objektiven Elemente seiner Zivilisation vereinen kann. Ein Individuum hat teil an einer Zivilisation in dem Maße, in dem ihm eine notwendigerweise unvollständige Initiation je nach dem Grad seiner Schulbildung und seinem sozialen Umfeld ermöglicht wird.

In diesem Sinne der Initiation des Individuums in die Elemente seiner Zivilisation und der Teilhabe an diesen Elementen haben wissenschaftliche Kreise die Wesenheit Kultur diskutiert und sind von ihr aus zu dem Problem des kultivierten Menschen oder Kulturmenschen gelangt. Diese bildhaften Ausdrücke sind offensichtlich durch Analogie den Feldarbeiten entlehnt. Der Kulturmensch ist derjenige, der sorgsam seine geistigen Fähigkeiten kultiviert hat, so daß er u.a. eine interessante und belehrende Unterhaltung über mannigfache Elemente seiner Zivilisation führen kann, und daß er vor allem weiß, wo die Themen, in denen er sich nicht auskennt, beginnen, so daß er in diesem Fall sein Nichtwissen hinter einem intelligenten Schweigen verbergen kann. Dieses Thema ist unerschöpflich. Aber man wird wenigstens verstanden haben, daß die Wesenheit Kultur, wenn man sie so sieht, nichts anderes ist als die Formulierung des subjektiven Aspekts der Zivilisation.

Im Rahmen unserer afrikanisierten Anwendung müssen wir jedoch aus diesen Prinzipien eine andere Vorstellung, die ebenfalls in dem Begriff Kultur enthalten ist, herausgreifen. Dieser Begriff muß hier dazu dienen, ein spezialisiertes Gebiet zu bezeichnen oder, mit anderen Worten, eine ausgedehnte und stark individualisierte

beaucoup de temps: elle est simplement la participation de tel individu auxdits éléments de la Civilisation objective. Il serait superflu d'insister sur le fait qu'aucun individu ne peut totaliser en sa mince personne tous les éléments objectifs de sa Civilisation. Un individu y participe dans la mesure de ses possibilités d'initiation, fatalement partielle, suivant le degré de son éducation à l'école et dans le milieu de la société où il vit.

C'est dans ce sens d'initiation et de participation de l'individu aux éléments de sa Civilisation que les milieux scientifiques ont discuté de l'entité Culture, de laquelle dérive le problème de l'homme cultivé, ou homme de culture. Ces expressions imagées sont évidemment empruntées,par analogie, aux travaux des champs. L'homme de culture sera celui qui a cultivé soigneusement ses facultés mentales de manière, entre autres, à soutenir une conversation intéressante et instructive sur maints éléments de sa Civilisation, et qui sait surtout où commencent les sujets qu'il ne connaît pas, en quel cas il sait cacher son ignorance derrière un silence intelligent. Ici le sujet est inépuisable. Du moins aura-t-on compris que l'entité Culture ainsi envisagée n'est autre que la formulation de notre aspect subjectif de la Civilisation.

Dans le cadre cependant de notre application africanisée, nous devons tirer de ces principes une autre notion figurée par le terme Culture. Il doit servir à désigner une zone spécialisée,en d'autres mots, une province étendue et fortement individualisée, au sein d'une Civilisation donnée. Le critère le plus obvie de ladite province sera sa langue clairement différenciée de ses voisines avec lesquelles elle partage cependant les caractères fondamentaux du système linguistique qui caractérise la Civilisation dont elles relèvent. La langue différenciée des autres est signe de la spécialisation des éléments objectifs de la Civilisation en la zone considéré. Ainsi au sein de l'aire Bantu, on ne parlera pas de la Civilisation Rwandaise, mais bien de la Culture Rwandaise, de la Culture des baLuba, des baKongo, etc.

Bien plus, des Cultures ainsi comprises peuvent présenter des critères communs qui permettent d'en grouper plusieurs en une zone plus vaste au sein de la même Civilisation. Ainsi pouvons-nous parler de l'Afrique interlacustre, de la Cuvette Zairoise, etc.

Bien que différenciées cependant au niveau ou national ou ethnique, selon le cas, elles présentent respectivement au niveau des institutions, des coutumes, etc., une similarité particulière inconnue des autres Cultures régionales appartenant à la Civilisation Bantu.

Provinz, die sich innerhalb einer gegebenen Zivilisation befindet. Das günstigste Kriterium für eine solche Provinz wäre ihre Sprache, soweit sie sich deutlich von den Nachbarsprachen unterscheidet unter Beibehaltung der grundlegenden Eigenschaften des linguistischen Systems, das die Zivilisation, zu der sie gehören, charakterisiert. Die Sprache, die sich von denen der anderen Gebiete unterscheidet, zeigt die Spezialisierung der objektiven Elemente der Zivilisation in dem betrachteten Gebiet an. So wird man im Inneren des Bantu-Gebietes nicht von der ruandischen Zivilisation, sondern von der ruandischen Kultur sprechen, von der Kultur der Baluba, der Bakongo usw.

Ja noch mehr, wenn man die Kulturen so versteht, so können sie gemeinsame Kriterien haben, die es erlauben, mehrere von ihnen in einem größeren Gebiet innerhalb derselben Zivilisation zu gruppieren. So sprechen wir dann vom afrikanischen Zwischenseegebiet, vom zairischen Becken usw.

Obwohl diese Kulturen auf nationaler oder ethnischer Ebene unterschiedlich sind, so haben sie doch auf der Ebene der Institutionen, der Bräuche usw. eine besondere Ähnlichkeit, die den anderen regionalen Kulturen, soweit sie zur Bantu-Zivilisation gehören, fehlt.

Fassen wir zusammen: Eine Zivilisation setzt ein sehr großes Territorium voraus, auf dem sie sich in langer Zeit, manchmal in Jahrtausenden, entwickelt hat unter Einbeziehung fremder Beiträge, wie sie die Wechselfälle der Geschichte ihr aufgedrängt haben. Die Kultur hingegen ist, so wie wir sie sehen, die regionale Spezialisierung innerhalb einer solchen Zivilisation, unabhängig davon, ob sie über eine Schrift verfügt oder nicht."

Quelle: Alexis Kagame: Sprache und Sein -
Die Ontologie der Bantu Zentralafrikas.
P. Kivouvou Verlag - Editions Bantoues
Heidelberg 1985, S. 46 - 49.

En conclusion, une Civilisation suppose un territoire immensément vaste où elle s'est développée au long parfois de millénaires, s'enrichissant immanquablement d'apports extérieurs que lui imposèrent les vicissitudes de l'Histoire. Tandis que la Culture, à notre point de vue, est la spécialisation régionale au sein de telle Civilisation, fût-elle à écriture ou non."

Source: Alexis Kagame: La Philosophie Bantu comparée.
Présence Africaine, Paris 1976 (UNESCO),
p. 47 - 52.

Mgr. Classe avec des Frères Joséphites - Mgr. Classe und Brüder der St. Josephs-Gesellschaft für auswärtige Missionen, 1929

Jean-Damascène Bizimana

IMANA IBA HOSE - DIEU SE TROUVE PARTOUT

La croyance en un Dieu unique "Imana" est traditionnellement rwandaise. La survie des âmes après la mort a suscité chez-nous le culte millénaire des ancêtres défunts, invités ainsi à partager le bonheur éphémère du monde vivant. Dans le palais qui leur a été donné par la puissance d'Imana, nos pères ont établi un sens défini de la vie. Ainsi après avoir trouvé leur existence sans fin dans leur progéniture, ils ont réalisé par le biais des esprits des ancêtres, un équilibre stable entre le naturel et le surnaturel dominé par le Tout-Puissant-Imana.

Les grandes religions du monde occidental, dans leur expansion n'allaient pas épargner le Rwanda. Ce pays fut un grand royaume, dominé au Nord par les volcans de plus de 4.000 m où demeurent symboliquement les esprits des défunts. Ce royaume, arrosé ensuite par une série de lacs riches en légendes religieuses et en eau d'où le Nil prend sa source, est historiquement connu dans le cadre des civilisations interlacustres. La colonisation européenne, lors du partage arbitraire de l'Afrique à Berlin sous le Chancelier allemand Otto von Bismarck 1884-85, (1) réduisit le Rwanda au noyau de ce royaume.

A l'abri du drapeau allemand, les missionnaires chrétiens, en tête les Pères Blancs, conquirent le Rwanda dans les années 1900, où les gardiens de la tradition observent la disparition d'une partie de la culture à laquelle tout le monde était attaché. Et de fait, semer l'évangile supposait d'abord effacer profondément la culture "païenne".

Jean-Damascène Bizimana

IMANA IBA HOSE - GOTT IST ÜBERALL

Der Glaube an einen einzigen Gott, Imana,ist Tradition in Rwanda. Das Leben der Seele nach dem Tod hat in unserem Land zu einem tausend Jahre alten Kult der Ahnen geführt. Diese sind somit eingeladen, mit den Lebenden das vergängliche Glück der hiesigen Welt zu teilen. In dem Leben nach dem Tod, das den Ahnen dank der Größe und Macht Imanas zuteil wird, haben sie zu einer Bestimmung dessen, was das Leben ist, beigetragen. Da ihre fortwährende Existenz immer durch ihre Nachkommen gesichert ist, haben sie mit Hilfe der Vorfahren ein dauerhaftes Gleichgewicht zwischen Natürlichem und Übernatürlichem geschaffen, das von dem allmächtigen Imana beherrscht wird.
Die großen Religionsgemeinschaften der westlichen Welt haben auch Rwanda nicht ausgespart. Dieses ehemalige Königreich wird im Norden von der Bergkette der Vulkane, die teilweise über 4000 m hinausragen, beherrscht. Die Vulkane gelten als der symbolische Sitz der Geister der Verstorbenen.
Historisch ist das Königreich als eine der Kulturen im Gebiet der großen Seen bekannt. Diese Region ist mit zahlreichen religiösen Legenden, aber auch mit Wassern, die die Quelle des Nils speisen, reich gesegnet. Die Kolonialisierung durch die Europäer reduzierte Rwanda durch die willkürliche Teilung Afrikas in Berlin 1884/85 unter dem damaligen deutschen Kanzler Otto von Bismarck auf den Kern dieses Königreiches.(1)
Unter dem Schutz der deutschen Flagge begannen christliche Missionare, in vorderster Reihe angeführt von den Weißen Vätern, zu Beginn des 20. Jahrhunderts Rwanda zu erorbern. Die Wächter unserer Traditionen können feststellen, daß damit ein Teil der Kultur, an die sich alle gebunden fühlten, verschwand. Das Evangelium verkünden, setzte zunächst ein tiefgehendes Ausradieren der 'heidnischen' Kultur voraus.

1. La religion ancestrale

La philosophie ainsi que la conception de la vie du Rwandais sont axées sur un monothéisme céleste. Bien avant l'introduction des religions étrangères était connu un seul Dieu communément appelé Imana. Imana est créateur (Rurema), c'est lui qui donne les enfants, comme nous l'affirment beaucoup de noms rwandais tels que Habyarimana (Dieu engendre), Harerimana (Dieu éduque) au sens rwandais de "faire grandir les enfants". Il est omniscient et omnipotent comme en témoigne les noms de Bizimana (Dieu le sait) et Ntakirutimana (nul n'est supérieur à Dieu). (2) En effet, il n'existe qu'un seul Dieu, dans la philosophie rwandaise, à qui tout événement est attribué.
Cette croyance en un Dieu unique suscita au cours de l'histoire du Rwanda un certain nombre de rites religieux indirectement liés à Imana, qui n'est même pas évoqué dans les cérémonies religieuses.

Lieux de prière aux ancêtres - Gebetsstätte für die Ahnen (3)

1. Die Religion der Ahnen

Philosophie und Lebensauffassung der Rwander sind auf einen himmlischen Monotheismus ausgerichtet. Bereits lange bevor die fremden Religionen eingeführt wurden, kannte man in Rwanda eine Gottheit, gemeinhin als "Imana" bezeichnet. Imana ist Schöpfergott (Rurema); er schenkt den Menschen die Kinder, wie viele rwandische Namen belegen: Habyarimana (Gott zeugt), Harelimana (Gott erzieht) im rwandischen Sinn des Wortes 'erziehen', d.h. Gott läßt die Kinder wachsen. Namen wie Bizimana (Gott weiß es) und Ntakirutimana, was soviel bedeutet wie: es gibt nichts, was höher ist als Gott, bezeugen seine Allwissenheit und Allmacht.(2)
Die rwandische Philosophie kennt nur einen Gott, und jedes Ereignis hat seinen Ursprung in ihm.
Dieser Glaube an einen einzigen Gott führte im Laufe der Geschichte zu einer Anzahl religiöser Riten, die nur indirekt an Imana, da er nicht einmal in diesen Zeremonien angesprochen wird, gebunden sind. Diese traditionelle Religion, die untrennbar vom täglichen Leben des Munyarwanda (Rwanders) war, birgt in sich einen beachtlichen kulturellen Reichtum, der nicht in Vergessenheit geraten darf. Nun, dieser Beitrag will den Informationshunger nach den Inhalten dieser Religion befriedigen.
Im traditionellen rwandischen Verständnis ist Imana für den Menschen unerreichbar. Imana hat jedoch Mittler zwischen sich und den Menschen ausgewählt, die seinen Willen ausführen sollen, z. B. zur rechten Zeit Regen zu senden. Nur diese Mittler haben feste Kultstätten, an denen die religiösen Riten durchgeführt werden, während es für Imana selbst weder einen Tempel noch einen bekannten Ort des Gebetes gibt. Die wichtigsten Riten sind Lyangombe, dessen Anhänger fast im gesamten 'imanischen' Bereich zu finden sind, sowie Nyabingi geweiht. Nyabingis Anhänger sind im Norden Rwandas anzutreffen.(4)
Die Menschen der Region haben den Raum sehr findig in drei Ebenen eingeteilt, die in einer wechselseitigen Beziehung zueinander stehen. Der Himmel (ijuru) ist die Ebene Imanas, seine Hauptwohnstätte befindet sich

Cette religion tradidionnelle qui était inséparable du reste de la vie quotidienne du Munyarwanda (Rwandais) ancien, cache ainsi en elles une partie considérable de la richesse culturelle qu'il ne faut pas laisser sombrer dans l'oubli. En outre, cet essai vise à apaiser la soif d'information dont je suis le témoin en ce qui concerne la pratique de cette religion.
Au sens rwandais traditionnel, Imana n'est pas accessible à l'homme. Il existe cependant des intermédiaires choisis par Imana lui-même et qui doivent exécuter sa volonté, par exemple faire tomber la pluie en cas de besoin. Seuls ces intermédiaires ont des endroits fixes où se déroulent les rites religieux, alors que l'Imana n'a ni temple ni lieu de prière connus. Les rites les plus importants sont ceux de Lyangombe, dont on rencontre les adeptes dans presque toute la zone "imanique" et de Nyabingi dont les adeptes se trouvent dans le Nord de la zone précitée. (4)

Les habitants de cette région avaient ingénieusement divisé l'espace en trois étages liés entre eux par des relations réciproques. Le ciel (ijuru) est la demeure d'Imana, avec habitation principale dans les cieux du Rwanda, conformément à ce qu'on dit: "Imana yilirwa ahandi igataha i Rwanda (Dieu passe la journée ailleurs, mais rentre au Rwanda)." Ainsi le peuple rwandais éprouve une confiance totale en la protection d'Imana qui occupe en l'occurence l'étage supérieur.
Le deuxième étage constitue 'isi' (la terre), sur laquelle se déroule la vie. Enfin, les entrailles de la terre (ikuzimu), logeant les esprit des défunts (abazimu), forment l'étage inférieur de ce complexe mystique. (5) C'est sur cette triple conception de l'univers que s'est érigée la religion traditionnelle du Rwanda. Cette religion ancestrale régentait toute la vie quotidienne, comme le dit l'Abbé Augustin Misago. (6) Cette religion se pratique sous forme de culte avec rites extrêmement variés. Les plus importants sont le culte de Lyangombe et celui de Nyabingi avec une pratique parallèle du culte des ancêtres.

in den Himmeln Rwandas. So sagt man: "Imana yilirwa ahandi igataha i Rwanda" (Den Tag verbringt Imana anderswo, abends kehrt er nach Rwanda zurück). Für die rwandische Bevölkerung bedeutet dies, daß sie in absolutem Vertrauen auf den Schutz Imanas lebt, der in der ihm zustehenden oberen Ebene wohnt. Die zweite Ebene bildet die Erde (isi), hier spielt sich das Leben ab. Im Schoß der Erde (ikuzimu) wohnen die Geister der Verstorbenen (Abazimu). Diese Ebene bildet die untere Ebene dieses mystischen Komplexes.(5) Auf diese dreifache Konzeption des Universums hat sich die traditionelle Religion in Rwanda aufgebaut. Wie Abbé Augustin Misago ausführt, lenkte die Religion unserer Ahnen das tägliche Leben eines jeden Rwanders.(6)
Diese Religion wird durch Riten sehr unterschiedlicher Ausprägung ausgeübt. Wie gesagt, sind die wichtigsten der Lyangombe- und der Nyabingi-Kult mit den gleichzeitig praktizierten Riten für die Ahnen.

Lyangombe

Lyangombe ist eine historische Persönlichkeit, selbst wenn die mündliche Überlieferung der rwandischen Geschichte keinen genauen Herkunftsort beschreibt. Der Lyangombe-Kult, Kubandwa genannt, wird in der Region der großen Seen (Rwanda, Burundi, einem Teil Ugandas und Tanzanias) praktiziert. Seine Verbreitung fand er angeblich im 15. Jahrhundert n. Chr..(7) Lyangombe, Oberhaupt der Abazimu (Geister der Ahnen), überwacht das Jenseits.Er steht zwischen Gott und seinen menschlichen Vertretern (Imandwa), um die Verbindung zwischen den drei Ebenen des rwandischen Universums herzustellen. Als er auf einer schlecht verlaufenen Jagd, von der ihn seine Mutter abhalten wollte, von einem Büffel tödlich verletzt wurde, verfügte er noch im Todeskampf ein moralisches Gesetz, wonach ein Kind, das weder Vater noch Mutter gehorcht, irgendwann der Grille gehorchen wird.(8)
Der Büffel, dessen Opfer er geworden war, warf ihn in den Umuko (Korallenstrauch). Dieser Baum wurde nach dem Tod Lyangombes zum Ort der Initiation und des Gebetes. Unter diesem Baum offenbarte er die ihm vom

Lyangombe

Lyangombe est un personnage historique, même si la source orale de l'histoire rwandaise ne fournit pas d'endroit précis pour son origine. Son culte, le Kubandwa, se pratique dans la région des grands lacs (Rwanda, Burundi, une partie de l'Uganda et de la Tanzanie). Son expansion daterait du XVème siècle de l'ère chrétienne.(7) Lyangombe, chef des Abazimu, contrôle le royaume d'outre-tombe. Il s'intercale entre Dieu et ses représentants (imandwa) pour établir le contact entre les trois étages de l'univers rwandais.

Tué par un buffle dans une fôret, lors d'une chasse que sa mère lui avait intérdit d'entreprendre, il décréta dans son agonie, une loi morale selon laquelle l'enfant qui n'obéit ni à sa mère ni à son père, finit par obéir au grillon.(8) Le buffle dont il fut victime le jeta dans l'umuko (erytrine), qui est devenu d'office l'endroit des initiations et un lieu de prière. C'est sous le même arbre qu'il révéra la puissance que lui avait accordé le Tout-Puissant, ainsi invita-t-il toutes les ethnies du peuple (abatwa, abahutu, abatutsi) à lui faire un culte en vue d'obtenir grâce à lui les faveurs d' Imana.(9)

La description d'une cérémonie, dans le culte de Lyangombe, serait longue pour trouver place ici. Disons seulement quc les participants initiés et imandwa donnent diverses offrandes, partagent repas et boissons. Il y a de quoi boire dans une cruche (Intango) qu'on pose sous un arbre rituel tel que umurinzi (l'arbre protecteur) ou umutanga (arbre qui protège contre les méchants). La foule chante et danse, court à une vitesse d'éclair... Les imandwa tiennent les propos les plus osés; bref, ils se trouvent dans un monde affranchi des interdits de la société ordinaire. De ce fait, Lyangombe est toujours considéré comme leur sauveur ayant gardé sa puissance libératrice terrestre pour son peuple même dans l'audelà! Reconnaissant que Lyangombe n'est pas Imana, ses adeptes lui adressent une prière commençant par les lignes suivantes(10):

Allmächtigen zuteil gewordene Kraft und forderte alle Ethnien Rwandas (abatwa, abahutu, abatutsi) auf, ihm einen Kult zu weihen, um dadurch Imanas Gunst zu erlangen. (9)
Die ausführliche Beschreibung einer Lyangombe-Kultfeier würde zu weit führen. Es sei nur gesagt, daß die Teilnehmer der Feier, Initiierte und Imandwa (menschliche Vertreter Lyangombes), verschiedene Opfergaben darbringen sowie Essen und Trinken teilen ... Ein Krug mit einem Getränk (Intango) wird unter einen Ritusbaum wie den Umurinzi (der Baum, der beschützt) oder den Umutanga (der Baum, der sich dem Bösen widersetzt) gestellt. Die Menschenmenge singt, tanzt und läuft mit der Geschwindigkeit eines Blitzes...Die Imandwa halten die gewagtesten Reden, kurz, sie sind von den gesellschaftlichen Verboten befreit. Lyangombe wird als Retter betrachtet, der selbst im Jenseits die befreiende irdische Kraft für sein Volk bewahrt hat. Da die Lyangombe-Anhänger wissen, daß er nicht Imana ist, richten sie an ihn ein Gebet mit folgenden Anfangszeilen (10):

Lyangombe sei immer mit Imana
Hier ist der sehr gute Honigwein
Schau auf diese schönen Opfergaben
Sei unser Sieger überall

Gib uns die Existenz
Gib uns die Vermehrungsfähigkeit
Gib uns die Fruchtbarkeit
Gib uns die Macht

Nach diesem Kult wohnen Lyangombe und die Abazimu in den erloschenen Vulkanen im Norden unseres Landes.

Nyabingi

Nyabingi ist ein weiblicher Geist (umukecuru = eine Alte), der Leben, Fruchtbarkeit und im allgemeinen auch Glück schenkt. Nyabingi soll zur Zeit der Herrschaft von König Ruganazu Ndoli (1624) gelebt haben, wobei gewisse Zweifel bezüglich des genannten Datums

Sois toujours avec Imana, Lyangombe
Voici l'hydromel très bon
Regarde ces belles offrandes
Sois notre vainqueur partout

Donne-nous l'existence
Donne-nous la fécondité
Donne-nous la fertilité
Donne-nous le pouvoir

Lyangombe et les abazimu demeurent, selon ce culte, dans les volcans éteints situés au Nord du pays.

Nyabingi

Nyabingi est un esprit féminin (umukecuru-une vieille), donneur de la vie, de la fertilité,de la fécondité et en général du bonheur. On le situe à l'époque du règne de Ruganzu Ndoli (1624). Dans l'espace, son domaine englobe le Nord-Ouest du Rwanda plus une petite partie limitrophe de l'Uganda et du Zaïre et son influence se prolonge jusqu'au Rwanda central.(11) Ses prêtres, nommés "Abagirwa", se trouvent exclusivement au Nord. Un prêtre (un homme ou une femme) fait construire de petites huttes (à l'intérieur de son enclos) dont la principale est destinée à Nyabingi et les autres aux abazimu (ancêtres défunts) familiaux. Les esprits pouvant causer le malheur en cas de négligeance à leur égard reçoivent comme offrandes un agneau ou un veau qu'on garde vivant, alors qu'à Nyabingi, on peut donner symboliquement une petite fille ou immoler un taureau, dont les autres esprits recevront chacun sa part. Tous ces esprits sont supposés vivre librement, avec possibilité de revendiquer leurs droits. Lors de ce culte, Nyabingi reçoit d'Imana la paix et la donne ensuite au vivants (gutanga amahoro). De ce fait, les prêtres de Nyabingi et ses adeptes savent bien que Nyabingi n'est pas Imana. C'est pourquoi, dans un cas difficile nécessitant le recours à Nyabingi et aux abazimu, les prêtres font tout ce qui est nécessaire, mais réservent la décision finale à Imana (ahasigaye ni ah'Imana).

bestehen. Ihr Herrschaftsraum erstreckt sich auf den Norden und Nordwesten Rwandas sowie auf benachbarte Gebiete Ugandas und Zaires. Ihr Einfluß geht bis Mittelrwanda.(11) Ihre Priester, die in der lokalen Sprache 'Abagirwa' genannt werden,leben ausschließlich im Norden. Ein Priester (Mann oder Frau) baut kleine Hütten innerhalb der Umzäunung seines Anwesens. Eine der Hütten ist Nyabingi geweiht, die anderen den Abazimu (Geister der Ahnen) der Familie. Da die Geister, im Falle einer Mißachtung, Unglück bringen können, werden ihnen ein Lamm oder ein Kalb, welche jedoch nicht getötet werden, geopfert. Für Nyabingi können symbolisch auch ein kleines Mädchen geweiht oder ein Stier dargebracht werden, von dem dann die anderen Geister jeweils ihren Teil erhalten. Von all diesen Geistern wird angenommen, daß sie frei leben und die Möglichkeit haben, ihre Rechte einzuklagen.
In diesem Kult erhält Nyabingi von Imana den Frieden, den sie dann an die Lebenden weitergibt (gutanga amahoro). Somit wissen die Priester Nyabingis und ihre Anhänger, daß Nyabingi nicht Imana ist. Wird in einer schwierigen Situation die Hilfe Nyabingis und der Abazimu gebraucht, werden die Priester alles Notwendige tun, um Nyabingis Hilfe zu erlangen. Die endgültige Entscheidung über die Gewährung der Hilfe überlassen sie jedoch Imana (ahasigaye ni ah'imana).
Neben dem Lyangombe- und dem Nyabingi-Kult sowie dem Ahnenkult, die allesamt in ihrem Fortbestehen bedroht sind, gibt es noch andere, wenig bekannte Glaubensrichtungen, deren Aufdeckung für die religiöse Welt von Interesse sein könnte. So sehnen sich zum Beispiel die Bashobyo (regionale Sippe) der Gemeinde Kanama (Sektor Nyundo) nach 'Mibungo', dem Symbol einer übernatürlichen Kraft. Angeblich wurde Mibungo von Missionaren gefangen! Bei einem Treffen mit zwei rwandischen Journalisten äußerten die Bashobyo: "Wenn Mibungo zurückkäme, würde kein einziger Mushobyo die Kirche je wieder betreten." (nta mushobyo n'umwe wasubira kwa padiri).(12) Zweifellos besitzen die Bashobyo einen eigenen religiösen Kult!

A côté du culte de Lyangombe, de Nyabingi et des ancêtres, culte dont l'avenir est menacé, il existe d'autres croyances mal connues et dont la découverte pourrait intéresser le monde religieux. Par exemple: les clans des Bashobyo de la commune de Kanama (secteur de Nyundo) éprouvent la nostalgie de Mibungo, pour eux symbole d'une puissance surnaturelle. Ce Mibungo aurait été saisi par les missionnaires! Au cours de leur rencontre avec deux journalistes rwandais, les Bashobyo déclarèrent: "Si Mibungo revenait, quel Mushobyo, ne fût ce qu'un seul, remettrait son pied dans l'église (nta mushobyo n'umwe wasubira kwa padiri)!"(12)
Sans doute que les Bashobyo possèdent-ils un culte religieux original!

En somme, le Rwandais est lui-même le temple d'Imana qu'il prie intérieurement et à qui il réserve comme domicile l'étage supérieur.
Les cultes religieux qu'on rencontre au Rwanda montrent que le Rwandais traditionnel croit également à la vie après la mort. On découvre que ce Rwandais passe sa vie habituelle avec ses ancêtres. Reconnaissant leur puissance bienfaisante ou néfaste, il les place dans un monde obscur (ikuzimu), peut-être l'image du sein de la terre où sont soigneusement placées les dépouilles mortelles. Il met en jeu leur état spirituel pour pouvoir établir une relation mystérieuse entre les éléments des ensembles visibles et invisibles.
Le Rwandais actuel, resté ou non fidèle à la tradition, observe depuis des décennies, la transformation générale de son étage où ses ancêtres fûrent placés par Imana. Sur le plan extérieur, l'arrivée des missionnaires européens sembla mettre fin à la religion traditionnelle, appellée faussement encore aujourd'hui "animisme".S'agissant de sauvegarder l'identité culturelle du pays, il reviendrait aux théologiens (habilités en la matière) d'exploiter cette partie constituante du patrimoine culturel. La chose est sans doute intéressante, si on pense à la volonté de l'Eglise d'africaniser le christianisme, selon la déclaration

Zusammenfassend ist zu sagen, daß der Rwander selbst der Tempel Imanas ist, den er in seinem Inneren anbetet und den er als höchstes Wesen anerkennt. Betrachtet man die verschiedenen religiösen Kultformen, die in Rwanda zu finden sind, so ist festzustellen, daß der traditionell fühlende Rwander an ein Leben nach dem Tode glaubt. Man entdeckt, daß dieser Mensch seinen Alltag mit seinen Ahnen verbringt. Indem er ihre wohlwollende oder auch unheilvolle Macht anerkennt, weist er ihnen einen Platz in einer dunklen Welt (ikuzimu) zu, vielleicht mit der Vorstellung, dies sei im Innern der Erde, wo auch die sterblichen Überreste sorgfältig begraben werden. Er bringt seinen spirituellen Zustand ins Spiel, um eine geheimnisvolle Beziehung zwischen den Elementen der sichtbaren und der unsichtbaren Welt herstellen zu können.

Der Rwander von heute, sei er nun traditionell eingestellt oder nicht, nimmt seit einigen Jahrzehnten eine allgemeine Veränderung seines Verhältnisses zu seinen Ahnen wahr. Die Ankunft europäischer Missionare schien der traditionellen Religion, die heute noch fälschlicherweise als 'Animismus' bezeichnet wird, ein Ende zu setzen. Um die eigene kulturelle Identität zu retten, sollte es Aufgabe der wissenschaftlich arbeitenden Theologen sein, diesen wichtigen Bestandteil des kulturellen Erbes zu erforschen. Ein solches Vorhaben wäre zweifellos interessant, wenn man an den Willen der katholischen Kirche denkt, das Christentum zu afrikanisieren, so wie dies im Juli 1969 Papst Paul VI. in Kampala erklärt hat: "Ihr müßt und Ihr könnt ein afrikanisches Christentum haben". (13)

> "Die Freiheit der Religion und die Freiheit, diese öffentlich auszuüben, die Gewissensfreiheit und die Meinungsfreiheit sind in allen Formen garantiert; Rechtsbrüche, die während ihrer Ausübung erfolgen, werden jedoch strafrechtlich verfolgt."
>
> Verfassung der Republik Rwanda, Artikel 18

du Pape Paul VI à Kampala en juillet 1969. "Vous devez et vous pouvez avoir un christianisme africain".(13)

> "La liberté des Cultes et celle de leur exercice public,la liberté de conscience ainsi que la liberté de manifester ses opinions en toute matière sont garanties, sauf la répression des infractions commises à l'occasion de leur exercice."
>
> Constitution de la République Rwandaise Art. 18

2. Le christianisme

Le christianisme est présent sous une double forme au Rwanda, à savoir la forme catholique et la forme protestante.(14)
Les missionnaires catholiques fûrent les premiers à mettre pied sur le sol rwandais. Ils étaient représentés par les Pères Blancs de la Société des Missionnaires d'Afrique fondée par l'Archevêque d'Alger, Charles Lavigerie.Ces missionaires français avaient précédé la colonisation allemande dans la région qui devait devenir un peu tard l'Afrique orientale allemande englobant le Rwanda. S'agissant du Rwanda, les colonisateurs allemands avec résidence à Usumbura (Bujumbura, Burundi), dévancèrent les missionaires dans le pays, sans s'y établir. Pour y entrer, les missionnaires durent requérir la permission de l'administration coloniale allemande. Les Allemands accueillirent chaleureusement les Pères Blancs français, conduits par Mgr. Hirth et les introduisirent le 2 Février 1900 à la cour de Yuhi V Musinga, roi du Rwanda. Selon les recommandations du Cardinal Lavigerie, les Pères Blancs devaient avoir comme tactique la conversion des dirigeants, en vue d'une conversion successive du reste de la population. Cette tactique était sans doute applicable au Rwanda, compte tenu de l'autorité dont jouissait le roi et de l'obéissance du peuple à son égard. Pourtant, les Pères Blancs qui avaient enregistré de remarquables succès en Uganda (britannique) ou au Tanganyika, n'allaient pas obtenir d'emblée au Rwanda les

2. Das Christentum

Das Christentum ist in Rwanda mit zwei Konfessionen präsent: dem christlich-katholischen und dem christlich-protestantischen Bekenntnis. (14)
Die katholischen Missionare waren die ersten, die rwandischen Boden betraten. Und zwar waren dies die Weißen Väter der Missionsgesellschaft für Afrika, welche vom Erzbischof von Algier, Charles Lavigerie, gegründet wurde. Diese französischen Missionare betraten vor den deutschen Kolonisatoren die Region Ostafrika, die dann etwas später (einschließlich Rwanda) zur Kolonie Deutsch-Ostafrika werden sollte. Für Rwanda gilt, daß die deutschen Kolonialherren mit ihrem Sitz in Usumbura (das heutige Bujumbura in Burundi) den Missionaren in unserem Land zuvorkamen, ohne sich jedoch dort niederzulassen. Daher mußten die Missionare auch eine Genehmigung der deutschen Kolonialverwaltung erhalten, um überhaupt nach Rwanda zu gelangen. Die Deutschen bereiteten den französischen Weißen Vätern unter der Leitung von Mgr. Hirth einen herzlichen Empfang und führten sie am 2. Februar 1900 am Hof von Yuhi V Musinga, dem damaligen König von Rwanda, ein.
Kardinal Lavigerie hatte den Missionaren als Taktik empfohlen, zunächst die Herrschenden zu bekehren, um anschließend schrittweise die restliche Bevölkerung zu missionieren. Diese Strategie schien in Rwanda ohne Zweifel anwendbar, da der König als Autorität anerkannt war und mit dem Gehorsam des Volkes rechnen konnte. Doch die Weißen Väter,die in Uganda (britisch) oder in Tanganyika bereits große Missionserfolge verzeichneten, erzielten in Rwanda nicht die erhoffte Wirkung. Die Schwierigkeiten begannen direkt am Königshof. Nun,der König und sein Hof wollten die fremde Religion nicht anerkennen, da dies gleichbedeutend mit der Ablehnung der traditionellen Religion gewesen und somit einem Verrat des ganzen Königreiches gleichgekommen wäre. Übrigens empfing nicht der König persönlich die Missionare. Die Missionare hielten den Höfling Mpamarugamba bei ihrer Begrüßung für Yuhi V, was ihnen erst einige Monate später als Irrtum bewußt

Mgr. Hirth, Jean-Joseph (1853 - 1930)

résultats qu'ils escomptaient. Les difficultés commencèrent à la cour même. En fait, le roi et sa cour ne voulaient pas accepter la religion étrangère, car cela impliquait la négation de la religion traditionnelle et cela revenait à trahir le royaume tout entier. Et d'ailleurs, le roi ne reçut pas en personne les missionnaires. C'est Mpamarugamba, dignitaire de la Cour qu'ils prirent pour Yuhi V lors de leur accueil et c'est seulement au bout de quelques mois déjà qu'ils se rendirent compte de l'erreur.
D'un autre côté, le roi, qui était déjà au courant de l'oeuvre civilisatrice des missionnaires, ne voulait pas les refouler carrément. En outre, les missionnaires avaient obtenu des Allemands protecteurs du roi, l'autorisation de s'installer au Rwanda. Mais où? Après de longues négociations il leur fut concédé un

wurde. Andererseits wollte der König es vermeiden, die Missionare, über deren zivilisatorisches Wirken er bereits informiert war, offen abzulehnen. Immerhin hatten die Missionare von den Deutschen, den Beschützern des Königs, die Erlaubnis erhalten, sich in Rwanda niederzulassen. Die Frage blieb, wo dies ermöglicht werden sollte.
Nach langen Verhandlungen wurde ihnen ein Gelände in Save, nicht weit vom königlichen Hof überlassen. Dort entstand dann die erste Missionsstation der Weißen Väter. Später bat der Hof die Weißen Väter, am Königssitz in Nyanza eine Schule unter der Bedingung zu eröffnen, daß es im Lehrangebot keinen Religionsunterricht gäbe.
Diese anti-christliche Haltung beunruhigte die Missionare, zumal sie auch feststellen mußten, daß junge, der fremden Religion gegenüber aufgeschlossene Rwander auf unerklärliche Art und Weise verschwanden. Die Missionare verloren in dieser schwierigen Phase jedoch nicht den Mut, sondern änderten ihre Vorgehensweise. Nachdem in Zaza im Osten des Landes, in Nyundo im Nordwesten, Rwaza im Norden und in Mibilizi im Südwesten Missionsstationen aufgebaut worden waren, wurden dann in Save die ersten Getauften vermeldet, wovon die meisten der nicht-herrschenden Klasse angehörten. Nach und nach machte die Kirche Fortschritte; selbst die Herrschenden zeigten sich wohlwollend, allerdings nur, wenn es darum ging, Vorteile zu nutzen, um die eigene Position zu festigen. Es dauerte etwa zehn Jahre, bis die katholischen Missionare mit einer systematischen Evangelisierung Rwandas begannen. (15)

Im Jahre 1907, also sieben Jahre nach den katholischen Missionaren, kamen die Protestanten nach Rwanda. Entsandt waren sie von der Evangelischen Missionsgesellschaft für Deutsch-Ostafrika (Bethel-Mission), geleitet wurde ihre Gruppe von Pfarrer Johanssen. Wie die Katholiken hatten auch sie bei der Niederlassung Probleme, ein Gelände zu erhalten. Schließlich gestand der König ihnen eine Parzelle in Zinga im Osten des Landes zu, die weit entfernt vom Königshof lag. Hier wurde die erste protestantische Missionsstation ge-

terrain à Save, non loin de la cour royale où se fonda la première mission des Pères Blancs. Par la suite, la Cour demanda aux Pères Blancs d'ouvrir une école à Nyanza, la capitale royale, mais à condition que l'enseignement de la religion ne figure pas au programme. Cette attitude antichrétienne inquiéta beaucoup les missionnaires, qui remarquaient même la disparition inexplicable des jeunes Rwandais réputés favorables à la religion étrangère. Au cours de cette dure période, les missionnaires ne perdirent pas le courage mais ils durent changer de tactique. C'est pourquoi, après avoir érigé les stations de Zaza à l'Est, Nyundo au Nord-Ouest, Rwaza au Nord et Mibilizi au Sud-Ouest, les premiers baptêmes enregistrés à Save (première fondation) accusent une majorité de fidèles appartenant à la classe non-dirigeante. Petit à petit, l'église fera des progrès et même la classe dirigeante se montrera favorable mais seulement pour bénéficier d'avantages lui permettant de maintenir sa position. C'est seulement au bout de dix ans que les missionnaires catholiques allaient vraiment entamer une évangélisation systématique au Rwanda.(15)

Les protestants entrèrent au Rwanda sept ans après les missionnaires catholiques, c'est-à-dire en 1907. Ils étaient envoyés par la Société de Mission évangélique (protestante) pour l'Afrique orientale allemande(Evangelische Missionsgemeinschaft für Deutsch -Ostafrika). C'est le pasteur Johanssen qui les dirigeait. Comme les catholiques, l'obtention de terrain ne leur fût pas facile. Cependant,le roi leur accorda une parcelle à Zinga à l'Est du pays,loin de la cour, où fût fondée la première station. Le roi lui refusant un terrain à Kigali, le pasteur Johanssen se contenta de prendre Kirinda et y fonda la deuxième station. Progressivement, les protestants allemands réussirent à fonder encore trois autres stations, avant la première guerre mondiale, qui causa leur départ immédiat.(16)

En 1921, les missions protestantes seront reprises sur demande du roi Albert I de Belgique, par les protestants belges qui évangélisaient le Congo (Zaïre). On observera par la suite l'arrivée des Anglicans, des Eglises baptistes, de L'Eglise méthodiste libre, de

gründet. Da der König ihnen eine weitere Niederlassung in Kigali verweigerte, begnügte sich Johanssen damit, in Kilinda die zweite Station zu errichten. Nach und nach gelang es den deutschen Protestanten, noch drei weitere Missionszentren aufzubauen, bis sie der Ausbruch des 1. Weltkrieges zum raschen Verlassen des Landes zwang.(16)
Auf Aufforderung des Königs Albert I. von Belgien wurden 1921 die protestantischen Missionsstationen von belgischen Protestanten, die bereits im Kongo (Zaire) evangelisierten, wieder übernommen. Später kamen noch Anglikaner, Baptisten, freie Methodisten, die Pfingstkirchenbewegung u.a. hinzu. Sie alle verstärkten die protestantische Gemeinschaft, die anfangs presbyterianisch ausgerichtet war.(17)

Während zweifellos die traditionelle, monotheistische Religion der Rwander deren Bekehrung zum Christentum erleichterte, verbannten die Missionare nicht nur die Religion der Ahnen in ihrer Wahrhaftigkeit, sondern auch die in ihr enthaltenen kulturellen Werte. Erst in neuerer Zeit hat die Benennung 'Imana' in die Terminologie der katholischen Gottesdienste Eingang gefunden.(18) Zuvor wurde das aus dem Kiswahili stammende Wort 'Mungu' benutzt.
Die ungenügende Berücksichtigung der traditionellen Religion bei der Evangelisierung hatte zur Konsequenz, daß selbst heute einige Getaufte Christentum und traditionelle Religion nebeneinander praktizieren. Hier stellt sich die Frage, die Bernardin Muzungu wie folgt formuliert: "... man muß sich fragen, ob unser Christentum nicht zuerst einmal ein soziologisches Phänomen und nur oberflächlich betrachtet ein religiöses ist". Er stellt dann fest, daß das Christentum nicht genügend Niederschlag in der 'imanistischen' Glaubensauffassung fand. Unter diesem Aspekt sollte man sich die Mühe machen, beide Religionen miteinander zu verbinden, um so eine neue Religion aus beider Mischung entstehen zu lassen, die dann auch viel annehmbarer wäre. Tatsache bleibt allerdings, daß die Analyse der dargestellten Situation die Theologen (vor allem die rwandischen) verpflichtet, der religiö-

Arrivée des Pères Blancs à la cour du roi - Ankunft der Weißen Väter am Hof des Königs Yuhi V Musinga, 1900

La première station de mission à Save - Die erste Missionsstation in Save, 1905

sen Kultur Rwandas, die durch eine in ihrem Erscheinungsbild zwar ähnliche, aber nicht angenommene fremde Religion verdrängt wurde, ihren Stellenwert zurückzugeben. Um es noch einmal zu verdeutlichen: die Ähnlichkeit beider Religionen besteht in der Universalität eines einzigen Gottes, im Glauben an ein Weiterleben nach dem Tod und im Totenkult (vergleichbar mit der Heiligenverehrung im Christentum). Diese Ähnlichkeiten stellen eine solide Basis für eine tiefgehende Rwandisierung des Christentums dar.
Ohne die sozio-politischen Schwierigkeiten der Missionare, wie beispielsweise die Ermordung des Paters Loupias in Rwaza 1910 zeigte, welche die Erschießung Rukaras (eines regionalen Chefs = umuhinza, der sich gegen die Missionierung wandte) (19) nach sich zog, leugnen zu wollen, kann festgestellt werden, daß die Verbreitung des Christentums, rein von Zahlen her betrachtet, erstaunlich hoch war.

Kirche von Save, 1907 erbaut -
Eglise de Save, construite en 1907

l'Eglise de pentecôte, etc. qui renforcent la communauté protestante, dont l'Eglise pionnière au Rwanda fut l'Eglise presbytérienne. (17)

Alors que le monothéisme traditionnel facilita sans doute la conquête des esprits rwandais, les missionnaires bannirent non seulement la religion ancestrale dans sa véracité, mais aussi les valeurs culturelles qu'elle incarnait. Ce n'est même que récemment que "Imana" a trouvé sa place dans le vocabulaire des messes catholiques .(18) On utilisait "Mungu", du Kiswahili. Le fait de ne pas avoir tenu compte de la religion traditionnelle dans l'évangélisation eut comme conséquence les pratiques parallèles du christianisme et de cette religion traditionnelle, chose qu'on remarque même aujourd'hui chez certains baptisés. Ici, on retrouve d'ailleurs facilement la question de Bernardin Muzungu "de savoir si notre christianisme n'est pas un phénomène sociologique avant tout et religieusement superficiel!" et plus loin, il remarque que le christianisme n'a pas été suffisament digéré dans nos conceptions'imanistes! Il vaut donc la peine de marier les deux croyances pour engendrer un métissage religieux qui serait beaucoup plus acceptable. De toute manière,l'analyse de cette situation incombe aux théologiens (surtout rwandais) pour redonner sa place à la culture religieuse du Rwanda, laquelle est devenue manifestement indépistable, de par une religion étrangère similaire, mais non assimilée. La similitude, il faut le rappeler, consiste en l'universalité d'un Dieu unique, de la survie des âmes, au culte des morts (correspondant aux saints chez les chrétiens)... Ces ressemblances fournissent de fait une base solide à la rwandisation profonde du christianisme.
Sans ignorer les difficultés d'ordre socio-politique que connurent les missionnaires, par ex. le meutre du père Loupias de Rwaza en 1910 qui entraîna l'éxécution de Rukara, (un chef régional = umuhinza, opposé à l'évangelisation) (19),rappelons que l'essor du christianisme fut remarquable, du moins sur le plan numérique, où il rassemble environ 73% de la population, évaluée à environ 6 Millions.

Heute sind von den ca. sechs Millionen Rwandern etwa 73% Christen.

Religionen in Rwanda, nach ihrem prozentualen Anteil (20):

Katholizismus	51,7 %
Religion der Ahnen	24,0 %
Protestantismus	15,2 %
Adventisten	6,3 %
Islam	0,8 %
Übrige Religionen	2,0 %
	100 %

Alle Religionen, außer dem auf die Städte begrenzten Islam, sind im ganzen Land zu finden. In dem stark christlich geprägten Rwanda hat die katholische Kirche eine Vorrangstellung. Sie zählt einschließlich der ersten Missionsstationen Save, Zaza, Rwaza und Nyundo 109 Pfarreien, die auf acht Diözesen verteilt sind: Butare, Kigali, Kabgayi, Nyundo, Ruhengeri, Byumba, Kibungo und Cyangugu. Im Vergleich mit der administrativen Struktur des rwandischen Staates (10 Präfekturen, 143 Gemeinden) wird sichtbar, daß die katholische Kirche flächendeckend präsent ist. (21)

Die Organisation der protestantischen Kirche mit ihren bereits genannten Mitgliedskirchen hat eine ähnliche Struktur wie die katholische Kirche, allerdings mit insgesamt weniger Missionsstationen.
Die überwältigende Mehrheit des Christentums innerhalb der rwandischen Bevölkerung trägt der Kirche eine große Bedeutung im Land ein. Neben dem Verkündigungsauftrag waren die Missionare gleichzeitig darum bemüht, ihren Beitrag zur Förderung der Menschen und damit auch zur allgemeinen Entwicklung des Landes zu leisten. So wurden in ihren Einrichtungen auch immer Schulen, Krankenstationen und verschiedene Werkstätten gegründet. Diese Aktivitäten haben die Rolle der Kirche erheblich gestärkt und auch ihre Position im Land gefestigt. Heute unterstützen viele Christen die rwandische Nation in zahlreichen Bereichen ihrer Entwicklung. Der Staat wiederum räumt der Kirche den

Religions présentes au Rwanda par orde d'importance numérique (20):

Le Catholicisme..............	51,7 %
La religion ancestrale.......	24,0 %
Les Eglises protestantes.....	15,2 %
Les Eglises adventistes......	6,3 %
L'Islam......................	0,8 %
Les autres	.2,0 %
Total	100 %

Toutes ces religions, sauf l'Islam limité aux villes, sont dispersées sur toute l'étendue du pays. Dans ce pays fortement christianisé, l'Eglise catholique occupe le premier rang. Son organisation compte, y compris les premiers postes de mission, à savoir Save, Zaza, Rwaza et Nyundo, 109 paroisses que se partagent les huit diocèses: Butare, Kigali, Kabgayi, Nyundo, Ruhengeri, Byumba, Kibungo et Cyangugu. Si l'on met en parallèle cette organisation avec celle de l'administration civile du Rwanda (dix préfectures et 143 communes), il saute aux yeux que l'Eglise catholique est bien présente partout au Rwanda.(21) Les Protestants groupés dans différentes Eglises citées à la page précédente, ont une organisation semblable à celle des Catholiques, mais avec une densité inférieure de postes.

La majorité écrasante du christianisme au sein de la population rwandaise lui confère une place importante dans le pays. Et à côté de leur mission d'évangélisation, les missionnaires se sont également préoccupés d'apporter une contribution à la promotion humaine et par conséquent à l'évolution générale du pays.De fait, dans leurs établissements furent toujours installés des écoles, des dispensaires, des ateliers divers... Cette action a remarquablement renforcé le rôle de l'Eglise ainsi que la stabilité de sa position.

Aujourd'hui, les chrétiens épaulent la nation rwandaise dans beaucoup de secteurs de son développement. De son côté, l'Etat accorde à la communauté chrétienne la place qui lui revient. Par exemple, au sujet de l'Eglise catholique, Jean Rumiya nous dit ceci: "Cette Eglise a conservé son importance... Bien plus, le Mou-

Platz ein, der ihr zusteht. So sagt beispielsweise Jean Rumiya mit Blick auf die katholische Kirche: "Diese Kirche hat ihren Stellenwert erhalten ...
Selbst die Mouvement Révolutionnaire National pour le Développement (MRND) gesteht ihr eine Sonderstellung auf lokaler oder nationaler Ebene innerhalb seiner Beratungs- und Entscheidungsorgane zu."(22) Konkret bedeutete dies u.a., daß der Bischof von Kigali ungefähr zehn Jahre lang die Kommission für soziale Fragen im Zentralkomitee der MRND leitete. Seine aufopfernde Arbeit wurde Ende 1985 durch den Präsidenten der Republik Rwanda und Präsidenten der MRND,General-Major Juvénal Habyarimana, gewürdigt, der öffentlich seine Zufriedenheit Ausdruck verlieh und versicherte, daß beide ihre gemeinsame Arbeit fortsetzen würden.
"Kirche und Staat arbeiten Hand in Hand in einem Klima gegenseitigen Wohlwollens ...".(23)

Einige Fakten, die die Arbeit der christlichen Kirchen veranschaulichen:
- 1963 gründeten auf Bitte von Präsident Kayibanda kanadische Dominikaner die Nationale Universität von Rwanda in Butare;
- von insgesamt 70 Sekundarschulen sind 53 in kirchlicher Trägerschaft;
- von 28 Krankenhäusern sind 14 in christlicher Trägerschaft;
- dies gilt auch für 68 von 135 Gesundheitszentren
- und für 15 von 72 Dispensarien;
- die Adventisten haben kürzlich eine Universität, die für Studenten aller Glaubensrichtungen offen ist, gegründet;
- die katholische Arbeiterjugend (Jeunesse ouvrière catholique, JOC) organisiert die Ausbildung von Jugendlichen und bildet auch selbst aus (vor allem in Kigali);
- die Zeitung der katholischen Kirche 'Kinyamateka' erfreut sich großer Beliebtheit bei der Bevölkerung.(24)

Diese Aufzählung muß unvollständig bleiben.
Da Rwanda kein Kirchenstaat ist, kann man sich vorstellen, daß die Koordination der Entwicklungsarbeit

vement Révolutionnaire National pour le Développement (MRND) lui accorde une place de choix au niveau local ou national, dans ses organes politiques de conception et de décision".(22) Concrètement l'Evêque de Kigali a dirigé pendant environ dix ans la commission des affaires sociales au sein du comité central du MRND. Son travail dévoué a été couronné fin 1985 par le Président de la République rwandaise et Président du MRND, le Général-Major Juvénal Habyarimana, qui lui a publiquement déclaré sa satisfaction et lui a assuré qu'ils continueraient à travailler ensemble.
"L'Eglise et l'Etat travaillent la main dans la main, dans un climat de sympathie réciproque,...".(23)

Quelques faits pouvant apporter une illustration expressive au travail chrétien:

- Les Dominicains fondent en 1963 l'Université Nationale du Rwanda à Butare sur demande du président Kayibanda.
- 53 écoles secondaires sont catholiques, sur 70 dans le pays.
- 14 hôpitaux sont chrétiens, sur 28 dans le pays.
- 68 centres de santé sont chrétiens, sur 135 dans le pays.
- 15 dispensaires sont chrétiens, sur 72 dans ce pays.
- L'Eglise adventiste vient de fonder une Université ouverte à tous les étudiants (adventistes ou non).
- La J.O.C. (Jeunesse ouvrière catholique) organise et donne une formation aux jeunes gens (surtout à Kigali).
- Le Kinyamateka, journal de l'Eglise catholique jouit d'une sympathie populaire.(24)

La liste ne peut pas être exhaustive.
Le Rwanda n'étant pas un Etat religieux, il est évidemment pensable que la coordination des activités de développement des deux institutions connaisse des problèmes, et la recherche de solutions exige une étroite collaboration. Le christianisme a su s'adapter sur le terrain. La construction de ses bâtiments en matériaux locaux fournit bon nombre d'emploi.De même sa présence dans toutes les couches de la population lui assure un avenir glorieux.

beider Institutionen Probleme aufwirft, deren Lösungsversuche eine enge Zusammenarbeit erforderlich machen. Das Christentum war in der Lage, sich der gegebenen Situation vor Ort anzupassen. Die Errichtung kirchlicher Gebäude unter der Verwendung einheimischer Baustoffe schafft zudem recht viele Arbeitsplätze.
Die Tatsache, daß Christen in allen sozialen Schichten des Volkes anzutreffen sind, wird der Kirche eine ruhmvolle Zukunft sichern.

3. Der Islam

Neben der weiter bestehenden Religion der Ahnen und dem blühenden Christentum entwickelt sich am Rande einiger Städte des Landes der Islam, zu dem sich 0,8 % der Gesamtbevölkerung bekennt.
Nach vielen Versuchen, endlich den Durchbruch nach Rwanda zu schaffen, gelang es der islamischen Religion gegen 1895, in Rwanda Fuß zu fassen.(25) Wie F. Constantin zur islamischen Frage in Schwarzafrika, besonders in Uganda (Nachbarstaat Rwandas) ausführt, kommt der Küstenregion, in der viele arabische Händler in Ostafrika angesiedelt waren, eine entscheidende Rolle bei der Einführung des Islams zu.(26) Mit welchen Schwierigkeiten die Verbreitung des Islams in Rwanda konfrontiert war, beschreibt der Domherr de Lacger: "Wenn auch aus einiger Entfernung, so war Rwanda doch von allen Seiten der islamischen Flutwelle ausgesetzt" und etwas weiter heißt es: "Ah, die Banyarwanda sind ein großartiges Volk, ... niemals haben sie es einem Araber erlaubt, in ihrem Land Handel zu treiben." (27) Wahrscheinlich ist diese Tatsache der Grund, warum der Islam so spät nach Rwanda kam.
Wie auch immer, der Islam war von Anfang an in Rwanda in eine gesellschaftliche Randposition gedrängt. Trotz seiner zumindest zahlenmäßig wichtigen Stellung in Afrika (insgesamt 40 % der afrikanischen Bevölkerung) und der Tatsache, daß er selbst wichtige Poltiker wie Bokassa und andere überzeugen konnte, ist der Islam für Rwanda nicht bedeutsam.(28) Diese Religion, die sich nicht um die religiösen und kulturellen Werte der Banyarwanda kümmert, interessiert sich noch nicht ein-

3. L'Islam

A côté de la religion ancestrale résistante et du christianisme florissant, se développe à la lisière de quelques villes rwandaises, l'Islam avec une fraction de 0.8 % de la population totale.
L'Islam qui fut introduit au Rwanda vers les années 1895 (25), guettait pourtant le pays depuis longtemps, sans pouvoir y entrer. Si on peut admettre que le secteur côtier, constitué par les commerçants arabes de l'Afrique orientale comme le dit F. Constantin au sujet de la Question islamique en Afrique noire, spécialement en Uganda (voisin du Rwanda), joua un grand rôle pour l'introduction de l'Islam (26), il est possible de déduire les difficultés islamiques au Rwanda de ce qu'écrivait le Chanoine de Lacger: "le Rwanda était enveloppé de toutes parts, mais à distance, par la marée musulmane" et plus loin "Ah! les Banyarwanda sont un grand peuple,.. Ils n'ont jamais permis à un arabe de trafiquer chez eux".(27) C'est là, vraisemblablement la cause de l'entrée tardive de l'Islam au Rwanda.
De toute façon, dès son arrivée au Rwanda, l'Islam a toujours été relégué en marge de la société. D'une grande importance, du moins quantitative, en Afrique (40%), arrivant même à séduire des politiciens importants comme Bokassa et d'autres (28), l'Islam reste sans importance au Rwanda. Cette religion loin de se soucier des valeurs religio-culturelles des Banyarwanda ne s'intéressa même pas à la langue locale pour son expansion. Ceci a sans doute handicapé l'essor de l'Islam, car même les musulmans rwandais ne parlant que le Kiswahili langue véhiculaire de l'Islam au Rwanda - refusant ainsi le Kinyarwanda (langue maternelle), en arrivaient à être considérés comme des étrangers par leurs concitoyens.
Aujourd'hui, l'Islam reconnaît qu'il ne peut pas rester enfermé dans l'Arabe (langue du Coran) et le Kiswahili: Récemment, on a commencé à publier des brochures sur l'Islam en Kinyarwanda. Ces publications se font au Centre culturel islamique à Nyamirambo (Kigali), où se déroulent également d'autres activités.

mal im Hinblick auf ihre Verbreitung für die Landessprache. Ohne Zweifel hat dieser Umstand die Ausbreitung des Islams behindert, denn selbst die rwandischen Moslems sprechen nur Kiswahili - die Verkehrssprache des Islams - und lehnen es ab, ihre Muttersprache, das Kinyarwanda zu reden. Ihr Verhalten führt dazu, daß sie von den eigenen Mitbürgern als Ausländer betrachtet werden.
Inzwischen wurde erkannt, daß der Islam sich nicht auf die arabische Sprache (Sprache des Korans) und das Kiswahili beschränken darf. So wurden vor kurzem kleine Informationsschriften über den Islam in Kinyarwanda veröffentlicht. Diese Publikationen werden vom islamischen Kulturzentrum in Nyamirambo (Kigali), in dem auch andere Aktivitäten stattfinden, erstellt. Zudem verfügt dieses Zentrum über eine Krankenstation und eine Schule.(29)
Wenn auch die Verbreitung des Islams nicht abhängig von der Entwicklungshilfe der arabischen Länder für Rwanda ist, so kann man doch feststellen, daß die arabisch-rwandische Zusammenarbeit die Präsenz des Islams unterstützt. Für eine Weiterverbreitung des Islams bleibt jedoch entscheidend,daß die Bereitschaft vorhanden ist, anstelle des Kiswahili zum Kinyarwanda überzugehen. Somit könnte eine große Zahl Rwander diese Religion kennenlernen.

4. Abschließende Betrachtung

In Rwanda findet man hauptsächlich folgende Religionen:
- das Christentum mit der katholischen, protestantischen und adventistischen Kirche,
- die Religion der Ahnen mit ihren Ausprägungen als Lyangombe-Kult und Nyabingi-Kult sowie dem Ahnenkult,
- den Islam.

Darüber hinaus gibt es noch sogenannte "verfassungswidrige" Sekten wie beispielsweise die Zeugen Jehovas, die Enthaltsamen Zentralafrikas (Tempérants), die Abantu b'Imana von Gitarama und Abarokore (die Geretteten).(30) Diese Sekten sind inzwischen aufgrund der

On y trouve un dispensaire, une école...(29) Sans lier nécessairement à l'expansion islamique toute l'aide au Développement fournie par les pays arabes au Rwanda, il est à remarquer que la coopération arabo-rwandaise garantit la présence de l'Islam. Mais ce qui est décisif pour le réveil de l'Islam, c'est la volonté de passer du Kiswahili au Kinyarwanda, ce qui permettra à un grand nombre de Rwandais de connaître cette religion.

4. Conclusion

En définitive sont principalement présentes au Rwanda les religions suivantes:
- Le Christianisme composé des Eglises catholique, de protestantes et adventiste.
- La religion ancestrale sous forme de culte de Lyangombe, de Nyabingi,... et le culte des ancêtres.
- L'Islam.

Il existe cependant des sectes dites "anticonstitutionnelles" à savoir les Témoins de Jéhovah, les Tempérants de l'Afrique centrale, Abantu b'Imana de Gitarama et Abarokore.(30) Les sectes sont actuellement interdites en raison de leur anticonstitutionnalité et certains de leurs adhérents ont été condamnés judiciairement.
L'Etat et les religions reconnues constituent des institutions distinctes et indépendantes. Leur vie est toutefois caractérisée par une étroite collaboration. Cette collaboration favorise la cohésion des Rwandais dont l'unité constitue une force vitale dans leur lutte pour un mieux-être. La contribution des établissements religieux au développement est remarquable.
La réhabilitation de la culture rwandaise en matière religieuse s'avère nécessaire dans le mouvement de rwandisation des religions importées. Ceci permettra au Rwandais de mieux comprendre l'universalité d'Imana que lui ont légué ses ancêtres inoubliables. Il regagnerait ainsi sa liberté spirituelle sur le plan religieux et le résultat serait la convinction sans barrière dans la religion adoptée.

Verfassungswidrigkeit verboten und einige ihrer Anhänger in Gerichtsverfahren verurteilt worden.
Staat und anerkannte Religionsgemeinschaften bilden jeweils unterschiedliche und unabhängige Institutionen, die jedoch sehr eng zusammenarbeiten. Diese Zusammenarbeit begünstigt auch den Zusammenhalt der Bevölkerung, deren Einheit eine lebenswichtige Kraft im Kampf für eine bessere Zukunft darstellt. Der entwicklungspolitische Beitrag der kirchlichen Einrichtungen ist beachtlich. Die Rehabilitierung der rwandischen Kultur, besonders was den religiösen Bereich betrifft, erweist sich als notwendig,um die importierten Religionen zu rwandisieren. Dadurch würde es dem Rwander leichter fallen, die Universalität Imanas, den seine unvergeßlichen Ahnen ihm übermittelt haben, besser zu verstehen.Er könnte so wieder seine spirituelle Freiheit erlangen und dadurch ohne innere Sperren die gewählte Religion überzeugt leben.
Auch im ökumenischen Dialog muß den traditionellen Religionen Rechnung getragen werden und ihre fälschliche Bezeichnung als "animistische Religionen" ausgelöscht werden.
Auf daß im Land 'Imanas' und der 'Tausend Hügel' sowie auf der ganzen Erde Brüderlichkeit herrsche!

Übersetzung: Marlene Peter-Schmidt,
Hildegard Schürings

Dans le cadre du dialogue oecuménique, il faudra aussi tenir compte des religions traditionnelles, en effaçant la fausse appellation "animiste" qu'ont leur attribue injustement.
Que règne la fraternité dans le pays d'un "Imana" et des milles collines et dans le monde.

Le Président Juvénal Habyarimana, Mgr. Bigirumwami, Mgr. Kalibushi, le ministre de l'Intérieur Habanabakize à l'occasion du 50ème anniversaire de l'ordination de Mgr. Bigirumwami, premier évêque du Rwanda.
Der Präsident Juvénal Habyarimana, Mgr. Bigirumwami, Mgr. Kalibushi, der Innenminister Habanabakize, anläßlich des 50. Jahrestages der Priesterweihe von Mgr. Bigirumwami, erster rwandischer Bischof, Nyundo 1979

Annotations - Anmerkungen

1) Heremans, P.R.: Introduction à l'histoire du Rwanda. Bruxelles 1973, p. 57.
2) Muzungu. Bernardin: Le Dieu de nos Pères III. Bujumbura 1981, p. 16.
3) Heremans, P.R., op. cit., p.50.
4) Muzungu, B: Le Dieu de nos Pères II. Bujumbura 1975, p.25.
5) Maniragaba Balibutsa: Les perspectives de la pensée philosophique bantu-rwandaise après Alexis Kagame. Butare 1985,p. 105.
6) Abbé Misago, Augustin: Eglise catholique, Signes d'éspoir,dans: Vivant Univers N°357, Namur, Mai-Juin 1985
7) Berger, Iris: Religion and Resistance East Africa Kingdoms in the Precolonial Period (Les origines de kubandwa). Butare 1981, p. 9.
8) Munyaneza, Malachie: Religiöse Vorstellungen vor und nach Ankunft der Europäer, dans "Partnerland Rwanda", ed. par Institut für Ethnologie und Afrika-Kunde der Universität Mainz, Mainz 1984, p. 89.
9) Ibd. (= Ann. 8)
10) ISOKO (Ed.): Mu rugo i Rwanda - En famille au Rwanda - Familie in Rwanda, Religion Novembre, Frankfurt 1984
11) Heremans, P.R.: Introduction à l'histoire du Rwanda. Bruxelles 1973, p. 52.
12) Nkulikiyingoma, J.B.: Enfants du tout-puissant Mibungo, dans: Au Pays des milles collines. Bonn 1986
13) Ibd. (6)
14) Ibd. (6)
15) Lacger, Louis de: Ruanda. Kabgayi/Rwanda 1961, p. 405.
    Ibd., p. 378
16) Ibd., p. 405
17) Gatwa, Tharcisse: Eglises protestantes, dans: Vivant Univers, No. 357, Namur/Belgique 1985
18) Ibd. (8)
19) Lacger, L. de, op. cit., p. 424.
20) a) Ibd. (6)
    b) Ibd. (17)
21) Rumiya, Jean: Ruanda d'hier, Rwanda d'aujourd'hui, dans: Vivant Univers, No. 357, Namur Mai-Juin 1985
22) Ibd. (6)
23) Ibd. (6)
24) Ibd. (6)

25) Lombriser, C.: Chrétiens et Musulmans au Rwanda, dans: Dialogue No. 106, Kigali/Rwanda, Oct. 1984
26) Constantin, F.: La question islamique en Afrique noire, dans: Politique africaine I (4), Paris, Nov. 1981
27) Lacger, L. de, op. cit., p. 344.
28) Evers, Georg: Islam in Afrika, dans: Christlich-Islamische Bewegung, Dokumentation-Texte. Frankfurt a.M., Jan. 1982
29) Dion, G.M.: Réveil de l'Islam. dans: Dialogue No. 106, Kigali, Oct. 1984
30) Halte aux sectes anticonstitutionnelles, dans: Dialogue, No. 117, Kigali, Juillet-Août 1986, p. 138.

Cathédrale à Butare - Kathedrale in Butare

Michel Kayoya

Das Selbstbewußtsein des "Kolonisierten"

In Berlin hatte man sich im Jahre 1885 unseren Kontinent aufgeteilt.
Ohne jemand zu fragen, hatte man sich unseres Elendes angenommen.
Man kam, um uns aus unserem jahrhundertelangen Elend herauszuziehen.
Man kam, uns zu erziehen
Man kam, um uns zu zivilisieren
Dieser Vertrag von Berlin hat mich lange gekränkt.
Jedesmal, wenn ich auf dieses Datum stieß, empfand ich dieselbe Verachtung.
Daß ein Mensch Dich verachte
Zugegeben
Einen Tag lang denkt man daran
Dann ist's vorüber
Daß ein Volk Euch verachtet
Euch
Euren Vater
Eure Mutter
Euer Volk
Das ist die Höhe
Die Höhe der Entrüstung, die ein menschliches Herz "verdauen" kann.

Das Schlimmste aber war, daß man mich dieses Datum auswendig lehrte. Ich mußte es auswendig lernen.
Eine ganze Unterrichtsstunde lang nannte man uns die Namen der Vertragspartner von Berlin
Ihre außergewöhnlichen Fähigkeiten
Ihr diplomatisches Geschick
Die Beweggründe, die hinter einem jeden standen.

Vor unseren unbeweglichen Gesichtern breitete man die Folgen aus:
Die Befriedung Afrikas
Die Wohltaten der Zivilisation in Afrika
Den Mut der Forscher
Den selbstlosen Humanismus

Michel Kayoya

Conscience du Colonisé

En 1885, à Berlin, on s'était partagé notre Continent. Sans consulter personne on s'était apitoyé sur notre misère.
On venait nous tirer de notre misère séculaire
On venait nous éduquer
On venait nous civiliser

Cet "Acte" que l'on appelle Acte de Berlin, m'a longtemps humilié. Chaque fois que je rencontrais cette date, je sentais en moi le même mépris.
Qu'un homme vous méprise
Soit
On y pense un jour
Puis ça passe
Qu'un peuple vous méprise
Vous
Votre Père
Votre Mère
Votre Peuple
C'est le comble
Le comble de l'indignation qu'un coeur humain puisse "digérer".

Le plus fort c'est qu'on m'enseignait cette date. On nous la faisait retenir par coeur. On nous nommait pendant toute une classe les noms des participants à cet Acte de Berlin
Leurs qualités exceptionnelles
Leur diplomatie
Les mobiles qui poussaient les uns et les autres.

On étalait devant nos faces immobiles les résultats obtenus:
Pacification de l'Afrique
Bienfaits de la Civilisation en Afrique
Le courage des explorateurs
L'humanisme désintéressé

Aber niemand
Absolut niemand wies hin auf die Beleidigung
Auf die Schmach, die uns überall begleitete
Ein Mensch,
Einer, der dir gleich ist
Mischt sich in deine Angelegenheiten
Ohne dich zu fragen
Das ist eine grobe Unhöflichkeit, die jedes empfindsame Herz verwundet.

Ich verstehe, daß Imana uns Gebote geben konnte
Er ist Imana
Er ist schlau genug, um in Abhängigkeit von ihm zu erschaffen, und doch frei zu lassen.
Seine Gebote sind doch nur Geländer
Rotlichter
Ersonnen von seiner Liebe ohne Grenzen.
Aber daß ein Mensch andere Menschen "aufteilt"
Nein! Das konnte ich nicht ertragen.
So packte mich jedesmal die Wut, wenn ich auf dieses Datum stieß und auf andere gleicher Art.
Das alles schrieb ich dem Imperialismus zu
Dem verhaßten Imperialismus
Der keine Gemeinschaft zuwege bringt, in der man sich liebt.
Die Mehrzahl seiner Vertreter hatte keinen Sinn für Menschlichkeit.

Indessen lehrte man mich, ihm vor allen anderen Systemen den Vorzug zu geben.
Er garantiere die Rechte des Einzelmenschen
Jeder habe die Möglichkeit, sich zu entfalten
Ein "Ich" zu werden
Ein "Ich" voll Kraft
Ein "Ich", das sich durchsetzt
Ein "Ich", das über alles urteilt.
Diese Vorstellung vom "Individuum" erstreckte sich im Abendland auf alles, besonders bei jenen, die von der sogenannten "Zivilisation" kaum eine Ahnung haben.
Aus diesem Geist heraus entstanden die Oppositionsparteien
Sie gehen so weit, daß sie schließlich den Aufschwung

Et personne
Absolument personne ne faisait état de cette injure
De cette honte qui partout nous accompagnait
Un homme!
Un semblable!
S'immisce dans vos affaires sans aucunement vous consulter
C'est une grave impolitesse que tout coeur bien né ressent.

Je comprends qu'Imana puisse nous imposer des commandements
Il est Imana
Il est assez malin pour nous créer dépendants et nous laisser libres.
Ses commandements ne sont que des garde-fous
Des feux rouges
Inventés par son amour sans limites.
Mais qu'un homme embrigade un autre homme
Ça non. Je n'avais pas le coeur de le supporter.
Je rageais donc chaque fois que je tombais sur cette date et d'autres semblables.
J'attribuais tout cela à l'impérialisme
L'impérialisme je le haïssais
Il n'avait aucune force pour créer un ensemble où l'on s'aime.
La plupart de ses agents n'avaient plus le sens de l'homme.

On m'enseignait pourtant à le préférer à tout autre système.
C'est lui qui garantissait les droits de l'individu
Chacun avait la chance de s'y épanouir
De devenir un "moi"
Un "Moi" puissant
Un "Moi" contre tout
Un "Moi" juge de tout
Cette conception de l'individu en Occident s'étendait à tout, surtout chez ceux qui conaissent à peine le contenu de ce qu'on appelle "la" Civilisation.
Les partis d'opposition sont nés dans cet esprit
Il vont tellement loin qu'ils finissent par gêner

der Menschlichkeit zu ihrer Vollendung behindern.
Man lehrte mich, diese Mentalität zu der meinen zu machen
Alles, was mir eigen war, sollte sich entwickeln
Man erklärte mir unser soziales System
Man brachte mir bei, wir hätten kein Privateigentum
Der Mensch brauche aber Privateigentum
Eigentum, das man mit Zäunen umgibt
Eigentum, in das man sich einsperrt.

Meine Familie sollte sich entwickeln
Die Frau sollte mündig werden
Man gab ihr also Unterröcke zum Anziehen
Man erhöhte sie auf zwei Stelzen
Auf zwei "Pfennigabsätzen"
In ihren Kopf stopfte man Philosophie
Die Philosophie des Zweifels
Die Philosophie des "Fühlens"
Die Philosophie des Profites
Die Philosophie des Durstes
Die Philosophie des Selbstmordes
Weil Philosophie der Verzweiflung
Der Verzweiflung an einem Leben, das im Nichts endet.
Selbstverständlich war ich gegen all das
Was, sagte ich mir, die glauben, meine Mutter sei keine Persönlichkeit?
Meine Mutter wußte genau, was sie wollte
Sie kannte ihren Wert sehr gut
Sie trug immer ihren Namen
Selbst als sie ihren Gatten, meinen Vater, geheiratet hatte
Sie war stolz auf ihren Namen
Den Namen ihrer eigenen Art
Den Eigennamen, den ihr ihr Vater, mein Großvater gegeben hatte
Den Namen, der sie unterschied von ihrem Manne
Von ihren Kindern
Von ihrem eigenen Vater
Mein Vater hatte ebenfalls seinen Namen
Und meine Brüder
und meine Schwestern
und ich selbst

l'élan de l'Humanité vers son achèvement.
On m'apprenait à épouser cette mentalité
Tout ce qui était mien devait évoluer
On m'expliquait notre système social
On m'enseignait que nous n'avions pas de propriété privée
Car il faut à l'homme une propriété privée
Une propriété privée que l'on entoure de barbelés
Une propriété Privée où l'on s'enferme chez soi.

Ma famille devait évoluer
Il fallait que la femme s'émancipe
On l'habillait donc de jupons
On la haussait sur deux perches
Deux "talons aiguilles"
On mettait dans sa tête la philosophie
La philosophie du doute
La philosophie du "sentir"
La philosphie du profit
La philosophie de la soif
La philosophie du suicide
Parce que philosophie du désespoir
Désespoir d'une vie qui ne débouche sur rien.

J'étais bien sûr contre tout cela
Comment, me disais-je, ils croient que ma mère n'est pas une vraie personnalité?
Ma Mère savait bien ce qu'elle voulait
Elle savait bien ce qu'elle valait
Elle portait toujours son nom
Même quand elle avait épousé son mari, mon père
Elle était fière de son nom
Le nom de son individualité
Le nom propre que lui avait donné son père, mon grand-père
Le nom qui la distinguait de son mari
De ses enfants
De son propre père
Mon père aussi avait son nom
Et mes frères
Et mes soeurs
Et moi-même

Mein Vater hatte mir den Namen gegeben, als ich ihm
wie ein Mensch zugelächelt hatte.

All das entwickelte in mir die Neigung zum Widerspruch
Ich wollte etwas anderes sehen
Ich wollte den Kommunismus aus der Nähe studieren.

Mein Volk wurde zur Maschine
Die Maschine, zu der mein Volk wurde, verlor im Laufe
der Tage "Mechanismus-Bewußtsein".
Sie war keine "menschliche" Maschine mehr
Sie war nur noch "mechanische" Maschine
Die menschliche Maschine, die mein Volk war, wurde aus
der Ferne gesteuert
Bei allem, was sie produzierte, wußte sie, daß sie für
jemand anderes produzierte
Diese Vorstellung war zur fixen Idee geworden
Sie glaubte, sie lebte für jemand anderen
Man sagte unserem Volke, es müsse für sich selbst
leben
Aber es lebte kaum noch
Es war fast tot
Erstorben war das Bewußtsein seiner Persönlichkeit
Mein Volk war kolonisiert.

Michel Kayoya (1934 ... 1972) lebte als Priester und
Lehrer in Burundi,er wurde als Muhutu 1972 erschossen.

Quelle: Lesebuch Dritte Welt, Hammer Verlag
Wuppertal 1974

C'est mon père qui m'avait nommé, quand je lui avais souri comme un homme.

Tout cela développait en moi une tendance à la contradiction.
Je voulais voir autre chose
Je cherchais à étudier le communisme de près.

Mon peuple se transformait en machine
La machine que devenait mon peuple perdait au long des jours la conscience de son mécanisme.
Elle n'était plus "machine humaine"
Elle devenait "machine-machine"
La machine humaine qu'était mon peuple était commandée de loin
Dans tout ce qu'elle produisait, elle savait qu'elle produisait pour autrui
Cette idée était devenue fixe en elle
Elle croyait qu'elle vivait presque plus
Il était presque mort
En lui mourait la conscience de sa personnalité
Mon peuple était colonisé.

Michel Kayoya (1943 ... 1972) vivait comme prêtre et enseignant au Burundi. Etant muhutu, il fut, en 1972 fusillé.

Source: Michel Kayoya: Sur les traces de mon père.
Presses Lavigerie, Bujumbura 1971

Les collines du Rwanda – Die Hügel Rwandas

Patates douces – Süßkartoffeln

Haricots – Bohnen

L'association du bananier avec le haricot –
Mischkultur von Bananen und Bohnen

Sorgho – Sorghum-Hirse

Au travail des champs au Centre Nutritionnel de Kibayi –
Bei der Feldarbeit im Ernährungsberatungszentrum Kibayi

Valens Ndoreyaho

L'AGRICULTURE

1. Présentation générale

Jacques Mayer définit l'agriculture paysanne en Afrique de la façon suivante: "La culture itinérante trouve son origine dans le fait que, globalement, les paysans africains, disposant de beaucoup de terres, de peu de capitaux et de connaissances techniques à productivité limitée, sont nécessairement amenés à concentrer temporairement leur activité en un endroit donné sans l'obligation d'en maintenir la fertilité; ils peuvent, lorsque la fertilité de leurs champs diminue fortement, les abandonner à une longue jachère et en cultiver d'autres, quitte à revenir ensuite sur les premiers, régénérés par un long repos."(1)
Or, il suffit de survoler le Rwanda pour se rendre compte qu'une telle description de l'agriculture tropicale ne correspond pas à l'agriculture rwandaise. Au contraire, le Rwanda donne l'impression d'être un grand jardin de 26.338 km², dont chaque parcelle est intensivement aménagée pour pouvoir nourrir ses 6 mio d'habitants; l'agriculture rwandaise n'a plus la possibilité de recourir à des longues jachères susceptibles de régénérer les sols épuisés et à la colonisation de nouvelles terres.
Le Rwanda, pays tropical de par sa situation géographique par rapport à l'équateur (entre 1°04' et 2°51'S) possède cependant certaines caractéristiques propres à un pays tempéré grâce à sa situation orographique: l'altitude allant de 1.453 m (lac Kivu) à plus de 4.000 m (région des volcans) en passant par 1.500 m (région des bas plateaux de l'est) induit une température moyenne autour de 19°C et par là un climat où l'on ne connaît ni la vraie chaleur étouffante ni le vrai froid, offrant à l'agriculteur la possibilité de

Valens Ndoreyaho

Die Landwirtschaft

1. Einleitung

Die kleinbäuerliche Landwirtschaft in Afrika beschreibt Jacques Mayer mit folgenden Worten: "Der Wanderfeldbau ist darauf zurückzuführen, daß – allgemein gesprochen - die afrikanischen Bauern über viel Boden, aber wenig Kapital und ein Maß an technischen Kenntnissen verfügen,das nur begrenzte Erträge erlaubt; sie sind daher notwendigerweise gezwungen,ihre Aktivitäten für eine gewisse Zeit auf eine bestimmte Stelle zu konzentrieren, ohne die Verpflichtung, dort die Bodenfruchtbarkeit zu erhalten. Denn nimmt die Fruchtbarkeit ihrer Felder stark ab, können sie diese einer langen Brache überlassen, andere Felder bebauen und später zu den ersteren zurückkehren, die sich dann durch eine lange Ruhepause regeneriert haben."(1)
Nun,es genügt, einmal über Rwanda zu fliegen, um festzustellen, daß diese Beschreibung nicht auf die rwandische Landwirtschaft zutrifft. Im Gegenteil, Rwanda vermittelt den Eindruck, ein 26 338 qkm großer Garten zu sein, in dem jede Parzelle intensiv bewirtschaftet wird, um die 6 Millionen Einwohner ernähren zu können. Die rwandische Landwirtschaft hat nicht mehr die Möglichkeit, auf lange Brachen zurückzugreifen, während derer sich die ausgelaugten Böden regenerieren könnten. Und zur Agrarnutzung geeignetes Neuland steht ebensowenig zur Verfügung.
Rwanda, nach der geographischen Lage zum Äquator (zwischen 1°04' und 2°51' S) ein tropisches Land, besitzt aufgrund seiner gebirgigen Struktur charakteristische Merkmale eines Landes mit gemäßigtem Klima: Die Höhenlage zwischen 1453 m (Kivu-See im Westen), 1500 m (östliche Hochebene) und mehr als 4000 m (Vulkanregion im Norden) bedingt eine Durchschnittstemperatur von etwa 19°C und von daher ein Klima, das weder drückende

CARTE DES REGIONS AGRICOLES DU RWANDA

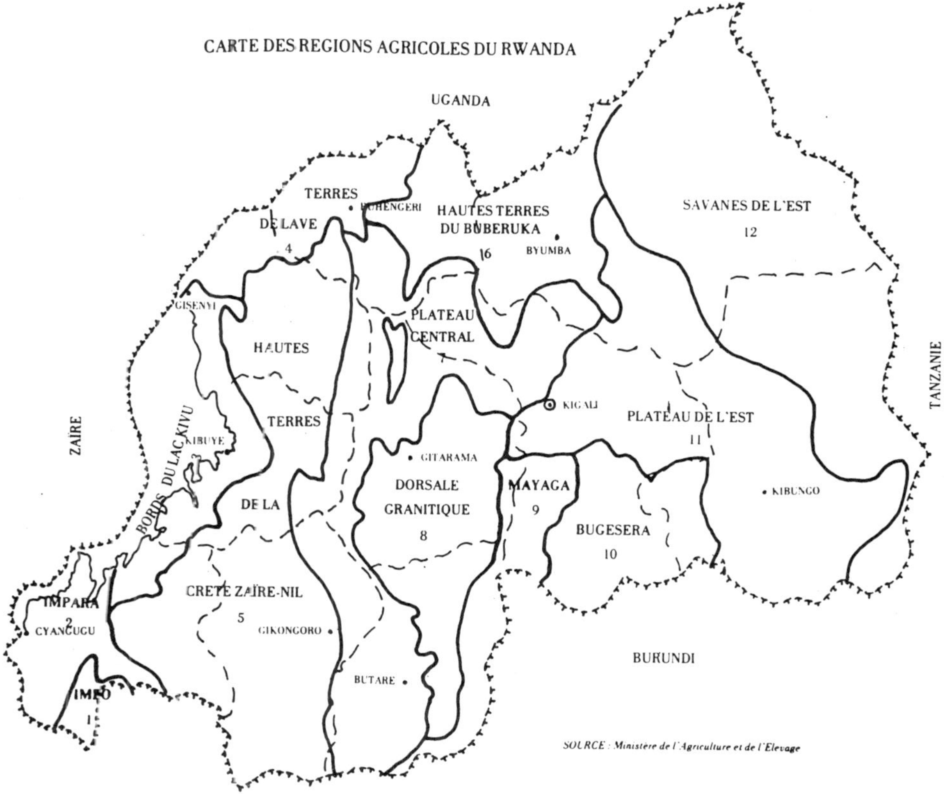

SOURCE : Ministère de l'Agriculture et de l'Elevage

Hitze noch wirkliche Kälte kennt. Dies ermöglicht es dem Bauern, seine Felder zweimal jährlich zu bestellen und zu ernten. Obwohl klein in bezug auf die Gesamtfläche, weist Rwanda doch relativ große ökologische Schwankungen und eine ökologische Vielfalt auf, welche dazu geführt haben, daß einige Agronomen Rwanda in 12 landwirtschaftliche Regionen aufteilten. Nach klimatischen Faktoren (Regenfälle, Temperatur), Höhenlage sowie Struktur des Muttergesteins kann man demnach folgende Regionen unterscheiden (vgl. Karte):

1. Imbo
2. Impara
3. Ufer des Kivu-Sees
4. Lavaböden
5. Hochland der Zaire-Nil-Wasserscheide
6. Hochland Buberuka
7. Zentrale Hochebene
8. Granitrücken
9. Mayaga
10. Bugesera
11. östliche Hochebene
12. östliche Savanne

Theoretisch müßten die einzelnen Feldfrüchte eigentlich dieser Aufteilung folgen, aber da der Bauer möglichst alle für die Ernährung der Familie notwendigen Nahrungsmittel selbst anbauen will,trifft man manchmal bestimmte Kulturpflanzen in Regionen an, die dafür ungeeignet sind. Dies gilt z.B. für die Bananenstaude, die oft auf einer Höhe von über 1900 m angepflanzt wird, obwohl sie besser auf einer mittleren Höhenlage gedeiht, wo die Temperatur angemessen ist und die Niederschlagsmenge ausreicht.

2. Gegenwärtige Situation

Da keine Ecke des Landes unbewirtschaftet ist, kann der Eindruck entstehen, in Rwanda würde die Landwirtschaft äußerst intensiv betrieben. Gehen wir allerdings von der wissenschaftlichen und ökonomischen Definition des Begriffs "Intensivlandwirtschaft" aus, dann bedeutet Intensivierung das Vorhandensein großen Grundbesitzes in den Händen weniger Bauern, welche mit dem Einsatz geeigneter landwirtschaftlicher Mittel arbeiten. Darüber hinaus heißt Intensivierung auch, daß nicht nur für den Eigenbedarf (Subsistenz), sondern auch und vor allem für den Markt (Verbrauch durch

pratiquer deux cultures annuellement. Quoique petit en superficie, le Rwanda connaît une variation et diversification écologiques assez marquées qui ont poussé certains agronomes à subdiviser le Rwanda en 12 régions agricoles, différenciées par des facteurs climatiques (pluviométrie, température) et par l'altitude et l'origine des sols selon la roche-mère. Ainsi nous aurons (voir carte):

1. Imbo
2. Impara
3. Bord du lac Kivu
4. Terres de laves
5. Hautes terres de la Crête Zaire-Nil
6. Hautes terres du Buberuka
7. Plateau central
8. Dorsale granitique
9. Mayaga
10. Bugesera
11. Plateau de l'Est
12. Savane de l'Est

Théoriquement les cultures devraient suivre aussi la même répartition, mais comme le paysan se veut autosuffisant en toute culture, on rencontre parfois certaines cultures domestiquées dans une région non appropriée: il en est ainsi du bananier, souvent cultivé à plus de 1.900 m d'altitude alors qu'il préfère une région d'altitude moyenne où la température lui est plus propice et la pluviosité suffisante.

2. Situation actuelle

L'agriculture rwandaise donne l'impression d'être une agriculture intensive puisque aucun coin du pays ne reste inoccupé par elle. Mais l'intensification dans le sens scientifique et économique du terme suppose la valorisation de grandes propriétés par un nombre réduit de paysans grâce à l'utilisation d'intrants agricoles appropriés. De plus, l'intensification signifie aussi produire non seulement pour sa propre consommation (subsistance) mais aussi et surtout pour le marché (consommation du tiers) et pour la transformation (industrie agricole). Si l'on prend cette donnée en considération, on peut affirmer que l'agriculture rwandaise se trouve encore au stade d'une agriculture de subsistance, exception faite de certaines cultures de "rente",telles que le café, le thé,

Dritte) und für die Weiterverarbeitung (Agroindustrie) produziert wird. Zieht man diesen Sachverhalt in Betracht, kann man bestätigen, daß sich die rwandische Landwirtschaft noch im Stadium der Subsistenzlandwirtschaft befindet, mit Ausnahme einiger für den Verkauf bestimmter Erzeugnisse, wie Kaffee, Tee, Zuckerrohr u. a., die einer gewissen Intensivierung im Hinblick auf Anbau und Verarbeitung unterliegen.

In Rwanda unterscheidet man also zwei Bereiche landwirtschaftlicher Produktion:
- die Nahrungsmittelproduktion
- die 'industrielle' und von vorneherein zum Verkauf bestimmte Produktion (cash crop).

Die Nahrungsmittelproduktion umfaßt den Anbau aller Nahrungsmittel, die direkt der Ernährung der Bevölkerung dienen. Eventuelle Ernteüberschüsse werden, allerdings nicht plan- oder regelmäßig, zum Verkauf angeboten, um dem Produzenten so ein zusätzliches monetäres Einkommen zu verschaffen.
Die nebenstehende Übersicht nennt die hauptsächlich angebauten Kulturpflanzen mit dem Anteil der Anbauflächen in Hektar nach dem Stand von 1983.(2)

Der Anbau dieser Nahrungsmittel geschieht sehr wenig intensiviert: Der Bauer muß sich selbst zu helfen wissen, wenn er gute Ernteerträge erzielen will. Moderne landwirtschaftliche Technologie (Mineraldünger, Pestizide, verbesserte, ertragreiche Saatgutsorten) steht ihm nur in sehr geringem Maße zur Verfügung; eine Infrastruktur, die die Vermarktung oder Weiterverarbeitung seiner Produkte erlauben würde, existiert kaum.
Nur für Anbau und Vermarktung der Kartoffel ist eine wirksame fachliche Beratung gewährleistet.
Bedingt durch den Mangel an bebaubarem Ackerland und die zunehmende Unfruchtbarkeit der Böden praktiziert der Bauer eine Feldbewirtschaftung, die sich auf Mischkulturen und den Einsatz von unterschiedlichen Sorten einer gleichen Nutzpflanze stützt. Diese Form von Landwirtschaft garantiert ihm einen für die Produktion der benötigten Nahrungsmittel einigermaßen ausreichenden Ertrag und damit eine gewisse Unabhän-

la canne à sucre, etc..., qui connaissent une certaine intensification.

L'agriculture rwandaise connaît deux types de spéculations:
- l'agriculture vivrière
- l'agriculture industrielle et de rente.

L'agriculture vivrière englobe toutes les cultures vivrières qui servent directement à l'alimentation de la population, ne réalisant qu'irrégulièrement le surplus commercialisable susceptible d'apporter des revenus monétaires supplémentaires. Les principales de ces cultures sont (2):

Cultures principales / Wichtigste Kulturpflanzen/	Superficies occupées en ha 1983 / Anbauflächen in ha 1983
Haricots (Bohnen)	305.603 ha
Bananier (Bananenstauden)	247.005 ha
Sorgho (Sorghum-Hirse)	174.630 ha
Patate douce (Süßkartoffeln)	122.080 ha
Maïs (Mais)	85.373 ha
Manioc (Maniok)	45.451 ha
Pois (Erbsen)	42.440 ha
Pomme de terre (Kartoffeln)	36.625 ha
Arachides (Erdnüsse)	18.185 ha
Soja (Soja)	7.117 ha
Colocase (Kolokasie)	6.802 ha
Froment (Weizen)	3.901 ha
Riz (Reis)	2.290 ha
Eleusine (feine Hirseart)	1.655 ha
Igname (Yams-Wurzel)	1.339 ha
Différents légumes (verschiedene Gemüse)	3.573 ha
Fruits (Obst)	4.605 ha

Cette agriculture est fort peu intensifiée aussi bien en aval (apports d'engrais, de pesticides, de semences sélectionnées) qu'en amont (commercialisation, transformation, etc...); le paysan se débrouille pour obtenir une bonne récolte. Seule la pomme de terre bénéficie d'un encadrement technique efficace.
Face à ces contraintes que représentent le manque de

gigkeit. Entsprechend waren in der zweiten Saison (Februar-Juni) 1982 52,1% der Anbauflächen in Mischkulturen bepflanzt. Die Kombination von Bananen mit Bohnen scheint mit insgesamt 5,4% der bewirtschafteten Fläche die am häufigsten anzutreffende Mischkultur zu sein. Weitere Mischkulturen sind: Bohnen-Mais, Bohnen--Maniok, Sorghum-Mais, Sorghum-Banane, Sorghum-Süßkartoffeln, Mais-Kartoffeln u.a..(3)
Dem rwandischen Bauern sagt das Einsäen in Reihen nicht zu, da es viel Zeit beansprucht und besondere Überlegungen notwendig macht, auch nicht unbedingt mehr Erträge als die Mischkultur bringt. Darüberhinaus ist säen in Reihen erst dann gerechtfertigt, wenn Einsaat und Ausstreuen von Dünger und Pestiziden usw. maschinell und somit intensiv betrieben werden. Dies trifft jedoch für Rwanda nicht zu. So praktiziert der Bauer nach wie vor das breitwürfige Säen. Hier beherrscht er die Technik, hier kennt er dank langjähriger Erfahrung das richtige Mengenverhältnis.
Die 'industrielle' landwirtschaftliche Produktion bzw. der Anbau von cash-crop-Erzeugnissen zielt auf den Export (Kaffee und Tee) oder auch auf ein zusätzliches monetäres Einkommen durch den Verkauf auf dem lokalen Markt. Bei letzterem handelt es sich insbesondere um folgende landwirtschaftliche Produkte: Bananen, Soja, Weizen, Reis, Kartoffeln, Zuckerrohr, Gemüse und Obst wie Tomaten, Maracuja (Passionsfrüchte), Erdbeeren u.a., die auch zum Teil und in geringem Umfang industriell weiterverarbeitet werden. So stellt man z.B. aus Bananen Wein, Likör und Kuchen her (OVIBAR), Zuckerrohr dient der Zuckerproduktion, Maracuja der Herstellung von Saft (Sonafruits), aus Erdbeeren und anderem Obst macht man Marmelade (Konfigi), aus Tomaten Tomatenmark, das zur Tomatensoße verwendet wird (SORWATOM).

Die Erzeugnisse der exportorientierten Landwirtschaft werden in unterschiedlichem Grad industriell weiterverarbeitet. Während der Tee von der Ernte bis zum fertigen Produkt im Lande selbst verarbeitet wird, wird der Kaffee ohne besondere Verarbeitung als Rohkaffee exportiert. Die Kaffeeröstereien in Rwanda

terres cultivables et l'infertilité de plus en plus accentuée des sols, le paysan rwandais pratique une agriculture basée sur des cultures associées et sur des variétés différentes d'une même culture à l'intérieur de l'association; cette forme d'agriculture lui permet de s'assurer un certain rendement et une certaine indépendance dans la production des aliments dont il a besoin. Ainsi les cultures associées occupaient en 2ème saison (février-juin) 1982 52,1% des superficies emblavées. L'association la plus importante semble être le bananier avec le haricot occupant 5,4% des superficies cultivées. Les autres associations sont: Haricot/Maïs, Haricot/Manioc, Sorgho/Maïs, Sorgho/Banane, Sorgho/Patate douce, Maïs/Pomme de terre etc... .(3)

Le paysan rwandais ne se soucie pas du semis en ligne qui prend beaucoup de temps et implique un effort de réflection plus intense; il pratique plutôt le semis à la volée qu'il maîtrise et dont il possède les proportions ancrées en lui grâce à l'expérience traditionnelle. Il est vrai que le semis en ligne ne se justifie que quand l'utilisation des machines pour le semis, l'épandage des engrais et des pesticides, etc... se pratique d'une façon intensive; ce qui n'est pas le cas pour le Rwanda.

L'agriculture industrielle et de rente vise à produire pour l'exportation (café,thé) ou à s'assurer le revenu monétaire supplémentaire sur le marché local. Ce dernier volet englobe des cultures qui sont à cheval sur les deux types d'agricultures; il s'agit des cultures suivantes:

bananier, soja, froment, riz, pomme de terre , canne à sucre, cultures légumières et fruitières, entre autres la tomate, le maracuja, la fraise, etc.

Certaines de ces cultures sont même à la base d'une petite industrie de transformation, ainsi la banane est utilisée pour la fabrication du vin, des liqueurs et des gâteaux de banane (OVIBAR), la canne à sucre pour la production de sucre (Sucrerie Rwandaise), le maracuja pour la fabrication de jus de maracuja (Sonafruits), la fraise, etc, pour la fabrication de toutes sortes de confiture (Konfigi), la tomate pour produire

arbeiten nur für den lokalen Verbrauch.
Hinsichtlich der Bewirtschaftungsformen ist zu unterscheiden zwischen den sogenannten "industriellen Blökken" und dem individuellen Anbau. Der Kaffeeanbau erfolgt selten auf mehrere Hektar großen Plantagen; im Gegenteil, die Kaffeepflanzer besitzen jeweils eine gewisse Anzahl von Kaffeesträuchern. 1984 zählte man insgesamt 555 067 Kaffeepflanzer, im Durchschnitt pro Kaffeepflanzer 155, somit insgesamt 86 399 000 Kaffeesträucher.(4) Der Teeanbau erfolgt sowohl auf staatlichen Großplantagen von mehreren Hektar als auch auf von Familien bewirtschafteten Pflanzungen von einigen Ar, also im kombinierten System von "industriellen Blöcken" und kleinbäuerlichen Anpflanzungen.Die staatliche Fabrik kauft den grünen Tee direkt vom Bauern, verarbeitet ihn und verkauft ihn dann auf eigene Rechnung weiter. Zur Zeit gibt es neun Teefabriken, die den grünen Tee, produziert in staatseigenen Plantagen und privaten Pflanzungen, verarbeiten. Die Errichtung weiterer Teefabriken ist vorgesehen. Beim Kaffee- und Teeanbau werden sowohl Dünger als auch Pestizide eingesetzt, während Nahrungsmittel weiterhin traditionell angebaut werden, d.h. ohne moderne landwirtschaftliche Methoden oder Technologien einzubeziehen.

3. Probleme der Landwirtschaft

Mangel an Ackerland

Wenn man die Flächen von Seen, Flüssen, Wäldern, Naturparks, Straßen, Städten usw. ausschließt, so verringert sich die Gesamtfläche Rwandas von 2 632 800 ha auf 1 118 838 ha landwirtschaftlich nutzbarer Fläche, d.h. auf weniger als die Hälfte des Landes. Dies bedeutet eine durchschnittliche Bevölkerungsdichte von 536 Bewohnern pro qkm landwirtschaftlicher Nutzfläche. (5) Somit verfügt im nationalen Durchschnitt ein Familienbetrieb über 1,03 ha, das heißt ca. 22 Ar pro Familienmitglied bei einer durchschnittlichen Haushaltsgröße von 4,7 Personen.(6)
Abgesehen von einigen wenigen Hektar Sumpfgebiet, welche die sich aus dem Mangel an landwirtschaftlich

la pâte de tomate devant servir comme sauce tomate (SORWATOM).

Les cultures industrielles, elles, connaissent un degré de transformation différent: si le thé subit une transformation aboutissant à un produit fini dans le pays même, le café, lui, est exporté sans transformation sensible. La torréfaction, telle qu'on peut la rencontrer dans le pays, vise tout simplement la consommation locale.
Quant au mode d'exploitation, il s'avère nécessaire de faire la distinction entre "les grands blocs industriels" et les exploitations individuelles. L'exploitation du café s'effectue rarement sur de grandes plantations de plusieurs hectares, au contraire, chaque planteur possède un certain nombre de caféiers. Ainsi en 1984, on dénombrait 555.067 planteurs de caféiers avec une moyenne de 155 arbres par planteur, ce qui portait le nombre de caféiers à 86.399.000.(4)
L'exploitation du thé s'effectue, elle, aussi bien sur de grandes plantations de plusieurs hectares appartenant à l'Etat que sur des plantations familiales de quelques ares: c'est le système de blocs industriels et de thé villageois. Le thé vert est acheté directement auprès du paysan par l'usine étatique qui le transforme et le vend pour son propre compte. Le Rwanda possède actuellement neuf usines à thé qui travaillent le thé vert provenant des plantations y attenant et des plantations villageoises. L'implantation de nouvelles usines est envisagée.
La culture du café et du thé bénéficie des intrants agricoles, tels que engrais et pesticides, tandis que les cultures vivrières continuent à se pratiquer traditionellement, c.à.d. sans tenir compte des pratiques modernes de l'agriculture.

3. Contraintes exercées sur l'agriculture

Rareté des terres

Si on exclut les superficies occupées par les lacs,les rivières, les forêts, les parcs, les routes, les vil-

nutzbarer Fläche ergebenden Probleme nicht lösen können, gibt es keine Ackerböden mehr, die noch erschlossen werden könnten.

Hohes Bevölkerungswachstum

Die Bevölkerung wird z.Z. auf ca. 6 Mio geschätzt. Bei einer jährlichen Wachstumsrate von 3,7 % wird sie im Jahr 2000, d.h. in 13 Jahren, auf 10 Millionen angewachsen sein.Die jährliche Wachstumsrate für die landwirtschaftliche Produktion liegt dagegen bei nur 3 %, und dieses Wachstum ist bisher aufgrund der Ausweitung landwirtschaftlich nutzbarer Flächen, aber nicht durch die Erhöhung der Produktivität pro Flächeneinheit möglich gewesen. Es ist daher notwendig, die Landwirtschaft bis zum Jahre 2000 so zu intensivieren, daß durch eine Steigerung der Agrarerträge pro Flächeneinheit eine Wachstumsrate von über 3,7% erreicht wird. Das bedeutet, daß man sehr schnell auf eine Intensivierung der Landwirtschaft hinarbeiten muß: erforderlich sind also die Verfügbarkeit landwirtschaftlicher Technologien sowie eine Beratung der bäuerlichen Bevölkerung, wie diese Mittel - so z.B. Dünger, Pestizide, Hochertragssaatgut, landwirtschaftliche Kredite nutzbringend einzusetzen sind; weiterhin müssen Produktionsanreize geboten werden durch eine angemessene Vermarktung der Erzeugnisse und gewinnbringende Preise für den Produzenten.

Verarmung der Böden

Die Faktoren, die zur Verarmung der Böden führen, sind allgemein bekannt:

- Entzug an Nährstoffen durch die Ernten, ohne daß neue Nährstoffe hinzugefügt werden;
- Abschwemmung der Erde und Verlust an Nährstoffen durch Erosion.

Die Zerstörung natürlicher und wieder nachgewachsener Wälder sowie wiederaufgeforsteter Waldbestände durch Buschfeuer und den Druck der Bevölkerung auf der Suche nach neuem Ackerland hat in erheblichem Umfang zur Bodenerosion beigetragen. Die zur Zeit zum Schutz der

les, etc, les 2.632.800 ha que compte le Rwanda se réduisent à 1.118.838 ha de superficie des exploitations agricoles,soit moins de la moitié du pays; ce qui conduit à une densité physiologique moyenne de 536 habitants au km² de terres agricoles.(5) Ainsi la taille moyenne de l'exploitation familiale au niveau national s'élève à 1,03 ha, ce qui represente +/- 22 ares pour un membre d'une famille si on considère que la taille moyenne d'une famille est de 4,7 personnes.(6) A part quelques hectares de marais qui ne peuvent pas résoudre ce problème de manque de terres cultivables, il n'y a plus de nouvelles terres à coloniser.

Population galopante

La population rwandaise est estimée actuellement à environ 6 mio. d'habitants. Avec un taux annuel de croissance de 3,7 %, elle atteindra les 10 millions en l'an 2.000, c.à.d. dans quatorze ans. Or le taux annuel de croissance de la production agricole est de 3 % et cette croissance provient de l'extension des terres cultivables et non d'une augmentation de la productivité par unité de surface. Il faudra donc qu'à l'horizon 2.000, l'agriculture ait été intensifiée de manière à atteindre le taux de productivité de plus de 3,7 % grâce à l'augmentation des rendements agricoles par unité de surface. Ceci implique qu'on doit procéder très rapidement à l'intensification agricole avec tout ce que cela implique: éducation de la population paysanne pour l'utilisation des intrants agricoles; disponibilités des intrants agricoles (engrais, pesticides, crédit agricole, semences à haute performance), émulation de la production par un circuit commercial approprié et des prix rémunérateurs pour le producteur.

Pauvreté des sols

Les facteurs qui conduisent à l'appauvrissement des sols sont connus de tous:

- Pertes d'éléments nutritifs par exportation par les récoltes sans compensation par apports nouveaux

Böden unternommenen Anstrengungen wie Wiederaufforstung und Erosionsschutzmaßnahmen werden, da die Verwitterung der Böden weit fortgeschritten ist, nur langfristig Erfolge zeigen.
Will man die Fruchtbarkeit der Böden wiederherstellen, sind viel Sorgfalt und genaue Kenntnisse erforderlich über die Zusammensetzung der Böden, welche manchmal einen solch extremen Grad an Unfruchtbarkeit erreicht haben, daß die üblichen Methoden weder die Verschlechterung aufhalten, noch die Qualität der Böden verbessern können. Das heißt, es werden viele Mittel benötigt, über die der Bauer nicht verfügt. Ein Beispiel: Um den Säuregrad des Bodens zu vermindern und einen pH-Wert von 6,5 zu erhalten, müßten einigen Böden ungefähr 20 Tonnen Kalk pro Hektar zugefügt werden. Um einen ausreichenden Phosphorgehalt zu gewährleisten, müßten etwa 150 kg Phosphat pro Hektar ausgestreut werden. Auch Stickstoff ist ein Nährstoff, der den Böden fast vollkommen fehlt.
Organisches Material, das so häufig zur Düngung empfohlen wird und erheblich zur Lösung der Probleme beitragen könnte, ist ebenfalls selten, und zwar aufgrund

- der Konkurrenz zwischen Kaffeesträuchern (mulchen) und Nahrungsmittelkulturen (Kompost);
- der Konkurrenz in einigen Regionen zwischen Energiebedarf (man benutzt z.B. Kuhfladen als Brennstoff) und Verkompostierung;
- die Nachfrage nach Ackerland hat die Weideflächen zum Verschwinden gebracht, was wiederum eine drastische Verringerung des Bestandes an Großvieh (Rindern) und selbst an Kleinvieh (Schafen, Ziegen) zur Folge hat. Diese aber wären die Produzenten organischen Düngers.

ISAR (Institut der landwirtschaftlichen Wissenschaften in Rwanda) schätzt, daß, wenn man allein organischen Dünger einsetzen wollte, um eine gute Bodenfruchtbarkeit mit entsprechend guten Ernteerträgen zu erzielen, dem Boden pro Hektar etwa 30 Tonnen Kuhdünger hinzugefügt werden müßten. Das würde die permanente Stallhaltung von drei Kühen und ihren Kälbern erfordern.(7)

d'éléments nutritifs.

- Pertes de terres et d'éléments nutritifs par érosion.

La destruction des forêts naturelles primaires et secondaires par les feux de brousse et par la pression de la population à la recherche de nouvelles terres, a favorisé considérablement l'érosion des terres du Rwanda. Les efforts acceptés actuellement pour protéger le sol grâce à la reforestation et à la lutte anti-érosive mettent longtemps pour porter des fruits tant la dégradation des sols est avancée.

Restituer au sol sa fertilité demande beaucoup de tact et de connaissance de ces sols qui, parfois, ont atteint le stade ultime d'infertilité que les méthodes habituelles de correction de l'infertilité ne parviennent pas à cerner et à changer.

Cela exige beaucoup de moyens agricoles que le paysan n'a pas. Ex.: Pour atténuer l'acidité du sol et ramener le pH à 6,5, il faut dans certains sols apporter autour de 20 tonnes de chaux par ha. Pour assurer un bon niveau de fertilité en phosphore, il faut épandre autour de 150 kg de P_2O_5 (phosphate) par ha.

L'azote constitue également un élément fort limitant dans les sols: ils en sont dépourvus.

La matière organique tant recommandée et qui résoudrait pas mal de problème est aussi rare:

- Concurrence entre le caféier (paillis) et les cultures vivrières (compostage).
- Concurrence dans certaines régions entre les besoins énergétiques (on brûle par ex. la bouse de vache) et le compostage.
- La rareté des terres a fait disparaître les pâturages provoquant la réduction drastique du gros bétail (bovins) et même du petit bétail (ovins, caprins, etc...) qui devrait fournir cette matière première.

L'ISAR (Institut des Sciences agronomiques du Rwanda) estime que pour atteindre un bon niveau de fertilité susceptible de fournir de bons rendements en utilisant la matière organique seule, il faut apporter 30 tonnes de fumier de vache par hectare. Cela suppose le maintien de trois vaches et de leurs veaux en stabulation

Der Bauer besitzt jedoch nicht das für diese Tiere notwendige Futter.

Soziale Faktoren

Im allgemeinen fühlt sich der Rwander dann richtig zu Hause, wenn er inmitten seiner Felder wohnen kann, abgeschirmt nach außen durch eine Umzäunung seines Hauses (urugo). So hat sich die für Rwanda typische verstreute Siedlungsweise herausgebildet, die die landwirtschaftlich nutzbaren Flächen noch weiter vermindert. Außerdem hat das Erbrecht, das jedem Sohn der Familie das Anrecht auf einen Teil des Familienbesitzes an Land zugesteht, zweifellos zur Zerstückelung der Felder, wie wir sie heute vorfinden, geführt und bildet somit ein ernsthaftes Hindernis für die Intensivierung der Landwirtschaft.
Bezüglich der landwirtschaftlichen Arbeitsteilung zwischen Frau und Mann hat die nationale Landwirtschaftsstudie von 1984 (8) gezeigt, daß 51% der in der Landwirtschaft tätigen Bevölkerung weiblichen Geschlechts sind. Weiterhin widmet die Frau 33,8% ihrer Zeit landwirtschaftlichen Arbeiten, während der Anteil der Männer nur 20,2% beträgt.(9) Wenn man die Beteiligung von Frauen und Männern an den einzelnen landwirtschaftlichen Tätigkeiten, wie z.B. Umgraben der Felder, Einsaat und Ernte, analysiert, so kommt man zu dem Ergebnis, daß die Frau 44,5% der anfallenden Arbeiten allein und weitere 35,5% gemeinsam mit dem Mann ausführt. Dies leitet uns zu der Feststellung, daß die familiäre Landwirtschaft zu 80% auf den Anstrengungen der Frau beruht, sei es allein oder zusammen mit ihrem Ehemann.(10) Diese wichtige Rolle der Frau in der landwirtschaftlichen Produktion findet jedoch selten eine entsprechende Berücksichtigung in der Entwicklungsstrategie. So berichten Tamara u.a., daß 72% der im ländlichen Raum befragten Frauen weder lesen noch schreiben können.(11) Die meisten Versammlungen zur Sensibilisierung der ländlichen Bevölkerung sowie zur Vulgarisation (Vulgarisation heißt hier Vermittlung technischen Wissens an die Bauern mit dem Ziel, z.B. durch moderne Anbaumethoden höhere Erträge zu erwirt-

permanente.(7) Le paysan rwandais n'a pas le fourrage nécessaire à ces bêtes.

Cadre social

Le Rwandais, en général, se sent réellement chez lui quand il peut habiter à l'intérieur de ses terres, isolé de l'extérieur par un enclos (urugo) entourant sa maison. Cette pratique conduit à l'habitat dispersé qui grignote encore sur les terres cultivables. De plus le système d'héritage qui veut que chaque fils de la famille ait droit à une partie de la propriété familiale contribue indubitablement au morcellement tel qu'il est connu actuellement, constituant ainsi un obstacle sérieux à l'intensification agricole.
Quant à la participation de la femme et de l'homme aux travaux de l'agriculture, les résultats de l'Enquête Nationale agricole de 1984 (8), ont montré que 51 % de la population agricole est du sexe féminin. D'autre part, la femme consacre 33,8 % de son temps aux travaux agricoles, tandis que l'homme n'y consacre que 20,2 %.(9) Si on analyse la participation de la femme et de l'homme aux différentes activités agricoles, telles que le labour,le semis et le sarclage, la femme effectue seule 44,5 % du travail agricole et participe à 35,5 % de ce travail en commun avec l'homme. Ceci nous amène donc à affirmer que l'agriculture familiale repose à 80 % sur les efforts de la femme seule et en collaboration avec son mari.(10)
Cependant, ce rôle important de la femme dans la production agricole ne s'accompagne pas toujours de la même considération dans la stratégie de développement. En effet Tamara et al. rapportent que 72 % des femmes enquêtées ne savent ni lire ni écrire.(11) La plupart des réunions de sensibilisation et des thèmes de vulgarisation s'adressent à l'homme et peu à la femme: en effet on entend souvent parler de paysan progressiste et pas du tout d'une paysanne progressiste. A la lumière des quelques chiffres donnés plus haut, on peut cependant présager que le développement agricole au Rwanda ne se fera pas sans la femme.

schaften) neuer Methoden wenden sich an den Mann und nur selten an die Frau. In der Tat hört man häufig vom fortschrittlichen Bauern, jedoch nie von der fortschrittlichen Bäuerin sprechen. In Kenntnis der oben geschilderten Situation läßt sich aber voraussehen, daß ohne die Frau keine landwirtschaftliche Entwicklung stattfinden wird.
Zusammenfassend ist festzuhalten, daß die rwandische Landwirtschat bestimmten Zwängen unterliegt, die unbedingt bei der Ausarbeitung von Entwicklungsstrategien berücksichtigt werden müssen.

4. Lösungsversuche

Wenn auch Rwanda den Eindruck eines großen Gartens vermittelt, so fehlt doch seiner Landwirtschaft gerade das, was die Fruchtbarkeit des Gartens ausmacht: nämlich die intensive Bearbeitung und Pflege des Bodens. Es handelt sich vielmehr um eine Bewirtschaftung, die wenig oder gar keine landwirtschaftlichen Mittel und Technologien einsetzt. Es gibt allerdings im Agrarsektor eine große Anzahl kurz- oder langfristiger Entwicklungsprojekte mit unterschiedlichen Trägern (staatlichen, bilateralen, internationalen u.a.). Es würde genügen, einen Blick in die bisher aufgestellten drei Fünf-Jahrespläne zu werfen, um zu sehen, welche Geldmassen in den landwirtschaftlichen Bereich geflossen sind. Diese riesigen Summen haben jedoch nicht zu einer Ertragssteigerung pro Flächeneinheit geführt, so daß die Regierung, sich der Unhaltbarkeit dieser Situation bewußt, beschlossen hat, den Projekten eine neue Zielsetzung zu geben. Aufgrund dieser Erfahrung muß jede Strategie in Richtung auf eine landwirtschaftliche Produktionssteigerung die Realisierung folgender Ziele beabsichtigen:
- Schutz und Konservierung der Böden
- Wiederherstellung und Erhalt der Bodenfruchtbarkeit
- Einsatz von Hochertragssorten und angepaßten Anbautechniken
- Pflanzenschutz und Lagerungsmöglichkeiten für die Ernteerträge

En résumé, on peut constater que l'agriculture rwandaise est soumise à plusieurs contraintes dont il faut absolument tenir compte dans l'élaboration des stratégies de son développement.

4. Ebauche de solutions

Bien que le Rwanda donne l'air d'un grand jardin, son agriculture ne bénéficie pas nécessairement de l'inténsification propre à un jardin: c'est une agriculture n'utilisant pas ou peu les intrants agricoles.
Cependant, l'agriculture rwandaise bénéficie d'une grande intervention des projets agricoles de caractère diversifié (gouvernementaux, bilatéraux, multilatéraux, particuliers, etc...), à long et à court terme. Il suffit de considérer les projets prévus par les 3 plans quinquenaux que vient de vivre le Rwanda. Toute cette masse d'argent n'a cependant pas réussi à induire une augmentation des rendements par unité de surface et le Gouvernement, conscient de cette situation, a pris la décision de réorienter les projets.
Dans la même ligne de pensée, toute solution à envisager pour l'augmentation de la productivité de l'agriculture rwandaise doit viser à:

- Protéger et à conserver les sols.
- Restituer la fertilité aux sols et à maintenir cette fertilité.
- Utiliser les semences à haute performance et des techniques culturales appropriées.
- Protéger les cultures et les récoltes.
- Créer des circuits commerciaux susceptibles d'avantager le producteur.

Conservation des sols

Le Rwanda, pays des mille collines, est aussi le pays des mille pentes qui favorisent une activité intense de l'érosion hydrique. Le Rwanda perd annuellement 14 t/ha de sol en moyenne (12); à cela il faut ajouter les pertes d'éléments fins et nutritifs par ruissellement interne.

- Schaffung infrastruktureller Einrichtungen für eine Vermarktung, die den Produzenten begünstigt.

Konservierung der Böden

Rwanda, das Land der 1000 Hügel, ist auch das Land der 1000 Hänge, die das Abschwemmen des Bodens stark begünstigen. So verliert Rwanda im Durchschnitt jährlich 14 t Boden pro Hektar (12); dazu kommen die Verluste an Spurenelementen und Nährstoffen durch Versikkerung.
Die Kolonialverwaltung, die das Problem der Bodenerosion erkannt hatte, führte ab 1949 Schutzmaßnahmen ein. 1960, kurz vor der Unabhängigkeit (1962) gab es als Ergebnis dieser Aktivitäten 137 657 km Erosionsschutzgräben mit entsprechenden Hecken, 171 142 km Gräben ohne Hecken und 55 893 km an Hecken.(13) Dies entsprach einem Schutz von 40% der damals zur Verfügung stehenden Felder und von 8 % der Weideflächen.
Nach der Unabhängigkeit vernachlässigte die Bevölkerung diese Arbeiten, die ein Symbol für das Joch der Kolonialherrschaft darstellten, waren sie doch mit Hilfe von oft auch körperlichen Zwängen eingeführt und kaum von angemessenen Verbreitungsmethoden begleitet worden. Seit 1974 hat die Regierung diese Maßnahmen wieder aufgegriffen und gleichzeitig große Informationskampagnen über Notwendigkeit und Nutzen von Erosionsschutz durchführen lassen. 1978 waren bereits wieder 17% der Böden geschützt. Die derzeitigen Planungen sehen einen Abschluß der Erosionsschutzmaßnahmen für Ende 1987 vor.
Zusätzlich zu den Anstrengungen der Bevölkerung sollte jedes landwirtschaftliche Entwicklungsprojekt in seinem Aktionsradius wirksam zur Wiederaufforstung, zum Ausheben von Gräben und Anpflanzen von Hecken sowie zur Erzeugung organischen Düngers beitragen. Auch die Forschungsinstitute müßten sich um das Problem kümmern, um neue Methoden des Erosionsschutzes auszuarbeiten, da die bislang praktizierten für einige Regionen Rwandas ungeeignet sind.

Les autorités coloniales, conscientes de ce problème d'érosion des sols avait instauré dès 1949 les travaux de la lutte anti-érosive et en 1960, à la veille de l' indépendance nationale (1962) ces actions se chiffraient à 137.657 km de fossés avec haies, 171.142 km de fossés sans haies et 55.893 km de haies uniquement (13). Ceci équivalait à une protection de 40% des terres de cultures et 8% de terres de pâturage disponibles à l'époque. Après l'indépendance, la population délaissa ces travaux qui symbolisaient le joug de la colonisation, parce qu'ils avaient été introduits à l'aide de contraintes souvent corporelles et n'avaient pas été l'objet d'une vulgarisation appropriée. Depuis 1974, le Gouvernement a fait reprendre ces travaux en les accompagnant de grandes campagnes d'information sur leur bien-fondé. En 1978, on enregistrait déjà 17% de terres protégées. Les prévisions actuelles visent à terminer les travaux de lutte anti-érosive fin 1987.
En plus des efforts de la population, tout projet de développement agricole devrait contribuer efficacement au reboisement de la zone d'intervention, au creusement des fossés et à la plantation des haies anti-érosives et à la génération de matière organique. Les institutions de recherche devraient se pencher sur ce problème pour trouver de nouvelles méthodes de lutte anti-érosive car les méthodes actuelles s'avèrent souvent inappropriées dans certaines régions du Rwanda.

Fertilité des sols

"La fertilité d'un sol, sous son climat, se mesure à l'abondance des récoltes qu'il porte, lorsqu'on lui applique les techniques agricoles qui lui conviennent le mieux."(14)
A la lumière de cette définition de Barbier et quoiqu'il n'existe pas encore une carte d'aptitudes des sols du Rwanda, on peut affirmer que les sols dans leur majorité ont perdu leur fertilité naturelle et que les techniques actuelles de fertilisation n'ont pas encore pu la leur restituer. En effet, le rendement par ha est en baisse continue.

Bodenfruchtbarkeit

"Unter angemessenen klimatischen Bedingungen bemißt sich die Fruchtbarkeit eines Bodens nach der Erntemenge, die er hervorbringt unter der Voraussetzung, daß die ihm am besten angepaßten landwirtschaftlichen Techniken eingesetzt werden."(14) Von dieser Definition Barbiers ausgehend, muß man,obwohl es für Rwanda noch keine Karte der Bodeneignung gibt, feststellen, daß die meisten Böden ihre natürliche Fruchtbarkeit verloren haben. Die derzeitigen Methoden der Bodenverbesserung haben die Fruchtbarkeit noch nicht wiederherstellen können. Der Ertrag pro Hektar verringert sich in zunehmendem Maße.

Welche Methoden müssen angewandt werden? Im allgemeinen wird jeder spontan sagen, man soll landwirtschaftliche Mittel wie Dünger einsetzen, um die Bodenqualität zu verbessern. Der Einsatz von Dünger setzt jedoch einige Bedingungen voraus, die vorher erfüllt sein müssen:

- Die Düngemittel müssen verfügbar sein.
- Der Bauer muß sie kaufen können.
- Die unterschiedlichen Mengen für die einzelnen Kulturpflanzen und Böden müssen erforscht worden sein.
- Quantität und Qualität des Humus müssen gesichert sein.
- Die Benutzer, also die Bauern, müssen das 'know-how' des Einsatzes beherrschen.

Die meisten dieser Bedingungen sind bisher noch nicht erfüllt. Mineralische Düngemittel müssen importiert werden und sind damit zu teuer für den Geldbeutel des Bauern, dessen Kaufkraft sehr schwach ist.(15) Außerdem sind seine Kenntnisse auf diesem Gebiet fast gleich Null. Die Regierung macht indessen Anstrengungen zur Verbesserung der Situation: So hat sie das Projekt "Bodenkarte" initiiert, das zur Erarbeitung einer Karte "Bodeneignung" führen soll; ein Projekt "Düngemittel" und Verbesserung der Böden soll die optimalen Mengen bestimmen, die auch der Kaufkraft des Bauern entsprechen. Andere Projekte, z.B. der Agroforstwirtschaft, für den Einsatz von organischem Dünger (Rhizobium und Mykorrhiza/stickstoffoxidierende

Quelles techniques faut-il appliquer? En général, chacun répond spontanément qu'il faut utiliser les intrants agricoles tels que les engrais pour améliorer la fertilité des sols du Rwanda. Cependant, l'emploi des engrais exige que certaines conditions soient préalablement remplies:

- les engrais doivent être disponibles,
- le paysan doit pouvoir les acheter,
- les doses à appliquer spécifiquement à différentes cultures et à différents sols doivent être connues,
- la quantité et la qualité de l'humus doivent être assurées,
- les utilisateurs, les paysans donc, doivent maîtriser le know-how de l'utilisation des engrais.

La majorité de ces conditions ne sont pas encore remplies: les engrais minéraux doivent être importés et de ce fait deviennent trop chers pour la poche du paysan dont le pouvoir d'achat demeure très faible.(15) De plus, son know-how en la matière est presque nul. Le Gouvernement fait, cependant, des efforts pour remédier à cette situation: il a implanté le projet de carte pédologique devant aboutir à la carte d'aptitudes des sols; un projet "engrais" et d'amélioration des sols voudrait établir des doses optimales susceptibles d'être à la hauteur de l'achat du paysan; d'autres projets d'agroforesterie, d'utilisation des engrais biologiques (Rhizobium: bactérie en symbiose avec les légumieuses qui fixe l'azote de l'air, Mycorhize: champignon qui vit en symbiose avec certaines essences forestières et qui fixe l'azote de l'air, engrais verts, etc...) et d'amélioration des systèmes de production agricole visent à fournir l'alternative et/ou la complémentalité à l'utilisation des engrais minéraux.

La recherche agricole est en train de se réorganiser pour répondre à ces exigences. La vulgarisation des nouvelles technologies se réorganise actuellement pour avoir plus d'impact en milieu rural.

En plus de ces mesures prises par le Gouvernement, il faudrait explorer la possibilité d'investir dans la fabrication des engrais au Rwanda, en utilisant des matières premières, telles que le gaz méthane du lac

Bakterien und Pilze, Gründünger usw.) sowie für die Verbesserung der landwirtschaftlichen Produktionssysteme sollen Alternativen und/oder Ergänzungen zum Einsatz von mineralischem Dünger entwickeln.
Um diesen Erfordernissen besser entsprechen zu können, ist die landwirtschaftliche Forschung zur Zeit dabei, sich zu reorganisieren. Auch die Methoden zur Verbreitung neuer Technologien befinden sich in der Überarbeitung, um in Zukunft eine größere Wirkung im ländlichen Raum zu erzielen.
Über die Regierungsmaßnahmen hinausgehend müßten die Möglichkeiten erforscht werden, inwieweit Rohstoffe aus Rwanda für die Herstellung organischen Düngers Verwendung finden könnten. Hierfür böten sich z.B. das Methangas aus dem Kivu-See an, das an einigen Orten zu findende Travertin (Kalktuff)(16), Lava und vulkanische Asche aus dem Norden Rwandas sowie Torf aus den Sumpfgebieten. Als Beitrag zur kurzfristigen Minderung des Düngermangels haben einige Geberländer und -organisationen wie Japan, die Europäische Gemeinschaft, die FAO (UN-Organisation für Landwirtschaft und Ernährung) kostenlos mineralischen Dünger an Rwanda geliefert.

Auserlesenes Saatgut

Jeder, der einmal die Möglichkeit hatte, das Feld eines rwandischen Bauern zu besichtigen, wird bemerkt haben, daß der Bauer es vorzieht, auf dem selben Feld eine Vielzahl von Sorten der gleichen Kulturpflanze zu säen. Dies ist sicherlich das Resultat langer Erfahrung und einer genauen Kenntnis der Lebensbedingungen, die es notwendig machen, daß er immer einen bestimmten Ernteertrag erzielen muß. Nun kann eine neue Sorte zwar ertragreicher als die eigene Mischung, jedoch nicht widerstandsfähig gegenüber Krankheiten sein, wie z.B. gegenüber der Anthraknose (schwarzer Brand) bei Bohnen, die sich aufgrund der großen Feuchtigkeit während der Regenzeit ausbreitet. Oder eine andere Sorte kann ihre Leistungsfähigkeit nur in reichhaltigen Böden entfalten, aber es gelingt ihr nicht, sich einem verarmten Boden anzupassen. Für Rwanda stellt sich vor

Kivu,les travertins rencontrés ici et là (16), la lave et les cendres volcaniques du Nord du Rwanda,la tourbe concentrée dans certains marais pour la fabrication des engrais organiques. A court terme quelques donateurs tels que le Japon , la CEE, la FAO, etc... fournissent gratuitement des engrais minéraux au Rwanda.

Semences sélectionnées

Quiconque a eu l'occasion de visiter le champ du paysan rwandais aura remarqué que celui-ci préfère semer dans un même champ une multitude de variétés d'une même culture: cela est certainement dictée par sa sagesse et sa connaissance du milieu qui veulent qu'il s'assure toujours d'un certain rendement. En effet, une variété peut être hautement productive mais ne pas résister aux maladies rendues proliférantes par exemple par une forte humidité (anthracnose du haricot: pendant la saison des pluies = maladie de plantes causée par les champignons); ou alors une variété peut être fort performante dans un sol riche et ne parvient pas à s'adapter à un sol appauvri. Pour le Rwanda, la plus grande difficulté consiste aussi à trouver des variétés résistantes à la toxicité causée par les hautes teneurs en aluminium des sols. La recherche et la vulgarisation agricole devraient veiller à mettre à la disposition du paysan des semences pouvant lui inspirer confiance au même titre que son mélange de variété, tout en lui assurant un meilleur rendement. Le Projet National d'Amélioration de la Pomme de terre (PNAP) de l'ISAR a franchi ce pas: le paysan a confiance dans ses variétés de pommes de terre. Le MINAGRI (Ministère de l'Agriculture, de l'Elevage et des Forêts) est en train de restructurer ses services des semences sélectionnées pour fournir des semences de qualité et en suffisance.

Protection des cultures et des récoltes

Dans le cadre de l'objectif de "l'autosuffisance alimentaire" que s'est assigné le Gouvernement rwandais, il vient d'être instauré au sein des services du

allem das Problem, widerstandsfähige Sorten für die aufgrund eines hohen Aluminiumgehalts toxischen Böden zu finden. Die Forschung muß also Saatgutsorten entwickeln und dem Bauern zur Verfügung stellen, in welche er, auch durch eine angemessene landwirtschaftliche Verbreitung, ebensoviel Vertrauen setzen kann wie in seine eigenen Mischungen und die ihm höhere Erträge liefern. Das nationale Projekt zur Verbesserung der Kartoffelqualität (PNAP) des Forschungsinstitutes ISAR hat dies erreicht: Der Bauer hat die dort angebotenen Kartoffelsorten akzeptiert. Das Landwirtschaftsministerium reorganisiert z.Z. seine Serviceleistungen hinsichtlich auserlesenen Saatgutes, damit Saatgut höherer Qualität und in ausreichender Menge zur Verfügung gestellt werden kann.

Schutz der Kulturpflanzen und Ernten

Im Zusammenhang mit dem Ziel "Selbstversorgung mit Nahrungsmitteln", das sich die Regierung gesetzt hat, wurde im Landwirtschaftsministerium vor kurzem eine Abteilung für den Schutz der Kulturpflanzen und bei OPROVIA (Behörde für die Entwicklung und Vermarktung von Nahrungsmitteln und Tierprodukten) eine Abteilung zur Verbesserung von Haltbarkeit und Lagerungsmöglichkeiten der Ernten geschaffen. Der Leser wird feststellen, daß diese Dienstleistungsbetriebe noch zu jung sind, um bereits Erfolge vorweisen zu können; aber immerhin ist man sich des Problems in den Bereichen Forschung und Vulgarisation bewußt.

Vermarktung

Die rwandische Landwirtschaft wird als Subsistenzwirtschaft angesehen. Im allgemeinen benutzt jeder diese Bezeichnung mit einem negativen Beiklang, so als ob es sich um eine Landwirtschaft handelte, die unfähig sei, Überschüsse für die Vermarktung und die Verarbeitung durch die Agroindustrie zu produzieren. Für Extremisten handelt es sich sogar um eine Landwirtschaft, die nicht einmal die Bevölkerung ernähren kann, die die Subsistenzwirtschaft betreibt. Wenn wir sie jedoch mit

MINAGRI un service de protection des cultures et au sein de l'OPROVIA (Office national pour le développement et la commercialisation des produits vivriers et des produits animaux) un service de traitement post-récolte. Le lecteur constatera donc que ces services sont jeunes mais la prise de conscience et la sensibilisation au niveau de la recherche et de la vulgarisation sont déjà en place.

Cueillette du café - Kaffee-Ernte

der Landwirtschaft in den Industrienationen vergleichen, scheint es uns, daß sich die rwandische Landwirtschaft gut verteidigt. Immerhin funktioniert sie ohne jegliche Subvention oder Protektion. Was wäre die Landwirtschaft in der Bundesrepublik Deutschland, in der Europäischen Gemeinschaft oder in den USA ohne die Fülle an Subventionen, die jährlich zur Stabilisierung der Agrarpreise gezahlt wird und die den Bauern ein beständiges Einkommen garantiert?
Obwohl die vielen Entwicklungsprojekte im landwirtschaftlichen Bereich große Geldsummen verschlingen, blieb doch der Bauer bisher immer sich selbst überlassen. Hat er eine sehr gute Ernte erzielt, sinken die Preise für landwirtschaftliche Produkte. Die Zwischenhändler kaufen dann seine Erzeugnisse zu einem lächerlich niedrigen Preis auf, um sie ihm später während der Mangelperioden zu einem hohen Preis wieder zu verkaufen. Denn der Bauer hat selbst keine Möglichkeit, seine Ernteerträge zu speichern und die Marktbewegungen zu studieren, um seine Erzeugnisse zu einem günstigen Zeitpunkt verkaufen zu können.
Während einer Mangelperiode bittet man um Nahrungsmittelhilfe, die jedoch nicht ankommt, wenn sie gebraucht wird, sondern erst viel später, nämlich dann, wenn wieder eine gute Ernte erzielt wurde. Wir möchten hier darauf hinweisen, daß die Nahrungsmittelhilfe,die 1984 - während einer extremen Dürreperiode - erbeten wurde, noch heute ankommt!(17) Und vor kurzem mußte die Regierung in die Preisgestaltung eingreifen, um den lokal produzierten Reis konkurrenzfähig zu halten. Denn der Markt wurde vom Reis aus der Nahrungsmittelhilfe sowie vom importiertem Reis aus Ländern, die den Anbau subventionieren, überschwemmt. Dieser Reis wurde dem Verbraucher wesentlich billiger als der lokal produzierte angeboten.
Die zu einem unangemessenen Zeitpunkt eintreffende Nahrungsmittelhilfe stellt ein ernsthaftes Hindernis für die landwirtschaftliche Ertragssteigerung dar. Trifft sie dann ein, wenn die Situation sich stabilisiert hat und die Erträge wieder normal sind, werden die Hilfsgüter von Händlern aufgekauft und billiger als lokale Erzeugnisse wieder verkauft,wobei die Händ-

Circuits commerciaux

L'agriculture rwandaise est considérée comme une agriculture de subsistance; et chacun donne à cette expression un sens négatif, c.à.d. qu'il s'agit d'une agriculture incapable de générer des surplus commercialisables et transformables dans l'agro-industrie; pour les extrêmistes, il s'agit d'une agriculture qui ne peut même pas nourrir la population qui la pratique. Mais si nous la comparons à l'agriculture des pays industrialisés, il nous semble que l'agriculture rwandaise se défend bien. En effet, elle fonctionne sans aucune subvention et protection quelconque. Que serait l'agriculture en RFA, dans la CEE ou aux USA sans les subventions versées annuellement pour stabiliser les prix des produits agricoles et garantir des revenus stables aux fermiers?
Même si plusieurs projets de développement agricole engloutissent de grandes sommes d'argent, le paysan était jusqu'ici livré à lui-même. Si la récolte est abondante, les prix des produits agricoles baissent et les intermédiaires les lui achètent à des prix dérisoires pour les lui vendre plus chers au moment de la disette. En effet, le paysan rwandais n'a pas la possibilité de stocker sa récolte et d'étudier les fluctuations du marché pour vendre au moment opportun.
Lors d'une disette, on fait appel à l'aide alimentaire qui n'arrive pas au moment où on en a besoin mais longtemps après, au moment où on a de bonnes récoltes. Signalons en passant que l'aide alimentaire sollicitée en 1984 arrive encore aujourd'hui (17): dernièrement, il a fallu l'intervention du Gouvernement pour vendre le riz produit sur place; en effet, le marché était inondé par le riz de l'aide alimentaire et par celui importé en provenance des pays subventionnant cette culture; ce riz-là était proposé à des prix fort intéressants pour le consommateur. L'aide alimentaire intervenant à un moment inopportun constitue un sérieux handicap à l'augmentation de la production agricole. En effet, quand elle arrive au moment où la situation s'est stabilisée et où la production est normale, ses denrées sont achetées par les commerçants qui les re-

ler immer noch hohe Gewinne erzielen. Die lokale Produktion ist dann also kaum absetzbar, was den Bauern nicht gerade ermutigt, weiter zu produzieren, besonders dann nicht, wenn der Erzeugerpreis sinkt.(18)

Solange bei der Agrarpreisbildung die Interessen der Bauern kaum berücksichtigt werden, bleiben diese den Händlern ausgeliefert, die zwischen Erzeugern und Verbrauchern stehen und nur auf ihren eigenen Vorteil bedacht sind. Auch wenn in Rwanda seit 1966 eine Preisbindung für landwirtschaftliche Produkte existiert, so sind doch bisher alle Bemühungen, die Einhaltung der Mindestpreise zu kontrollieren und die Preisstabilität zu erhalten, gescheitert.(19) Ausnahmen bilden hier lediglich Kaffee und Tee. Für diese Exportprodukte erhält der Erzeuger tatsächlich Garantiepreise, die allerdings nicht immer gewinnbringend sein müssen.
Da die Regierung bemüht ist, dem Produzenten einen lohnenden Preis zu sichern, hat sie die Verkaufspreise für landwirtschaftliche Erzeugnisse nochmals überprüft und Anfang des Jahres 1986 neue Preise festgesetzt. Eine Preisfestsetzung kann jedoch nur dann wirksam werden, wenn sie von Kontroll- und Verteilungsmaßnahmen begleitet wird. Zu diesem Zweck hat die Regierung eine Behörde (OPROVIA) geschaffen, die zur Preisstabilisierung beitragen soll, indem sie beim Produzenten zum festgesetzten Preis kauft, die Erzeugnisse im Land verteilt und zum festgesetzten Preis wieder verkauft. Diese Behörde könnte eine sehr wichtige Rolle spielen. Die mangelnde Beachtung der staatlich festgesetzten Preise, die beim Verkauf von Agrarprodukten häufig zu beobachten ist, zeigt jedoch, daß die Behörde noch nicht so effektiv arbeitet, wie sie es sollte.
Untersuchungen zu den einzelnen, bei der Preisbildung landwirtschaftlicher Produkte zu berücksichtigenden Aspekte werden von den Ministerien für Wirtschaft und Finanzen, für Land-, Vieh- und Forstwirtschaft sowie vom Planungsministerium, das auch für die Koordination dieser Arbeiten zuständig ist, durchgeführt.

vendent à des prix inférieurs à ceux des produits locaux, tout en réalisant d'assez bons bénéfices. La production locale est alors stockée, ce qui n'encourage pas le paysan à continuer de produire, surtout si le prix d'achat baisse.(18)

S'agissant des prix pour les produits vivriers, le paysan rwandais était laissé à lui-même, les intermédiaires entre lui et le consommateur le manipulant à leur guise. En effet, bien que des mécanismes de fixation des prix existent au Rwanda depuis déjà 1966 (19), les mécanismes de contrôle pour garantir le respect et la stabilité de ces prix n'ont jamais été efficaces, excéption faite pour le café et le thé dont les prix au producteur sont réellement garantis même s'ils ne sont pas toujours rémunérateurs.
Le Gouvernement, toujours soucieux d'assurer au producteur des prix rémunérateurs, a encore révisé les prix des produits agricoles et fixé de nouveaux prix au début de l'année 1986. La fixation des prix doit cependant s'accompagner de mesures de contrôle et de distribution. Pour ce faire, le Gouvernement a mis sur pied un office (l'OPROVIA) devant stabiliser les prix en achetant au producteur les produits au prix officiel, en les distribuant à travers tout le pays et en les vendant également au prix officiel. Cet office pourrait jouer un très grand rôle, cependant, les lacunes recensées au niveau des prix des produits agricoles démontrent bien qu'il n'est pas encore tout à fait à la hauteur de sa tâche.
Des études portant sur les différentes facettes des prix pour les produits agricoles sont commanditées par les ministères des Finances et de l'Economie, de l'Agriculture, de l'Elevage et des Forêts ainsi que par le Ministère du Plan, coordinateur de toutes ces actions.

Les quelques paragraphes que le lecteur vient de parcourir ne prétendent pas lui avoir fourni une vue exhaustive de l'agriculture rwandaise, mais ont plutôt l'intention de fixer son attention sur quelques aspects de la problématique de la production agricole au Rwanda. Ils plaident pour une meilleure coordination

Der Leser kommt nun zum Ende der Lektüre dieser Seiten, die nicht den Anspruch auf eine umfassende Darstellung der rwandischen Landwirtschaft erheben. Sie verfolgen eher die Absicht, seine Aufmerksamkeit auf verschiedene Probleme im Agrarbereich zu lenken, auf Schwierigkeiten, die eine bessere Koordination all der Aktivitäten erfordern, die zu entfalten sind, um das wichtigste Ziel landwirtschaftlicher Entwicklung zu erreichen: die Selbstversorgung der rwandischen Bevölkerung mit Nahrungsmitteln für die Jahre 2000... Dazu ist es auch notwendig, daß die für den landwirtschaftlichen Sektor zur Verfügung gestellte Entwicklungshilfe eine größere Wirksamkeit anstrebt und es vermeidet, das trojanische Pferd nach Rwanda zu tragen, d.h., das Land durch die Hilfeleistungen noch abhängiger von außen zu machen.
Der Rwander stirbt noch nicht am Hunger, wie die schrecklichen Bilder aus Afrika, die häufig von ausländischen Massenmedien gezeigt werden, glauben lassen könnten. Die Rwander, Frauen wie Männer, sind im allgemeinen fleißige Arbeiter und stolz darauf, ihren Lebensunterhalt aus eigener Kraft bestreiten zu können. Ihre Möglichkeiten sind jedoch sehr begrenzt. Um so mehr muß ihnen daher die internationale Solidarität helfen, Lösungen für die in den obigen Abschnitten dargestellten Probleme zu finden. Ohne diese Solidarität könnte die Situation hoffnungslos werden.

Übersetzung: Hildegard Schürings
Gudrun Honke

des efforts à déployer afin de trouver des solutions susceptibles d'assurer une autosuffisance alimentaire à la population rwandaise des années 2000.
Dans ce sens toutes les aides extérieures en matière agricole devraient viser une plus grande efficacité et éviter d'apporter au Rwanda le "cheval de Troie", c'est-à-dire une aide qui le rend encore plus dépendant de l'extérieur.
Le Rwandais ne meurt pas encore de faim à l'instar des images effrayantes diffusées souvent par les masses média étrangères; les Rwandaises et les Rwandais, en général,sont travailleurs et se sentent fiers de vivre de leurs propres efforts. Cependant leurs moyens sont très limités. C'est pour cela que la solidarité internationale devrait soutenir davantage le Rwanda en l'aidant à trouver des solutions aux problèmes ébauchés dans les paragraphes précédents. Si cette solidarité défaillait, la situation risquerait d'être sans issues.

Annotations - Anmerkungen

1) Mayer, J. et al.: Agriculture tropicale. Paris 1973
2) MINAGRI (Ministère de l'Agriculture, de l'Elevage et des Forêts): Conclusions du séminaire-atelier sur la réorientation des projets agricoles, Kigali 28 avril au 3 mai 1986. Kigali 1986
3) MINAGRI: Méthodologie et Résultats sommaires de l'Enquête Nationale Agricole. Kigali, Mai 1985
4) MINAGRI: Conlusions... (=An.2); MINAGRI: Résultats de l'Enquête Nationale Agricole 1984. Kigali 1985
5) MINAGRI: Conclusions... (=An.2)
6) MINAGRI: Résultats de l'Enquête Nationale Agricole 1984. Vol.1, Kigali, Sept. 1985
7) Neel, H.: Fertilisation des terres au Rwanda. Administration Générale de la Coopération au Développement. Coopération Belgo-Rwandaise. Kigali, Mars 1986
8) Neel, op. cit.
9) Ubonabenshi, O.: La Participation de la femme rwandaise à l'effort de production. Thèse de mémoire de fin d'études.U.N.R. Faculté d'Agronomie 1977
10) Tamara, G. et al.: Rapport et conclusion de l'enquête sur le rôle de la femme dans le milieu rural. MINAGRI, Projet d'Intensification Agricole de la Préfecture de Gikongoro. Butare, Février 1983
11) Tamara, G. et al., op. cit.
12) MINAGRI: Enquête Nationale Agricole. Communication orale. Kigali 1986.
13) MINAGRI: Lutte anti-érosive et conservation des sols au Rwanda. Kigali 1979
14) Soltner, D.: Les bases de la production végétale. (Collection Sciences et techniques agricoles, T.1.) Angers 1979
15) Neel, op. cit.
16) Neel, op. cit.; Rukaka, A.: La production de la cynamide caloique est-elle viable au Rwanda? In: Bulletin agricole du Rwanda 16, Juillet 1983
17) Neel, H.: Aide alimentaire ambigue. Dans: Dialogue No. 117, Juillet/Août 1986
18) Neel, op. cit.
19) Ayirwanda, M.: Comment fixe-t-on les prix agricoles? In: Dialogue No. 117, Juillet/Août 1986.

Répartition en pourcentage des exploitations agricoles selon la préfecture et les charactéristiques du chef de ménage
Verteilung der landwirtschaftlichen Betriebe in Prozent nach Präfekturen und Merkmalen des Haushaltsvorstands

Sexe du chef de ménage	Butare	Byumba	Cyangugu	Gikongoro	Gisenyi	Gitarama	Kibungo	Kibuye	Kigali	Ruhengeri	Total
Geschlecht d. Haushaltsvorstands											
masculin/männlich	75,3	81,1	80,1	85,3	73,0	74,9	85,4	70,3	80,8	79,3	78,3
féminin/weiblich	24,7	18,9	19,9	14,7	27,0	25,1	14,6	29,7	19,2	20,7	21,7
Total/Gesamt	100,0	100,0	100,0	100,0	100,0	100,0	100,0	100,0	100,0	100,	100,0
en chiffre/in absolut. Zahlen	136.218	122.473	79.109	82.307	116.618	132.027	91.201	91.745	135.333	124.866	1.111.897
Age du chef/Alter d. Haushaltsvorstands											
< 25 ans- Jahre	5,4	10,8	9,0	4,2	12,9	5,8	8,9	9,1	8,7	9,3	8,4
25-34 ans/Jahre	26,1	34.4	36.0	24.2	28.0	23.5	27,7	20,8	30,0	32,9	28,4
35-44 ans/Jahre	18,4	17,6	17,5	21,5	16,6	19,5	19,4	21,3	20,2	20,3	19,2
45-54 ans/Jahre	17,2	17,5	14,6	20,2	17,0	20,1	17,8	25,2	17,3	14,6	18,0
55-64 ans/Jahre	19,4	9,7	13,3	19,0	13,3	14,7	11,5	16,2	13,3	12,0	14,2
> 64 ans/ Jahre	13,5	10,0	9,5	10,9	12,1	16,5	14,6	7,4	10,6	10,9	11,8
Total/Gesamt	100,0	100,0	100,0	100,0	100,0	100,0	100,0	100,0	100,0	100,0	100,0
Aptitude du chef à lire et à écrire/ Kenntnisse des Lesens und Schreibens											
avec Aptitude/mit Kenntnissen	38,1	41,7	39,0	43,0	38,8	39,3	50,6	34,4	38,9	47,2	41,0
sans Aptitude/ohne Kentnisse	61,9	58,3	61,0	57,0	61,2	60,7	49,4	65,6	61,1	52,8	59,0
Total/Gesamt	100,0	100,0	100,0	100,0	100,0	100,0	100,0	100,0	100,0	100,0	100,0
Niveau d'instruction/Schulbildung											
Aucune instruction/ohne Schulb.	60,8	59,6	60,0	57,5	62,2	60,6	48,9	67,0	65,1	54,2	59,8
Primaire 1-3 ans/1-3J.Primarsch.	17,3	20,0	10,2	10,4	18,0	10,4	19,0	16,8	11,8	17,9	15,3
Primaire 4-5 ans/4-5J.Primarsch.	11,8	11,7	22,8	18,4	8,8	17,7	20,3	9,4	14,1	11,6	14,2
Primaire 6 ans/6 J.Primarschule	7,6	6,6	5,6	12,5	5,7	9,2	8,6	5,7	7,0	13,2	8,2
plus que 6 ans/mehr als 6 Jahre	2,5	2,2	1,4	1,2	5,3	2,1	3,2	1,1	1,9	3,1	2,5
Total/Gesamt	100,0	100,0	100,0	100,0	100,0	100,0	100,0	100,0	100,0	100,0	100,0
Mode de faire valoir de l'exploitation/Bewirtschaftung d.Betriebs											
direct/Eigenbewirtschaft.	54,5	55,3	60,3	47,4	51,3	46,7	56,6	27,3	65,6	40,0	50,9
indirect/Fremdbewirtschaft.	0,0	0,6	0,7	0,5	7,0	0,9	1,1	0,0	1,6	0,9	1,4
direct et indir./Eigen-u.Fremdbw.	45,5	44,1	39,0	52,0	41,7	52,4	42,3	72,7	32,8	59,1	47,7
Total/Gesamt	100,0	100,0	100,0	100,0	100,0	100,0	100,0	100,0	100,0	100,0	100,0

L'ENSEIGNEMENT

"La Réforme de l'Enseignement adoptée le 25 mars 1977 et mise en place à partir de septembre 1979 a pour principes fondamentaux:

- la démocratisation de l'enseignement de base;
- l'intégration du développement économique dans l'enseignement;
- l'intégration et la valorisation de la culture nationale à l'intérieur des programmes.

Cette réforme se caractérise:

- Au niveau de l'enseignement primaire: par la prolongation de la scolarité, portée de 6 à 8 ans, qui consolidera les connaissances de base et développera les aptitudes psycho-physiques qu'exige le monde rural en rendant ainsi l'enseignement primaire terminal.
- Au niveau de l'enseignement post-primaire: par l'instauration d'un nouveau degré d'enseignement destiné à préparer la jeunesse à s'insérer dans son milieu, qu'elle est appelée à développer.
- Au niveau de l'enseignement secondaire: par la professionnalisation de l'enseignement répondant ainsi aux besoins de main d'oeuvre qualifiée, suscités par l'économie nationale.
- Au niveau de l'enseignement supérieur: l'adaptation de l'enseignement et de la recherche au contexte national."

Source: IIIème Plan de Développement Economique, Social et Culturel 1982-1986, p. 375.

DAS SCHULWESEN

" Die Schulreform, die am 25. März 1977 verabschiedet wurde und ab September 1979 in Kraft getreten ist, hat folgende Grundprinzipien:

- die Demokratisierung der Grundbildung;
- die Einbindung der wirtschaftlichen Entwicklung in das Bildungswesen;
- die nationale Kultur als Ausgangspunkt der Lehrprogramme zu setzen und ihr somit den ihr zustehenden Wert zu geben.

Diese Reform ist gekennzeichnet:

- auf der Ebene der Primarschulbildung: durch die Verlängerung der Schulzeit von sechs auf acht Jahre; somit sollen die Grundkenntnisse gefestigt und die psychisch-physischen Fähigkeiten entwickelt werden, die eine agrarische Gesellschaft fordert. Dies macht die Primarschulbildung nutzbringend.
- auf der Ebene der post-primaren Bildung: durch die Einführung eines neuen Ausbildungsgangs, der die Jugend darauf vorbereiten soll, die Entwicklung des eigenen Lebensraumes zu übernehmen.
- auf der Ebene der Sekundarschulbildung: durch eine berufliche Orientierung der Bildung, um so dem aufgrund der wirtschaftlichen Bedingungen notwendigen Bedarf an qualifizierten Arbeitskräften zu entsprechen.
- auf der Ebene der Hochschulbildung: Anpassung der Lehre und Forschung an die nationalen Gegebenheiten."

Quelle: IIIème Plan de Développement Economique, Social et Culturel 1982-1986, Kigali 1982, S. 375.

Alphonse Mureramanzi

L'ENSEIGNEMENT PRIMAIRE ET RURAL ARTISANAL INTEGRE

1. L'Enseignement Primaire

Objectifs

Trois objectifs sous-entendent les préoccupations concernant l'enseignement primaire. Il s'agit de veiller à ce que grâce à celui-ci, les élèves acquièrent une alphabétisation fonctionnelle de base susceptible de leur être utile pour leur intégration dans le processus du développement national, les rendant ainsi productifs. A cet effet, l'enseignement primaire qui s'étend sur une période de 8 ans comprend 3 cycles chacun avec ses objectifs précis:
Le premier cycle qui va de la première à la troisième année est destiné à l'alphabétisation.
Ensuite,le deuxième cycle de la quatrième à la sixième année est consacré à l'enseignement général.
Enfin, le troisième cycle quant à lui va jusqu'à la huitième année et est orienté vers l'enseignement ruralisé.(1)
L'école primaire est gratuite et obligatoire pour tous les enfants domiciliés sur le territoire rwandais.

Programmes d'Enseignement

Les programmes et matières d'enseignement varient respectivement selon le cycle consideré. Le premier cycle fonde son enseignement sur l'acquisition des mécanismes de base en calcul, en écriture, et en lecture.
D'autres branches visant la formation de l'esprit et du caractère se rapportent à la religion, la morale, l'éducation civique, la musique et le dessin. Il y a également les leçons visant le développement psycho-moteur de l'enfant telles que la gymnastique, les

Alphonse Mureramanzi

PRIMARSCHULWESEN UND INTEGRIERTE LÄNDLICH-HANDWERKLICHE AUSBILDUNG

1. Primarschulen

Ziele

Die Primarschulbildung strebt drei Ziele an:
Es geht darum, den Schülern durch den Primarschulunterricht eine funktionale Alphabetisierung zu vermitteln, die geeignet ist, ihnen bei der Eingliederung in den nationalen Entwicklungsprozeß nützlich zu sein und sie somit produktiv werden läßt. Um dies zu erreichen, umfaßt die Primarschulbildung, die sich über einen Zeitraum von 8 Jahren erstreckt, 3 Stufen mit klar definierten Zielen:
Die erste Stufe vom ersten bis zum dritten Schuljahr ist der Alphabetisierung gewidmet.
Die zweite Stufe vom vierten bis zum sechsten Schuljahr dient der Allgemeinbildung.
Die dritte Stufe schließlich erstreckt sich bis zum achten Schuljahr und ist auf die ländliche Ausbildung ausgerichtet.(1)
Der Primarschulbesuch ist kostenfrei und obligatorisch für alle Kinder, die in Rwanda wohnhaft sind.

Lehrprogramme

Die Unterrichtsinhalte und -programme unterscheiden sich jeweils in den einzelnen Stufen. Die erste Stufe baut auf den Erwerb von Grundkenntnissen im Rechnen, Schreiben und Lesen auf. Weitere Fächer, die auf die Persönlichkeitsbildung zielen, sind Religion, Ethik, Staatsbürgerkunde, Musik und Zeichnen. Außerdem gibt es Unterrichtsstunden, die auf die psycho-motorische Entwicklung des Kindes ausgerichtet sind wie Turnen, Spiele und Sport.
In der zweiten Stufe wird das im ersten Abschnitt

L'entrée en classe à l'école primaire à Nyabisagara - Vor Unterrichtsbeginn in der Primarschule von Nyabisagara, Kibayi

En classe à l'ecole primaire - In einer Klasse der Primarschule

Erlernte gefestigt und durch neue Fächer wie Französisch, Heimat- und Sozialkunde, Naturwissenschaften, Hygiene und Einführung in die manuelle Arbeit ergänzt. In der dritten Stufe liegt der Schwerpunkt der Ausbildung auf den praktischen Fächern Landwirtschaft und Viehzucht, Maurerhandwerk, Schreinerei, Schmiedehandwerk und Hauswirtschaft, während gleichzeitig die in der zweiten Stufe erworbene Allgemeinbildung vertieft wird. Außer in den Französischstunden wird der Unterricht in der Muttersprache Kinyarwanda erteilt.
Der erfolgreiche Abschluß der Primarschule wird durch ein Zeugnis bescheinigt.
Die erste Stufe der Primarschule besuchen Kinder im Alter zwischen 7 und 10 Jahren, die zweite Stufe Kinder im Alter von 11 bis 13 Jahren und die letzte Stufe Kinder zwischen 14 und 15 Jahren. Während in der ersten Stufe zwei Klassen von einem Lehrer übernommen werden, steht den Jahrgängen der zweiten und dritten Stufe mindestens ein Lehrer pro Klasse zur Verfügung.
Bezüglich des Einschulungsalters sind für Kinder im Alter von 6 oder 8 Jahren Ausnahmeregelungen möglich. Die Toleranz hängt davon ab, ob nach der Einschreibung der vorrangigen Kinder noch freie Plätze zur Verfügung stehen. Wenn die geforderte Mindestzahl von Schülern pro Klasse eines Schuljahrganges nicht vorhanden ist, so werden die Kinder in die nächstgelegene Schule eingewiesen. Die so frei gewordenen Klassenzimmer dienen der räumlichen Entlastung anderer Jahrgänge.

Im allgemeinen erstellt das Ministerium für das Primar- und Sekundarschulwesen unter Mitwirkung des Beirats für staatlich anerkannte und geförderte private Schulen die Lehrprogramme.(2) So werden beispielsweise die Lehrbücher für den Religionsunterricht durch die Vertreter der Konfessionen ausgewählt, welche wiederum selbst die zur Diözese gehörenden Inspektoren benennen; letztere werden jedoch nicht vom Staat entlohnt.
Schließlich sei noch erwähnt, daß in den meisten Fällen die Primarschulen gemeinsam von Mädchen und Jungen besucht werden.

jeux et le sport.
Le second cycle consolide les acquis du premier tout en les complétant par les nouvelles matières telles que le français, l'étude du milieu, les sciences d'observation, les éléments d'hygiène et l'initiation aux travaux manuels.
Le troisième cycle tout en approfondissant l'enseignement général reçu au cours du second cycle, insiste sur l'enseignement des cours pratiques portant sur l'agriculture et l'élevage, la maçonnerie, la menuiserie, la forge et les arts ménagers. A part les cours de français, l'enseignement primaire est dispensé en langue maternelle, le Kinyarwanda.
L'enseignement primaire réussi est sanctionné par un certificat dénommé: Certificat de fin d'études primaires.
Le premier cycle est fréquenté par des élèves dont l'âge est situé entre 7 et 10 ans, le second par ceux de l'âge de 11 à 13 ans et le dernier cycle par ceux de 14 à 15 ans. Il ne peut y avoir de doubles vacations au-delà de la troisième année primaire. Alors que dans le premier cycle, deux classes sont prises en charge par un maître enseignant, les classes sont organisées au second et au troisième cycle de telle manière qu'il y ait au moins un enseignant par classe. Des exceptions concernant l'âge d'admission en première année sont possibles pour les enfants âgés de 6 ou de 8 ans. La tolérance est ici subordonnée à la condition qu'il existe des places disponibles après l'inscription des enfants prioritaires. En cas d'insuffisance d'élèves pour constituer le nombre minimum requis pour une classe, les enfants sont orientés vers une même classe de l'école la plus proche. Les locaux ainsi récuperés servent à dégorger les autres classes.

En général, c'est le Ministère de l'Enseignement Primaire et Secondaire qui établit les programmes avec le concours du conseil général de l'enseignement libre et subsidié.(2) Ainsi, par exemple, pour l'enseignement religieux, les manuels sont choisis par les représentants des confessions qui nomment eux-mêmes les visiteurs diocésains que l'état ne rémunère pas.

Versetzung

Das Schuljahr beginnt in Rwanda im September und endet im Juli. Es gliedert sich in drei Trimester mit jeweils zwei Wochen Weihnachts- und Osterferien sowie den zwei Monate dauernden großen Sommerferien.
Am Ende des Schuljahres wird den Kindern öffentlich mitgeteilt, ob sie zum nächsten Schuljahr zugelassen sind oder nicht, ob sie das Jahr wiederholen oder endgültig die Schule verlassen müssen. Während der gesamten Primarschulzeit darf kein Schüler häufiger als dreimal eine Klasse wiederholen und nur je einmal in den beiden letzten Stufen. Ausnahmen werden gemacht für Schüler mit Eingewöhnungsschwierigkeiten, undisziplinierte Schüler oder solche,die Opfer unvorhergesehener Ereignisse wie z.B. Krankheit wurden. Diese kritischen Fälle werden vom gesamten Lehrkörper der Schule beraten; er entscheidet gesondert über jeden einzelnen Fall.
In der ersten Stufe wird jeder Schüler, der mindestens 50% der Punkte im Schreiben, Lesen und Rechnen erreicht hat, ins nächste Schuljahr versetzt. Wer dieses Ziel nicht erreicht, wird automatisch zur Wiederholung vorgeschlagen. Doch kann man jedes Jahr nur einmal wiederholen. Außerdem kann kein Schüler in das dritte Schuljahr aufgenommen werden, der nicht lesen, schreiben und die Rechenaufgaben lösen kann, so wie es der Lehrplan für diese Stufe vorsieht.
In der zweiten Stufe kann jeder Schüler, der mehr als 70% der Punkte in einem oder mehreren Fächern erreicht, in die nächsthöhere Klasse wechseln. Eine Quote von 50% oder mehr der Gesamtpunktzahl oder ein Durchschnitt von 50% in jedem der Hauptfächer Kinyarwanda, Rechnen und Französisch sind ebenfalls ausreichend. Die anderen Fälle werden zur Wiederholung vorgeschlagen oder müssen die Schule verlassen.
In der dritten Stufe werden die Schüler zugelassen, die 70% in einem oder mehreren der Hauptfächer erreicht haben, oder eine Gesamtquote von 50% oder mehr oder aber mindestens 40% in den Fächern Kinyarwanda, Rechnen, Französisch, Landwirtschaft und Viehzucht, in den handwerklichen Fächern und in Heimat- und Sozial-

Notons enfin que dans la plupart des cas, les écoles primaires sont mixtes.

Promotions, Délibération

Au Rwanda, l'année scolaire commence en septembre et se termine en juillet. Elle est divisée en trois trimestres séparés par les vacances de Noël et de Pâques de deux semaines chacune et par les grandes vacances d'été qui s'étendent sur deux mois.
A la fin de l'année scolaire, les enfants apprennent par proclamation publique si oui ou non ils sont admis à l'année suivante, s'ils doivent redoubler l'année ou être définitivement renvoyés de l'école. Durant toute une scolarité primaire, aucun élève ne peut doubler plus de trois fois et pas plus d'une fois dans chacun des deux premiers cycles. Des exceptions sont faites pour les élèves inadaptés, indisciplinés ou victimes de l'un ou l'autre évènement imprévu comme la maladie, etc. Ces cas critiques sont examinés par le conseil de tous les enseignants du centre scolaire, lequel se réunit et statue sur chaque cas particulier.
Au premier cycle, tout élève ayant obtenu au moins 50% des points en écriture, en lecture et en calcul passe à l'année suivante. Celui qui ne remplit pas cette condition est d'office proposé au redoublement. Mais on ne peut doubler qu'une seule fois chaque année. En plus, aucun élève n'est autorisé à passer le seuil de la troisième année sans qu'il ne sache lire, écrire ou résoudre les exercices du calcul selon le programme de ce cycle.
Au deuxième cycle, tout élève a le droit de passer dans la classe supérieure quand il obtient plus que 70% des points dans l'une ou dans plusieurs branches enseignées. Une cote globale supérieure ou égale à 50% du total des points ou alors une moyenne de 50% dans chacune des branches principales qui sont le kinyarwanda, le calcul et le français sont passables. Les autres cas sont proposés au redoublement ou alors renvoyés de l'école.
Au troisième cycle sont admis les élèves ayant obtenu 70% dans l'une ou dans plusieurs branches principales,

kunde. Die anderen werden von der Lehrerversammlung zur Wiederholung des Schuljahres vorgeschlagen oder müssen die Schule verlassen.
Am Schluß des achten Primarschuljahres ist ein Examen vorgesehen, das den Anteil derjenigen festlegt, die eine Sekundarschule besuchen können. Das sind leider nur 8% aller Schüler, die anderen 92% werden auf eine berufliche Tätigkeit hin orientiert.

Verteilung der Schüler

1981/82 zählte man auf nationaler Ebene durchschnittlich 478 Schüler pro Schule. Normalerweise werden in der ersten Stufe pro Klasse 30 - 60 Schüler gefordert. Dies bedeutet etwa 60 - 120 Kinder im Alter von sieben bis zehn Jahren unter der Aufsicht eines Lehrers bei dem in der ersten Stufe der Primarschulbildung derzeit gültigen System der "double vacation", d.h. ein Lehrer übernimmt je eine Klasse eines Schuljahres vor- und nachmittags. In den anderen Stufen liegen die Zahlen zwischen 40 und 60 Kindern im vierten Schuljahr, zwischen 35 und 55 im fünften Schuljahr und zwischen 30 und 50 Kindern in den jeweils folgenden Jahrgängen.
Werden diese Zahlen über- oder unterschritten, so wird die Klasse entweder geschlossen oder gar nicht erst eingerichtet. In allen Stufen der Primarschulbildung ist also ein Durchschnitt von 40 und mehr Kindern pro Klasse und Lehrer üblich. Schließlich sei noch angemerkt, daß die Klassenräume etwa 48 qm umfassen, d.h. für so viele Schüler sehr beengt sind.

Im dritten Fünf-Jahresplan 1982-1986 wurden 8% als durchschnittliches Wachstum der Einschulungsquote festgesetzt. Diese Rate liegt über dem Bevölkerungswachstum von jährlich 3,7%. Eine solche Wachstumsrate der Neuzugänge setzt jedoch voraus, daß ausreichende Infrastrukturen wie Räumlichkeiten, Lehrkräfte u.a. vorhanden sind (vgl. Planzahlen auf der folgenden Seite im französischen Text).(3)

ou une note globale supérieure ou égale à 50% ou alors une note d'au moins 40% dans les cours de kinyarwanda, calcul, français, agriculture et élevage, connaissance des métiers et étude du milieu. Les autres cas sont délibérés: ils sont proposés au redoublement ou renvoyés de l'école par le conseil des enseignants. Il est prévu un examen de sélection à la fin de la huitième année de l'enseignement primaire. Il permet de pouvoir déterminer le contigent devant suivre l'enseignement secondaire. Celui-ci ne reçoit malheureusement que 8% des élèves, les autres 92% sont orientés vers la vie active.

La carte scolaire

En 1981/82 on comptait au niveau national en moyenne 478 élèves par école. La norme du nombre requis pour une classe est, au premier cycle de 30 à 60 élèves. Ceci signifie environ 60 à 120 enfants entre l'âge de 7 à 10 ans à charge de l'enseignant, vu le système de double vacation en vigeur au premier cycle de l'enseignement primaire. Dans les autres cycles, les normes sont de 40 à 60 enfants en quatrième, de 35 à 55 en cinquième et enfin de 30 à 50 enfants dans chacune des années suivantes. En dessous de ces normes, la classe est ou bien fermée ou alors elle n'est pas ouverte. Ainsi la moyenne dépasse 40 enfants par classe et par enseignant dans tous les cycles de l'enseignement primaire. Notons enfin que les classes ont la grandeur d'une chambre de 48m² ce qui est assez exigu pour le nombre des enfants.

Le IIIème plan quinquennal de développement 1982-1986 a fixé à 8% le taux de croissance annuelle du nombre de nouvelles entrées dans le primaire. Ce taux est supérieur aux taux de croissance de la population rwandaise qui est de 3,7% par an. Mais un tel taux de croissance de nouveaux inscrits suppose la nécessité de disposer d'une infrastructure suffisante en locaux, enseignants, etc., comme le documente la projection suivante (3):

Personalstruktur

Der Bewerber für eine Stelle als Primarschullehrer muß den Abschluß einer Sekundarschule für die Ausbildung von Primarschullehrern oder eine gleichwertige praktische oder theoretische Ausbildung nachweisen.
Der Lehrer erstellt den Tagesplan für den Unterricht nach der offiziellen Verteilung der Lehr- und Stundenpläne. Er hat grundsätzlich die zivilrechtliche Verantwortung für die unter seiner Aufsicht stehenden Kinder.
Die Primarschulen von einer oder auch zwei Gemeinden werden jeweils von einem Schulrat für diesen Schulsektor beaufsichtigt. Dieser prüft den reibungslosen verwaltungstechnischen und pädagogischen Ablauf des Schulbetriebes. Er verfaßt außerdem Kontrollberichte und Protokolle der Versammlungen aller Lehrkräfte, die regelmäßig jeden Monat stattfinden. Die Tätigkeiten der Schulräte werden in jeder Präfektur vom Schulinspektor des Präfekturbezirks koordiniert, der zusätzlich die Überwachung und Koordination der Arbeit der Schulleiter der Zentren für integrierte ländlich-handwerkliche Ausbildung (CERAI) zur Aufgabe hat.

2. Integrierte ländlich-handwerkliche Ausbildung

Ziele

Die Zentren für integrierte ländlich-handwerkliche Ausbildung (CERAI) wenden sich an die Jugendlichen, die nicht in die Sekundarschule aufgenommen wurden.
Die Ausbildung ist auf ein dreifaches Ziel ausgerichtet:
- produktive, verantwortungsbewußte Mitbürger auszubilden, die bereit sind, sich für den Fortschritt des Landes einzusetzen;
- aus dem Zentrum einen Ort zu machen, der Impulse für die Umgebung setzt;
- bei den Auszubildenden Gemeinschaftsgeist zu entwikkeln.

Diese Ausbildung besteht aus einem Zyklus von drei Jahren und soll den Schülern helfen, sich in ihrem

Année scolaire Schuljahr	Nombre d'élèves Anz.d.Schüler	Nombre d'enseignants Anz.d.Lehrer
1982/83	811.000	14.434
1983/84	864.000	15.519
1984/85	915.000	16.399
1985/86	969.000	17.271
1986/87	1.025.000	18.117

Les cadres

Le candidat au poste d'enseignant de l'école primaire doit être porteur d'un diplôme d'une école normale et pédagogique ou faire preuve d'une formation théorique et pratique équivalente.
Le maître d'école établit l'ordre du jour de toutes les séances de classe d'après la répartition générale des programmes et horaires. Le maître d'école a, dans tous les cas, la responsabilité civile des enfants sous sa garde.
Les écoles primaires d'une ou de deux communes sont placées sous l'autorité d'un inspecteur de secteur.Celui-ci contrôle la bonne marche administrative et pédagogique des établissements scolaires. Il fait en plus des rapports d'inspection, les compte-rendus des réunions de tous les enseignants qui se tiennent régulièrement chaque mois. L'activité des inspecteurs est coordonnée dans chaque préfecture par l'inspecteur d'arrondissement qui a, en plus, l'inspection et la coordination de l'activité des directeurs des centres d'enseignement rural et artisanal intégré (CERAI) sous sa responsabilité.

2. L'Enseignement Rural et Artisanal Intégré

Objectifs

Le centre d'enseignement rural et artisanal intégré (CERAI) est destiné aux enfants n'ayant pas été reçus à l'enseignement secondaire. L'enseignement vise un

Lebensraum und dessen Produktionsbedingungen einzubringen.

Lehrpläne und Ausbildungszweige

Die integrierte ländlich-handwerkliche Ausbildung ist eine Vertiefung der in der Primarschule, besonders in der dritten Stufe erhaltenen Bildung. So unterscheiden sich die Unterrichtsfächer in den CERAI von denen der dritten Primarschulstufe nur in ihrer Gewichtung; die praktischen Kurse nehmen 65% der wöchentlichen Gesamtstundenzahl der CERAI-Ausbildung ein. Die CERAI gliedern sich in Schulen mit technischer und gewerblicher Orientierung mit einer Dauer von drei Jahren. Sie sollen den Schülern ermöglichen, die Kurse der verschiedenen angebotenen Fachrichtungen je nach ihrer Wahl zu besuchen.
Folgende Wahlfächer sind in einem CERAI zu belegen.
Für die Jungen: Maurerhandwerk, Schreinerei, Schmiedehandwerk, Wasserinstallation, Elektrohandwerk, Lederarbeiten.
Für die Mädchen: Schneiderei, Kochkunst und Hauswirtschaft.
Die Landwirtschaft wird in allen Fachrichtungen unterrichtet. Das Angebot eines Zentrums trägt im wesentlichen den regionalen Möglichkeiten Rechnung. Die unterrichteten Fächer ermöglichen es den Jugendlichen, sich nach erfolgreichem Abschluß in das Berufsleben zu integrieren.
Jede Gemeinde verfügt über je ein CERAI für Jungen und Mädchen, die im Gegensatz zu den meisten Sekundarschulen Externate sind. Die verschiedenen Fachrichtungen haben eine angepaßte technische Ausstattung, die es den Schülern ermöglicht, eine grundlegende praktische Ausbildung zu absolvieren. Die Schüler, besonders jene der Abschlußklassen, sind in der Lage, verkäufliche Gegenstände herzustellen. Der Erlös wird in die Ausstattung des Zentrums investiert, um seine Aktivitäten auszudehnen, und trägt so zur Selbstfinanzierung der Schule bei.

triple objectif:

- former des citoyens productifs, responsables et ouverts au progrès du pays,
- faire du centre un lieu de rayonnement sur le milieu environnant,
- développer un esprit coopératif chez les bénéficiaires.

L'enseignement rural intégré a un cycle unique de trois ans et doit viser à permettre aux élèves de s'intégrer dans le milieu et dans son système de production.

Programmes et Orientation

L'enseignement rural et artisanal intégré est l'approfondissement de l'enseignement reçu au primaire, particulièrement au troisième cycle de celui-ci. Ainsi les intitulés des cours de cet enseignement ne diffèrent de ceux de ce cycle qu'au niveau de leur pondération; les travaux pratiques occupent 65% de la masse horaire hebdomadaire du CERAI. Les centres s'organisent en écoles de type technique et professionnel. Celles-ci ont une durée de trois ans et doivent permettre aux élèves de suivre en option les différentes sections qu'elles abritent.
Les options retenues dans les CERAI sont les suivantes:
maçonnerie, menuiserie, forge, plomberie, électricité, travail du cuir pour les garçons, et,
coupe couture, arts culinaires et arts ménagers pour les filles.
L'enseignement de l'agriculture est assuré partout dans toutes ces options. Leur ouverture dans un centre tient essentiellement compte des potentialités régionales. Les métiers qui sont enseignés permettent au lauréats de pouvoir s'intégrer dans la vie active.
Chaque commune dispose d'un établissement par sexe qui fontionne sous un régime d'externat. Les différentes sections ont un équipement technique approprié pour permettre aux élèves de pouvoir bénéficier d'un enseignement essentiellement pratique. Les élèves, particulièrement ceux des dernières années, sont en

Leitung und Verwaltung

Das CERAI ist eine in die Umgebung integrierte kommunale Schule. Daher wird sie von den Eltern der Schüler verwaltet. Angesichts der bescheidenen verfügbaren Mittel der Eltern unterstützen die Gemeinden und die Regierung die CERAI. Das Ministerium für Primar- und Sekundarschulwesen (MINEPRISEC) interveniert bei der Ernennung der Lehrer und deren Vergütung, bei der Beschaffung von Einrichtungsgegenständen und technischer Ausstattung und sorgt für eine pädagogische Betreuung.
Der Betrieb des CERAI wird durch ein Gremium von fünf Lehrern unter der Aufsicht eines Schulleiters sichergestellt. Der Leiter wird durch das Erziehungsministerium nach Prüfung der Unterlagen der vom Schulinspektor vorgeschlagenen Bewerber ernannt. Die Schulräte der Sektoren und die Schulinspektoren der Schulbezirke (Präfekturen) sind die direkten Vorgesetzten der CERAI-Schulleiter. Sie führen regelmäßig Überprüfungen sowohl des administrativen als auch des pädagogischen Ablaufes durch.
Das Ministerium hat ein jährliches Schulgeld von 1500 Frw festgesetzt.
Jedes Zentrum hat ein Komitee, das mit der Verwaltung der Gelder beauftragt ist. Dieses bestimmt entsprechend den Notwendigkeiten und Möglichkeiten auch, wieviel zusätzlich für die Beaufsichtigung des Zentrums zu bezahlen ist (450 bis 900 Frw jährlich).
Der Direktor der Schule gewährleistet die tägliche Verwaltungsarbeit.

Stundenpläne und Lehrinhalte

Der Gesamtstundenplan sieht 37 Wochenstunden vor, d.h. pro Tag 8 Unterrichtsstunden, mit Ausnahme des Mittwoch mit 5 Stunden.
Der Samstag ist praktischen Arbeiten gewidmet, die Schüler und Lehrer gemeinsam ausführen.
Die in einem solchen Zentrum unterrichteten Fächer teilen sich in zwei Gruppen. Da ist zunächst der obli-

mesure de fabriquer des objets d'une certaine valeur marchande. Ceux-ci servent à équiper le centre dans l'extension de ses activités et à assurer ainsi l'autofinancement de l'école.

Encadrement et gestion d'un CERAI

Le CERAI est une école communale intégrée dans le milieu. Il est géré de ce fait, par les parents. La commune et le gouvernement interviennent cependant compte tenu des moyens modestes dont disposent les parents.
Le Ministère de l'Enseignement Primaire et Secondaire (MINEPRISEC) intervient pour nommer le personnel enseignant et le rémunerer, fournir l'équipement mobilier et technique et s'occuper de l'encadrement pédagogique.
L'encadrement du CERAI est assuré par un groupe de cinq enseignants, sous la supervision d'un directeur. Celui-ci est nommé par le Ministre de l'Enseignement Primaire et Secondaire après l'examen des dossiers des candidats, présentés par l'inspection d'arrondissements. Les inspecteurs de secteur et d'arrondissements sont les supérieurs directs du directeur du CERAI. Ils font des inspections régulières de la bonne marche tant administrative que pédagogique du centre.
Un minerval de 1500 Frw par an est obligatoire pour tout élève, la somme est fixée par le Ministère.
Il y a dans chaque centre un comité chargé de la gestion. C'est lui qui a le pouvoir de déterminer les frais de cotisation pour le gardiennage selon les besoins et les possibilités du centre (450 à 900 Frw).
Le directeur de l'école en assure la gestion quotidienne pour le compte du comité.

Horaire et matières d'enseignement

La masse horaire prévoit 37 heures par semaine, soit une journée de huit périodes, à l'exception du mercredi qui a cinq périodes. Le samedi est consacré aux travaux pratiques que les élèves et les enseignants accomplissent à l'école collectivement.
Les matières enseignées dans un tel centre se répar-

gatorische Teil, der eine Reihe von allgemeinen, technischen oder praktischen Fächern umfaßt. Der Schüler hat im CERAI die Möglichkeit, sich in dem einen oder anderen praktischen Wahlfach zu spezialisieren, aber er muß bestimmte festgelegte Nebenfächer wählen.
Die allgemeinbildenden Pflichtfächer sind Kinyarwanda, Französisch, Mathematik, Heimat- und Sozialkunde, Sport und Religion oder Ethik.
Die obligatorischen technischen und praktischen Fächer umfassen Landwirtschaft und Viehzucht, Grundbegriffe der Wirtschaft und Verwaltung, Hygiene und Erste Hilfe sowie Technisches Zeichnen.
Diese beiden Fächerarten erstrecken sich über den ganzen Zeitraum von drei Jahren mit jeweils zwei Wochenstunden, mit Ausnahme von Sport, Religion und Technischem Zeichnen mit je einer Wochenstunde.
Die CERAI,die nicht über ausreichende Felder verfügen, sensibilisieren die Schüler für die Probleme der Landwirtschaft in Rwanda, wie Aufforstung oder Erosionsschutz und vermitteln ebenfalls Wissen darüber, wie man mit sehr wenig oder ohne Ackerland wirtschaften kann, z.B. durch Anbau von Gemüse oder Kleintierzucht.
Jungen und Mädchen können die Pflichtkurse gemeinsam besuchen. Sie trennen sich dann bei der Spezialisierung. Die angebotenen Spezialfächer unterscheiden sich je nachdem, ob es sich um ein Zentrum für Jungen oder für Mädchen handelt. So gibt es für Mädchen Spezialfächer wie Schneiderei, Kinderpflege, Sticken, Häkeln und Stricken, Kochen, Korbflechterei, Herstellung von Teppichen und Matten und Haushaltsführung. Für die Jungen werden Maurerhandwerk, Schreinerei, Wasserinstallation, Töpferei, Lederhandwerk und Korbflechterei angeboten.
Die Entscheidung darüber, wie die Spezialfächer kombiniert und den Schülern vorgeschlagen werden, obliegt dem betreffenden Zentrum. Unter Berücksichtigung der Bedingungen und Möglichkeiten einer bestimmten Region könnte also eine Schule die zwei Spezialfächer Maurerhandwerk/Schreinerei wählen, je nachdem ob sie beabsichtigt, Fachleute auf dem Gebiet des Maurerhandwerks und/oder der Schreinerei auszubilden. Diese beiden praktischen Fächer nehmen während des gesamten Ausbil-

tissent en deux parties. Il y a d'abord la partie obligatoire qui concerne toute une série de matières générales et techniques ou pratiques. Enfin, l'élève du CERAI a la possibilité de se spécialiser dans l'une ou l'autre matière pratique de choix mais en suivant certains cours auxiliaires déterminés.
Les matières générales obligatoires sont le kinyarwanda, le français, les mathématiques, l'étude du milieu, la gymnastique et la religion ou la morale.
L'enseignement technique et pratique obligatoire comprend l'agriculture et l'élevage, les notions d'économie et de gestion, l'hygiène et le secourisme et le dessin technique.
Ces deux genres de cours s'étendent sur toute la période de trois ans à raison de deux heures par semaine pour chaque matière, à l'exception de la gymnastique, de la religion et du dessin technique qui ont lieu une heure par semaine.
Les CERAI qui ne disposent pas de superficies agricoles suffisantes sensibilisent les élèves aux problèmes agricoles comme à ceux du reboisement ou de la lutte anti-érosive et diffusent également des notions qui ne nécessitent que très peu ou pas de terre comme le maraîchage et le petit élevage.
Les garçons et les filles peuvent suivre ensemble les cours obligatoires. Ils se séparent alors au niveau de la spécialisation. Les matières pratiques de spécialisation sont plus ou moins différentes selon qu'il s'agit d'un centre pour filles ou pour garçons. Ainsi pour les filles, il y a les cours de spécialisation en coupe et couture, science de l'enfant, broderie, crocheterie et tricoterie, art culinaire, vannerie, tapisserie et les techniques d'entretien. Chez les garçons, il y a les cours de maçonnerie, menuiserie, plomberie, travail du fer, petite mécanique, électricité, poterie, travail du cuir et vannerie.
La décision sur les spécialisations à être combinées et proposées aux élèves appartient à l'établissement concerné. Ainsi, compte tenu des réalités et des possibilités d'une région donnée,l'établissement pourrait choisir les deux spécialités maçonnerie-menuiserie, selon qu'il envisage de former des maçons et/ou des

Herstellung von Ziegeln - Production de briques au CERAI de Sovu

dungszyklus zusammen mit der Landwirtschaft die Hälfte der wöchentlichen Gesamtstundenzahl ein. Im ersten Jahr teilen sich die Kurse auf gleichmäßig sechs Wochenstunden auf. Während des zweiten und des dritten Jahres wählt der Schüler zwischen dem Hauptfach und dem Nebenfach seiner Spezialrichtung. Unterschiede zwischen den beiden Spezialisierungsfächern bestehen in der Stundenzahl wie in der Intensität, die dem einen oder anderen Fach eingeräumt wird. Das Spezialnebenfach ist nur mit einem Drittel der Zeit berücksichtigt, die dem Hauptnebenfach mit einem Umfang von 9 Wochenstunden gewidmet wird. Es sei daran erinnert, daß der Unterricht in Landwirtschaft eine Gesamtstundenzahl von 6 pro Woche beibehält.

menuisiers spécialisés. Ces deux matières de spécialisation occuperont ensemble avec l'agriculture la moitié de toute la masse horaire par semaine pendant tout un cycle. En première année, les trois cours se répartissent équitablement 6 heures par semaine. Pendant la deuxième et la troisième année l'élève choisit entre la spécialisation principale et la spécialisation auxiliaire. La différence réside dans le nombre d'heures ainsi que dans l'intensité accordée à l'une ou l'autre de ces deux spécialités. La spécialisation auxiliaire bénéficie du tiers du temps consacré à la matière auxiliaire principale qui a une période de 9 heures par semaine. Rappelons que l'agriculture garde ici sa masse horaire de 6 heures par semaine.

Elèves et Directeur du CERAI de Sovu - Schüler und Schulleiter des CERAI in Sovu, Butare

3. Probleme und Schwierigkeiten

Der Bau und der Unterhalt von Schuleinrichtungen obliegen der öffentlichen Hand, unterstützt von verschiedenen Institutionen und besonders von den Eltern der Schüler. Bei den staatlich anerkannten und geförderten privaten Schulen ist der größte Teil der Belastungen vom Schulträger selbst zu übernehmen. Allerdings sieht ein Erlaß vor, daß der Staat unter gewissen, gesetzlich festgelegten Bedingungen auch eingreifen kann.(4)
Entsprechend ist der Schulträger verantwortlich

- für die Auswahl der Schulbücher für den Religionsunterricht entsprechend seiner Überzeugung sowie anderer Schulbücher, die gewissen wissenschaftlichen Anforderungen genügen müssen; der Minister behält sich die Genehmigung vor;
- für die Aufstellung einer Kandidatenliste für die Bestellung des Leiters für Primarschulen und für die CERAI;
- für die Zusammenstellung des Lehrkörpers mit Unterstützung des Schulleiters.

Im allgemeinen ist die Ausstattung einer Schule nicht standardisiert. Die Verhältnisse einer Schule hängen in großem Maß von den nationalen und lokalen Möglichkeiten des Haushaltsbudgets ab. So sind einige Klassen ausgestattet mit Pulten für die Schüler, mit einem Schrank für das Lehrmaterial, einem Schreibtisch und einem Stuhl für den Lehrer, einer tragbaren oder an der Wand befestigten Tafel, einer guten Lehrmaterialsammlung usw. Der Lehrer verfügt über Kreide sowie über ausreichend Hefte zur Vorbereitung der zu unterrichtenden Inhalte sowie andere offizielle Unterlagen. Manche Schulen besitzen eine kleine, landwirtschaftlich nutzbare Fläche,die ein gewisses Einkommen verschafft, mit dem die Ausstattung verbessert werden kann. In anderen Schulen herrscht ein Übermaß an Armut oder Hoffnungslosigkeit. Die Schüler sitzen auf Holzbänken und schreiben auf den Knien. Bestenfalls verfügt der Lehrer über einen Tisch oder ein Pult zum Schreiben.

3. Problèmes et difficultés

La construction et l'entretien des établissements scolaires incombent aux pouvoirs publics aidés des collectivités en général et des parents des enfants en particulier. Pour les établissements privés et libres subsidiés, la grande partie des charges incombe aux promoteurs, bien qu'un arrêté présidentiel prévoit que l'état puisse aussi intervenir dans certaines conditions fixées par la loi.(4) Ainsi le propriétaire jouit de l'initiative de:

- choisir les manuels de religion selon ses propres options morales et autres manuels d'intérêt scientifique sous réserve de l'approbation du Ministre;
- établir la liste des candidats aux postes de directeurs des centres primaires et CERAI;
- recruter les enseignants par l'intermédiaire des directeurs des établissements.

D'une façon générale, l'équipement d'une école n'est pas standardisé. Les conditions d'une école dépendent énormement des possibilités du budget national ou local. Ainsi, certaines classes sont pourvues de pupitres pour les élèves, d'armoire pour le matériel didactique, du bureau de l'enseignant et d'une chaise sur laquelle il s'asseoit, d'un tableau portatif ou collé au mur, d'une bonne documentation, etc...
L'enseingnant reçoit des craies et dispose également de suffisamment de cahiers de préparation de la matière à enseigner ainsi que d'autres documents officiels. L'école dispose parfois d'une petite étendue agricole exploitable qui lui permet d'avoir quelques ressources et de pouvoir s'équiper. Dans d'autres classes, c'est le comble de la misère ou du désespoir. Les élèves s'assoient sur des bancs en bois et se servent seulement de leurs genoux pour écrire et prendre des notes. A la rigeur, l'enseignant dispose d'une table pour écrire ou alors d'un pupitre.
Les parents d'un enfant fréquentant l'école participent aux frais scolaires à raison d'une moyenne de 100 Frw pour le primaire et de 1500 à 2400 Frw pour le CERAI chaque année. Ils doivent en outre supporter les frais de tout le matériel didactique individuel tels

Die Eltern eines Schülers beteiligen sich an den Kosten mit einem jährlichen Betrag von durchschnittlich 100 Frw für die Primarschule und 1500 bis 2400 Frw für das CERAI. Sie müssen außerdem die Kosten für alle persönlichen Lernmaterialen tragen wie Hefte, Schiefertafeln, Griffel, Kugelschreiber, Zeichenmaterial und vor allem für die Schuluniform. Diese ist einheitlich für alle Primarschüler: kurze Hosen und Hemden in khaki für die Jungen und blaue Kleider für die Mädchen. Die Uniformen der CERAI unterscheiden sich von Zentrum zu Zentrum.
Berücksichtigt man die Besonderheit der CERAI, insbesondere die Tatsache, daß sie erst seit der Schulreform 1979 eingerichtet werden, so gibt es einige grundlegende Probleme, die bisher nicht zufriedenstellend gelöst sind,wie nicht ausreichende Lehrmaterialien und die mangelhafte Ausstattung mit Fachliteratur.
Daß die Schüler der CERAI eine große Entfernung zwischen Schule und Wohnort zurücklegen müssen, entmutigt manche Jugendliche, die dann die Ausbildung aufgeben.

Obwohl im Staatshaushalt die höchsten Ausgaben für Bildung und Erziehung verwendet werden, reichen diese nicht für den immensen Ausstattungsbedarf der Schulen, Gehälter und andere Leistungen an die Lehrer aus. So ist es z.B. auch notwendig, entsprechend abschließbare Räume zu haben, um den Schwund von Material zu reduzieren. Weiterhin sind manche Lehrer nicht ausreichend motiviert oder auch unfähig zu unterrichten.
Dem Grundsatz der Selbstfinanzierung steht der Mangel an Absatzmöglichkeiten für die in den CERAI hergestellten Produkte entgegen. Zudem sind die verfügbaren Felder häufig nicht ausreichend oder nicht fruchtbar genug. Wenn also die erwirtschafteten Finanzmittel nicht ausreichen, muß die Leitung des Zentrums auf die von den Schülern gezahlten Schulgelder zurückgreifen, um z.B. die sehr hohen Kosten für die Beaufsichtigung zu decken. Doch für die Mehrzahl der Eltern übersteigen die Schulgebühren schon weit ihre finanziellen Möglichkeiten.
Zuweilen mangelt es auch an einer guten Zusammenarbeit zwischen den Eltern und dem Schulleiter. Zudem haben

que cahiers, ardoises, crayons d'ardoise, stylos à bille, matériel de dessin, et surtout l'uniforme. Celui-ci est standardisé pour toute école primaire: culottes et chemises kaki pour les garçons et robes bleues pour les filles. Les uniformes des CERAI varient d'un centre à l'autre.
Compte tenu de la particularité des CERAI, surtout du fait que leur institutionalisation par la réforme scolaire récente de 1979, il y a encore certains problèmes fondamentaux qui ne sont pas encore résolus de façon satisfaisante, tel que celui du matériel didactique et de documentation encore insuffisant. Il y a aussi le fait que les élèves des CERAI doivent parcourir une grande distance entre l'école et leur domicile. Ceci décourage certains élèves qui renoncent alors à la formation.

Même si le budget consacré à l'éducation occupe la première place des dépenses de l'Etat, il reste encore insuffisant pour les besoins immenses d'équipement des écoles ou pour le traitement et autres avances des enseignants. Ainsi, un système de magasins scolaires capable de corriger les distorsions de distribution est particulièrement nécessaire. D'autre part, certains enseignants ne sont pas assez motivés ou sont incompétents.
Le principe d'autofinancement est anéanti par l'absence de marge dans la commercialisation des produits produits par les CERAI. Il y a d'autre part le fait que les terrains pour l'agriculture sont ou bien insuffisants ou alors non fertiles. La gestion du centre doit ainsi recourir aux minervals versés par les élèves pour couvrir par exemple les frais de gardiennage très élevés. Mais pour la majorité des parents, les frais de scolarité sont déjà bien au-delà de leurs possibilités.

Parfois la collaboration entre les parents et le maître de l'école n'est pas étroite. En plus, quelques bourgmestres ne répondent pas favorablement aux doléances des directeurs des CERAI.

einige Bürgermeister kein offenes Ohr für die Anliegen und Beschwerden der Direktoren der CERAI.

Die Regierung unternimmt besondere Anstrengungen im Hinblick auf die Ausbildung von Lehrern für verschiedene technische Ausbildungszweige, um die verschiedenen Spezialfächer unterrichten zu können. Auf Bezirksebene werden Hospitationen in den CERAI durchgeführt. Somit können die Schulleiter von den Erfahrungen, die andere gemacht haben, profitieren.
Das große Problem, das sich der Primarschul- und ländlich-handwerklichen Bildung stellt, ist, die Eltern und die Schüler davon zu überzeugen, daß diese ihnen Chancen eröffnet und daß sie in der Lage ist, die Ziele zu erreichen, die zu Beginn dieses Textes genannt wurden.

Übersetzung: Reinhild Wagner

Un effort spécial est entrepris par le gouvernement pour la formation des futurs enseignants dans différentes orientations techniques afin de les préparer à mieux dispenser les différents métiers de spécialisation. Au niveau de chaque arrondissement, des visites sont organisées dans les CERAI. Ceci permet aux directeurs de tirer profit de l'expérience faite ailleurs par les autres.

Le grand problème qui se pose à l'enseignement primaire et rural et artisanal intégré, c'est de persuader les parents et les élèves que celui-ci a un avenir certain, et qu'il permet aux enfants d'atteindre les excellents objectifs cités au début de ce texte.

Annotations - Anmerkungen

1) S' il n'y pas d'autres indications, tous les chiffres sont extraits de:
Alle Zahlenangaben sind, soweit nicht anders vermerkt, entnommen aus:
Ministère de l'Enseignement Primaire et Secondaire: Réforme scolaire, structure et organisation, Kigali, Août 1982
2) Article 75 de l'Arrêté présidentiel, No. 509/13 du 10.10.1985 fixant le règlement général de l'enseignement primaire et l'enseignement rural et artisanal intégré.
3) Journal officiel de la République Rwandaise: IIIème Plan de Développement économique, social et culturel 1982-1986, 1 Novembre 1982, p.378
4) cf. Article 34 et 35 de la loi organique No. 1/1985 du 25.1.1985 sur l'éducation nationale de la République Rwandaise
Arrêt présidentiel Nr. 369/13 du 1.6.1986 portant statut des établissements libres subsidiés d'enseignement primaire, ERAI et secondaire.
5) Article 64 de la loi No. 14/1985 du 29.6.1985 portant sur l'organisation de l'enseignement primaire,rural et artisanal intégré et secondaire.

Peter Pieck

DAS SEKUNDARSCHUL - UND UNIVERSITÄTSWESEN

I Zur gegenwärtigen Lage der Sekundarschulen und der Universität

Die de facto-Kolonisierung Rwandas durch die Belgier hat - gemessen am Maßstab der neueren Kolonialgeschichte - relativ spät begonnen, nämlich 1916.(1) Dies ist aber nicht der einzige Grund für die bis zur Unabhängigkeit 1962 stiefmütterliche Behandlung Rwandas hinsichtlich einer modernen kulturellen Infrastruktur. Gemessen an den englischen und französischen Kolonien in Afrika kann hier ohne zu übertreiben von Rückständigkeit gesprochen werden: erst 1933 wird die erste Sekundarschule Rwandas gegründet, die Groupe Scolaire de Butare. Gemäß der belgischen Kolonialpolitik sind bis 1955 alle Sekundarschulen (bis auf die Groupe Scolaire de Butare), die nicht eine Priesterlaufbahn vorbereiten, den Söhnen der minoritären herrschenden Klasse bzw. Ethnie der Batutsi vorbehalten. Erst 1963 gibt es eine Universität, die Université Nationale du Rwanda (UNR).(2) Es mag nicht unerheblich gewesen sein, daß den Belgiern Vorstellungen wie das englische "indirect rule" (indirekte Herrschaft) oder die französische "mission civilisatrice" (Zivilisierungsauftrag) völlig fremd geblieben waren und sie sich auch keinerlei Mühe gaben, diesen - wenn auch ideologischen - Konzepten eine eigene "Rechtfertigung" ihres Tuns gegenüberzusetzen.
Die Angaben über die Gesamtzahl der Sekundarschulen in Rwanda schwanken von Statistik zu Statistik.(3) Von 91 Sekundarschulen waren 1984 65 öffentliche Schulen und 26 private mit definitiver oder provisorischer Lehrerlaubnis. Die Diplome von 8 privaten Schulen werden vom Staat als den Diplomen der öffentlichen Schulen gleichwertig anerkannt. Bei 7 dieser Privatschulen handelt es sich um "Petits Séminaires", d.h. Sekundar-

Peter Pieck

L'ENSEIGNEMENT SECONDAIRE ET UNIVERSITAIRE

I La situation actuelle des écoles secondaires et de l'université

La véritable colonisation du Rwanda par les Belges n'a commencé qu'en 1916, ce qui est relativement tard par rapport à l'ensemble de l'histoire coloniale.(1) Mais ce fait n'est pas l'unique raison de la négligence belge vis-à-vis d'une infrastructure culturelle moderne au Rwanda jusqu'à son indépendance en 1962. Si l'on compare le Rwanda aux colonies françaises et anglaises en Afrique, on peut qualifier sa situation d'arrièrée: c'est seulement en 1933 que sera fondée la première école secondaire du Rwanda, le groupe scolaire de Butare. En accord avec la politique coloniale belge, toutes les écoles secondaires (à l'excéption du groupe scolaire de Butare), qui ne préparent pas au sacerdoce, ont été réservées, jusqu'en 1955, aux fils de la classe dominante minoritaire, autrement dit, aux fils de l'ethnie des Batutsi. C'est seulement en 1963 que sera fondée une université: l'Université Nationale du Rwanda (UNR).(2) Enfin, des conceptions telles que "l'indirect rule" anglais ou "la mission civilisatrice" de la France sont restées totalement étrangères aux Belges et ceux-ci n'ont pas éprouvé le besoin d'opposer à ces conceptions idéologiques une "justification" propre de leur action.
Le nombre total des écoles secondaires au Rwanda varie d'une statistique à l'autre.(3) En 1984, 65 écoles secondaires sur 91 étaient publiques et 26 privées. Les écoles privées avaient une licence d'enseignement, définitive ou provisoire. Les diplômes de huit de ces écoles privées sont reconnus équivalents aux diplômes des écoles publiques par l'Etat. Sept d'entre elles sont des "petits séminaires," donc des écoles secondaires de l'église catholique préparant au sacerdoce (cependant, le nombre d'élèves qui deviennent

Studiensaal - salle d'études,'Groupe Scolaire', Butare

Im Unterricht - En classe

vraiment prêtres, une fois l'école finie, est peu élevé).

Pendant l'année scolaire 1983/84, on comptait 12.665 élèves dans l'enseignement secondaire au Rwanda, dont 62,2% de garçons et 37,8% de filles. Le pourcentage des filles en première année était de 39,3%. En classe de terminale, elles ne représentaient plus que 29,0 % (4).

De plus, une répartition égale selon les différentes régions n'est pas encore atteinte: la préfecture de Kibungo (taux de représentativité (5): 0,84) est la moins représentée, la préfecture de Gisenyi est la plus représentée (1,25).

Uniquement 8% de tous les élèves quittant l'école primaire arrivent à rentrer dans la première classe de l'enseignement secondaire.(6) Toujours est-il qu'un taux de 10% est prévu comme but à atteindre du plan quinquennal actuel. Le caractère élitaire du système scolaire rwandais est d'autant plus manifeste si l'on considère les pyramides scolaires suivantes (7):

PYRAMIDE SCOLAIRE

cycle	Rwanda 1982-83 élèves et étudiants en %	Afrique noire 1980 élèves et étudiants en %
primaire	98,00 %	84,40 %
secondaire	1,80 %	14,70 %
universitaire	0,20 %	0,80 %
Total	100,00 %	99,90 %

Seule une petite minorité de jeunes arrive à passer de l'école primaire à l'enseignement secondaire; de même, seulement une minorité des élèves qui terminent leurs études secondaires vont à l'université. Si l'étudiant est admis à l'université, il reçoit en général, une bourse. Actuellement, le montant de cette bourse est de 9.000 Frw. La plupart des écoles secondaires rwandaises correspondent, par leur niveau d'études et par

schulen der katholischen Kirche, die auf eine Priesterlaufbahn vorbereiten (allerdings wird nur ein Bruchteil der Abgänger später wirklich Priester).
Im Schuljahr 1983/84 gab es 12 665 Oberschüler in Rwanda, davon waren 62,2% Jungen und 37,8% Mädchen. Im ersten Schuljahr machten die Mädchen 39,3% aus, in der Abschlußklasse jedoch nur noch 29,0%.(4)
Die Repräsentativität der Oberschüler nach regionalen Gesichtspunkten ist noch nicht völlig erreicht: so ist die Präfektur Kibungo (Repräsentativitätsrate (5): 0,84) am stärksten unterrepräsentiert, die Präfektur Gisenyi am stärksten überrepräsentiert (1,25).
Nur 8% aller Primarschulabgänger gelingt es, in die erste Sekundarschulklasse aufzurücken.(6) Die 10%-Marke ist immerhin als Ziel im laufenden 5-Jahres-Plan festgeschrieben worden. Der elitäre Charakter des rwandischen Schulsystems tritt noch deutlicher zutage, wenn man die folgende Schulpyramide betrachtet.(7)

SCHULPYRAMIDE

Schulart	Rwanda 1982-83 Anteil d.Schüler bzw. d.Studenten	Schwarzafrika 1980 Anteil der Schüler bzw. der Studenten
Primarschule	98,0%	84,4%
Sekundarschule	1,8%	14,7%
Universität	0,2%	0,8%
Insgesamt	100 %	99,9%

Nur eine kleine Minorität der Jugendlichen schafft den Übergang von der Primar- zur Sekundarschule, ebenso gelangt nur eine Minderheit der Sekundarschulabgänger auf die Universität. Mit der Zulassung zum Studium ist normalerweise auch der Erhalt eines Stipendiums garantiert. Dieses Stipendium beläuft sich zur Zeit auf Frw 9000. Die meisten der rwandischen Sekundarschulen stehen der deutschen Fachoberschule, sowohl was das Unterrichtsniveau als auch den Charakter der Ausbildung betrifft, näher als dem Gymnasium. Sie umfassen

le caractère de leur formation scolaire, davantage aux "Fachoberschulen" allemandes qu'aux lycées allemands. Ces écoles enseignent une ou plusieurs sections, dans quel cas, elles sont appelées "Groupe scolaire". Le nombre des élèves varie entre 100 et 1000 par école. Certaines des ces sections proposent une formation plutôt théorique (sciences naturelles, langues) mais la plupart de ces écoles sont orientées sur la pratique: elles préparent à une profession ou à une orientation professionnelle, donc elles concilient l'enseignement général et l'enseignement pratique. Cet enseignement est d'autant plus important que - à part quelques projets de développement européens - il n'existe pas au Rwanda de formation professionnelle pratique en dehors des écoles et de l'université.
Les sections "théoriques" (sciences naturelles, langues)des écoles publiques constituent en 1983/84 environ 21,5% de l'ensemble des élèves.(8) Les sections comptant le plus d'élèves sont: la formation des instituteurs avec 5016 élèves (= 39,6% de tous les élèves), les sciences naturelles avec 1924 élèves(15,2%), la section économie, administration et comptabilité avec 1230 élèves (9,7%). La répartition des sexes se fait selon les rôles traditionnels de l'homme et de la femme: tandis que dans la formation des instituteurs et dans la section "agriculture", il y a à peu près un équilibre entre les deux sexes, les garçons dominent dans les sciences naturelles, l'économie et les langues, et il n'y a que des garçons dans les sections économie forestière, technique, droit et médecine vétérinaire, Les filles dominent dans le secteur social et de la nutrition ainsi que dans la section secrétariat.
Contrairement aux directions, l'ensemble du corps enseignant est presque entièrement rwandais. Dans 72 écoles examinées en 1984, enseignaient 869 rwandais, ce qui correspond à 74,70% de tous les enseignants.
Environ 12 % des professeurs viennent d'autres pays africains (surtout du Burundi et du Zaïre), les autres de l'Europe dont 80 Belges (6,9%), 6 Allemands (0,5%). Uniquement 63,50% de tous les enseignants possèdent un diplôme d'études supérieures.(9)

eine oder mehrere Fachrichtungen ("section"). In letzterem Fall spricht man von "Groupe scolaire". Die Zahl der Schüler schwankt zwischen 100 und 1000 pro Schule.
Einige dieser "sections" haben einen eher theoretischen Charakter (Naturwissenschaften, Sprachen), meistens sind sie aber praxisorientiert, d.h. bereiten auf einen Beruf oder eine Berufsrichtung vor, verbinden also Allgemeinbildung mit der Vermittlung praktischer Fähigkeiten. Dies ist um so wichtiger, als in Rwanda - von einigen europäischen Entwicklungshilfeprojekten abgesehen - eine praktische qualifizierte Berufsausbildung außerhalb von Schule und Universität nicht existiert.
Die "theoretischen" Fachrichtungen (Naturwissenschaften, Sprachen) der öffentlichen Schulen stellten 1983/84 ca. 21,5% aller Schüler.(8) Insgesamt die stärksten Fachrichtungen sind: Primarschullehrerausbildung mit 5 016 Schülern (= 39,6% aller Schüler), Naturwissenschaften mit 1 924 (15,2%) und Wirtschaft, Verwaltung, Buchhaltung mit 1 230 (9,7%). Die Geschlechterverteilung ist "rollentypisch": während in der Primarschullehrerausbildung und in der Richtung Landwirtschaft beide Geschlechter sich in etwa die Waage halten, sind Naturwissenschaften, Wirtschaft und Sprachen von den Jungen dominiert, die forstwirtschaftlichen, technischen, juristischen und Veterinärsektionen ihnen gar vollständig vorbehalten. Die Mädchen dominieren im Sozial- und Ernährungsberatungsbereich und in der Fachrichtung Bürokaufmann ("secrétariat").
Der Lehrkörper in den Sekundarschulen ist (im Gegensatz zu den Direktionen) fast rein rwandisch. In 72 untersuchten Schulen unterrichteten 1984 869 Rwander, was 74,7% aller Lehrkräfte entspricht; circa 12% der Lehrer kommen aus anderen afrikanischen Ländern (vor allem aus Burundi und Zaire), die anderen aus Europa (Belgier: 80 = 6,9%; Deutsche: 6 = 0,5%). Freilich haben nur 63,5% aller Lehrkräfte einen Hochschulabschluß.(9)
Der Übergang zur Hochschulausbildung (10) ist mindestens genauso schwierig wie der von der Primar- zur Sekundarschule. Nur 33 aller Sekundarschulen "liefern"

Le passage à l'université (10) est aussi difficile que celui de l'école primaire à l'école secondaire. Seulement 33 de toutes les écoles secondaires "fournissent" des étudiants. Six d'entre elles fournissent à elles seules 46% des étudiants de l'Université Nationale du Rwanda (Campus de Butare).(11) Chaque année, 500 étudiants commencent à faire des études.

L'Université Nationale du Rwanda (UNR) a été fondée en 1963, dans le Sud du pays, dans la ville de Butare. En 1982, une partie de l'université fut transferée dans la commune de Nyakinama, à 7 km de la ville de Ruhengeri, dans le Nord du pays. Entre autres, cette décision a été justifiée par le fait que la "métropole de l'enseignement" de Butare devait perdre son monopole croissant de formateur universitaire au profit des régions défavorisées dans le secteur de l'enseignement. Certains ont objecté que le dialogue interdisciplinaire nécessaire serait rendu plus difficile et que, d' autre part, les importantes constructions à faire à Ruhengeri nécessiteraient plus de dépenses que les constructions supplémentaires indispensables à Butare (par ex.: deux bibliothèques, deux cantines, etc...). Aujourd'hui, il y a donc le campus Butare avec ses 923 étudiants inscrits et celui de Ruhengeri avec ses 445 étudiants. A Butare, il y a les facultés suivantes (dans l'ordre du nombre des étudiants inscrits en 1981/82): sciences économiques et sociales (297), sciences naturelles (167), médecine (143), droit (129), agronomie (122) et école d'ingénieurs (62).(12)
En plus, environ 25 étudiants sont inscrits en pharmacie à Butare et environ 60 étudiantes poursuivent des études à l'Ecole Supérieure des techniques modernes (ESTM) dans les sections technologie du textile,nutrition et santé publique.(13) Le campus de Ruhengeri comprend, d' une part, la faculté de lettres avec les sections: anglais, histoire/géographie, langue et littérature française, langue et littérature africaines et, d'autre part, la faculté des sciences de l'éducation (environ 90 étudiants) qui, bien qu'elle fasse administrativement partie du campus de Ruhengeri, se trouve encore à Butare.

Studenten, 6 von ihnen allein 46% der Studenten der Nationalen Universität (Campus Butare).(11) Pro Jahr beginnen ca. 500 Studenten ihr Studium.

1963 wurde die Nationale Universität (Université Nationale du Rwanda = UNR) im Süden des Landes in Butare gegründet. 1982 wurde ein Teil der Universität in die Gemeinde Nyakinama, 7 km südlich von Ruhengeri, im Norden verlagert. Man begründete diese Entscheidung unter anderem damit, daß die "Bildungsmetropole" Butare ihr mit dem Wachstum der Universität stets mächtiger werdendes Monopol auf Hochschulausbildung verlieren müsse zugunsten von in dieser Hinsicht benachteiligten Regionen. Kritiker wandten ein, daß so zum einen der notwendige interdisziplinäre Diskurs erschwert würde und zum anderen die beträchtlichen Neubaumaßnahmen in Ruhengeri mehr Geld verschlängen als notwendige Erweiterungsbauten in Butare (z.B. zwei verschiedene Bibliotheken, zwei Mensen etc.).
Heute gibt es also den Campus Butare der nationalen Universität und den Campus Ruhengeri. 1983/84 waren im Campus Butare 923 Studenten eingeschrieben und in Ruhengeri 445. In Butare existieren die Fakultäten (in der Reihenfolge der Anzahl der eingeschriebenen Studenten 1981/82): Wirtschafts- und Sozialwissenschaften (297), Naturwissenschaften (167), Medizin (143), Recht (129), Agronomie (122), Ingenieurwissenschaften (65).(12)
Außerdem sind ca. 25 Studenten der Pharmazie in Butare eingeschrieben, ca. 60 Studentinnen studieren an der Hochschule für moderne Techniken (Ecole supérieure des techniques modernes = ESTM) in den Fachrichtungen Textiltechnologie, Ernährungswissenschaften und Gesundheitswesen.(13) Der Campus Ruhengeri umfaßt einerseits die geisteswissenschaftliche Fakultät, die untergliedert ist in die Fachbereiche Englisch, Geschichte/Geographie, französische Sprache und Literatur, andererseits die Fakultät der Erziehungswissenschaften (ca. 90 Studenten), die - obwohl administrativ dem Campus Ruhengeri zugehörig - sich noch in Butare befindet.

Université Nationale du Rwanda - Nationale Universität von Rwanda, Butare

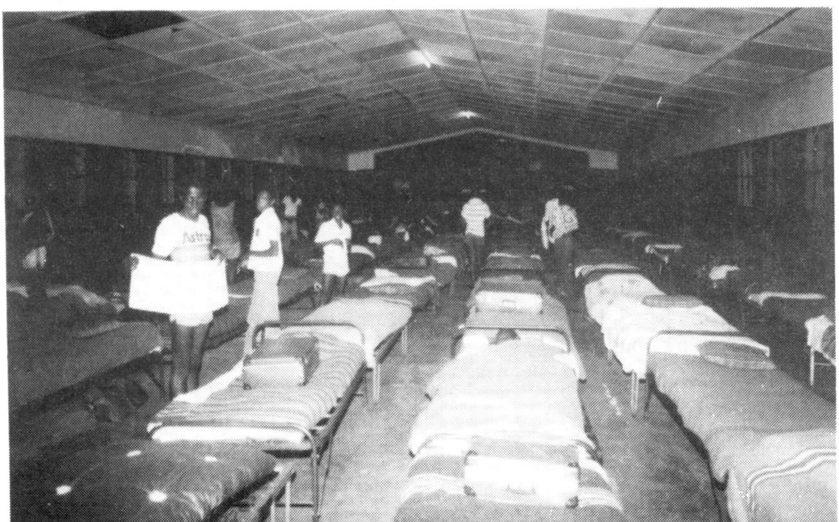

Dortoir - Schlafsaal, Groupe Scolaire, Butare

Tableau 1: Etudiants rwandais à l'étranger de 1981/82 à 1983/84: répartition par pays - Rwandische Studenten im Ausland von 1982/82 bis 1983/84, Verteilung nach Ländern

		Année académique - Studienjahr		
		1981/82	1982/83	1983/84
Pays d'affectation - Gastland				
ARRIQUE - AFRIKA	Algérie	-	14	27
	Bénin	-	5	3
	Cameroun	1	2	2
	Centrafrique	1	1	1
	Congo	-	1	2
	Côte-d'Ivoire	-	6	4
	Egypte	2	2	2
	Kenya	8	11	-
	Libye	-	15	15
	Niger	-	6	6
	Sénégal	38	37	29
	Tanzanie	23	18	11
	Tunisie	2	2	2
	Zaïre	12	14	24
EUROPE - EUROPA	Angleterre	-	-	1
	Autriche	-	-	11
	Belgique	118	86	63
	Bulgarie	-	2	4
	France	61	84	66
	Hollande	-	-	1
	Irlande	-	-	2
	Italie	3	-	22
	Pologne	-	-	1
	RDA	1	-	-
	RFA	45	55	68
	Roumanie	20	12	10
	Suisse	9	9	6
	Yougoslavie	-	-	1
RESTE DU MONDE - ÜBRIGE	Arabie Saoudite	2	2	2
	Canada	34	41	35
	Chine	5	7	16
	Syrie	1	1	1
	URSS	140	158	181
	USA	8	12	18
	TOTAL - GESAMT	534	603	637

Source/Quelle: Ministère de l'Enseignement Supérieur et de la Recherche Scientifique: Projet de Reforme de l'Enseignement Supérieur au Rwanda. Kigali, Juillet 1986, p. 38.

L'effectif des étudiants est donc de 1400-1500. Au total, environ 650 Rwandais poursuivent des études à l'étranger (voir tableau).
Dans toutes les facultés (à l'exception de la ESTM), les femmes sont en minorité. Au total, elles ne représentent que 11,80 % des étudiants (14), ce qui est un des taux les plus bas dans toute l'Afrique (Burundi: 20%). La proportion des femmes diplômées du second cycle (le diplôme du second cycle correspond à peu près au "magister" allemand) n'est que de 7,40 %. La répartition des étudiants d'après leur origine régionale est encore moins équilibrée à l'université que dans les écoles secondaires: Kibungo a un taux de représentativité de 0,65 et Ruhengeri de 1,30.(15)
70,40% des professeurs d'université au campus de Butare sont des Rwandais. Les autres viennent surtout du Canada, de la Belgique et de la France. Dans l'ensemble, il y a une pénurie de professeurs d'université, pénurie qui a pris des proportions effrayantes dans certaines facultés. Des professeurs étrangers qui coûtent très cher ne peuvent remédier que temporairement à cette situation. Il en résulte également que l'on emploi parfois, des professeurs relativement peu qualifiés pour une carrière universitaire. L'exemple d'une école de l'enseignement secondaire présentée à la lueur des fonctions qui lui sont attribuées et de celles qu'elle remplit vraiment illustrera cet aperçu jusqu'ici théorique.

II Un exemple: l'Ecole Sociale de Karubanda (ESK) à Butare

L'ESK a été fondée en 1956 par les religieuses de la congrégation laïque "Les Auxliliatrices du purgatoire". C'est une école secondaire de section "action sociale". Au départ, cette école était prévue pour 120 filles. Aujourd'hui, 192 filles âgées de 15 à 21 ans la fréquentent. Durant ces dernières années, le nombre des nouvelles élèves a constamment augmenté.(16)
21 professeurs, dont un Européen, travaillent dans cette école. La direction et l'administration des finances sont dans les mains d'une religieuse euro-

Die Gesamtzahl der Studenten kann somit mit 1400 - 1500 angegeben werden. Insgesamt studieren etwa 650 Rwander an ausländischen Universitäten (vgl. Tabelle).

In allen Fakultäten (außer der ESTM) sind die Frauen in der Minderzahl. Insgesamt stellen sie nur 11,8% aller Studenten (14), was eine der niedrigsten Raten in ganz Afrika ist (Burundi: 20%). Ihr Anteil an den Diplomierten der zweiten Stufe (der Abschluß des "second cycle" entspricht in etwa dem deutschen Magister) beträgt gar nur 7,4%.
Die Verteilung der Studenten nach ihrer regionalen Herkunft ist noch ungleichgewichtiger als in den Sekundarschulen: Kibungo hat eine Repräsentativitätsrate von 0,65, Ruhengeri von 1,30.(15)
70,4% der Universitätslehrer des Campus Butare sind Rwander, der Rest setzt sich vor allem aus Kanadiern, Belgiern und Franzosen zusammen. Insgesamt muß von einem Lehrermangel an der Universität gesprochen werden, der in manchen Fakultäten erschreckende Ausmaße angenommen hat. Teure Gastprofessuren können den Mangel nur zeitweilig beheben. Diese Situation ist manchmal Anlaß, auch für eine Universitätskarriere nur bedingt qualifizierte Kräfte als Lehrpersonal einzustellen.
Nach diesem eher theoretischen Überblick soll nun eine Sekundarschule in ihren ihr zugeschriebenen und ihren tatsächlich erfüllten Funktionen als Fallbeispiel vorgestellt werden.

II Fallbeispiel: Die Sozialschule von Karubanda in Butare

Die Sozialschule von Karubanda (Ecole Sociale de Karubanda = ESK) wurde 1956 von Schwestern des Laienordens "Auxiliatrices du purgatoire" gegründet. Sie ist eine Sekundarschule der Fachrichtung Sozialarbeit ("Action sociale"). Ursprünglich für nur 120 Schülerinnen ausgelegt, wird die Sozialschule heute von 192 Mädchen im Alter von 15 bis 21 Jahren besucht. In den letzten Jahren wurde die Zahl der Neuzugänge ständig angehoben.(16)

péenne et d'une religieuse canadienne de la congrégation fondatrice. Toutes les autres fonctions sont remplies par des rwandais.
Le but de l'école est de former des assistantes sociales. La majorité des élèves travaillera plus tard à la campagne, surtout dans les domaines de la formation des adultes, de la médecine préventive, et des consultations en nutrition. On attendra également des assistantes sociales diplômées qu'elles soient capables de faire des petites recherches empiriques, de planifier leur travail, d'élaborer et évaluer des programmes de travail. L'esprit d'initiative, la créativité, l'imagination et la sensibilité sont quelques unes des qualités de l'assistante sociale idéale.
Est-ce que l'école peut satisfaire à ces besoins?
L'école suit les programmes d'études de l'Etat tels qu'ils sont prévus par le Ministère de l'Enseignement primaire et secondaire nombre d'heures et programme proprement dit. Six ans durant, les élèves ont 38 h de classe par semaine. De plus, le mercredi après-midi étant réservé aux travaux communautaires (Umuganda), le programme est très chargé: du lundi au samedi, il y a 5 heures de cours le matin de 7. 40 h à 12. 10 h (avec une récréation de 20 minutes) et trois heures l'après-midi (à part le mercredi et le samedi) de 14.15 h à 16.50 h.
Les matières sont réparties en cours généraux et cours professionnels. Ces derniers ne représentent que 2 heures (sur 38 heures) par semaine pendant la première année, et 23 heures la sixième année. L' accent porté sur les cours généraux au début est nécessaire, car les bases des élèves de la première année sont loin de correspondre au niveau d'une école secondaire. Cela est surtout le cas des connaissances insuffisantes de français, langue de base de toutes les matières de l'enseignement secondaire. Sans une formation générale solide,l'étude des matières professionnelles telles que la sociologie, la démographie ou le travail sociale serait impensable. Les matières des cours généraux comprennant: le kinyarwanda, le français, le swahili, l'anglais, les mathématiques, la biologie, la cuisine et la couture. Pendant les six ans de

An der Schule arbeiten 21 Lehrer, darunter ein Europäer. Die Direktion und die Finanzverwaltung liegen in den Händen einer europäischen und einer kanadischen Schwester der obengenannten Kongregation. Alle anderen Funktionen werden von Rwandern wahrgenommen.
Ziel der Schule ist die Ausbildung von Sozialpädagoginnen. Die Mehrheit von ihnen wird später auf dem Lande arbeiten: vor allem in den Bereichen Erwachsenenbildung, Präventivmedizin und Ernährungsberatung. Hierbei wird von einer diplomierten Sozialpädagogin auch erwartet, daß sie selbständig kleinere empirische Untersuchungen durchführen, ihre Arbeit planen, Arbeitsprogramme aufstellen und evaluieren kann. Initiative, Kreativität, Phantasie und Einfühlungsvermögen sind einige Tugenden einer idealen Sozialpädagogin.
Kann die Schule diesen Ansprüchen genügen?
Die Schule folgt den staatlichen Lehrprogrammen, wie sie in ihrem quantitativen (Stundenzahl) und qualitativen (Curricula) Umfang vom Ministerium für Primar- und Sekundarschulen vorgegeben werden. In allen sechs Jahrgängen sind jeweils 38 Wochenstunden zu absolvieren. Da zudem der Mittwochnachmittag für Gemeinschaftsarbeiten reserviert ist (Umuganda), ist das Programm dichtgedrängt: von Montag bis Samstag werden vormittags von 7.40 Uhr bis 12.10 Uhr fünf Unterrichtsstunden gegeben (mit einer 20-minütigen Pause), nachmittags (außer mittwochs und samstags) von 14.15 bis 16.50 Uhr noch einmal drei Stunden.
Die Fächer sind in die Gruppen allgemeinbildende und berufsbezogene Fächer unterteilt. Letztere nehmen im ersten Schuljahr nur zwei Wochenstunden (von 38) in Anspruch, im sechsten Jahr 23. Diese Schwerpunktverschiebung ist notwendig, da die Vorkenntnisse, die die Schülerinnen des ersten Jahres mitbringen, für das Niveau einer Sekundarschule bei weitem unzureichend sind. Die betrifft vor allem die mangelhaften Kenntnisse der französischen Sprache, in der alle Fächer in den Sekundarschulen unterrichtet werden. Ohne eine solide Allgemeinbildung ist ein Zugang zu berufsbezogenen Fächern wie Soziologie, Demographie oder Sozialarbeit undenkbar. Zu den allgemeinbildenden Fächern

formation, 32 matières sont enseignées aux élèves.
Le francais en tant que langue d'enseignement de tous les cours, mais aussi les matières traitées dans de nombreux cours qui sont inconnues des élèves lorsqu'elles entrent dans cette école, compliquent l'approche des disciplines et de leurs méthodes. Comparée à d'autres écoles, l'école sociale de Karubanda est assez bien équipée en fournitures scolaires. Néanmoins, les élèves ne disposent de livres que pour très peu de matières. Dans le cas des matières professionnelles, seuls les professeurs possèdent un livre. Les élèves doivent apprendre d'après les notes qu'elles ont prises en cours. Non seulement la compréhension des différentes matières en est rendue plus difficile, mais la vitesse d'assimilation est aussi ralentie et on a tendance à encourager les élèves à apprendre par coeur: le professeur dicte quelques phrases qui résument le cours - les élèves les notent mot à mot - et rendent ce qui a été dit de nouveau mot à mot aux examens. Ce qui compte, c'est une bonne mémoire. Dans ces conditions, les élèves n'ont ni le temps, ni l'occasion de développer les idées personnelles, l'imagination et le goût d'expérimenter. Car l'élève privée d'instruments de travail suffisants ne bénéficie ni des stimulants nécessaires, ni des moyens de contrôle permettant de se corriger,hormis ces quelques phrases-clés dictées par le professeur et qui se pétrifient en vérités éternelles.

Afin de préparer les élèves à leur activité pratique future, de manière appropriée, l'école organise plusieurs stages. La 4ème année prévoit seulement la visite de quelques institutions travaillant dans le secteur social. Le travail de ces institutions est expliqué aux élèves. L'année suivante, les élèves travaillent une matinée par semaine dans une de ces institutions (par exemple: coopératives, centres de santé, centres de formation d'adultes). Ce sont alors les professeurs de l'école qui sont chargés de la supervision. En sixième et dernière année, chaque élève travaille dans un service social en dehors de Butare en tant qu'employée pleinement integrée pendant cinq

gehören u.a. Kinyarwanda, Französisch, Swahili, Englisch, Mathematik, Biologie, Kochen, Handarbeiten. Im Laufe der sechsjährigen Ausbildung werden die Schüler in 32 Fächern unterrichtet.
Die französische Unterrichtssprache, aber auch der Gegenstand vieler Fächer, der den Schülerinnen zumindest zu Beginn völlig fremd ist, erschweren den Zugang zu diesen Disziplinen und ihren Methoden. Zwar ist die Sozialschule von Karubanda im Vergleich zu anderen Schulen mit Lehrmitteln ziemlich gut ausgestattet. Gleichwohl stehen den Schülerinnen nur Schulbücher für wenige Fächer zur Verfügung. In den berufsbezogenen Fächern ist allein der Lehrer im Besitz eines Buches, die Schülerinnen müssen nach ihren Unterrichtsnotizen lernen. Das erschwert das Verständnis des Stoffes, verlangsamt das Arbeitstempo und fördert den Hang zum Auswendiglernen: der Lehrer diktiert einige Sätze, die den Inhalt der Unterrichtsstunde zusammenfassen, die Schüler notieren Wort für Wort und reproduzieren in der Prüfung - wiederum wörtlich - das Gesagte. Entscheidend ist so allein das gute Gedächtnis. Für eigene Gedankenflüge, Phantasie und Ausprobieren ist unter diesen Bedingungen weder Zeit noch Gelegenheit. Denn der Schüler ohne ausreichende Lernmittel empfängt hierzu weder genügend Anreize, noch hat er ein Kontrollmittel, das ihn korrigiert - außer eben den wenigen diktierten Kernsätzen des Lehrer, die so zu ewigen Wahrheiten versteinert werden.

Um die Schülerinnen auf ihre praktische Tätigkeit angemessen vorzubereiten, führt die Schule mehrere Praktika durch. Im 4. Schuljahr werden lediglich einige im Sozialbereich arbeitende Institutionen besucht und ihre Arbeit erklärt. Im nächsten Schuljahr arbeiten die Schülerinnen jeweils einen Vormittag pro Woche in einer dieser Institutionen (z.B. Kooperativen, Gesundheitszentren, Erwachsenenbildung). Die Fachlehrer der Sozialschule sind mit der Supervision betraut. Im sechsten und letzten Jahr schließlich arbeitet jede Schülerin fünf Monate lang in einer sozialen Einrichtung außerhalb Butares als voll in die jeweilige Institution integrierte Kraft. Auch hier übernimmt die

mois. C'est encore l'école qui se charge de la supervision. Ce grand stage final demande un effort matériel considérable (frais de voyage pour les élèves et les superviseurs, nourriture et logement des élèves, etc...). Tous les ans, ces stages posent d'énormes problèmes financiers à l'école.
Comme le nombre des écoles secondaires au Rwanda est limité et que chaque école est fréquentée par des élèves venant parfois de très loin, toutes les écoles sauf quelques écoles privées - sont des internats. L'école sociale de Karubanda nourrit et loge donc aussi ses élèves. Leur journée, du lever à 5.30 h. jusqu'au coucher à 21 h est planifiée, organisée, surveillée et contrôlée jusque dans le moindre détail: étude, célébration eucharistique, travaux d'entretien, petit déjeuner; après les classes à 17 heures, trois quart d'heure (!) de "temps libre", étude, dîner, étude, coucher. Les promenades du dimanche ne se font qu'en groupes et sous surveillance. Le courrier des élèves peut être ouvert et lu à tout moment par la direction.Il leur est interdit d'utiliser des produits de beauté, de mettre des bijoux (ou des montres), de porter d'autres vêtements que la tenue scolaire ou de tresser les cheveux.
Les défenseurs de ce régime sévère se justifient en faisant valoir que:
- ces dispositions viennent du ministère et ne peuvent pas être changées selon la seule volonté de l'école;
- les parents des élèves soutiennent un régime scolaire strict, l'exigent même;
- toute atténuation de ce régime compromet la réputation de l'école et des élèves;
- l'égalité de toutes les élèves de l'école doit également être visible de l'extérieur (tenue scolaire) pour supprimer ou ne pas laisser apparaître - au moins provisoirement - les différences de classes sociales.

Certes, il existe plusieurs facteurs convergeants, et se renforçant mutuellement, qui mènent à cet ordre restrictif, ou du moins qui le favorisent: une administration centrale puissante qui n'est pas prête à

Schule die Supervision. Dieses große Abschlußpraktikum erfordert einen erheblichen materiellen Aufwand(Fahrtkosten für Schülerinnen und Supervisoren, Verpflegung und Unterbringung der Schülerinnen etc.) und stellt die Schule jedes Jahr aufs neue vor größte finanzielle Probleme.

Da die Zahl der Sekundarschulen in Rwanda begrenzt ist, jede Schule also einen relativ hohen Einzugsbereich hat, handelt es sich - von einigen Privatschulen abgesehen - immer um Internatsschulen. Auch die Schülerinnen der Sozialschule werden von der Schule verpflegt und logiert. Ihr Tagesablauf vom Aufstehen um 5.30 Uhr bis zum Zubettgehen um 21 Uhr ist - auch außerhalb des Unterrichts - aufs genaueste geplant, eingeteilt, überwacht und kontrolliert: Studienzeit, Gottesdienst, Instandhaltungsarbeiten, Frühstück; nach Unterrichtsschluß um fünf Uhr eine Dreiviertelstunde (!) "Freizeit", Studienzeit, Abendessen, Studienzeit, Zubettgehen. Spaziergänge am Sonntag finden nur in Gruppen und unter Aufsicht statt. Die Post der Schülerinnen kann von der Direktion jederzeit geöffnet und gelesen werden. Einmal im Monat kann Besuch empfangen werden. Es ist den Schülerinnen verboten, kosmetische Produkte zu benutzen, Schmuck (auch Uhren) zu tragen, andere Kleider als die Schuluniform zu tragen, die Haare zu flechten ("tresses").

Die Verfechter dieses strengen Regimes verteidigen sich, indem sie geltend machen, daß

- diese Bestimmungen vom Ministerium kämen und von der Schule nicht beliebig geändert werden könnten;
- die Eltern der Schülerinnen eine strenge Schulordnung befürworteten;
- jede Lockerung dieser Ordnung dem Ruf der Schule und der Schülerinnen schade;
- die Gleichheit aller Schülerinnen in der Schule auch äußerlich sichtbar sein müsse (Schuluniform), um soziale Unterschiede unter ihnen - wenigstens zeitweise - aufzuheben oder zumindest nicht hervortreten zu lassen.

Gewiß gibt es mehrere konvergierende und sich gegenseitig verstärkende Faktoren, die zu dieser restriktiven Ordnung führen oder sie zumindest begünstigen:

céder de compétences; des parents préoccupés par l'intégrité de leurs enfants, enfin, un nombre de professeurs trop restreint par rapport au nombre des élèves et qui cherche, avant tout, à préserver l'ordre et le calme. Les idéaux moraux: des Eglises chrétiennes et ceux de la société précoloniale rwandaise (dans la mesure où ils se font encore sentir aujourd'hui) exercent également une influence dans ce sens. Comparée à d'autres sociétés africaines relativement libérales, la société précoloniale du Rwanda était dans le domaine de l'éducation et surtout de l'éducation des filles, sans aucun doute plus restrictive que permissive. A l'époque coloniale, on s'efforçait de tenir les enfants à l'écart du "milieu indigène" pendant leur scolarité: l'école est devenue une institution fermée au monde extérieur.
Les conséquences pédagogiques et sociales d'une vie scolaire aussi stricte semblent douteuses. Le calme et l'ordre, l'obéissance et la soumission de l'individu, l'observation des règlements passent toujours avant l'esprit critique, la conception d'idées personnelles, la remise en question du statu quo et l'essai de nouvelles formes de communication. Des élèves de 20 ans sont soumises au même régime que leurs camarades de 15 ans, ce qui les plonge dans une infantilisation latente. Dès qu'elles ont leur diplôme, elles sont déclarées, "mûres", "adultes", etc... du jour au lendemain, et, jouissant subitement d'une liberté et d'une responsabilité inconnues jusqu'alors, elles sont censées se montrer à la hauteur de leur tâche d'assistante sociale. Ce passage abrupte n'est pas sans contradictions: non seulement cette conception de l'éducation des jeunes ne semble, guère utile du point de vue pédagogique, mais elle va surtout à l'encontre de l'apprentissage de toutes ces dispositions et attitudes caractéristiques de la "bonne" assistante sociale.
Rares sont les diplômées de l'école sociale qui obtiennent une bourse universitaire (en plus, la plupart d'entre elles échouent dès la première année). La plupart des assistantes sociales sont embauchées et payées par l'Etat rwandais. Le travail ne manque pas

eine mächtige Zentralverwaltung, die nur wenig Kompetenzen abzugeben bereit ist; um die Integrität ihrer Kinder besorgte Eltern; schließlich gemessen an der Zahl der Schüler zu geringes Schulpersonal, das zuerst bestrebt ist, Ruhe und Ordnung aufrechtzuerhalten. Die moralischen Ideale der christlichen Kirchen üben ebenso in diese Richtung einen Einfluß aus wie diejenigen der vorkolonialen rwandischen Gesellschaft (soweit sie heute noch fortwirken), denn diese war, was die Erziehung Jugendlicher und insbesondere der Mädchen angeht, verglichen mit den relativen Freiheiten anderer afrikanischer Gesellschaften zweifellos eher restriktiv als permissiv. In der Kolonialepoche war man darüber hinaus bestrebt, die Kinder während der Schulzeit vom "Eingeborenenmilieu" fernzuhalten: die Schule wurde zu einer geschlossenen Anstalt mit möglichst wenig Außenkontakt.
Die pädagogischen und sozialen Konsequenzen eines so rigiden Schullebens erscheinen fragwürdig. Ruhe und Ordnung, Gehorsam, Unterordnung des Einzelnen, Einhaltung der Regeln rangieren stets vor kritischem Denken, der Entwicklung eigener (Ordnungs-) Vorstellungen, dem Infragestellen des Status quo, dem Ausprobieren neuer Verkehrsformen. 20jährige Schülerinnen werden demselben Regime unterworfen wie ihre 15jährigen Kameradinnen und somit latent infantilisiert. Mit dem Erhalt ihres Diploms werden sie dann von einem Tag auf den anderen als "reif","erwachsen" etc. erklärt und müssen als Sozialpädagoginnen in aller ungewohnten Freiheit und Verantwortung für sich selbst und andere ihre Frau stehen. Dieser abrupte Übergang ist nicht ohne Widersprüchlichkeit: nicht nur, daß eine solche Konzeption von Bildungs- und Erziehungsarbeit mit Jugendlichen pädagogisch wenig sinnvoll erscheint,sie konterkariert vor allem das Erlernen all der Dispositionen und Verhaltensformen, die einer "guten" Sozialpädagogin zugeschrieben werden.

Nur den allerwenigsten Abgängerinnen der Sozialschule gelingt es,ein Universitätsstipendium zu bekommen (und diese scheitern fast alle bereits im ersten Jahr). Die große Mehrheit aller Sozialpädagoginnen wird vom rwan-

Au Volley - Beim Volleyball, Groupe Scolaire, Butare

mais le budget de l'Etat limite le nombre des nouvelles embauches. Jusqu'à maintenant, toutes les diplômées de l'école sociale ont trouvé un emploi qui correspond à leur formation, néanmoins, il leur faut quelquefois attendre de trois mois à une année entière entre la candidature et le début du travail.

III. Les problèmes les plus importants du système de l'enseignement secondaire et universitaire

On peut classifier les problèmes du système de l'enseignement secondaire et universitaire selon les groupes sociaux touchés:

1. Ceux qui travaillent directement ou indirectement dans le domaine de la formation,
2. les jeunes en formation,
3. leurs parents.

dischen Staat beschäftigt und bezahlt. Zwar mangelt es nicht an Arbeit, das Staatsbudget begrenzt jedoch die Zahl der jährlichen Neueinstellungen. Bisher fanden noch alle Abgängerinnen der Sozialschule einen ihrer Ausbildung adäquaten Arbeitsplatz, dabei müssen allerdings Wartezeiten von einem viertel bis zu einem Jahr zwischen Bewerbung und Arbeitsbeginn in Kauf genommen werden.

III Die wichtigsten Probleme des Sekundarschul- und Universitätswesens

Die Probleme im Sekundarschul- und Universitätswesen lassen sich nach den von ihnen betroffenen sozialen Gruppen einteilen. Dies sind:

1. die direkt oder indirekt im Ausbildungsbereich Arbeitenden;
2. die Auszubildenden;
3. deren Eltern.

In einer Klasse der Sozialschule - En classe de l'Ecole sociale de Karubanda, Butare

1. Lorsqu'on parle de pénurie de professeurs dans l'enseignement secondaire(17), cela ne signifie pas forcément qu'on ne trouve pas ces professeurs au Rwanda. Mais un diplômé universitaire préférera, tant qu'il en aura la possibilité, un emploi dans un ministère ou dans une entreprise privée qui paie bien, plutôt qu'un poste de professeur.(18) D'une part, cela a des raisons matérielles: en tant que professeur, il peut être muté loin de la capitale, il gagne moins que dans le privé, et il a moins de possibilités d'avancement que dans l'administration. Au Rwanda, la situation des professeurs n'est pas très enviée: un professeur est considéré comme quelqu'un qui a suivi une formation mais qui n'est pas arrivé et qui n'arrivera jamais à la richesse ni au pouvoir. Le manque de logements de service pas chers ou même gratuits, dont bénéficient par exemple les hauts fonctionnaires mais aussi les médecins, ainsi que le manque de matériel d'enseignement (surtout de livres) ne rendent le métier de professeur guère attrayant.
La majorité des professeurs de l'enseignement secondaire n'ont reçu aucune formation pédagogique. Ils ressentent clairement cette lacune mais ne disposent de presque aucune possibilité de formation permanente supplémentaire.
Parfois, la politique du personnel du Ministère de l'Enseignement primaire et secondaire empêche une planification raisonnable du travail des écoles (et des professeurs): des mutations sont annoncées dans un délai trop court, des professeurs mutés ne sont pas remplacés dans leur ancienne école, on augmente le nombre des classes mais pas celui des professeurs. Des professeurs et instituteurs déjà engagés par le Ministère de l'Enseignement primaire et secondaire obtiennent du Ministère de l'Enseignement supérieur et de la recherche scientifique une bourse pour reprendre des études universitaires, etc...
Une division spéciale du Ministère de l'Enseignement primaire et secondaire, "la Direction des Programmes de l'Enseignement secondaire", est chargée d'élaborer des programmes de toutes les matières enseignées. Ce travail est en grande partie terminé, mais beaucoup de

1. Wenn von Lehrermangel im Sekundarschulbereich gesprochen wird (17), bedeutet dies nicht unbedingt, daß es in Rwanda derartige Fachkräfte nicht gäbe. Aber ein Hochschulabsolvent wird, solange er dazu die Möglichkeit hat, allemal eine Stelle in einem Ministerium oder in der gut bezahlenden Privatwirtschaft dem Posten eines Lehrers vorziehen. (18) Dies hat zum einen materielle Gründe: als Lehrer kann er weit von der Hauptstadt weg versetzt werden, er verdient weniger als in der Privatwirtschaft und hat geringere Aufstiegschancen als in der Verwaltung. Der Status eines Lehrers ist in Rwanda nicht sehr hoch angesiedelt: er gilt als jemand, der zwar gebildet ist, aber es weder zu Reichtum noch zu Macht gebracht hat und auch nicht bringen wird. Der Mangel an billigen oder kostenlosen Dienstwohnungen, wie sie etwa hohen Beamten, aber auch Ärzten zugestanden werden, ja sogar an Arbeitsmaterial (vor allem Bücher) macht den Beruf des Lehrers nicht gerade attraktiver.
Die meisten Sekundarschullehrer haben keinerlei pädagogische Ausbildung. Sie sehen deutlich diesen Mangel, haben aber kaum Möglichkeiten zur Fortbildung.
Bisweilen erschwert die Personalpolitik des Ministeriums für Primar- und Sekundarschulen den Schulen (und Lehrern) eine vernünftige Planung der Arbeit: Versetzungen werden zu kurzfristig bekanntgegeben, versetzte Lehrkräfte werden in ihrer alten Schule nicht ersetzt, man erhöht die Zahl der Klassen, aber nicht die der Lehrer, vom Ministerium für Primar- und Sekundarschulen schon engagierte Lehrer erhalten vom Ministerium für Hochschulausbildung und Forschung ein Stipendium für ein Aufbaustudium etc.
Eine gesonderte Abteilung des Ministeriums für Primar- und Sekundarschulen, die Abteilung für die Programmplanung für Sekundarschulen, ist damit befaßt, die Curricula sämtlicher Fächer zu erarbeiten. Diese Arbeit ist zum großen Teil schon geleistet, aber viele Curricula haben sich als zu theorielastig, zu anspruchsvoll und - gemessen an der zur Verfügung stehenden Zeit - als überladen erwiesen. Das zu ihrer Realisierung notwendige Lehrmaterial ist in vielen Schulen nicht vorhanden.

programmes ont été jugés trop théoriques, trop difficiles et, vu le temps disponible, trop chargés. En plus, le matériel d'enseignement nécessaire fait défaut dans de nombreuses écoles.

La direction de la plupart des écoles secondaires est entre les mains des Eglises chrétiennes,qu'il s'agisse de directeurs rwandais ou européens. Ce fait peut constituer un problème, selon le point de vue de l'observateur. Pour les Rwandais, cela ne semble pas en être un: les Eglises garantissent une direction des écoles en grande partie conforme à l'ordre et un investissement matériel dépassant de loin les possibilités de l'Etat.

2. La réforme scolaire de 1979 a rallongé de deux ans la durée de la scolarité primaire qui ne durait que six ans, jusqu'alors. Durant ces deux années, les élèves reçoivent surtout une formation artisanale et technique, pour faire leur chemin plus tard, dans les communes locales. Car,on pensait que des connaissances pratiques en dehors des domaines traditionnels de l'agriculture et à l'élevage, qui pourraient être employées "sur la colline", ralentiraientt au moins l'exode rural des jeunes gens. Cette réforme scolaire s'adressait donc avant tout à la masse des élèves des écoles primaires qui resteraient à la campagne.(19)
Dans cette campagne de ruralisation scolaire, c'est-à-dire de l'adaptation de l'enseignement aux conditions de la vie rurale, l'accent a donc été porté sur le kinyarwanda tandis que le français a été négligé. Autre conséquence de la réforme: le peu d'élèves qui réussissent à entrer dans une école secondaire, en font les frais, car les trois ans de tronc commun d'avant la réforme, qui étaient une sorte de phase d'orientation pour les élèves et qui constituaient une base nécessaire pour la formation professionnelle de deux ou quatre ans qui lui succédait, n'existent plus actuellement. Aujourd'hui, il existe seulement un cycle de six ans pour tous les élèves et toutes les matières sont enseignées en français, dès la première année.

Die Leitung der meisten Sekundarschulen liegt in den Händen der christlichen Kirchen, mag es sich dabei um europäische oder rwandische Direktionen handeln. Ob diese Tatsache ein Problem darstellt, hängt gewiß vom Standpunkt des Betrachters ab. Für die Rwander scheint es wohl keins zu sein: die Kirchen garantieren eine weitgehend ordnungsgemäße Führung der Schulen und ein materielles In-Put, das über die staatlichen Möglichkeiten bei weitem hinausgeht.

2. Die Schulreform von 1979 erweiterte die bis dahin sechsjährige Primarschule um zwei Schuljahre, in denen die Schüler vor allem handwerklich-technische Grundfertigkeiten erwerben sollen, um später in ihren Heimatgemeinden ihren Weg zu machen. Denn, so war die Überlegung, praktische Fähigkeiten, die über die traditionelle Landwirtschaft und Viehzucht hinausgingen und die "auf dem Hügel" angewandt werden könnten, würden die Landflucht der Jungen zumindest verlangsamen. Die Masse der Primarschüler, die später auf dem Lande bleiben würde, war also der eigentliche Adressat der Schulreform .(19) Folgerichtig wurde in dieser schulischen Ruralisierungskampagne, der Anpassung des Unterrichts an die ländlichen Lebensbedingungen, großes Gewicht auf Kinyarwanda gelegt, das Französische dagegen vernachlässigt.
Die wenigen Schüler, die den Sprung in die Sekundarschule schaffen, haben das Nachsehen: denn hier gibt es nicht mehr wie vor der Reform die drei Jahre des "Tronc commun", einer Art Orientierungsstufe, wo die Allgemeinbildung vermittelt wurde, die als Basis für die darauffolgenden zwei oder vier Jahre beruflicher Fachausbildung benötigt wurde, sondern heute gibt es nur noch einen Zyklus von sechs Jahren. Alle Fächer werden vom ersten Schuljahr an auf Französisch unterrichtet.
Die Folgen der Schulreform für die Sekundarschulen (und -schüler) sind gravierend: das Unterrichtsniveau sinkt, das Arbeitstempo verlangsamt sich, die Zahl der Schüler, die wegen schlechter Leistungen die Schule verlassen müssen, ist, vor allem in den ersten zwei Schuljahren, enorm hoch. (20) Die Schuldirektionen

Les conséquences de la réforme scolaire sont sérieuses pour les écoles secondaires (et les élèves): le niveau des études baisse, le rythme de travail est plus lent, le nombre des élèves qui quittent l'école à cause de mauvais résultats est très élevé, surtout les deux premières années.(20) Les directeurs d'écoles n'ont pas caché leur désapprobation au sujet du nouveau système scolaire. Cependant, il semble qu'on ne cherche pas à remédier efficacement à cette situation impossible. Une fausse orientation des élèves au début de leur scolarité contribue également pour une bonne part aux échecs scolaires. Les élèves peuvent indiquer leurs préférences en ce qui concerne la section mais c'est le ministère qui décide en dernier lieu. Dans cette prise de décision définitive, des critères complètement indépendants du choix de l'élève (tels que son appartenance ethnique ou son origine géographique) peuvent jouer un rôle important. Il s'en suit que les résultats de ces sélections ne sont pas toujours des plus satisfaisants.(21)
En 1984, environ 1000 élèves ont quitté les écoles secondaires du Rwanda et pour donner un exemple - le nombre des assistantes sociales diplômées était de 71. (22) Mais au cours des prochaines années, environ 100 à 120 nouvelles assistantes sociales par an sont attendues sur le marché du travail, car les premières élèves diplômées sortiront des trois écoles de formation d'assistantes sociales en 1987. Les offres d'emplois non-étatiques s'épuiseront un jour ou l'autre et les possibilités d'embauche de l'Etat sont également limitées, pour des raisons financières. Etant donné que les assistantes sociales actuellement employées sont encore assez jeunes, il y a très peu de postes qui se libèrent. Il faudrait constamment créer de nouveaux postes. Ainsi, le Rwanda se trouverait également forcé de bientôt renoncer à un certain idéal: avoir un diplôme ne sera plus, comme cela l'était jusqu'à présent, une garantie pour obtenir un emploi adéquat et bien rémunéré.

3. Le désir de beaucoup de parents rwandais et même surtout des simples paysans - d'envoyer leurs enfants

haben mit ihrer Kritik an diesem System nicht hinter dem Berg gehalten. Eine effiziente Abhilfe gegen diesen strukturellen Mißstand ist jedoch nicht in Sicht. Eine andere Ursache für manchen schulischen Mißerfolg ist die falsche Orientierung des Schülers zu Beginn seiner Schullaufbahn. Er kann zwar nach Präferenz die Fachrichtung angeben, die er gerne einschlagen würde; die Entscheidung darüber liegt aber alleine beim zuständigen Ministerium. Und hierbei können auch völlig äußerliche Variablen (wie ethnische Zugehörigkeit oder geographische Herkunft) eine Rolle spielen. Daher sind die Resultate dieser Zuordnung nicht immer maximal.(21)
Knapp 1000 Schüler verließen 1984 die Sekundarschulen Rwandas, die Zahl - um nur ein Beispiel zu nennen - der ausgebildeten Sozialpädagogen betrug 71.(22) In den nächsten Jahren werden aber ca. 100-120 frischgebackene Sozialpädagogen pro Jahr auf den Arbeitsmarkt drängen, denn es gibt drei Schulen, die erst 1987 ihre erste Abschlußklasse verabschieden werden. Das nichtstaatliche Arbeitsplatzangebot ist nicht unbegrenzt ausweitungsfähig und das staatliche erst recht nicht - aus finanziellen Gründen. Da die heute beschäftigten Sozialarbeiter im allgemeinen noch recht jung sind, gibt es nur wenig freiwerdende Planstellen. Es müßten ständig neue Arbeitsplätze geschaffen werden. So wird wohl auch Rwanda in nicht allzu ferner Zukunft gezwungen sein, einem liebgewordenen Ideal zu entsagen. Ein Diplom zu besitzen wird nicht mehr wie noch bisher eine Garantie dafür darstellen können, auch einen adäquaten - und vor allem adäquat bezahlten - Arbeitsplatz zu erhalten.

3. Das Bedürfnis vieler rwandischer Eltern, auch und gerade der einfachen Bauern, die intelligentesten ihrer Kinder auf eine Sekundarschule bzw. die Universität zu schicken, ist in den letzten Jahren immer stärker geworden und artikuliert sich zunehmend deutlicher. Wenn schon, so wird argumentiert, auf Grund der Mangelsituation ein Quotensystem nach ethnischen und regionalen Kriterien unumgänglich ist, dann soll es wenigstens korrekt angewendet werden und nicht von

les plus intelligents dans les écoles secondaires et à l'université, se fait de plus en plus sentir et est de plus en plus exprimé depuis ces dernières années.Si un système de quotas établi selon des critères ethniques et régionaux est, tel qu'on le dit indispensable en raison du manque de capacités des écoles, il faudrait du moins l'appliquer correctement et empêcher que les personnens riches et influentes puissent le contourner. C'est ici que se cristallise aujourd'hui un des débats politiques les plus importants du pays. Des instances suprêmes de l'Etat sont chargées de résoudre ce problème.

D'autre part, l'Etat exige une augmentation des places dans les écoles secondaires et à l'université. Mais cela dépasse les possibilités du budget du Ministère pour l'Enseignement primaire et secondaire, un ministère qui possède déjà incontestablement plus de moyens financiers que tous les autres ministères rwandais. Il faudrait donc de nouveau faire supporter une charge financière importante à la population en général et aux bénéficiaires des écoles, c'est-à-dire aux familles des élèves.

En plus, les frais scolaires à la charge des familles ont déjà augmenté sans cesse durant ces dernières années. Pour l'année scolaire 1985/86, l'école sociale demande 7.200 Frw (23) de charges scolaires (minerval) par élève pour la nourriture, l'assistance médicale, etc... Le ministère apporte une subvention de 10.000 Frw par élève. Au nom d'une plus grande prise de responsabilité, les élèves doivent, pour la première fois cette année, acheter leurs cahiers, elles-mêmes. Ceci leur coûtera environ 1500 Frw. A partir de 1986/87, elles payeront également une taxe pour les livres empruntés à l'Etat.

A l'avenir, un développement de l'enseignement secondaire entraînera nécessairement une augmentation des frais que les parents d'élèves devront payer. C'est dans le même sens que va également la croissance rapide du nombre des écoles et institutions universitaires privées, qui, naturellement, sont plus chères que les institutions d'enseignement analogues de l'Etat. A ce propos, l'idée de prendre une partie des

den Reichen und Einflußreichen umgangen werden können. Hier kristallisiert sich heute eine der ganz wichtigen politischen Diskussionen des Landes. Höchste staatliche Instanzen sind mit der Lösung des Problems befaßt.
Andererseits wird vom Staat die forcierte Vermehrung der Sekundarschul- und Universitätsplätze gefordert. Das aber überfordert den Haushalt des Ministeriums für Primar- und Sekundarschulen, das ohnehin schon das (absolut) am reichlichsten ausgestattete Ministerium Rwandas ist. Ein erneuter erheblicher Kostenstoß müßte auf die Bevölkerung im allgemeinen oder auf die Benutzer der Schulen, d.h. die Angehörigen der Schüler abgewälzt werden.
Dabei sind die von diesen zu tragenden Schulkosten in den letzten Jahren schon ständig gestiegen. Im Schuljahr 1985/86 verlangt etwa die Sozialschule pro Schülerin und Schuljahr 7200 Frw (23) Schulgeld ("Minerval"), womit die Verköstigung der Schülerinnen, ihre Gesundheitsversorgung etc. abgedeckt werden. Das Ministerium schießt 10000 Frw pro Schüler zu. Im Namen einer angestrebten Stärkung der Eigenverantwortung müssen in diesem Schuljehr die Schüler zum ersten Mal ihre Hefte selbst kaufen,was noch einmal Kosten von ca. 1500 Frw bedeutet. 1986/87 werden sie auch für die vom Staat geliehenen Bücher eine Gebühr bezahlen müssen.
So wird in Zukunft eine Ausweitung des Sekundarschulsektors gleichgehen mit der Erhöhung der von den Schülereltern zu tragenden Kosten. In diese Richtung weist auch das schnelle Anwachsen der Zahl von Privatschulen und privaten universitätsähnlichen Einrichtungen, die natürlich teurer sind als die entsprechenden staatlichen Bildungseinrichtungen. Auch der Vorschlag, einen Teil der Schüler und Studenten nur als Externe aufzunehmen,ist in dieser Hinsicht bedenklich. Denn die individuell zu tragenden Unterhaltskosten wären höher als der Betrag, den die Externen bei einem für sie gekürzten Schulgeld bzw. erhöhten Stipendium gewinnen würden.
Wenn die hier nur grob skizzierten Bildungsprobleme sinnvoll gelöst werden sollen, muß unbedingt vermieden werden, daß Bildung ein Luxusartikel für Reiche wird

élèves et des étudiants uniquement en externes est également problématique. Car cela reviendrait plus cher aux externes de subvenir eux-mêmes à leurs besoins que de payer une place d'internat.
Si ces problèmes de l'enseignement, que nous n'avons abordés ici que très brièvement, doivent trouver une solution valable, il s'agit d'éviter, à tout prix, que la formation scolaire devienne un privilège réservé aux riches et inaccessible aux enfants des paysans qui constituent la majorité de la population du Rwanda.

Übersetzung: Marlene Peter-Schmidt
Christine Briotet-Ohlsen

und unerschwinglich für die Kinder der Bauern, die große Mehrheit der rwandischen Bevölkerung.

Anmerkungen - Annotations

1) Die deutschen Kolonisatoren hinterließen im Schulbereich lediglich einige Primarschulen, die direkt den Missionen unterstellt und damit entsprechend borniert waren.
Au point de vue de l'enseignement, les colonisateurs allemands ont seulement laissé quelques écoles primaires au Rwanda. Ces écoles étaient directement rattachées aux missions et, de ce fait, aussi bornées que l'esprit des missions.
2) vgl. Houdeau, Serge: Panorama de la littérature rwandaise. Bilan-bibliographie-choix de textes en francais. Butare 1979 (vervielfältigtes Manuskript), S. 27-32.
3) Die folgenden Zahlen stammen, falls nicht anders vermerkt, aus: Lorsqu'ils ne portent pas d'autre indication, les chiffres suivants sont issus de
Le Thanh Khoti/ S. Ziarrati: Université et développement au Rwanda. Kigali 1984
Ministère de l'Enseignement Primaire et Secondaire(=MINEPRISEC) Rapport annuel, Exercice 1984. Kigali 1984(vervielf.Manuskript)
Leider weisen beide Quellen arithmetische Fehler auf.
Malheureusement, on trouve des fautes de calculs dans les deux livres mentionnés ci-dessus.
4) MINEPRISEC: Rapport annuel. Exercice 1984
5) Diese Rate erhält man, indem man den Anteil jeder Präfektur an der Gesamtheit der Oberschüler teilt durch den jeweiligen Anteil an der Gesamtbevölkerung, wobei: $R < 1$ = Unterrepräsentation; $R > 1$ = Überrepräsentation.
Le taux de représentativité est obtenu en divisant la part de chaque préfecture à la totalité des élèves au secondaire par la part de chaque préfecture à la population du pays. Si $t < 1$ il y a sous-représentation, si $t > 1$ il y a sur-représentation.
vgl. Le Thanh Khoti, a.a.O., S. 56.
Die Werte beziehen sich auf das Schuljahr 1982/83.
Les chiffres correspondent à l'année scolaire 1982/83.
6) Vgl. MWUMVANEZA, Médard: Ecole: externat ou nécessaire conversion des mentalités. In: La Relève, No. 23, Oktober 1984
7) nach: Le Thanh Khoti, a.a.O., S. 52.
8) Die meisten Privatschulen sind praktisch-technisch orientiert. Immerhin lernten aber 1983/84 686 Jungen in den Sektionen "Latein/Naturwissenschaften" bzw. "Latein/moderne Sprachen" in den "Petits Séminaires".
La plupart des écoles privées ont une orientation pratique et

technique. Cependant en 1983/84, 686 garçons de petits séminaires étaient dans les sections latin/sciences naturelles ou latin/langues modernes.

9) MINEPRISEC: Rapport annuel. Exercice 1984

10) Der vorliegende Beitrag beschränkt sich hier auf die nationale Universität (= UNR) und läßt verschiedene private (vor allem kirchliche) Hochschuleinrichtungen bzw. solche internationaler Organisationen außer acht, ebenso wie die Hochschule des Militärs.
Cet article se limite à l'université nationale (UNR) et ne tient pas compte ni des différentes institutions supérieures privées (surtout écclésiastiques), ni des organisations internationales, ni de l'Ecole Militaire Supérieure.

11) Vgl. LAVOIE, Marc/Verger, Gérard: UNR Campus de Butare.Facteurs de réussite (1979-1983). Butare 1985, S. 8f.

12) Vgl. Le Thanh Khoti, a.a.O., S. 17.

13) Vgl. Université Nationale du Rwanda: Rapport annuel. Année académique 1981-82. Butare

14) Vgl. Le Thanh Khoti, a.a.O., S.55.

15) Ibd., S. 56. Die Raten laufen noch weiter auseinander, wenn man nur die Studenten in Betracht zieht, die im Ausland studieren.
Les taux de représentativité sont encore plus variables si l'on tient uniquement compte des étudiants rwandais à l'étranger.

16) Nur das MINEPRISEC vergibt die Plätze in den Sekundarschulen, die Schulen müssen die ihnen zugewiesenen Schüler akzeptieren.
Le MINEPRISEC distribue les places dans les écoles secondaires. Les écoles doivent accepter les élèves qui leur sont envoyés.

17) Im Oktober 1985 waren im Sekundarschulbereich noch über 60 Lehrerstellen unbesetzt. Ein kurzfristiger Ausweg ist die Anstellung mit rwandischem Vertrag von Ausländern(vor allem Zairern).
En octobre 1985, plus de 60 postes de professeurs étaient encore vacants dans les écoles secondaires. Une solution à court terme consiste à employer des étrangers (surtout des Zaïrois) avec un contrat rwandais.

18) Dies gilt im Prinzip auch für die Universität.
En principe, cela est également valable pour l'université.

19) Ob sich diese Zielvorstellungen realisiert haben, bleibe hier dahingestellt.
La question de savoir si ces objectifs ont été réalisés, dépasserait le cadre de notre exposé.

20) Die Kinder "gebildeter", daher meist auch der Mittel- oder Oberklasse angehöriger Eltern sind hier auf Grund eines kogni-

tiven Vorsprungs (z.B. Sprachkenntnisse) ihren Mitschülern gegenüber im Vorteil.
Les enfants de parents ayant suivis des études, donc issus de classes sociales moyennes ou élevées ont un avantage cognitif par rapport à leurs camarades (par exemple la connaissance des langues).

21) Dies gilt analog auch für die Studenten der UNR. Man will in Zukunft einerseits den Wünschen der Studenten stärker Rechnung tragen, andererseits fachspezifische Zulassungskriterien, sogenannte "profils d'entrée" (z.B. sehr gute Noten in bestimmten Fächern im Abschlußzeugnis), anwenden. Vgl. die schon zitierte Untersuchung von Lavoie/Verger.
Par analogie, cela est aussi valable pour les étudiants de l'UNR. A l'avenir, on veut d'une part, davantage respecter les désirs des étudiants et d'autre part, appliquer des critères d'admission spécifiques, comme les "profils d'entrées", (par exemple de très bonnes notes dans certaines matières du bulletin final). Cf. Etude déjà citée de Lavoie/Verger.

22) MINEPRISEC: Rapport annuel. Exercise 1984

23) Es handelt sich hier um einen allgemeinen, vom Ministerium festgelegten Tarif. Zum Vergleich: Ein Nachtwächter verdient umgerechnet ca. DM 100,- im Monat, eine Sozialpädagogin zu Beginn ihrer Berufstätigkeit DM 350,-, ein Sekundarschullehrer etwa DM 650,-.
Il s'agit ici d'un tarif général fixé par le ministère. A titre de comparaison: un veilleur de nuit gagne environ DM 100,- par mois, une assistante sociale au début de sa carrière DM 350,- et un professeur de l'enseignement secondaire environ DM 650,-.

Hildegard Schürings

DAS GANZ ALLTÄGLICHE LEBEN

Stadt und Land

Bis noch vor wenigen Jahren hatten alle Rwander eine ländliche Herkunft. Die Hauptstadt Kigali entwickelte sich erst seit der Unabhängigkeit 1962 von einem kleinen Markt- und Verwaltungszentrum zur Stadt. Ähnliches gilt auch für andere städtische Ansiedlungen wie die Universitätsstadt Butare, Ruhengeri und Gisenyi. Letztere sind auch heute noch stärker als die Hauptstadt mit dem ländlichen Leben verbunden. Somit gibt es erst seit den letzten Jahren Erwachsene, d.h. 20- bis 25-Jährige, die in der Stadt geboren und aufgewachsen sind und die das ländliche Milieu höchstens besuchsweise kennen. Stadtbewohner haben ihre eigenen Lebensweisen, Einstellungen, Arbeitsverhältnisse und Freizeitmöglichkeiten.(1) Das Leben ist durch einen städtischen Rhythmus bestimmt, der sich erheblich von dem im ländlichen Raum unterscheidet. Es ist wichtig, für das Überleben ein Geldeinkommen zu haben, das auch tatsächlich den Lebensunterhalt garantieren kann. Die meisten Familien verdienen gerade ausreichend, um die Eltern und Kinder zu ernähren, zu kleiden, die Miete für Haus oder Wohnung zu bezahlen. Viele Landbewohner sind der Ansicht, der Bezug eines monetären Einkommens bedeute auch gleichzeitig, reich zu sein. Dabei wird übersehen, daß die meisten Bedürfnisse im städtischen Bereich nur mit finanziellen Mitteln zu stillen sind. Der gesamte Lebensunterhalt, Nahrung, Kleidung, Schulgeld, Miete, Strom- und Wasserversorgung müssen bezahlt werden.

Die meisten Familien kochen mit Holzkohle, die sehr teuer aber immer noch billiger als die Anschaffung und die Benutzung von Gas- oder Elektroherden ist. Die Kosten von Holzkohle für den Verbrauch einer sechsköpfi-

Hildegard Schürings

LA VIE DE TOUS LES JOURS

La ville et la campagne

Il y a quelques années seulement, tous les Rwandais étaient originaires de la campagne. Ce n'est que depuis l'indépendance, en 1962, que Kigali, jusque-là petit centre commercial et administratif, s'est peu à peu transformé en ville. Il en a été de même pour d'autres agglomérations urbaines telles que la ville universitaire de Butare ou les villes de Ruhengeri et Gisenyi. Ces dernières restent encore plus liées à la vie rurale que ne l'est la capitale. Ainsi, ce n'est que depuis ces dernières années que l'on trouve des adultes entre 20 et 25 ans nés et élevés en ville, et qui connaissent tout au plus le milieu rural à l'occasion de visites. Les citadins ont des modes de vie, des attitudes, des conditions de travail et des possibilités de loisirs qui leur sont propres.(1) Leur vie est déterminée par le rythme citadin, qui se distingue nettement de celui du milieu rural. Vivre en ville nécessite en effet un revenu régulier garantissant la subsistance de la famille. La plupart d'entre elles gagnent juste assez pour pouvoir nourrir et vêtir parents et enfants, et payer le loyer d'une maison ou d'un appartement. Nombreux sont les habitants de la campagne qui pensent que percevoir un revenu est synonyme de richesse, sans considérer que la plupart des besoins en milieu urbain ne peuvent être satisfaits que par des moyens financiers, étant donné qu'il faut payer la totalité des moyens d'existence: nourriture, vêtements, frais scolaires, loyer, eau et électricité.

Pour la cuisine, la plupart des familles utilisent du charbon de bois, qui, bien qu'étant très cher, reste tout de même moins onéreux que l'achat et l'utilisation de cuisinières électriques ou à gaz. L'achat du charbon de bois se monte de 2000 à 2500Frw par mois

gen Familie betragen pro Monat ca.2000 bis 2500 Frw. Das sind etwa 15% eines Lehrergehalts.
In ländlichen Regionen leben die meisten Familien im eigenen Haus. Nur Funktionäre oder Lehrer mieten im Vergleich zur Stadt zu niedrigen Kosten ein Haus.
Strom- und Wasserleitungen sind nicht vorhanden, somit entstehen auch keine Kosten. Gekocht wird auf einem Drei-Steine-Feuer. Frauen und Kinder sammeln das dafür notwendige Brennholz. Die Nahrungsmittel werden weitgehend selbst produziert.

pour une famille de six personnes. Cette somme correspond à 15% du traitement d'un enseignant.
En milieu rural, la plupart des familles vivent dans leur propre maison. Seuls les fonctionnaires ou les enseignants sont en location, mais à des prix inférieurs à ceux de la ville. Puisque il n'y a pas d'adduction d'eau ni d'électricité, il n'y a pas de frais. On fait la cuisine sur un feu,allumé entre trois pierres. Les femmes et les enfants ramassent le bois nécessaire, et les vivres sont produits en grande partie par la famille elle-même.

Les coûts élevés de la vie urbaine influencent également l'attitude vis à vis de la famille. La responsabilité sociale vis à vis de la parentée élargie: tantes, oncles, cousins, cousines et neveux devient une charge. De même, l'interdépendance vie - travail vécue à la campagne ne l'est plus en ville. Etre employé dans une institution publique, un hôpital ou un garage, signifie que la journée s'oriente selon les horaires de travail de 7.00 à 17.00 h, par exemple, et non plus selon les conditions climatiques, les saisons ou les relations sociales. La journée se divise en heures de travail et de loisirs. Il faut cependant noter que ces constatations sont moins valables en ce qui concerne le secteur dit non-structuré. Fortement développé dans les villes, faute d'emplois sûrs, ce secteur non-structuré comprend toutes les activités non-soumises à une structure ou un contrôle quelconque, telles que vente de fruits et légumes, de produits artisanaux dans les rues, petit commerce, réparation de bicyclettes, lavage de voitures, transport de bagages, cordonnerie, etc. Le milieu rural n'offrant plus de possibilités suffisantes aux jeunes qui, étant donnée leur formation scolaire, aspirent à un emploi rémunéré, ceux-ci quittent la campagne pour la ville. Cependant, les emplois sûrs y sont également limités, ils essayent donc de survivre grâce aux activités les plus diverses.(2)
Dans le milieu rural, du moins paysan, la distinction entre travail et loisirs n'est presque pas sensible, l'interdépendance du travail et de la vie naissant des

Durch die hohen städtischen Lebenshaltungskosten verändert sich die Einstellung zu den Verwandten; die soziale Verantwortung gegenüber den Mitgliedern der erweiterten Familie, den Tanten, Onkeln, Vettern, Kusinen, Nichten und Neffen wird zur Last. Der auf dem Land gültige Lebens- und Arbeitszusammenhang wird auseinandergerissen. In einer Behörde, einem Krankenhaus, einer Autowerkstatt beschäftigt zu sein, bedeutet, daß der Tagesablauf durch vorgeschriebene Arbeitszeiten, z.B. 7.00 bis 17.00 Uhr und nicht von den klimatischen Bedingungen, der Jahreszeit, den sozialen Beziehungen bestimmt wird. Der Tag ist aufgeteilt in Arbeitszeit und Freizeit. Dies gilt allerdings weniger für den sogenannten informellen Sektor, der sich aufgrund mangelnder fester Arbeitsplätze im städtischen Bereich stark ausdehnt. Dabei handelt es sich um zahlreiche Tätigkeiten, die keiner Struktur und Kontrolle unterliegen wie Straßenverkauf von Obst, Gemüse, Kunsthandwerk; Kleinhandel, Reparaturarbeiten von Fahrrädern, Autowäsche, Gepäcktransport oder Schuhreparaturen. Da der ländliche Raum vielen Jugendlichen keine ausreichende Beschäftigung mehr ermöglicht und aufgrund der mit der Schulbildung gewachsenen Erwartung auf einen entlohnten Arbeitsplatz, wandern viele in die Stadt. Dort versuchen sie, da auch hier die Zahl der festen Arbeitsplätze begrenzt ist, durch verschiedene Aktivitäten zu überleben.(2)

Im ländlichen, zumindest im bäuerlichen Bereich gibt es kaum eine Trennung zwischen Arbeit und Freizeit.

Die Lebens- und Arbeitszusammenhänge entwickelten sich in der Auseinandersetzung mit den religiösen, natürlichen, sozialen, ökonomischen und politischen Bedingungen. Alle Aktivitäten dienen dazu, das Überleben der Familien zu sichern, sei es im materiellen Bereich, der Produktion von Nahrungsmitteln, sei es im sozialen und psychischen Bereich, der Geburt, Pflege und Erziehung der Kinder, der Hochzeiten u.a.

Diese Lebensformen sind eng an die gegebenen Bedingungen gebunden. Wenn es z.B. regnet, wird niemand das Haus verlassen. So wartet die Bäuerin, bis es aufhört, und geht dann auf das Feld, den Markt oder zum Gesundheitszentrum. Dies ist eine Regel, die von allen ange-

préoccupations créées par les conditions de vie naturelle, sociale, économique, politique et religieuse. Toutes ces activités ont pour but d'assurer la survie des familles, que ce soit sur le plan matériel: production de vivres, ou sur le plan social ou psychique: naissances, soins et éducation des enfants, mariages, etc.

Toutes ces formes de vie sont étroitement dépendantes de conditions données: pendant la pluie, par exemple, personne ne quitte la maison. La paysanne attend la fin de la pluie pour aller au champ, au marché ou au centre de santé. C'est une règle généralement appliquée, et qui ne pose de problèmes à personne. Au contraire, en ville, les heures de service commencent à 7.00 h du matin, qu'il pleuve ou non. Tout retard implique des sanctions.

Les relations entre les sexes changent également. A la campagne, la famille est une unité de vie sociale et de production. La division du travail s'oriente d'après les tâches que la famille doit remplir. Cette division du travail n'implique cependant pas de jugement de valeur sur le travail. La naissance, les soins et l'éducation des enfants, le ménage et la plus grande partie des travaux agricoles sont à la charge et à la responsabilité des femmes. Elles sont pour ainsi dire les nourricières de la famille, elles sèment, sarclent et récoltent.(3) Les hommes, eux, s'occupent du défrichage et aident à certaines activités agricoles. Ils sont chargés des travaux de construction, maison, routes, etc. Ils représentent aussi la famille dans la vie publique. Ce sont surtout eux qui travaillent comme salariés. Ils sont soit journaliers dans d'autres familles, soit ouvriers dans les usines de thé ou, selon les saisons, dans les villes. Moyennant rémunération, ils font des travaux qui normalement reviennent aux femmes;ainsi ils travaillent comme cuisiniers, jardiniers ou font la lessive chez les fonctionnaires, missionnaires ou 'experts' étrangers. Parfois, ils travaillent également comme tailleurs à leur propre compte. Ce travail salarié prive l'entreprise familiale de cette main d'oeuvre. Les salaires étant souvent très bas, les femmes et les enfants sont

wandt wird und niemandem Schwierigkeiten bereitet. Dagegen beginnt im städtischen Raum die Dienstzeit mit und ohne Regen um 7.00 Uhr morgens. Zuspätkommen wird negativ sanktioniert.
Auch die Beziehungen zwischen den Geschlechtern ändern sich. Auf dem Land ist die Familie die soziale Lebens- und Produktionseinheit. Die Arbeitsteilung orientiert sich an den zu erfüllenden Tätigkeiten, sie beinhaltet jedoch keine Wertung der Arbeit. Die Frau ist für die Geburt, Pflege, Erziehung der Kinder, den Haushalt und größten Teil der landwirtschaftlichen Aktivitäten zuständig und verantwortlich. Frauen sind die Ernährerinnen der Familien, sie übernehmen Einsaat, Jäten und Ernte.(3) Männer sind für die Rodung der Felder, alle Konstruktionsarbeiten wie Hausbau und Wegebau zuständig. Sie helfen bei einigen Feldarbeiten. In der Öffentlichkeit sind sie es, die die Familie repräsentieren. Es sind vorrangig Männer, die bezahlte Arbeiten übernehmen, sei es als Taglöhner bei anderen Familien, als Arbeiter in Teefabriken oder saisonweise im städtischen Bereich. Gegen Lohn übernehmen sie auch Aufgaben, die sonst Frauen vorbehalten sind, z.B. als Koch, Gärtner oder Wäscher bei Funktionären, Missionaren oder ausländischen 'Experten' oder auch als freiberufliche Schneider. Die Arbeitskraft des Mannes, der einer entlohnten Beschäftigung nachgeht, wird dem familiären Betrieb entzogen. Da die Löhne meist sehr niedrig sind, sind die Frauen und Kinder gezwungen, weiterhin für die Eigenversorgung zu arbeiten, und müssen zudem die bisher von den Männern durchgeführten Aufgaben übernehmen.
Die Kinder werden entsprechend ihrer physischen und psychischen Fähigkeiten in das wirtschaftliche und soziale Leben der Familien integriert. Mit drei, vier Jahren beginnen sie, beim Wasserholen und Brennholzsammeln zu helfen. Mit fünf, sechs Jahren übernehmen sie die Aufsicht über eines der jüngeren Geschwister. Die Mädchen werden in ihren zukünftigen Aufgabenbereich der Haushaltsführung, später der Landwirtschaft eingeführt. Die Jungen helfen beim Hüten der Ziegen oder Kühe und werden für landwirtschaftliche Arbeiten angeleitet.

contraints de continuer à travailler pour l'autoravitaillement et à remplir les tâches qui revenaient auparavent aux hommes.
Selon leurs capacités physiques et psychiques, les enfants sont intégrés dans la vie sociale et économique des familles. Dès l'âge de trois ou quatre ans, ils aident en allant puiser l'eau et ramasser le bois. A l'âge de cinq, six ans, ils surveillent un des frères et soeurs cadets. Les filles sont initiées à leurs futures tâches: les tâches ménagères et plus tard, l'agriculture. Les garcons aident à garder les chèvres ou les vaches. Ils sont également initiés aux travaux agricoles.
Etant donné que les coûts augmentent et que les besoins s'accroissent, les revenus en espèces deviennent de plus en plus indispensables, y compris dans le secteur rural, car les paysans ont à payer impôts, frais scolaires, vêtements, produits usuels (sel, savon, pétrole) etc., et à contribuer aux soins médicaux du centre de santé. Parfois, la commune perçoit des contributions pour la construction d'un nouveau bureau communal ou le financement d'une ambulance.
Les emplois offerts dans les milieux ruraux et urbains s'adressent surtout aux hommes, même dans le domaine jusque là réservé aux femmes, à savoir l'agriculture. Par conséquent, les femmes sont parfois évincées de leur tâche traditionnelle qui voulait qu'elles se chargent de l'alimentation de la famille, et leur rôle ne se reduit plus qu'à celui de ménagère qui s'occupe des enfants, de leur éducation, et du ménage. Si les femmes exercent une profession, elles y sont surtout contraintes dans les villes où le coût de la vie est élevé et les salaires sont trop bas.(4) De ce fait, elles supportent une double charge. D'ailleurs selon une étude effectuée à ce sujet,elles ressentent ellesmêmes cette situation comme un fardeau. La plupart des hommes (59%) pensent également que les femmes ont une charge trop lourde lorsqu'elles doivent mener de front l'éducation des enfants et une profession. Cependant 33% des hommens ne partagent pas ce point de vue.(5)
Les femmes voient dans le soutien financier qu'elles apportent au budget familial et l'indépendance dont

Monetäres Einkommen wird auch im ländlichen Bereich zunehmend wichtiger, da mehr Kosten und Bedürfnisse entstehen. So müssen Steuern, Schulgeld, Kleidung, Salz, Seife, Petroleum und die Versorgung im Gesundheitszentrum bezahlt werden. Die Gemeinde erhebt z.B. Beiträge für den Bau eines neuen Verwaltungsgebäudes oder die Finanzierung einer Ambulanz.
Im ländlichen wie städtischen Raum werden Arbeitsplätze vorrangig für Männer angeboten, selbst in der ureigensten Domäne der Frau, in der Landwirtschaft. Somit werden die Frauen aus ihrer traditionellen Funktion, weitgehend Ernährerinnen der Familie zu sein, verdrängt und auf den Status der Hausfrau reduziert (Kinderpflege, -erziehung, Haushalt). Wenn sie ebenfalls berufstätig sind, dann sind sie im städtischen Bereich meist, aufgrund der hohen Lebenshaltungskosten bzw. der niedrigen Löhne dazu gezwungen.(4) Damit unterliegen sie jedoch einer mehrfachen Belastung, die von ihnen, wie eine Studie zeigt, auch empfunden wird. Auch die meisten Männer (59% aller Befragten) sind der Meinung, daß die Frauen durch Berufstätigkeit, Haushalt und Kinder zu stark beansprucht sind, während immerhin 33% diese Ansicht nicht teilen.(5) Als Vorteil ihrer Berufstätigkeit nennen die Frauen den finanziellen Beitrag, den sie zur Haushaltskasse leisten können, und die Unabhängigkeit, die ihnen ein eigener Lohn oder ein eigenes Gehalt ermöglicht. Außerdem sind sie stolz, intellektuell den Frauen, die 'nur' auf Kinder und Haushalt konzentriert sind, überlegen zu sein. Die Ehemänner nennen als Vorteil der Berufstätigkeit die moralische Komponente. So halte die Arbeit die Frauen von übermäßigem Alkoholkonsum, dem Anheizen der Gerüchteküche, Intrigen und Liebesabenteuer ab. Widersprüchlich sind die Aussagen der Frauen zu den Vorteilen einer einkommenschaffenden Beschäftigung und dem Wunsch, sich lieber, wenn es das Einkommen des Haushalts zulasse, nur um Kinder und Haushalt zu kümmern.

Die entlohnten Arbeitsverhältnisse für Frauen und Männer sind, da die in Europa übliche Arbeitsteilung Modell gestanden hat, die sogenannten typischen weiblichen und männlichen Berufsfelder. So sind Frauen

elles jouissent du fait qu'elles sont salariées, de grands avantages dûs à leur vie professionnelle. De plus, elles sont fières d'être intellectuellement supérieures aux femmes qui ne s'occupent "que" des enfants et des travaux ménagers. Pour les époux, la vie professionnelle des femmes est surtout un bienfait moral: l'exercice d'une profession écarte le risque d'une consommation exagérée d'alcool, du pajotage, des intrigues et des aventures amoureuses. Les points de vue des femmes sont contradictoires en ce qui concerne les avantages d'un emploi rémunéré par rapport au désir d'une mère de famille qui n'aurait pas besoin financièrement de travailler et qui voudrait se consacrer à ses enfants.

Du fait qu'on a repris le modèle européen sur la division du travail, il existe deux catégorie de professions salariées: les professions typiquement féminines et les professions typiquement masculines. Les femmes travaillent surtout comme secrétaires, employées administratives dans les banques et les services publics, enseignantes et institutrices, infirmières, assistantes sociales et employées dans le secteur gastronomique. C'est dès le début de ce siècle que les missionnaires catholiques et protestants ont commencé à orienter hommes et femmes selon des activités spécifiques pour chaque sexe. Ils installèrent des écoles ménagères pour les filles afin de les préparer à leur futur rôle de mère et de ménagère. Elles apprenaient, et elles apprennent encore aujourd'hui, des matières telles que puériculture, hygiène, couture et cuisine (des plats souvent européens avec des ingrédients européens). Cette formation ne tient pas compte de l'agriculture, qui a été un des domaines les plus importants pour la femme. On conseillait bien de faire des potagers, mais les travaux des champs ne se trouvaient déjà plus sur la liste des matières enseignées. Agriculture et artisanat faisaient partie des matières enseignées aux garçons, et c'est à eux de préférence qu'on offrait des emplois rémunéres.

besonders als Sekretärinnen, Verwaltungsangestellte in Banken und Behörden, Lehrerinnen, Krankenschwestern, Sozialpädagoginnen, im Hotel- und Gaststättengewerbe als Dienstpersonal beschäftigt.
Mit der Zuschreibung der Tätigkeitsbereiche zu Geschlechtern begannen Anfang des Jahrhunderts die katholischen und protestantischen Missionare. Sie richteten Haushaltsschulen für Mädchen ein, die diese auf ihre zukünftige Rolle als Mutter und Hausfrau vorbereiten sollten. Dabei lernten sie und lernen es noch heute Kinderpflege, Hygiene, Nähen, Kochen (häufig europäische Mahlzeiten mit europäischen Zutaten). Daß die Landwirtschaft weitgehend Domäne der Frau war, wurde außer acht gelassen. Ein Gemüsegarten wurde noch empfohlen, die Feldbewirtschaftung blieb unberücksichtigt. Die Jungen wurden in Landwirtschaft und Handwerk unterrichtet, und ihnen wurden vorrangig entlohnte Arbeitsplätze angeboten.

Auf dem Weg zum Markt - Sur le chemin du marché,Nshili

Les conditions de vie à la campagne

La population rwandaise étant constituée de 93% environ de paysannes et paysans, nous essayons de décrire de plus près leurs conditions de vie.
Le sol est propriété de l'Etat, laissé à la disposition des familles. Cependant commes les parcelles sont souvent 'léguées' depuis des générations, les paysans considèrent la terre qu'ils travaillent comme leur propriété, c'est-à-dire qu'elle est vendue ou achetée en conséquence. Si l'Etat a besoin du sol pour des projets d'intérêts public, il peut 'exproprier' les paysans. Ceux-ci sont alors indemnisés seulement pour leurs biens propres tels que une récolte de maïs ou la maison, par exemple. Parfois l'Etat propose une autre parcelle en échange,mais dont la qualité ne correspond pas souvent à celle de la première.
En moyenne, les familles paysannes disposent d'un hectare de terre cultivable. Selon les calculs officiels, cet hectare suffit à nourrir une famille. Cependant, 50% des familles ne disposent plus de cette surface de terre arable.(6) La taille des parcelles diminue par suite à cause du partage. Au cours des successions d'entre les héritiers masculins, les fils reçoivent chacun plusieurs parcelles de qualité diverse et se prêtant respectivement aux différents types de cultures. Cela signifie que les parcelles d'aujourd'hui, pour la plupart très petites, ne sont pas le fait du hasard mais le résultat d'un système subtil essayant de tenir compte de tous les facteurs de productivité de la terre cultivable.(7)

Même si la plupart des familles vivent en économie de subsistance, il existe selon les régions du Rwanda des différences considérables en ce qui concerne l'argent dont disposent les familles, et leur niveau de vie. De plus, la production alimentaire et les cultures de rente telles que le café ou le thé dépendent des conditions climatiques et de la qualité du sol. Dans des régions de haute altitude, par ex., (plus de 1800 à 2500 m), comme celle de la Commune de Nshili, on

Ländliche Lebensbedingungen

Da ca. 93% der rwandischen Bevölkerung Bäuerinnen und Bauern sind, werden im folgenden deren Lebensbedingungen näher beschrieben.
Aller Boden ist Staatseigentum. Er steht den bäuerlichen Familien zur Nutzung zur Verfügung. Da die Parzellen häufig bereits seit Generationen 'vererbt' werden, betrachten die Bauern das von ihnen bearbeitete Land als Privatbesitz, und entsprechend wird es auch ver- und gekauft. Beansprucht der Staat den Boden für öffentliche Belange, kann er die Bauern 'enteignen'. Diese werden für das entschädigt, was sich auf dem Land befindet, z.B. eine Maisernte oder ein Wohnhaus. Häufig wird auch als Ersatz eine Parzelle in einer anderen Region angeboten, die der entzogenen qualitativ oft nicht entspricht.
Im Durchschnitt verfügen bäuerliche Familien über 1 ha zur Bearbeitung. Dieser reicht nach offiziellen Berechnungen aus,um eine Familie zu ernähren. Allerdings verfügen ca. 50% der Familien nicht mehr über soviel Ackerland.(6) Durch Erbteilung unter den männlichen Nachkommen verkleinern sich die Parzellen zunehmend.
Die Söhne erhalten jeweils mehrere Parzellen unterschiedlicher Bodenqualität und Eignung für die verschiedenen Nahrungsmittelkulturen. D.h., die heutigen, meist sehr kleinen Parzellen sind keine Zufallsprodukte, sondern dahinter steht ein ausgeklügeltes System, um alle Faktoren, die die Produktivität des Akkerlands bestimmen, zu berücksichtigen.(7)

Wenn auch die meisten Familien weitgehend von der Subsistenzwirtschaft leben, so gibt es in den verschiedenen Regionen Rwandas doch erhebliche Unterschiede bezüglich der zur Verfügung stehenden Geldmittel und entsprechend auch des Lebensstandards. Die Produktion von Nahrungsmitteln und auch Exportkulturen wie Kaffee und Tee hängt von den klimatischen Bedingungen und der Bodenqualität ab. So werden z.B. in höheren Lagen (ca. 1800 - 2500 m) wie in der Gemeinde Nshili am häufigsten Kartoffeln, Mais, Hirse und Weizen angebaut, während in niedrigeren Lagen, wie in der Gemeinde Kibayi,

cultive principalement la pomme de terre, le sorgho, l'éleusine et le blé. Tandis que dans les régions de plus basse altitude, par ex., dans la Commune de Kibayi ce sont les patates douces, les haricots, les bananes à cuire, les bananes pour faire le vin, et le manioc. Ces régions se prêtent également très bien à la culture du café. Les caféiers et les bananiers (vin de bananes) permettent d'atteindre des revenus monétaires relativement élevés.(8) Paralèlement, ces mêmes familles cultivent encore les champs pour leur subsistance propre. Dans ces régions, par rapport à d'autres, une consommation plus importante des produits d'autres que les produits de base comme le sel, le savon ou le pétrole témoignent ici d'une plus grande 'richesse'. Ces produits 'superflus' sont des montres, des chaussures,des vêtements de meilleure qualité,des bicyclettes. On y constate également un nombre plus élevé de lampes à pétrole,une plus grande consommation de sucre et une amélioration dans l'aménagement des maisons, grâce à des tables ou des chaises.

Le fait qu'il y a de l'argent disponible, augmente le nombre des petits et grands commerçants. Ceci entraîne un nombre plus élevé de camionnettes, utilisées également pour le transport des personnes, ce qui facilite la circulation. L'artisanat pour les besoins en milieu rural est en expansion. Le mode de construction des maisons change. Alors que traditionnellement les maisons avaient une forme circulaire et étaient construites avec charpente en bois à intervalles comblés de terre argileuse, recouvertes de pailles, les Rwandais construisent aujourd'hui de plus en plus des maisons de forme carrée, en briques à daube et recouvertes de tôles ou de tuiles cuites. Les maisons des 'plus riches', tels que commerçants ou fonctionnaires, et les bâtiments publics tels que centres de santé, bureaux communaux ou silos, sont presque toujours construits en briques cuites. Tandis que par le passé, les maisons n'avaient pas de fenêtres, elles en comportent aujourd'hui, ainsi que des portes intérieures et extérieures. Le coût de construction d'une maison d'habitation s'éleve à environ 100.000 Frw pour une

besonders Süßkartoffeln, Bohnen, Kochbananen und Bananen für die Weinherstellung sowie Maniok angebaut werden. Die niedrigeren Regionen sind auch für den Anbau von Kaffee sehr geeignet. Mit dem Anbau von Kaffee und Bananen für Bananenwein können die Familien ein relativ hohes Einkommen erzielen.(8) Gleichzeitg bewirtschaften sie noch die Felder für ihre Subsistenz. Dieser 'Reichtum' der ländlichen Bevölkerung dokumentiert sich in dem, im Vergleich zu anderen Gegenden, erhöhten Konsum von Produkten, die über jene des alltäglichen Bedarfs (Salz, Seife, Petroleum) hinausgehen, wie z.B. Uhren, Schuhe, bessere Kleidung, Fahrräder, weitere Verbreitung von Petroleumlampen,höherer Verbrauch von Zucker, Möbel wie Stühle und Tische für die Einrichtung des Wohnhauses.

Mit dem Vorhandensein von Geldmitteln steigt auch die Anzahl der kleinen und großen Händler. Damit erhöht sich die Zahl der Kleinlastwagen, die auch für den Personentransport genutzt werden und somit die Verkehrsbedingungen erleichtern. Das Kleinhandwerk für den ländlichen Bedarf nimmt zu. Die Bauweise der Häuser ändert sich. Während traditionell die Wohnhäuser im Rundstil aus einem Holzgerüst mit Lehmfüllung und Strohdeckung errichtet wurden, werden jetzt zunehmend rechteckige Häuser mit luftgetrockneten Ziegeln und einem Dach aus Wellblech oder gebrannten Dachziegeln gebaut. Die Wohnhäuser der 'Reicheren' wie Händler oder Funktionäre oder öffentliche Gebäude wie Gesundheitszentren, Gemeindebüros oder Speichersilos sind meist aus gebrannten Ziegeln. Während früher die Häuser fensterlos waren,werden diese Häuser mit Fenstern, Türen und Innentüren ausgestattet. Die Kosten für den Bau eines Wohnhauses beginnen bei ca. 100 000 Frw für ein mit luftgetrockneten Ziegeln bis 200 000, 300 000 oder mehr Frw für ein einfaches mit gebrannten Ziegeln errichtetes Haus. Die Höhe der Kosten hängt von den vor Ort verfügbaren Baumaterialien ab. Die Häuser umfassen meist zwei bis drei Räume, insgesamt ca. 30 - 50 qm. Innen- und Außenwände sowie der Fußboden sind mit Zement oder einer Mischung aus Zement und Kalk verputzt.

maison en briques à daube et jusqu'à 200.000, 300.000 Frw ou plus pour une simple maison en briques cuites, suivant les régions et le matériel de construction disponible sur place. Souvent,les maisons se composent de deux ou trois pièces. Leur superficie varie entre 30 et 50 m². Le crépissage des murs intérieurs et extérieurs ainsi que le sol sont faits de ciment, ou d'un mélange de ciment et de chaux. L'électricité et l'eau courante sont très rarement installées.

On retrouve cette différence entre les régions pour ce qui est des attitudes, des normes et des relations sociales. Ainsi, la proximité ou l'éloignement par rapport à une ville influence la façon de s'habiller. Les jeunes filles, les femmes célibataires et celles qui exercent une profession portent des vêtements cousus par des couturiers d'après des modèles européens, ou des vêtements d'occasion, importés d'Europe et offerts sur les marchés. Elles ne portent plus, comme c'est encore en usage chez les paysannes, la jupe avec le pagne. A proximité des villes, les hommes portent plus souvent des pantalons que des culottes, ce qui est considéré dans quelques régions comme signe d'une certaine aisance.
L'altitude et les conditions climatiques influencent également le choix des étoffes. Dans la commune élevée de Nshili, les femmes portent souvent des étoffes foncées à carreaux tandis qu'à Kibayi, situé dans une région plus chaude et plus basse, les étoffes sont souvent de couleurs vives.
De plus, le temps humide et froid oblige les habitants à rester davantage dans leur maison. Ainsi, les habitants des régions élevées vivent bien plus retirés que ceux des régions basses.
La dot varie également d'une région à l'autre. La possession de pâturages et la profession des parents de la fiancée déterminent la dot à offrir: c'est soit une vache, soit sa contrevaleur en argent.
Dans les régions où l'action des missionnaires fut plus profonde, les rites religieux traditionnels ont été refoulés dans la clandestinité. De même, l'influence de la médicine occidentale, et la dévalorisation

Meist gibt es keine Wasser- und Stromleitungen.

Unterschiede in den verschiedenen Regionen finden wir auch bezüglich der Einstellungen, Normen und des sozialen Verhaltens. Die Nähe oder Ferne zum städtischen Bereich beeinflußt z.B. die Kleidung. So tragen Mädchen und unverheiratete Frauen sowie Frauen, die berufstätig sind, aus Europa importierte und auf den Märkten angebotene Altkleider oder Kleidung, die nach europäischen Modellen von Schneidern genäht wurde, und nicht die bei den Bäuerinnen üblichen Tücher und Röcke (pagnes). Männer sind in der Nähe der Städte öfter mit langen Hosen bekleidet. Dieses wird in einigen Regionen bereits als Reichtum angesehen.
Die Höhenlage und klimatischen Bedingungen beeinflussen auch die Wahl der Stoffe. So tragen die Frauen im hochgelegenen Nshili meist dunkle karierte Stoffe, während in wärmeren, niedrigeren Regionen wie in Kibayi die Frauen sehr häufig in leuchtenden Farben gekleidet sind.
Kaltes und feuchtes Wetter zwingt die Bewohner sich öfter in ihren Häusern aufzuhalten, und somit leben die Bewohner höherer Regionen sehr viel zurückgezogener als in niedrigen Lagen.

Unterschiede zwischen Gebieten gibt es auch bezüglich des Brautgeschenks. Die Verfügbarkeit über Weideflächen und die Tätigkeit der Eltern der Braut bestimmen, wieweit das Brautgeschenk weiterhin als Kuh oder deren Gegenwert in Geld überreicht wird.
In Gegenden, in denen intensiv missioniert wurde, sind die traditionellen religiösen Riten ins Geheime gedrängt worden. Ebenso wie der Einfluß von westlicher Medizin und die damit erfolgende Abwertung der traditionellen Künste die Heilkundigen veranlaßte, ihre Behandlungen mehr oder weniger heimlich durchzuführen.

Wie sieht nun konkret die Lebensrealität von bäuerlichen Familien bezüglich Landbesitz, Einkommen, Gesundheit, Wohnverhältnisse und der sozialen Beziehungen aus? Im folgenden gebe ich einige Ergebnisse aus den Interviews von 75 Familien wieder, die Marie-Thérèse

Erziehung

Die Kinder, von Gott (Imana) gegeben und daher willkommen, sind der Mittelpunkt der Familie. Sie sind diejenigen, die die Familie fortsetzen, sie werden die Beschützer und Versorger der Eltern sein. Ohne Kinder zu bleiben, bedeutet für eine Familie nichts Gutes. Einer der größten Flüche ist: »Daß Du ohne Kinder sterben sollst.« Die Geburt jeden Kindes ist ein freudiges Ereignis. Es wird in die Familie aufgenommen, und alle fühlen sich für seine Erziehung verantwortlich. Bei Schwierigkeiten in der Familie nehmen eine Tante oder die Großeltern das Kind wie ihr eigenes auf. Die Kinder lernen Werte, Tugenden und Verhaltensnormen von den Eltern, den Tanten, Onkeln, Großeltern, Geschwistern. Sie werden durch Vorleben und die zahlreichen Legenden, Fabeln, Märchen und Sprichwörter vermittelt. Ziel der Erziehung ist, die Kinder zu selbstverantwortlichen Menschen zu machen, die reif und fähig zur Gründung einer Familie sind. Besonders wichtig ist, ihnen Tugenden wie Redlichkeit, Gerechtigkeit, Güte, Offenheit zu vermitteln. Älteren Personen und den Eltern sind unbedingt Respekt und Achtung zu erweisen. Durch eigenes Handeln zeigen die Eltern den Kindern, wie wichtig Zusammenarbeit und gegenseitige Hilfe sind. Helfen sollen sie besonders bei Unglücks-und Todesfällen, auf Reisen. Die Treue zu Freunden und an die familiären Bindungen werden als wichtig erachtet. Die Kinder werden ermutigt, großzügig und nachsichtig gegenüber Armen und Behinderten zu sein, sie nicht zu verachten. Wenn Kinder sich nicht den Erziehungszielen entsprechend verhalten, werden sie getadelt. Die Eltern bestrafen für Diebstahl, Streit, Lügen, verweigerte Hilfeleistungen. Arglist, Scheinheiligkeit, Ängstlichkeit und Feigheit werden abgelehnt. Als Strafen kennt man Prügel, oder das ungehorsame Kind erhält zusätzliche Aufgaben wie z.B. öfter als die anderen Wasser holen, allein oder gar nicht zu Abend essen. Bezüglich des öffentlichen Lebens sollen die Kinder lernen, ihre Position zu vertreten, sich in Reden gewählt auszudrücken. Autoritäten ist unbedingt Respekt zu erweisen.

Mädchen und Jungen wachsen gemeinsam auf. Das Jüngste ist immer bei der Mutter; sie trägt den Säugling in ein Schaffell gebunden auf dem Rücken. Wenn er weint, wird er von der Mutter gestillt. Sie liebkost ihr Kind, macht Übungen mit ihm zur Lockerung der Glieder. Wenn es satt ist, bindet sie es wieder auf den Rücken und wiegt es mit beruhigenden Worten in den Schlaf. Mit dem Kind auf dem Rücken führt die Frau alle Arbeiten durch, besucht sie Nachbarn und Verwandte. Der Körperkontakt von Mutter und Kind ist sehr eng, das Kind hat nie das Gefühl von Verlassensein. Wenn die Mutter erneut schwanger ist, wird das Kind abgestillt; bei der Geburt des nächsten Kindes kümmert sich ein älteres Geschwister um das etwa 2- bis 3-jährige. Ein Kind bleibt nie allein. Mehrere Kinder sind immer zusammen, und die größeren hüten die kleineren. Auch nur einige Stunden allein zu verbringen, ist für die meisten Rwander unvorstellbar und ein erschreckender Gedanke. Die Kinder treffen sich im Hof mit Nachbarskindern, spielen mit Dingen und Gegenständen, die sie in der Umgebung finden, mit Steinen, Stöcken, Blättern, Materialien, die die Natur hervorbringt. Die Erziehung seiner Söhne übernimmt ab 5, 6 Jahren zunehmend mehr der Vater. Er weist sie in die Aufgaben eines Mannes ein, daß sie Sorge für ihre zukünftige Familie tragen und diese als Chef der Familie in der Öffentlichkeit vertreten müssen. Die Mädchen werden frühzeitig von der Mutter in die Haushaltsführung und Feldarbeit eingewiesen. Langsam, ihrem Wissen und Können entsprechend, werden die Kinder in die Aufgabenverteilung der Familie und Gesellschaft integriert. Einschneidende Ereignisse sind die Pubertät und die Heirat, die dann das erreichte Stadium des Erwachsenseins kennzeichnet. Mit Beginn der Pubertät sind die gemeinsamen Spiele von Jungen und Mädchen verboten, da man eine Schwangerschaft des Mädchens fürchtet. Im Unterschied zu vielen anderen afrikanischen Ländern ist es in Rwanda bis heute und war es auch vor der katholischen Missionierung sehr verpönt, als ledige Frau schwanger zu werden.

In Rwanda gibt es eine Schulpflicht. Aber nur ein Teil der Kinder kann die Schule besuchen. Trotz vieler Anstrengungen gibt es bis heute nicht genügend Lehrer, Schulen und berufliche Ausbildungsmöglichkeiten. Der Anteil der Mädchen an den Eingeschulten ist sehr viel geringer als der Anteil der Jungen und verringert sich zunehmend in den höheren Schulklassen.

Source: Mu rugo i Rwanda - En famille au Rwanda - Familie in Rwanda. ISOKO (Ed.) Frankfurt/M. 1984

L'éducation

Les enfants, donnés par Dieu (Imana) sont ainsi les bienvenus et représentent le centre de la famille. Ce sont eux qui perpétuent la famille, ils protégeront et prendront soin des parents. Rester sans enfants, signfie du mal pour la famille. Une des plus graves malédictions est «que tu meures sans enfants». La naissance de chaque enfant est un événement joyeux. L'enfant sera accueilli au sein de la famille et tous se sentent responsables de son éducation. En cas de difficultés en famille, une tante ou les grands-parents se chargeront de l'enfant comme s'il était le leur. Des parents, des tantes, des oncles, des grands-parents, les plus jeunes des plus âgés, les enfants apprennent les valeurs, les normes de comportement et les vertus. Ils leur seront transmis en donnant l'exemple et par de nombreux légendes, fables, contes et proverbes. Le but de l'éducation est d'élever les enfants pour en faire des hommes responsables d'eux-mêmes qui seront mûrs et capables de fonder une famille. La transmission des vertus telles que honnêteté, justice, bonté, franchise est très importante. Il est indispensable de savoir respecter et estimer les personnes plus âgées et les parents. Par leur comportement les parents montrent aux enfants l'importance de la coopération et de l'entraide. Il est exigé d'intervenir en cas de malheur, de décès, de voyage, etc. La fidélité aux amis et aux alliances familiales est importante. Les enfants sont encouragés à être généreux et indulgents envers les pauvres et les handicapés et à ne pas les mépriser. Lorsque les enfants ne se comportent pas conformément aux objectifs de l'éducation, on les réprimande. Les parents punissent leurs enfants pour un vol commis, des bagarres, des mensonges, une aide réfusée. Fourberie, hypocrisie, peur et lâcheté sont mal vues. La punition consiste en coups de baton ou l'enfant non-obéissant devra effectuer des tâches supplémentaires comme aller puiser l'eau, manger seul, ou être privé de repas. En ce qui concerne la vie publique, les enfants doivent apprendre à savoir garder leur rang, à bien parler. Le respect des autorités est indispensable. Les filles et les garçons grandissent ensemble. Le cadet est toujours chez la mère, qui le porte sur le dos, enveloppé dans une peau de mouton. Lorsqu'il pleure la maman l'allaite. Elle le caresse, fait des exercices avec lui pour assouplir ses membres. Quand il est rassasié elle le remet sur le dos et l'endort en lui parlant doucement. Avec son enfant sur le dos, la femme exécute tous les travaux, ainsi que de rendre visite aux voisins et aux parents. Les contacts corporels de la mère avec l'enfant sont très intenses, l'enfant n'a jamais le sentiment d'être abandonné. Lorsque la mère est de nouveau enceinte l'enfant est sevré; avec la naissance de l'enfant une soeur ou un frère aîné prendra soin du précédant, maintenant âgé de deux à trois ans. Un enfant ne reste jamais seul, les enfants sont toujours à plusieurs et les plus âgés gardent les plus jeunes. Passer ne serait-ce quelques heures seul est pour la plupart des rwandais inimaginable. La solitude est une idée affreuse. Les enfants rencontrent dans la cour les enfants des voisins, ils jouent avec les choses et les matériaux qu'ils trouvent dans l'environnement comme cailloux, bâtons, feuilles, et produits de la nature.

A partir de 5, 6 ans le père se chargera de plus en plus de l'éducation de ses fils. Ils les initie aux tâches d'homme, comme de devoir porter la responsabilité de leur future famille, et en tant que chef de famille, la représenter en public. Aux filles, la mère enseigne assez tôt l'art et le travail du ménage et des champs. Peu à peu suivant leur savoir et leur capacité les enfants seront intégrés dans la répartition du travail en famille et au sein de la société. Très décisifs seront la puberté et le mariage. C'est en effet le moment où l'individu atteint le statut d'un adulte. A partir de la puberté, les jeux mixtes sont strictement interdits de peur qu'une fille devienne enceinte. Contrairement à beaucoup d'autres pays africains, il est jusqu'aujourd'hui — et cela l'était déjà avant l'introduction du christianisme — très mal vu qu'une fille non-mariée fût enceinte. La fréquentation de l'école est obligatoire. Mais il n'y a qu'une partie des enfants qui est en mesure de fréquenter l'école. Malgré beaucoup d'efforts, le nombre d'enseignants, d'écoles et d'institutions de formation professionnelle reste insuffisant. Le pourcentage de filles parmi les scolarisés est de loin inférieur à celui des garçons et diminue encore au cours des années.

Quelle: Mu rugo i Rwanda - En famille au Rwanda - Familie in Rwanda. ISOKO (Ed.) Frankfurt/M. 1984

de l'art traditionnel des guerrisseurs, qui s'en suivit, a obligé ceux-ci à exercer plus ou moins en cachette.

Comment se présente maintenant concrètement la réalité quotidienne des familles paysannes, par rapport à la propriété foncière, aux revenus, à la santé, aux conditions de vie et par rapport aux relation sociales? Dans ce qui suit, je présente quelques résultats d'une série d'interviews faites auprès de 75 familles. Ces interviews ont été réalisés par Marie-Thérèse Nyilimana en 1982 dans le cadre d'une étude de milieu faite en commune Kibayi dans le Sud-Est du pays.(9)
Les données suivantes ne sont typiques que pour cette région, car, je l'ai déjà mentionné plus haut, les conditions de vie varient d'une région à l'autre selon le contexte historique et naturel. Nous aurons l'occasion, dans d'autres articles de ce livre, de donner une documentation plus approfondie sur des domaines tels que celui de la santé, du système scolaire, de l'agriculture et des structures communales.

Kibayi est une des 20 communes de la Préfecture de Butare. Elle est située dans le Sud-Est du pays, et est limitrophe du Burundi par la frontière naturelle du fleuve de l'Akanyaru et par ses vastes marais de papyrus. En 1981, elle comptait 365 habitants au km².
Butare, siège de la préfecture et de l'université, est distante de 36 km² de Kibayi, ce qui, vu les routes non-goudronnées, suppose une heure de trajet.

Le tableau 1 montre la répartition par activité professionnelle de la population de la commune de Kibayi. (10)

Nyilimana im Rahmen einer Milieustudie 1982 in der Gemeinde Kibayi im Südosten Rwandas durchführte.(9)
Diese Ausführungen sind nur ein Beispiel. Wie oben bereits beschrieben, sind die Lebensbedingungen aufgrund der natürlichen und historischen Bedingungen in anderen Regionen unterschiedlich. Intensiver wird auf einzelne Bereiche wie Gesundheit, Schulwesen, Landwirtschaft und Gemeindestrukturen in den diesbezüglichen Beiträgen des Buches eingegangen.

Kibayi ist eine der 20 Gemeinden der Präfektur Butare. Die Gemeinde im Südosten Rwandas grenzt an das Nachbarland Burundi, der Fluß Akanyaru mit seinen ausgedehnten Papyrussümpfen bildet die natürliche Grenze.
Die Bevölkerungsdichte betrug 1981 365 Einwohner/qkm.
Die Präfektur- und Universitätsstadt Butare ist 36 km entfernt, dies bedeutet auf den unbefestigten Straßen eine Fahrzeit von einer Stunde.
Die Tabelle 1 gibt einen Überblick über die Verteilung der Bevölkerung der Gemeinde Kibayi nach ihren beruflichen Tätigkeiten.(10)

Bien qu'officiellement, seule la monogamie soit permise au Rwanda, 26% des hommes des familles interrogées se disent polygames. Pour la plupart, ils ont deux femmes, quelques-uns en ont trois ou quatre.
Quant aux enfants, c'est leur chiffre global par famille qui a été indiqué sans tenir compte des mères respectives. Selon ces données, 32 familles avaient eu moins de six enfants, 13 familles avaient eu six enfants, 5 familles sept ou huit enfants, 9 familles en avaient dix, une ou deux familles en avaient eus jusqu'à 16. Cependant, 30% (140 enfants) des enfants sont décédés: 18 enfants sont morts à la naissance, 39 avant la fin de la première année, 43 entre un et cinq ans. Pour 40 enfants l'âge n'a pas été précisé. Selon les parents, le décès est dû à la rougeole (15 cas), à des empoisonnements (13), à la varicelle (5), à des pneumonies (5), à l'influence de mauvais esprit (2), à la coqueluche (1), à la malaria (1), à la méningite (1), au Kwashiorkor (1). Les parents de 23 enfants ne connaissaient pas la cause du décès.
La plupart des parents (45,4% des hommes et 49,4% des femmes) ont entre 20 et 35 ans.

Le niveau d'instruction

45,3% des hommes et 25,3% des femmes savent lire et écrire. 5,4% des hommes et 4% des femmes ne savent que lire. Par conséquent, 49,3% des hommes sont analphabètes et 70,7% des femmes. 30 hommes et 16 femmes ont fréquenté pendant deux à six ans l'école primaire et 5 hommes et femmes ont fréquenté soit une école postprimaire ou une école secondaire. De ces derniers, trois hommes (1 à l'école postprimaire et 2 à l'école secondaire) et quatre femmes (2 à l'école postprimaire et 2 à l'école secondaire) ont terminé leurs études.
Faute d'occasion de mise en pratique, beaucoup de Rwandais qui ont fréquenté l'école pendant un certain nombre d'années, ou qui ont participé à des cours d'alphabétisation, ont perdu les connaissances acquises.
En général, le taux de scolarisation a beaucoup augmenté au cours des années passées. En 1981, il s'éle-

Tabelle 1: Verteilung der Bevölkerung nach Tätigkeiten
Tableau 1: Répartition de la population par activité

Tätigkeit Activité	männl. masc.	weibl. féminine	Gesamt Totaux
Angestellte im öffentl.Dienst - Fonctionnaires de l'Etat	80	48	128
Angestellte der Gemeinde - Fonctionnaires communaux	34	5	39
Arbeiter in Privatunternehmen - Travailleurs dans les sociétés	3	2	5
Priester/Angehörige von Orden - Religieux	16	-	16
Ackerbauern - Cultivateurs	11.263	14.314	25.577
Viehzüchter - Eleveurs	-	-	-
Ackerbauern u. Viehzüchter - Cultivateurs - Eleveurs	2.313	109	2.422
Handwerker - Artistes	66	3	69
Händler - Commerçants	20	-	-
Ohne Beschäftigung - Vulnérables (Sans emploi)	7.358	7.439	14.797
Gesamt / Totaux	21.153	21.920	43.073

Quelle/Source: Rapport Annuel de la Commune Kibayi. Décembre 1981

Obwohl in Rwanda offiziell nur Monogamie zugelassen ist, sind 26% der Männer in den befragten Familien polygam und haben meist zwei, wenige drei oder vier Frauen.
Bei der Frage nach der Anzahl der Kinder wurde die Gesamtzahl der Kinder von allen Frauen innerhalb einer Familie angegeben. Danach wurden in 32 Familien weniger als sechs Kinder, in 13 Familien sechs, in 5 Familien jeweils sieben bzw. acht, in 9 Familien zehn

vait à 72%. Comparé à d'autres pays africains, ce taux est très élevé. (11)

La Religion

Quant à la religion,64 familles se disent catholiques, 6 adventistes, 1 protestante et 4 sans religion. Il faut cependant savoir que par 'religion' la plupart des Rwandais entendent la religion chrétienne. Cela signifie aussi que leur croyance traditionnelle, souvent qualifiée péjorativement d'animisme, n'est pas officiellement reconnue. Jusqu'à nos jours,les églises chrétiennes condammnent cette foi en la traitant de paganisme. Néanmoins, dans beaucoup de familles rurales, les rites traditionnels sont régulièrement pratiqués à côté de ceux exigés par les églises chrétiennes.

L'agriculture et l'élevage

Selon l'avis de 52% des familles (39), la terre dont ils disposent suffit à produire les aliments dont ils ont besoin, 43 familles sur 75 au total prennent encore des terres en location. Pour un champ, jugé grand, la bail revient à 1000 Frw par an, pour un petit champ entre 500 et 700 Frw. Rares sont ceux qui n'exigent pas de bail ou qui, de temps en temps, demandent une cruche de vin de bananes.

72% des familles mettent moins de 15 minutes pour se rendre à pieds aux champs. Mais 7 familles mettent une heure ou deux.

Les cultures que l'on trouve le plus souvent dans cette région sont les haricots et les patates douces (cultivées par 98,6% des familles interrogées), le sorgho et les avocats (96%), le manioc, le colocase, le maïs et les arachides (entre 94,6 et 85,2%) et des légumes verts (les amarantes 80%). Il faut mentionner en outre les petits pois, les pommes de terre, les ignames et le soja. Grâce au climat favorable, on trouve également des fruits: papayes, mangues, goyaves, des oranges et des coeurs de boeufs.

Kinder und in jeweils einer oder zwei Familien bis zu sechzehn Kinder geboren. Allerdings sind 30% (insgesamt 140) der geborenen Kinder verstorben. 18 Kinder verstarben bei der Geburt, 39 vor Ablauf eines Jahres, 43 zwischen einem und fünf Jahren, und bei 40 Kindern wurde keine Altersangabe gemacht.
Als Todesursache nennen die Eltern Masern (15), Vergiftung (13), Windpocken (5), Lungenentzündung (5), den Einfluß böser Geister (2), Keuchhusten, Malaria, Gehirnhautentzündung, Kwashiorkor (jeweils 1). Von 23 Kindern wissen die Eltern die Todesursache nicht.
Die meisten Eltern (Männer 45,4%, Frauen 49,4%) befinden sich in der Altersgruppe 20 bis 35 Jahre.

Ausbildungsniveau

45,3% der Männer und 25,3% der Frauen können lesen und schreiben. 5,4% der Männer und 4% der Frauen gaben an, nur lesen zu können. Analphabeten waren somit 49,3% der Männer und 70,7% der Frauen. Dreißig Männer und sechzehn Frauen haben zwei bis sechs Jahre die Primarschule und je fünf Männer und Frauen eine Postprimar- oder Sekundarschule besucht, davon jeweils bis zum Abschluß nur drei Männer (1 Postprimar-, 2 Sekundarschule) und vier Frauen (2 Postprimar-, 2 Sekundarschule).
Viele Rwander, die einige Jahre eine Schule besucht oder an Alphabetisierungskursen teilgenommen haben, vergessen mangels Übungsmöglichkeiten die erlernten Fähigkeiten des Lesens und Schreibens bald wieder.
Insgesamt hat die Einschulungsquote in den letzten Jahren sehr zugenommen. 1981 lag sie bei 72%, eine im Vergleich zu anderen afrikanischen Ländern sehr hohe Quote.(11)

Religion

Bei der Frage nach der Religionszugehörigkeit gaben 64 Familien an, sie seien katholisch, 6 Adventisten, 1 Protestant, 4 ohne Religion. D.h., mit dem Wort Religion verbinden die meisten Rwander die christliche Religion, somit zählt ihr eigener traditioneller Glaube, häufig abwertend Animismus genannt, nicht. Die christlichen Kirchen verteufeln diesen Glauben bis

Tableau 2: Sortes d'élevages pratiquées
Tabelle 2: Praktizierte Tierhaltung

Sortes d'élevages Art der Tierhaltung	Nombre de familles Anzahl der Familien	% %
Vaches - Kühe	22	28,9
Chèvres - Ziegen	46	61,9
Poules - Hühner	45	60
Porcs - Schweine	11	14,6
Moutons - Schafe	9	12
Abeilles - Bienen	2	2,6
Lapins - Kaninchen	2	2,6
Oies - Gänse	2	2,6
Dindons - Truthähne	1	1,3
Poissons - Fische	1	1,3
Aucune - Keine	10	13,3

Les vaches sont entretenues en pâturage libre de type traditionnel. Les familles qui n'ont pas de pâturages nourrissent les animaux avec des épluchures,des feuilles de bananiers (amakoma) ou des tiges de sorgho ou de maïs. 12 familles estiment l'élevage intéressant pour son apport financier. 10 familles apprécient l'apport de viande (consommée sur place ou vendue). Pour 4 familles, le fumier est important, et une famille a souligné l'importance pour elle du lait et du beurre.Pour de nombreuses familles, l'élevage offre une possibilité d'économiser de l'argent, car en cas de besoin de liquidités, elle peut vendre des animaux. L'élevage des poules occupe également une place de premier rang dans l'économie familiale. La grande majorité des adultes ne consomme pas d'oeufs: ceux-ci sont destinés aux enfants et à la vente. Dans beaucoup de familles, ils sont considérés plutôt comme médicament contre la toux et le Kwashiorkor que comme aliment, sauf dans quelques familles plus aisées où ils sont au menu. Quant aux difficultés rencontrées par ceux qui pratiquent l'élevage, les familles mentionnent le manque de pâturages, l'instabilité des bergers et le ravage des cultures par le bétail.

heute als Heidentum. In den meisten Familien im ländlichen Raum werden jedoch auch heute noch die traditionellen Riten regelmäßig neben den von den christlichen Kirchen geforderten durchgeführt.

Landwirtschaft und Viehzucht

52% der Familien (39) äußerten, die ihnen zur Verfügung stehenden Anbauflächen reichten für die Nahrungsmittelproduktion aus. 43 von 75 Familien pachten noch zusätzlich Felder. Die Jahrespacht beträgt für ein nach ihrer Einschätzung großes Feld 1000 Frw für ein kleines Feld 500 bis 700 Frw. Nur wenige verzichten auf die Pacht oder fordern von Zeit zu Zeit einen Krug mit Bananenwein.

72% der Familien haben einen Fußweg von weniger als 15 Minuten bis zu ihren Feldern. Aber immerhin 7 Familien benötigen zur Erreichung ihrer Felder ein bis zwei Stunden.

Die am häufigsten angebauten Nahrungsmittel sind in dieser Region Bohnen und Süßkartoffeln (von 98,6% der befragten Familien), Hirse und Avocados (96%), Maniok, Colocase, Mais, Erdnüsse (zwischen 94,6 bis 85,2%) und einheimische, spinatartige Grüngemüse (Amarantes 80%). Weitere häufige Nahrungsmittel sind Erbsen,Kartoffeln, Yamswurzel, Soja. An Früchten findet man aufgrund des günstigen Klimas Papaya, Mango, Goyaven, Orangen, Coeur de boeuf.

Die nebenstehende Tabelle 2 zeigt die von den Familien praktizierte Tierhaltung.

Die Kühe werden, wie traditionell üblich, in freier Weidewirtschaft gehalten. Die Familien, die keine Weideflächen besitzen, füttern das Vieh mit Gemüseabfällen, Bananenblättern (amakoma),Hirse- oder Maishalmen. Für 12 Familien war die Viehhaltung wegen der Möglichkeit, ein monetäres Einkommen zu haben, wichtig. 10 Familien nennen die Verfügbarkeit über Fleisch (das selbst konsumiert oder zum Verkauf angeboten wird), 4 Familien ist der organische Dünger wichtig, 1 Familie nannte Milch und Butter. Die Viehzucht stellt somit für viele Familien eine Sparmöglichkeit dar. In dem

Le travail des champs
Des 75 familles intérrogées, 29 cultivent leurs propres champs. On compte jusqu'à 40 familles qui, en plus de la mise en valeur de leurs parcelles,se louent à la journée pour assurer des entrées d'argent liquide. La paye correspond à peu près au salaire minimum officiel de 100 Frw par jour. 6 familles emploient exclusivement des journaliers. Cette situation se présente souvent quand l'homme ou/et la femme ont un emploi fixe. Normalement, ce sont les hommes qui travaillent pour le compte d'autres familles. Ce n'est que dans des famille très pauvres que les femmes ou les enfants doivent travailler comme journaliers. Ils sont payés en nature: haricots, patates douces, arachides,etc. Indépendamment de ce système de travaux à la journée nécessaire pour pallier à une mauvaise situation économique, on voit souvent les femmes travailler ensemble sur le champ d'une famille, pour passer ensuite au champ d'une autre. Ce fait repose sur le principe traditionnel d'entr'aide.

Revenu de la production agricole
Ses conditions climatiques rendent la région de Kibayi spécialement bien adaptée à la culture du café. La plupart des familles y possèdent des caféiers et des bananeraies pour la production de vin de bananes ou 'bière de bananes', selon la désignation plus usuelle.

Le tableau 3 (page 237) montre la répartition des caféiers et des bananeraies par familles.

La production de café assure un apport en liquidités, bien que le prix du café n'ait plus augmenté depuis 1977. De plus, les soins à apporter aux cultures du café exigent beaucoup de temps. On a calculé également qu'avec des cultures vivrières comme celles de la patate douce, des haricots, etc. et leur commercialisation, les paysans pourraient gagner davantage tout en consacrant le même temps de travail.(12)
Contrairement au thé, le café ne supprime pas les cultures vivrières, du fait qu'il est cultivé par des particuliers qui se réservent également des champs

Augenblick,in dem finanzielle Mittel notwendig werden, können die Tiere veräußert werden.
Auch die Hühnerhaltung ist vorrangig unter ökonomischen Aspekten für die meisten Familien bedeutsam.
Viele Erwachsene essen keine Eier, diese sind für die Kinder oder den Verkauf bestimmt. Von zahlreichen Familien werden Eier nicht als Lebensmittel, sondern als Medikament gegen Husten oder Kwashiorkor angesehen.
Nur in reicheren Familien gehören sie zum Speiseplan.
Als Schwierigkeiten bei der Tierhaltung wurden der Mangel an Weideflächen, die Unzuverlässigkeit der Hirten und die Verwüstung der Felder genannt.

Beschäftigung im landwirtschaftlichen Bereich
Von den 75 befragten Familien arbeiten 29 nur auf den eigenen Feldern. Immerhin sind 40 Familien, außer der Arbeit auf ihren Feldern, zeitweise als Tagelöhner auf den Feldern anderer beschäftigt, um sich dadurch ein Geldeinkommen zu verschaffen. Der Tageslohn entspricht etwa dem offiziellen Mindestlohn von 100 Frw pro Tag.
6 Familien lassen ihre Felder durch Tagelöhner bestellen. Dies ist meist dann der Fall, wenn der Mann oder/ und die Frau eine feste Anstellung haben. Normalerweise sind es die Männer, die für andere Familien arbeiten. In sehr armen Haushalten müssen sich häufig auch Frauen und Kinder als Tagelöhner verdingen. Sie werden meist in Naturalien wie Bohnen, Süßkartoffeln, Erdnüssen u.a. entlohnt. Unabhängig von den, aufgrund der schlechten wirtschaftlichen Lage einer Familie notwendigen Lohnarbeiten für andere Bauern, finden wir häufig, daß Frauen gemeinsam auf dem Feld einer Familie arbeiten und anschließend auf dem Feld einer anderen. Dies beruht jedoch auf dem traditionellen Prinzip der gegenseitigen Hilfe.

Einkommen aus der landwirtschaftlichen Produktion
Da die Region aufgrund der klimatischen Bedingungen sehr geeignet ist, besitzen die meisten Familien Kaffeebäume und auch Bananenhaine für die Herstellung von Bananenwein bzw. Bananenbier, wie es meist genannt wird.

pour la production vivrière. Les autres sources des revenus commercialisés sont, par ordre d'importance: le sorgho, les arachides, les haricots, les chèvres, les patates douces,les poules. Certaines familles augmentent leurs revenus monétaires par des activités telles que: travaux de maçonnerie, fabrication des briques et tuiles, tressage des nattes, vannerie, poterie, etc.

L'argent sert surtout à l'achat de vêtements, de bière et de vin de bananes, sans compter l'achat du savon, du sel et du pétrole. Le bail pour les champs ainsi que les journaliers doivent être payés. Les familles qui font des épargnes investissent dans l'élevage, l'achat de parcelles et de bananeraies.
L'expérience des Banques Populaires montre que ce sont les paysans qui ont les mises de fonds les plus importantes. Les familles paysannes, cependant, sont celles qui demandent le moins de crédits.(13)
Souvent aussi les paysans mettent leurs économies dans des endroits peu sûrs: sous le toit, dans le sol de leur maison, dans des cornes de vache ou dans des pots. En effet, un autre problème est que les familles paysannes ne savent souvent pas dans quels domaines investir. Il n'y a pas, en effet, d'offre de matériel agricole plus perfectionné. En outre, les familles ne peuvent pas apporter les garanties nécessaires pour obtenir un crédit, plus important, pour la construction d'une maison par exemple. La vieille maison étant souvent vétuste, elle ne peut plus servir de garantie. Par ailleurs, le sol n'appartient pas au paysan, et ce dernier ne dispose pas d'autre capital.

Les habitudes alimentaires
Les tableaux 4 et 5 recensent les aliments consommés par la population.

Tabelle 3: Verteilung der Kaffeebäume und Bananenstauden pro Familie
Tableau 3: Répartitions des caféiers et bananiers dans les familles

Kaffeebäume/Caféiers			Bananenstauden/Bananiers		
Anzahl / Nombre d.Bäume / de plants	d.Familien / de familles	%	Anzahl / Nombre d.geernteten Stauden pro Monat/de régimes récoltés p.mois	d.Familien /de familles	%
0	8	10,6	0	4	5,4
1-50	8	10,6	-10	24	32,0
51-100	16	21,3	10-15	19	25,3
101-200	28	37,4	15-20	16	21,3
201-500	10	13,2	20 u.mehr et plus	12	16,0
501 u.mehr et plus	5	6,7			
Gesamt/ Totaux	75	100 %		75	100 %

Der Anbau von Kaffee ermöglicht ein monetäres Einkommen. Allerdings wurde der Kaffeepreis seit 1977 nicht mehr erhöht. Zudem ist die Pflege der Kaffeeplantagen sehr zeitaufwendig. So wurde ermittelt, daß die Bauern mit dem Anbau von Nahrungsmitteln wie Süßkartoffeln, Bohnen u.a. und der anschließenden Vermarktung bei gleichem Arbeitsaufwand sehr viel mehr Einkommen erwirtschaften könnten.(12) Im Gegensatz zum Tee verdrängt der Kaffeeanbau jedoch nicht die Nahrungsmittelkulturen, da er in Privatanbau durchgeführt wird und die Bauern immer gleichzeitig ihre Felder für die Nahrungsmittelproduktion beibehalten. Weitere landwirtschaftliche Produkte, die vermarktet werden, sind in der Reihenfolge ihrer Häufigkeit Hirse, Erdnüsse, Bohnen, Ziegen, Süßkartoffeln, Hühner. Einige Familien erhöhen ihre Geldmittel durch Aktivitäten wie Maurerarbeiten, Herstellung von Ziegeln und Dachziegeln,

Tableau 4: Principaux produits végétaux consommés
Tabelle 4: Die häufigst gegessenen pflanzlichen Produkte

Catégories de produits Pflanzenart	Nombre de familles Anzahl der Familien	% %
Légumineuses - Leguminosen:		
- Haricots - Bohnen	75	100
- Arachides - Erdnüsse	69	92
- Petits pois - Erbsen	31	41,3
- Soja - Soja	5	6,6
Céréales - Getreide:		
- Sorgho - Sorghum-Hirse	68	90,6
- Maïs - Mais	66	88
- Riz - Reis	9	12
Légumes - Gemüse		
- Choux - Kohl	53	77,3
- Aubergines - Auberginen	51	68
- Tomates - Tomaten	29	38,6
- Dodo	73	97,3
- Imbwija	70	93,3
- Ibisusa	69	92
- Isogi	13	17,3
- Isogo	4	5,3
Fruits - Früchte		
- Avocats - Avocados	62	82,6
- Papayes - Papayas	7	9,3
- Goyaves - Goyaven	2	2,6

Le plus souvent, les repas quotidiens se composent de légumineuses et de tubercules (plantes ayant beaucoup de glucide). Au menu on trouve les plats suivants: haricots et patates douces ou colocase et sauce d'arachides, haricots et manioc.
12 familles interrogées prennent une fois par an de la viande, 26 familles en mangent deux à sept fois, 25 familles une ou trois fois par mois, 12 familles en mangent, tout de même, une ou trois fois par semaine. Ces familles mangent de la viande quand elles ont de

Flechten von Matten und Körben und Töpfern.
Die Geldmittel werden im besonderen für den Kauf von Kleidung, Bier oder Bananenwein ausgegeben. Außerdem werden Seife, Salz, Petroleum erworben, die Pacht für Felder und die Tagelöhner müssen bezahlt werden. Die Familien, die sparen, investieren in Viehzucht, Kauf von Land und Bananenhainen. Die Erfahrungen der Volksbanken (Banques Populaires) zeigen, daß insgesamt die größten Kapitaleinlagen von den Bauern stammen. Allerdings nehmen die bäuerlichen Familien die wenigsten Kredite auf.(13) Häufig bewahren die Bauern ihre Ersparnisse auch an unsicheren Orten wie unter dem Dach oder im Boden des Hauses, in Kuhhörnern oder in Töpfen auf. Ein Problem ist, daß die bäuerlichen Familien häufig nicht wissen, worin sie investieren könnten. Es gibt z.B. kein Angebot an besseren Arbeitsgeräten. Oder die Familien können keine Garantie für einen größeren Kredit wie den Bau eines Hauses bieten. Das alte Haus kann dann nicht als Garantie gelten, da es bereits hinfällig ist, der Boden gehört dem Bauern nicht, und andere Reichtümer besitzt er nicht.

Ernährungsgewohnheiten

Die Tabellen 4 (nebenstehend) und 5 zeigen, welche Nahrungsmittel von der Bevölkerung konsumiert werden.

Tabelle 5: Anzahl der Familien nach Art des verbrauchten Fleisches / Nombre de familles par type de viande consommée

Art d. Fleisches Type de viande	Anzahl d.Familien Nombre de familles	%
Kuh - Vache	63	84
Ziege - Chèvre	59	78,6
Huhn - Poule	57	76
kleine Fische - petits poissons (injanga)	54	72
Fische - Poissons (amafi)	21	28
Schwein - Porc	18	24
Schaf - Moutons	13	17,3
Kaninchen - Lapin	2	2,6

l'argent (30 familles), quand elles en ont envie (22), lors d'une fête (10) ou lorsqu'une occasion quelconque se présente. Une famille prend de la viande tous les dimanches.
Dans 8 familles,les adultes mangent une fois par jour, dans 61 familles deux fois et dans 6 familles trois fois par jour. Presque tous les enfants mangent quatre fois par jour (32 familles). Dans 28 familles, ils mangent trois fois et dans 8 familles, ils n'ont que deux repas par jour. Le nombre de repas des enfants dépend de leur âge. Les repas supplémentaires se composent d'une boullie de sorgho ou de restes des repas antérieurs. Surtout à la fin de la saison sèche et au début de la saison de pluie, vers les mois de mars, avril, juillet, août, septembre et octobre, les familles sont à court d'aliments. Soit que la récolte ne suffise pas jusqu'à la suivante, soit que le surplus ait été vendu après la récolte afin d'acquitter d'autres obligations. Etant donné que dans la majorité des cas, l'argent est immédiatement dépensé, les familles n'ont plus les ressources nécessaires à l'achat des aliments dans des périodes de pénurie. De plus, vu qu'après les récoltes l'offre est surabondante, les familles vendent leurs produits à des prix extrêmement bas. Les commerçants emmagasinent alors les denrées pendant quelques mois, pour les revendre en période de disette avec un bénéfice de 100% et plus sur les prix payer au départ aux producteurs.(14)

Interdits alimentaires
Certaines femmes refusent de manger des oeufs parce qu'elles craignent de pondre un oeuf au lieu de donner le jour à un enfant. D'autres évitent le porc sous prétexte qu'il est sale et donne des vers intestinaux. Les adventistes refusent également la consommation de porc, condamnée par Dieu. Aujourd'hui, de plus en plus de familles consomment de la viande de mouton, réservée jadis seuls aux Batwa. Le soja également n'est aujourd'hui considéré plus comme un poison.
Beaucoup de familles prennent leur repas sur des assiettes en bois, appelées 'imbehe', ou de petits vans (inkoko) ou des assiettes de porcelaine ou d'émail.

Die täglichen Mahlzeiten setzen sich meist aus Leguminosen und Knollenfrüchten (kohlehydrathaltige Pflanzen) zusammen, wie z.B. Bohnen und Süßkartoffeln oder Colocase und Erdnußsoße, Bohnen und Maniok.
12 Familien essen einmal im Jahr Fleisch, 26 Familien zwei- bis siebenmal, 25 Familien ein- bis dreimal monatlich und immerhin 12 Familien ein- bis dreimal wöchentlich. Fleisch wird dann gegessen, wenn Geldmittel zur Verfügung stehen (30 Familien), wenn die Familien Lust darauf haben (22), anläßlich eines Festes (10), wenn sich eine Gelegenheit bietet, und eine Familie ißt regelmäßig sonntags Fleisch.
In 8 Familien essen die Erwachsenen einmal, in 61 Familien zweimal täglich und in 6 Familien dreimal pro Tag. Die meisten Kinder nehmen täglich vier Mahlzeiten ein (in 32 Familien), in 28 Familien drei-, in 8 Familien zweimal täglich. Die Häufigkeit der Mahlzeiten der Kinder hängt vom Alter ab. Die zusätzlichen Mahlzeiten bestehen aus Hirsebrei oder aus den Resten der vorhergehenden Mahlzeit. Besonders in den Monaten März, April sowie Juli, August, September, Oktober, also zu Ende der Trockenzeiten und zu Anfang der Regenzeiten stehen häufig nicht mehr genügend Lebensmittel zur Verfügung. Entweder reicht die Ernte nicht für den gesamten Zeitraum, oder die Überschüsse werden nach der Ernte verkauft, um andere Verpflichtungen einlösen zu können. D.h., das Geld wird meist sofort ausgegeben, und somit stehen in Mangelperioden keine Mittel mehr für den Kauf von Nahrungsmitteln zur Verfügung. Wegen des Überangebots zu Erntezeiten verkaufen die Familien zu äußerst niedrigen Preisen. Die Händler lagern die Lebensmittel für einige Monate und verkaufen sie dann während der Mangelperioden zu Preisen, die die Verkaufserlöse der Familien um 100% und mehr übersteigen.(14)

Tabus bezüglich der Ernährung

Einige Frauen lehnen den Konsum von Eiern ab, da sie befürchten, anstatt ein Kind zu gebären,Eier zu legen. Andere vermeiden Schweinefleisch mit der Begründung, es sei schmutzig und verursache Wurmbefall.Adventisten lehnen Schweinefleisch ab,da dieses von Gott verflucht

Certaines familles mangent avec les mains, beaucoup utilisent des cuillères,peu se servent de fourchettes.

L'approvisionnement en eau

Aller puiser l'eau et ramasser le bois de cuisine, c'est le devoir des femmes et des enfants. Dans la commune de Kibayi, la plupart des familles puisent l'eau dans des sources captées. Pour se rendre à pied à la source, beaucoup de familles mettent une demi-heure, parfois même une heure.

Les habitations

Dans cette région , la forme traditionnellement ronde des maisons se perd de plus en plus. Le toit de paille est également remplacé par le toit de tuiles. La terre argileuse se prête d'ailleurs à leur fabrication. A Kibayi, ces tuiles sont bon marché, contrairement à la tôle qui, dans d'autres régions, recouvre de plus en plus souvent les maisons. La plupart d'entr'elles comportent trois ou quatre pièces. La cuisine se trouve, quelquefois dans une pièce annexée à la maison, mais souvent on cuisine également dans la maison.
Le mobilier comprend de plus en plus une petite table, des chaises et des bancs. Les parents disposent souvent d'un lit. Les enfants, parfois aussi les adultes, dorment sur des herbes ou sur des nattes. Pour se couvrir, certaines familles utilisent des nattes tressées 'ikirago'. Beaucoup de familles commencent à avoir des couvertures, souvent importées de Chine. L'usage de draps est peu répandu.
La plupart des familles ne disposent pas d'étable. Chèvres et poules passent souvent la nuit dans la maison. Au cours des interviews, presque toutes les familles déclarèrent avoir une compostière et des latrines. Mais ces indications sont influencées par les contrôles des employés de la commune, sensés infliger des amendes. En réalité, la majorité des familles n'utilisent ni la compostière ni les latrines. Les déchets ménagers sont jetés dans les champs près de la maison ou entassés dans la cour, et les bananeraies servent de toilettes.
En général, les maisons rwandaises, avec leur cuisine

sei. Zunehmend mehr Familien essen heute Schaffleisch, das früher den Batwa vorbehalten war. Auch Soja hat seinen Makel, ein Gift zu sein, verloren.
Als 'Eßgeschirr' benutzen viele Familien Holzteller (imbehe), einige kleine Bastteller (inkoko) oder auch Porzellan- oder Emailleteller. Einige Familien essen mit den Händen, viele mit Löffeln, wenige auch mit Gabeln.

Wasserversorgung
Das Wasserholen wie auch das Sammeln von Brennholz ist Aufgabe der Frauen und Kinder. In der Gemeinde Kibayi schöpfen die meisten Familien ihr Wasser aus gefaßten Quellen. Der Fußweg bis zur Quelle beträgt für viele 30 bis 60 Minuten.

Wohnverhältnisse
Die traditionelle Bauweise der Wohnhäuser in Rundform verschwindet in dieser Gegend zunehmend. Ebenso wird das Strohdach durch eine Bedachung mit Ziegeln ersetzt. Der lehmhaltige Boden liefert das Material für die Herstellung von Dachziegeln. Diese sind im Vergleich zum Wellblech, dessen Verwendung sich in anderen Regionen stark verbreitet, in Kibayi preiswert zu erwerben.Die meisten Häuser haben drei bis vier Räume. Teilweise befindet sich die Küche in einem Anbau, häufig werden die Mahlzeiten auch im Haus selbst zubereitet.
Zunehmend mehr sind die Häuser mit einem kleinen Tisch, Stühlen oder Sitzbänken ausgestattet. Für die Eltern ist meist ein Bett vorhanden. Kinder und häufig auch Erwachsene schlafen auf Gräsern und Matten. Zum Zudecken benutzen einige Familien die geflochtene Matte 'ikirago', viele besitzen inzwischen auch Decken, meist aus China importiert, wenige Familien benutzen auch Bettlaken.
Die meisten Familien besitzen keine Ställe; Ziegen, Hühner werden nachts oft im Haus gehalten. Fast alle Familien gaben bei den Interviews an, einen Komposthaufen und eine Latrine zu besitzen. Aber diese Angaben sind beeinflußt durch die mit Geldstrafen belegten Kontrollen durch Gemeindeangestellte. Die meisten

adossée et les étables, sont entourées d'une clôture. Cet ensemble forme alors une petite ferme appelée 'urugo'.

L'habillement

Souvent les membres d'une famille disposent de trois costumes: deux pour le travail et un costume de circonstance. Ces vêtements sont lavés une ou deux fois par mois et ceux du dimanche sont repassés avec un fer au charbon de bois. Les familles rangent leurs vêtements soit dans une malette en bois soit dans un panier. Certains accrochent les vêtements sur une corde, ou à des clous au mur de la chambre à coucher.

La santé

Selon les familles, les maladies infantiles sont, par ordre de fréquence:
la malaria, la rougeole, les vers intestinaux,la toux, la coqueluche, les pneumonies, les maux de tête, la diarrhée, le rhume, la varicelle, la gale, la fièvre et les mauvais esprits.
Les maladies fréquentes chez les adultes sont: la malaria, les vers intestinaux, les rhumatismes, la toux, les maux de têtes, les pneumonies, les maladies dues aux mauvais esprits, les maux d'estomac et de ventre, la grippe, les entorses, la varicelle, la lèpre, la crise cardiaque, des cas de névralgies et d'asthme.
Intérrogées sur les causes des maladies, 42 familles seulement sur 75 ont pu donner une réponse.33 familles dirent ne pas en connaître la cause. Selon les familles, les maladies sont surtout dûes à l'anophèle, causant la malaria, au manque d'hygiène, à la malnutrition, aux boissons alcoolisées, au froid, à l'habitat insalubre ou au mauvais emplacement de la maison,aux empoisonnements. Sont mentionnés également: les travaux pénibles, la vieillesse, la pauvreté, les mauvais esprits, l'eau polluée. Pour certains encore, la maladie est innée. Comme suite de la malnutrition,les familles énumèrent les vers intestinaux, la diarrhée, le Kwashiorkor et la malaria. Le Kwashiorkor peut être causé par une alimentation insuffisante, la mauvaise utilisation des aliments, les vers intesti-

benutzen weder den Komposthaufen noch die Latrinen. Küchenabfälle werden direkt auf die umliegenden Felder geworfen oder im Hof gesammelt.
Normalerweise sind die rwandischen Wohnhäuser mit Küchenanbau und Stallungen eingezäunt, so daß ein kleines Gehöft 'urugo' entsteht.

Bekleidung
Die meisten Familien besitzen zwei Kleidungen für die Arbeit und ein festliches Gewand. Sie waschen die Kleidung ein- bis zweimal pro Monat und bügeln meist die sonntägliche Kleidung mit einem Holzkohlebügeleisen. Zur Aufbewahrung verfügen viele über einen Holzkoffer oder einen Korb,einige hängen die Kleidung auch auf eine Leine oder an Nägeln im Schlafraum auf.

Gesundheit
Als häufigste Kinderkrankheiten gelten in der Reihenfolge der Nennung Malaria, Masern, Wurmerkrankungen, Husten, Keuchhusten, Lungenentzündung, Kopfschmerzen, Durchfälle, Schnupfen, Windpocken, Krätze, Fieber, böse Geister.
Häufige Krankheiten der Erwachsenen sind Malaria,Wurmbefall, Durchfall, Rheuma, Husten, Kopfschmerzen, Lungenentzündung, Krankheiten, hervorgerufen durch böse Geister, Magenbeschwerden, Bauchschmerzen, Grippe, Verstauchungen, Windpocken, Lepra, Herzbeschwerden, Nervenleiden, Asthma.
Auf die Frage nach den Ursachen der Krankheiten haben nur 42 von 75 Familien geantwortet. 33 Familien äußerten, die Ursachen seien ihnen nicht bekannt. Als Verursacher der Krankheiten werden genannt die Anopheles-Mücke für Malaria, Mangel an Hygiene, schlechte Ernährung, alkoholische Getränke, die Kälte, ein schlechter Wohnort, Vergiftung, schwere Arbeiten, das Alter, die Armut, böse Geister, unsauberes Wasser, oder man wird mit der Krankheit geboren.
Als Mangel- oder Fehlernährungen wurden Würmer und Durchfall, Kwashiorkor und Malaria genannt. Ursachen des Kwashiorkor können unzureichende Mengen an Nahrungsmitteln und ihre schlechte Verwendung, Wurmbefall und Vergiftung sowie zu frühzeitiges Abstillen des

naux, l'empoisonnement et un sevrage prématuré des bébés. D'autres causes évoquées sont le manque d'amour, la perte des parents,des problèmes familiaux, le manque d'hygiène, et les affections mammaires.
45 familles ont dans leur entourage des personnes atteintes du Kwashiorkor. 37 familles affirment que cette maladie n'affecte que les enfants, mais 8 familles pensent qu'elle peut aussi bien toucher les adultes que les enfants. Selon eux, les malades atteints du Kwashiorkor appartiennent à des familles pauvres, ou à celles où les naissances sont rapprochées, et cela aussi bien dans les milieux riches que dans les milieux pauvres; ou bien encore dans les familles qui ne s'entendent pas, et celles ayant beaucoup d'enfants.
Pour soigner la toux et les maladies dues aux vers, on a recours dans les familles, aux plantes officinales. Pour ce qui est des maladies mentales, dûes aux mauvais esprits, on pratique certains rites. Par contre, la compétence en matière de maladies graves est réservée aux guérisseurs.

Présentation de la dot - Übergabe des Brautgeschenks

Säuglings sein. Ferner wurden genannt Mangel an Zuwendung, Verlust der Eltern, familiäre Schwierigkeiten, Mangel an Hygiene und Brusterkrankungen.
45 Familien kennen an Kwashiorkor Erkrankte. 37 Familien sind der Ansicht, diese Krankheit treffe nur Kinder, während 8 Familien meinen, sowohl Erwachsene wie Kinder könnten an Kwashiorkor erkranken. In folgenden Familien sind nach ihrer Ansicht Kwashiorkorfälle anzutreffen: in armen Familien; in solchen, in denen viele Geburten rasch aufeinander folgen, in reichen und armen Familien; in solchen, die sich untereinander nicht verstehen; in kinderreichen Familien.
Zur Behandlung von Husten oder Würmern verwendet man zu Hause verschiedene Heilpflanzen, oder bei Krankheiten wie geistige Verwirrung, die durch böse Geister verursacht sind, werden bestimmte Riten durchgeführt. Die Kenntnisse zur Heilung von schweren Krankheiten sind den traditionellen Heilkundigen vorbehalten.

Freizeit

Da Leben und Arbeit in agrarischen Gesellschaften eine sehr viel größere Einheit bilden als in industrialisierten, sind Arbeitszeit und Freizeit weniger streng voneinander getrennt. Die notwendige Zeit zur Erholung wird sich dann genommen, wenn es sich als sinnvoll erweist und ist nicht starr von festgelegten Arbeitsabläufen bestimmt. Wenn z.B. die klimatischen Bedingungen es verlangen, dann wird bei der Einsaat sehr intensiv gearbeitet. Zwischen der Feldarbeit an einem Morgen werden immer wieder kleinere und größere Pausen eingelegt. Die Bearbeitung des Bodens mit der Hacke ist sehr anstrengend. Aber die rwandischen Bäuerinnen und Bauern haben gelernt, ihren physischen und psychischen Möglichkeiten entsprechend mit den vorhandenen Energien umzugehen. Eine Frau kann es sich nicht leisten, vollkommen erschöpft von der Feldarbeit nach Hause zu kehren. Dort warten auf sie Aufgaben wie Zubereitung der Mahlzeiten, Versorgung der Kinder und der Haushalt.
In den Interviews nannten die Familien als Freizeitgestaltung den Besuch der Messe am Sonntagmorgen, das Aufsuchen des Marktes, den Besuch von Freunden und

Les loisirs
Etant donné que, dans les sociétés agraires, vie et travail forment une unité bien plus étroite que dans les pays industrialisés, on n'y connaît pas cette nette distinction entre le temps de travail et les loisirs. La détente nécessaires est prise à des moments jugés propices et non imposée par une stricte réglementation du rythme de travail. Il peut arriver, par exemple, qu'au moment des semailles, ou quand les conditions climatiques sont favorables les paysans fournissent un travail intensif. Le matin, les travaux des champs sont entrecoupés de pauses plus ou moins longues. Le travail de la terre à la houe est très pénible, mais les paysannes et paysans rwandais savent économiser leurs forces physiques et psychiques en fonction de la tâche à accomplir. Ainsi, une femme ne peut se permettre de rentrer épuisée des travaux des champs, car, une fois rentrée, les enfants, le repas et le ménage l'attendent.
Comme loisirs les familles ont énumérés au cours des interviews: la messe du dimanche matin, le marché, les visites aux amis et aux parents. Il est intéressant de noter que les femmes classent les travaux ménagers dans la catégorie des passe-temps. La plupart des hommes vont au 'cabaret', un petit bar comme il en existe en grand nombre dans toutes les communes. Presque tous les Rwandais passent ce qu'ils appellent leur temps libre en société. A l'occasion de ces rencontres les hommes boivent le plus souvent du vin de bananes ou de la bière 'Primus' faite à partir de recettes européennes. Les femmes, quant à elles, consomment de la bière de sorgho.
Ces rencontres, au cours desquelles on offre des boissons alcoolisées ont souvent lieu à l'occasion d'activités telles que la préparation du vin de bananes ou de bière de sorgho. Cela peut être aussi pour remercier les amis de leur aide, lors de la préparation d'une fête, à l'occasion d'un accident, de la construction d'une maison, des travaux des champs, etc.
Il arrive qu'une famille consacre un ou deux jours par semaine au champ du voisin et, en remerciement, celui-ci l'aide à son tour. De nombreuses familles regret-

Verwandten. Die Frauen nennen Freizeit auch die Erledigung von Hausarbeiten.
Ein großer Teil der Männer geht ins Cabaret, eine kleine Kneipe, von denen es in allen Gemeinden unzählige gibt. Fast alle Rwander verbringen ihre sogenannte freie Zeit in der Gesellschaft mit anderen. Bei diesen Treffen wird von den Männern meist Bananenwein oder das nach europäischen Rezepten hergestellte Primus-Bier,in Gruppen der Frauen Hirsebier getrunken.

Die Zusammenkünfte und der damit verbundene Konsum von alkoholischen Getränken sind häufig an gemeinsame Aktivitäten wie die Zubereitung des Bananenweins oder Hirsebieres oder Dank für die Hilfe bei Festvorbereitungen, bei einem Unglücksfall, beim Hausbau oder bei Feldarbeiten u.ä. gebunden. So arbeitet eine Familie z.B. ein oder zwei Tage in der Woche auf dem Feld der Nachbarn, und die Nachbarn helfen entsprechend häufig. Viele Familien klagen darüber, daß diese Hilfe zunehmend verschwindet, da für andere geleistete Arbeit in Geld bezahlt wird. Dadurch werden jene, die über keine finanziellen Mittel verfügen, ausgeschlossen. Auch werden die Techniken von Arbeiten, die bisher gemeinsam durchgeführt wurden, z.B. Hauskonstruktion, schwieriger, bzw. das Wissen darüber haben nur noch Spezialisten, so daß ausgebildete Maurer notwendig sind, die dann auch entlohnt werden müssen. Manchmal sind die Felder so klein, daß es sich nicht lohnt, sie zu mehreren zu bearbeiten, oder es wird billiger, für mehrere Tage einen Tagelöhner zu beschäftigen als zwei oder mehr Krüge Bananenwein zu geben.

Dieser Beitrag versuchte, die alltäglichen Lebensbedingungen von rwandischen Familien und einige Veränderungen zu beschreiben. Es bleibt, daß viele Bereiche des Lebens wie z.B. Beziehungen von Frauen und Männern oder der Einfluß der religiösen Überzeugungen auf Normen und Verhaltensweisen nicht ausführlich angesprochen wurden. Aber vielleicht können die Ausführungen zum Überprüfen unserer bisherigen Vorstellungen von rwandischen Lebensrealitäten anregen:

tent que cette pratique se perde de plus en plus. Cette évolution est surtout dûe au fait que l'on a maintenant la possibilité de travailler pour de l'argent. La conséquence en est la marginalisation de toutes les familles qui ne disposent pas de moyens financiers. Les techniques nécessaires aux travaux jusqu'alors faits en commun, tels que la construction d'une maison, deviennent de plus en plus complexes. Ainsi le savoir-faire est réservé à des spécialistes qui doivent ensuite être rémunérés. Il faut noter, cependant, que le champ est parfois tellement petit que cela ne vaut pas la peine de le travailler à plusieurs. Quelquefois encore, cela revient moins cher d'embaucher un journalier durant plusieurs jours que de donner deux ou plusieurs cruches de vin de bananes aux personnes venues aider.

L'intention de cet article était de décrire les conditions de vie des familles rwandaises, et d'en esquisser quelques changements. Maints domaines resteraient encore à explorer, comme par exemple les relations homme - femme ou l'influence des conditions religieuses sur les normes et les comportements, aspects qui, d'ailleurs, n'ont pas été jusqu'à présent étudiés de façon assez exhaustive. Mais peut-être cet apport invitera-t-il à vérifier certaines conceptions de la réalité de la vie dans un pays tel que le Rwanda:
"Un arbre n'est pas une forêt, un pilier n'est pas une maison et un homme à lui seul ne peut parvenir à rien."

Traduction: Marlene Peter-Schmidt
Marie-José Schneider-Ballouhey

"Ein Baum ist kein Wald, ein Pfeiler ist kein Haus,
ein einzelner Mensch kann nichts erreichen."

Anmerkungen - Annotations

1) Die Ausführungen basieren auf eigenen Beobachtungen und Gesprächen mit Familien aus verschiedenen Regionen Rwandas sowie auf Milieustudien, die von ehemaligen Mitarbeiterinnen in den ländlichen Gesundheitszentren Ruheru, Gemeinde Nshili, und Kibayi, Gemeinde Kibayi, durchgeführt wurden.
Ces informations proviennent d'observations que j'ai faites ou d'entretiens que j'ai eus avec des familles de plusieurs régions du Rwanda. Elles se basent aussi sur des études de milieu, effectuées par d'anciennes collaboratrices des Centres de Santé ruraux de Ruheru, Commune de Nshili, et de Kibayi, Commune de Kibayi.
cf. Nimemutoni, Xavérine: Enquète Socio-Economique et Nutritionnelle au Centre de Santé de Ruheru. Ecole Sociale de Karubanda, Butare 1980;
Nyilimana, M.Thérèse: Travail Social au Centre de Santé de Kibayi et Enquête sur les Situations Socio-Economiques, Sanitaires et Nutritionnelles de la Commune Kibayi. Ecole Sociale de Karubanda, Butare 1982.
2) Ransoni, Philibert: Le secteur non-structuré de Kigali. In: Dialogue, No. 106, Sept.-Octobre 1984, S. 4-20.
Bureau Social Urbain, Caritas: Cahiers du Bureau social, 35, Les enfants de la rue. Mars 1986
3) Vgl. zur ökonomischen Rolle der Frauen in afrikanischen Ländern die umfassende Bestandsaufnahme, besoders Kapitel 1 "Männliche und weibliche Systeme der Landbestellung" von
Cf. l'étude détaillée sur le rôle économique des femmes dans les pays de l'Afrique, voir surtout Chap.1
Boserup, Ester: Die ökonomische Rolle der Frau in Afrika, Asien, Lateinamerika. Stuttgart 1982.
4) Ministère de la Santé Publique et des Affaires Sociales: Résultats de l'Enquête Préparatoire du Séminaire sur le Travail de la Femme en Milieu Urbain au Rwanda. Mai 1985

5) Ministère de la Santé Publique et des Affaires Sociales, a.a.O., S. 40

6) Vgl. Office National de la Population (ONAPO): Actes du Colloque "Famille, Population et Développement". Kigali 1982

7) Godding, Jean-Pierre: Hilfe von außen als Hindernis der Entwicklung, am Beispiel von ländlichen Entwicklungsprojekten in Rwanda. In: Schürings, H.: Ländliche Entwicklung und gemeinsames Lernen. Jahrbuch Pädagogik Dritte Welt 1985. Frankfurt 1986

8) vgl. Schürings, Hildegard: Exportkulturen in Rwanda. In: Partnerland Rwanda, hrsg. v. Institut für Ethnologie und Afrikakunde der Universität Mainz 1984.

9) Nyilimana, M.Thérèse: Travail Social au Centre de Santé de Kibayi et Enquête sur les Situations Socio-Economiques, Sanitaires et Nutritionnelles de la Comune Kibayi. a.a.O.

10) Alle Zahlen und folgende Tabellen sind der obengenannten Studie von M.Th. Nyilimana entnommen.
Tous les chiffres et tous les tableaux sont extraits de l'étude citée de M.Th. Nyilimana.

11) Statistisches Bundesamt, Länderbericht Ruanda 1985, Wiesbaden 1985, S. 23.

12) vgl. Pezzini, E./Belotti,V./Scalmana,P.: Brève analyse de la culture du thé dans la région de Mata. In: Dialogue, No. 81, Juillet-Août 1980.
Vgl. zur Frage, wer vom Kaffeeanbau und den erwirtschafteten Devisen profitiert:
Cf. pour la question de savoir à qui profite des plantations du café et des devises économisées:
Mugesera, Antoine: Le défi du développement rural. In:Dialogue, No. 103, Mars-Avril 1984.

13) Ntakirutimana, J.D./Ambrosini, P.: Les Banques Populaires au Rwanda. In: Dialogue, No. 97, Mars-Avril 1983.

14) vgl. Mugesera, Antoine: Le défi du développement rural. a.a.O.
Zusätzlich wirkte sich besonders in den Jahren 1985/86 die verspätete Nahrungsmittelhilfe marktdestabilisierend aus:
De plus, surtout dans les années 1985/86 l'aide alimentaire trop tardive a contribué au déséquilibre du marché économique:
Neel, Eric: Aide alimentaire ambiguë. In: Dialogue, No. 117, Juillet-Août 1986

Gesundheit und Krankheit

Eine der Sorgen einer rwandischen Familie ist die Gesundheit aller Familienangehörigen. Täglich begegnet man Kranken, sei es innerhalb der eigenen Familie, in der Nachbarschaft, im Freundeskreis oder auf der Straße. Wird ein Familienangehöriger krank, so haben alle anderen die Pflicht, ihm zu helfen, ihn zur Krankenstation zu bringen, ihm die richtige Nahrung zuzubereiten. Bei einer stationären Behandlung im Krankenhaus oder im Gesundheitszentrum bleibt ein Familienmitglied Tag und Nacht bei ihm, um für Pflege und Nahrung zu sorgen.

Der erste Schritt vor Behandlung einer Krankheit ist die Aufdeckung der Ursachen. Daher ist die Konsultation eines Wahrsagers sehr wichtig. Dieser stellt fest, wodurch die Krankheit ausgelöst wurde und ob sie geheilt werden kann. Häufig sind die Verursacher die Ahnen, die unabsichtlich beleidigt oder für die die Opfergaben versäumt wurden. Ebenso können Vergiftungen Krankheiten auslösen, die nur mit einem Gegengift zu heilen sind. Derjenige, der für die Vergiftung verantwortlich ist, wird durch einen Spezialisten ermittelt: dieser kann aufgrund übersinnlicher Fähigkeiten mit dem »Verursacher« in Kontakt treten. Von ihm erfährt der Spezialist das Gegengift und das Verfahren für die Heilung. Ist der Grund einer Krankheit erkannt, führt die Familie die vorgeschlagenen Riten durch und wendet sich an den traditionellen Mediziner, der den Kranken mit Zeremonien und pflanzlichen Medikamenten behandelt. Diese Mediziner verfügen über ein großes Wissen um traditionelle Pflanzenheilmittel, sie hüten jedoch ihr Geheimnis der Zubereitung und Verabreichung. Oft sind sie auf bestimmte Krankheiten spezialisiert, und ihr Ruf geht weit über die Gemeindegrenzen hinaus. Sie behandeln z.B. sehr erfolgreich psychische Krankheiten, Gelbsucht und Lebererkrankungen, Erkrankungen der Atemwege, Wurmkrankheiten, Wunden und Hautinfektionen. Sie schienen Knochenbrüche, öffnen Abszesse, führen Aderlasse durch, wobei Kuhhörner als Saugnäpfe dienen. Sie kennen Gegenmittel im Falle einer Vergiftung oder eines Schlangenbisses. Der Heilkundige beschränkt sich nicht nur auf die Behandlung des erkrankten Organs, sondern er bezieht die gesamte Person in ihrem sozialen Umfeld mit ein. Wenn notwendig, kann der Kranke während der Behandlung, bis eine Besserung eintritt, beim Mediziner wohnen.

Früher bezahlte die Familie die Dienste des Wahrsagers und des Mediziners in Naturalien, z.B. mit einer Ziege oder einem Huhn. Heute werden sie mit Geld bezahlt, wobei die wirtschaftliche Situation der Familie berücksichtigt wird.

Zuhause wird die Pflege des Kranken weitergeführt. Aus hygienischen Gründen werden ihm die Kopfhaare abrasiert. Bei hohem Fieber führt man Schwitzkuren durch, indem man den Kranken in Decken einpackt und ein Feuer im Raum anzündet. Es wird ihm heißer Bananenwein verabreicht. Die alten Frauen der Familie kennen häufig verschiedene Kräuterheilmittel, die sie sammeln und zubereiten, z.B. gegen Husten, Grippe, Würmer. Auch schmerzstillende oder wehenfördernde Medikamente, die die jungen Frauen während der Schwangerschaft oder der Geburt einnehmen, werden von ihnen verabreicht. Ein weiteres therapeutisches Mittel ist das Hautritzen mit einer Rasierklinge oder einem glühenden Metall, was den »Blutstau« lösen soll. Über der erkrankten Stelle werden kleine Hautschnitte angebracht, z.B. bei Kopfschmerzen an den Schläfen, bei Augenerkrankungen über den Brauen, bei Lungenentzündungen über der befallenen Brustseite, bei Rückenschmerzen im Bereich der Lendenwirbelsäule usw. Von einigen Krankheiten glaubt man, daß man schon mit ihnen geboren wird, z.B. bei Wurmkrankheiten. Würmer kann man nie endgültig beseitigen, sondern man kann nur versuchen, sie durch besonders gute Speisen zu beruhigen.

Mit dem Einzug der westlichen Medizin wurden die traditionellen Heilkundigen stark zurückgedrängt und häufig diffamiert. Zudem haben unseriöse Scharlatane ihre Kunst in Verruf gebracht. Erst in jüngster Zeit erfährt die traditionelle Medizin wieder eine Aufwertung. Verschiedene Institutionen bemühen sich um die Erhaltung dieses wertvollen Wissens und um die Zusammenarbeit zwischen moderner und traditioneller Medizin.

Quelle: Mu rugo i Rwanda - En famille au Rwanda - Familie in Rwanda. ISOKO (Ed.) Frankfurt/M. 1984

Santé et maladie

L'un des soucis d'une famille rwandaise est la bonne santé des membres de la famille. En effet, ce n'est pas aussi simple d'être en bonne santé. Tous les jours on rencontre des malades, soit dans sa propre famille, soit parmi ses connaissances et amis, chez ses voisins, ou dans la rue. Si une personne est malade, tous les membres de sa famille doivent l'aider, l'emmener au Centre de Santé et lui préparer les repas nécessaires. Pendant son séjour à l'hôpital, un membre de la famille va l'assister jour et nuit, pour le servir.

La première chose à faire avant le traitement est la recherche des origines de la maladie. C'est ainsi que la consultation des sorciers est fondamentale. Ceux-ci diagnostiquent les causes de la maladie, déterminent si on peut la guérir ou non. Ce sont parfois des ancêtres défunts, à qui on aurait fait du tort même inconsciemment, ou auxquels on n'a pas fait d'offrandes. On considère des poisons aussi comme cause de la maladie. Ce genre de maladies peut être guéri en prenant des anti-poisons. L'empoisonneur est détecté par un spécialiste, qui pratique des cérémonies appropriées. Par ses moyens télépathiques, le spécialiste entre en contact avec l'empoisonneur dont il apprend l'anti-poison et le traitement nécessaire.

Après la découverte de l'origine de la maladie, la famille exécute des rites préscrits et visite un guérisseur, qui à l'aide de gestes et de médicaments traditionnels doit traiter le malade. Le guérisseur se connaît bien dans la médecine traditionnelle et garde le secret quant à la préparation et à la distribution des médicaments.

La plupart des guérisseurs sont specialisés dans une maladie et leur rénommé dépasse les frontières de leur entourage. On traite par exemple avec beaucoup de succès des maladies psychiques, la jaunisse et l'hépatite, les bronchites, les vers intestinaux, les blessures et les maladies hématologiques. On remet des fractures d'os, on ouvre des abscès, on provoque la saignée en suçant du sang avec une corne de vache. On connaît des antipoisons en cas d'empoisonnement et de morsure de serpent.

Le guérisseur ne soigne pas seulement la partie malade, mais il considère le malade dans sa totalité, surtout dans son milieu social. Si cela est nécessaire, le malade peut rester chez le guérisseur jusqu'à sa convalescence.

Autrefois, la famille payait tous ces services en nature, en offrant une chèvre ou un poulet. Aujourd'hui on paie en argent, en tenant compte de la situation financière de la famille.

Les soins se poursuivent alors dans le cercle familial. On rase les cheveux de la tête du malade pour raison d'hygiène. On procède au traitement sudorifique contre la fièvre, en empaquetant le malade dans une couverture et en l'enfermant dans une hutte surchauffée. On lui offre du vin de bananes chaud. Les vieilles dans les familles, connaissent des médicaments simples, qu'elles préparent et distribuent contre la toux p.e., la grippe et les vers intestinaux. Elles préparent aussi des calmants et des excitants pour l'accouchement. Un autre moyen thérapeutique est l'incision de la peau avec une lame de rasoir ou avec un métal chaud, contre la stagnation du sang. La partie malade subit des incisions, p.e. contre les maux de tête, aux tempes; contre les maux des yeux, aux sourcils; contre les infections pulmonaires, sur le thorax; contre le lumbago, aux hanches inférieures etc. Pour certaines maladies on croit que l'on naît avec elles, c'est le cas des vers intestinaux. On ne peut les guérir complètement, on n'essaie que de les calmer par de bons mets.

Les guérisseurs se sont vus repoussés par la médecine occidentale, et fréquemment diffamés. Mais les charlatans non-sérieux ne sont pas étrangers à la mauvaise réputation faite à cet art. Ce n'est que depuis peu que la médecine traditionnelle reprend sa valeur; des institutions diverses se préoccupent du maintien de cette science ainsi que de la coopération entre la médecine moderne et la médecine traditionnelle.

Source: Mu rugo i Rwanda -
En famille au Rwanda
- Familie in Rwanda.
ISOKO (Ed.)
Frankfurt/M. 1984

Maria Grill

KRANKENVERSORGUNG UND GESUNDHEITSVORSORGE

Im Vergleich zu vielen anderen afrikanischen Ländern verfügt Rwanda über eine gut entwickelte Infrastruktur im Gesundheitswesen. Günstige Voraussetzung hierfür ist die mehr oder weniger gleichmäßig hohe Bevölkerungsdichte in einem kleinen Staat, die den Ausbau eines engmaschigen Netzes an Gesundheitseinrichtungen ermöglichte (im Gegensatz zu vielen großflächigen und wenig besiedelten Regionen in Afrika). Die ersten Gesundheitsstationen wurden zu Beginn dieses Jahrhunderts von Missionen in verschiedenen Teilen des Landes erbaut. Sie dienten zusammen mit Schulen und anderen sozialen Einrichtungen als Vehikel zur Christianisierung der Bevölkerung. Heute bestehen in fast jeder Gemeinde Rwandas ein bis zwei Gesundheitszentren, welche einen Aktionsradius zwischen 7 bis 10 km haben und je nach örtlichen Gegebenheiten 20 000 bis 40 000 Menschen versorgen.

Gesundheitseinrichtungen

Krankenhäuser

Jede Präfektur verfügt über ein bis vier Krankenhäuser. Diese ländlichen Krankenhäuser dienen als Überweisungshospitäler für die Gesundheitszentren und ambulanten Krankenstationen der Region. Ihr Einzugsbereich umfaßt 120 000 bis 280 000 Einwohner. Die Ausstattung dieser Häuser ist sehr unterschiedlich. Im allgemeinen sind sie mit fließendem Wasser und Stromgenerator ausgerüstet, für die Diagnostik steht ein einfaches Labor und seltener auch ein Röntgengerät zur Verfügung. Als Fachrichtungen sind meist nur Innere Medizin, Chirurgie, Gynäkologie und Geburtshilfe vertreten. Die häufigsten operativen Eingriffe sind Kaiserschnitte, gynäkologische und abdominelle Operatio-

Maria Grill

SOINS DES MALADES ET MEDICINE PREVENTIVE

Comparé à beaucoup d'autres pays africains, le Rwanda dispose d'une infrastructure bien développée dans le domaine de la santé publique. Une condition préalable favorable en est la densité de population élevée et assez régulièrement répartie dans un pays de petite taille, ce qui a permis de développer un réseau étroit d'institutions sanitaires (contrairement à beaucoup de régions vastes et faiblement peuplées d'Afrique). Les premiers dispensaires ont été construits au début de ce siècle par les missions dans différentes parties du pays. Avec les écoles et autres institutions sociales, elles servaient de véhicule pour la christianisation de la population! Aujourd'hui, il y a dans presque toutes les communes du Rwanda un à deux Centres de Santé ayant un rayon d'action de sept à dix km et desservant de 20.000 à 40.000 personnes, suivant les régions.

Les institutions sanitaires

Les hôpitaux

Chaque préfecture dispose de un à quatre hôpitaux. Ces hôpitaux ruraux reçoivent les patients envoyés par les Centres de Santé et les dispensaires n'hospitalisant pas les malades. Ils desservent de 120.000 à 280.000 habitants. Leur équipement varie beaucoup d'hôpital à hôpital. En général, ils ont l'eau courante et un générateur d'électricité; pour les diagnostics, ils disposent d'un laboratoire simple et plus rarement, d'un appareil de radiographie. Les spécialités représentées n'englobent le plus souvent que la pathologie interne, la chirurgie, la gynécologie et l'obstétrique. Les interventions chirurgicales les plus courantes sont les césariennes, les opérations gynécologiques et de l'abdomen, les opérations de blessés. En

nen, Versorgung von Verletzten. Außer der stationären und ambulanten Behandlung von Patienten erfüllen Krankenhäuser auch präventiv-medizinische (krankheitsvorbeugende) Aufgaben. Ähnlich wie Gesundheitszentren bieten sie Programme zu Schwangerschaftsvorsorge, Impfungen, Ernährungsberatung, Familienplanung u.a. an. Drei der insgesamt 28 Krankenhäuser sind Referenzzentren des Landes: das Krankenhaus der Hauptstadt Kigali, das Universitätskrankenhaus Butare, an dem auch Ärzte ausgebildet werden, und das Präfekturkrankenhaus Ruhengeri. Diese drei Zentren beanspruchen einen Großteil des Gesundheitsbudgets. 1982 gingen

Anzahl und Verteilung der Gesundheitseinrichtungen
Nombre et répartition des institutions sanitaires

Präfektur Préfect.	Kranken-haus Hôpital	Gesundh.-zentrum C.d.Santé	Disp. Disp.	Entbind.station Matern.	Gesund. posten Infirm*	Spez. einr. Poste
Kigali	2 (1)**	30 (20)	7 (6)	-	10	1
Gitarama	2 (0)	15 (11)	9 (8)	2 (2)	1	1
Butare	3 (2)	20 (7)	9 (7)	1	-	2
Gikongoro	1 (0)	10 (2)	5 (3)	-	1	-
Cyangugu	3 (1)	5 (1)	8 (7)	-	2	-
Kibuye	3 (1)	14 (2)	3 (0)	-	3	-
Gisenyi	4 (3)	10 (6)	7 (4)	2	-	1
Ruhengeri	2(1)	14 (7)	6 (5)	-	1	-
Byumba	4 (3)	10 (6)	11(10)	1 (1)	5	-
Kibungo	4 (2)	7 (5)	7 (7)	-	-	1
Rwanda	28(14)	135 (67)	72(57)	6 (3)	23	6

* Infirmerie = Poste avec une infirmière, souvent lié à une entreprise industrielle
Infirmerie = Posten, mit einer Krankenschwester besetzt, meist in Verbindung mit einem Industriebetrieb.

** étatique / staatlich

Quelle/Source: Rapport annuel 1983, Ministère de la Santé Publique et des Affaires Sociales, Kigali (1)

plus du traitement avec ou sans hospitalisation des malades, les hôpitaux ont une mission de médicine préventive. Tout comme les Centres de Santé, ils proposent des programmes, entres autres, de protection maternelle et infantile, de vaccinations, de promotion nutritionnelle, de planning familial. Trois des 28 hôpitaux du Rwanda sont les centres de référence du pays: l'hôpital de la capitale Kigali, l'hôpital universitaire de Butare qui forme également les médecins et l'hôpital de la préfecture de Ruhengeri. Ces trois centres absorbent une grande partie du budget de la santé. En 1982, 19,2 % des livraisons de médicaments de l'Office Pharmaceutique du Rwanda (OPHAR) étaient destinées à l'hôpital de Kigali.(2) Comparés aux hôpitaux ruraux, ces centres citadins ont un superflu de médecins et de personnel sanitaire. 31 % de la totalité du personnel et 55 des 247 médecins, travaillent dans la préfecture de Kigali, et plus de la moitié d'entre eux à l'hôpital de Kigali.(2) Cette répartition inégale du personnel et du budget entre les institutions rurales et citadines se renforcera encore à l'avenir en raison de la construction de l'hôpital Roi Faycal prévu à Kigali et financé par des crédits de l'Arabie Saoudite. Equipé d'unités d'urgence et d'une technologie moderne, il aura pour but d'élargir l'éventail des spécialités pratiquées et entre autres, de réduire les coûts des traitements spéciaux des cadres rwandais à l'étranger.(4)

Un exemple de l'accroissement de la demande en technologie moderne dans le domaine de la santé est la forte augmentation du nombre d'accidents de la route depuis que les routes principales sont asphaltées.Il n'existe aucun équipement chirurgical adéquat pour soigner ces blessés, le plus souvent graves. Le dilemme de la répartition du budget de la santé relativement restreint entre les soins médicaux de base de la population et les spécialités coûteuses s'aggrave à vue d'oeil.
Jusqu'à maintenant, le Ministère de la Santé Publique s'était toujours prononcé pour une stratégie de médecine pour les masses. Il reste à voir de quelle manière le transfert d'une partie des ressources au

19,2% aller Medikamentenlieferungen der Staatsapotheke OPHAR (Office Pharmaceutique du Rwanda) an das Krankenhaus von Kigali.(2) Im Vergleich zu ländlichen Krankenhäusern sind diese städtischen Zentren überbesetzt mit Ärzten und Gesundheitspersonal. 31% des gesamten Personals und 55 von insgesamt 247 Ärzten arbeiten in der Präfektur Kigali, mehr als die Hälfte davon im Krankenhaus von Kigali.(3) Diese ungleiche Verteilung von Personal und Sachmitteln auf ländliche und städtische Einrichtungen wird sich in Zukunft noch verschärfen durch den Bau des geplanten 'König-Faisal--Krankenhauses' in Kigali, finanziert durch saudiarabische Kredite. Es soll, ausgestattet mit Intensivpflegeeinheiten und moderner Technologie, das Spektrum der vorhandenen Fachgebiete erweitern und u.a. die Kosten für Spezialbehandlungen rwandischer Kader im Ausland verringern.(4)
Ein Beispiel für den zunehmenden Bedarf an moderner Technologie im Gesundheitswesen ist die starke Zunahme an schweren Verkehrsunfällen seit der Asphaltierung der Hauptverkehrswege. Für die Versorgung der oft Schwerverletzten bestehen keine adäquaten unfallchirurgischen Einrichtungen. Das Dilemma der Mittelverteilung des ohnehin knappen Gesundheitsbudgets auf die Grundversorgung der Bevölkerung und auf kostenintensive Spezialgebiete verschärft sich zusehends. Bisher hat sich das Gesundheitsministerium zu einer Strategie der breiten Massenmedizin erklärt. Wie sich jedoch eine Verlagerung hin zur teueren Individualmedizin in städtischen Zentren auswirkt, bleibt abzuwarten.

Gesundheitszentren

Ein Großteil aller Rwander, nahezu die gesamte ländliche Bevölkerung, wird medizinisch von Gesundheitszentren versorgt. Ein Gesundheitszentrum (Centre de Santé) besteht laut Definition des Gesundheitsministeriums (MINISAPASO) aus folgenden Bereichen (5):

- Ambulante Krankenstation (Dispensaire)
- PMI-Programm (Protection Maternelle et Infantile) = Schwangerenvorsorge und Kleinkindbetreuung einschließlich Familienplanung und geburtshilflicher Abteilung (Maternité)

profit de la médecine individuelle dans les centres citadins se répercutera sur la dispense des soins aux populations rurales.

Les Centres de Santé

La majorité de tous les Rwandais, en fait presque toute la population rurale, se fait soigner dans les Centres de Santé. Un Centre de Santé est composé, d'après la définition du Ministère de la Santé (MINISAPASO), des services suivants(5):

- un dispensaire
- un service de Protection Maternelle et Infantile et de planning familial, y compris une maternité
- un service de promotion nutritionnelle
- un service d' hospitalisation
- un bloc pour les gardes-malades
- les habitations du personnel
- un service d'hygiène et assainissement.

Le Ministère demande tout spécialement une étroite collaboration des différents services et leur coordination dans le centre car l'amélioration de la santé de la population ne peut s'obtenir à long terme qu'à l'aide simultanée des programmes de prévention.
En tout, le Rwanda possède 135 Centres de Santé dans ses 143 communes. Le personnel doit se composer au minimum d'un assistant médical,d'une infirmière, d'une aide-infirmière, d'une assistante sociale et de plusieurs employés auxiliaires formés sur place, suivant la taille du centre et le nombre d'habitants qu'il dessert. En fait, la situation du personnel est très variable: il y a des centres qui n'ont qu'une personne de formation médicale et les services de promotion nutritionnelle sont loin de tous avoir une assistante sociale. Les médecins proprement dits travaillent exclusivement dans les villes ou dans les hôpitaux ruraux.
Plus de la moitié (68) des Centres de Santé du Rwanda sont dirigés par l'Eglise et sont donc rattachés aux missions et diocèses de leur ressort. De par un contrat avec le Ministère de la Santé, l'évêque est le représentant légal et donc principal responsable de l'affectation du personnel et de l'entretien de ces

- Ernährungsberatungszentrum
- Abteilung für die stationäre Behandlung
- Unterkunft für die Begleitpersonen der Kranken
- Personalunterkünfte
- Hygieneerziehungs- und -beratungsprogramm.

Besonders nachdrücklich fordert das Ministerium die enge Zusammenarbeit der verschiedenen Bereiche und die Koordination der einzelnen Programme innerhalb des Zentrums, da die Verbesserung der Gesundheitssituation langfristig nur mit gleichzeitigen Vorsorgeprogrammen zu erreichen ist.

Insgesamt gibt es in Rwanda in 143 Gemeinden 135 Gesundheitszentren. Das Personal sollte sich mindestens aus einem Medizinalassistenten, einer Krankenschwester, einer Hilfskrankenschwester, einer Sozialassistentin und mehreren angelernten Hilfskräften, je nach Größe und Einzugsbereich eines Zentrums, zusammensetzen. Tatsächlich ist die Personalsituation jedoch sehr unterschiedlich: Es gibt Zentren mit nur einer medizinischen Fachkraft, und längst nicht alle Ernährungsberatungszentren können mit einer Sozialassistentin besetzt werden. Ärzte sind ausschließlich im städtischen Raum oder in ländlichen Krankenhäusern tätig.

Über die Hälfte (68) aller Gesundheitszentren sind unter kirchlicher Leitung und unterstehen den entsprechenden Missionen und Diözesen. Durch einen Vertrag mit dem Gesundheitsministerium ist der Bischof der legale Repräsentant und damit hauptverantwortlich für die Personalbesetzung und den Unterhalt dieser Zentren. Deren Leitung liegt meist in der Hand von ausländischem Personal, Missionsschwestern oder einheimischen Ordensschwestern.

Zwischen staatlichen und privaten Zentren besteht ein großes Gefälle in der Qualität von Infrastruktur und Ausstattung. Mit ausländischen Geldern von großen Organisationen wie Misereor, Brot für die Welt, OXFAM und weiteren, meist kirchlichen sowie staatlichen Gebern, sind private Zentren solide und großzügig gebaut. Sie verfügen häufig über fließendes Wasser, Stromgenerator oder Solarenergieversorgung, Ambulanzfahrzeug, eine gute Ausstattung an Mobiliar, medizinischen Instrumenten und Geräten. Ausländische Zentrums-

centres. La direction de ces derniers est presque toujours assurée par du personnel médical étranger, des infirmières missionaires ou des religieuses du pays.
Les centres étatiques et les centres privés se différencient beaucoup par la qualité de leur infrastructure et de leur équipement. Les centres privés solides et spacieux ont été construits à l'aide de ressources étrangères provenant de grandes organisations comme Misereor, Brot für die Welt, OXFAM,et autres bailleurs de fonds étatiques ou,le plus souvent,ecclésiastiques. Ils disposent souvent d'eau courante, d'un générateur d'électricité ou de modules solaires, d'un véhicule d'ambulance, d'un bon équipement en mobilier, appareils et instruments médicaux. Les directeurs ou directrices de centres étrangers ont plus facilement accès à des fonds de financement par des contacts avec les organismes d'aide au développement, par des jumelages avec des paroisses européennes, ou à des dons privés. Ainsi disposent-ils également de ressources pour des achats ponctuels, des petits projets, des réparitions (véhicules, bâtiments), même pour partiellement couvrir des frais courants (le salaire d'employés supplémentaires, des dons réguliers de médicaments).
La continuité des soins donnés aux malades est assurée. Le personnel des centres privés est mieux formé et peut également bénéficier de cours de perfectionnement et d'une offre en littérature spécialisée, les centres privés étant membres de BUFMAR (cf. ci-dessous).
Le directeur rwandais d'un centre étatique et le bourgmestre d'une commune ont généralement beaucoup de difficultés à obtenir des ressources financières. Il leur manque les contacts "blancs" importants et surtout l'avantage de confiance dont bénéficie automatiquement un centre en mains blanches auprès des bailleurs de fonds étrangers. Un centre étatique doit tourner avec le matériel et les médicaments le plus souvent insuffisants que lui attribue le directeur de la région sanitaire. La réalisation de programmes supplémentaires s'avère impossible par manque de moyens et de soutien, souvent aussi en raison de l'insuffisance de qualification du personnel qui n'a qu'un ac-

leiter/innen haben leichteren Zugang zu Finanzierungen durch Kontakte zu Entwicklungshilfeorganisationen, Partnerschaften mit Kirchengemeinden, zu privaten Spenden. Somit verfügen sie auch über Mittel für Zusatzanschaffungen, Kleinprojekte, Reparaturen (Auto, Gebäude), sogar als Beitrag zu den laufenden Kosten (Gehälter für zusätzliches Personal, regelmäßige Medikamentenspenden). Eine kontinuierliche Krankenversorgung ist gewährleistet. Das Personal privater Zentren ist besser aus- und fortgebildet, denn durch die Mitgliedschaft bei BUFMAR (siehe unten) besteht die Möglichkeit, an regelmäßigen Fortbildungen teilzunehmen, und ein Angebot an Fachliteratur.
Der rwandische Leiter eines staatlichen Zentrums oder der Bürgermeister einer Gemeinde haben in der Regel große Schwierigkeiten, Geldmittel zu beschaffen. Ihnen fehlen die wichtigen 'weißen' Kontakte und vor allen Dingen der automatische Vertrauensvorschuß, den eine weiße Zentrumsleitung bei ausländischen Geldgebern genießt. Ein staatliches Zentrum muß mit den meist unzureichenden Material- und Medikamentenzuteilungen durch den Direktor des Gesundheitsbezirks auskommen. Für die Verwirklichung von Zusatzprogrammen fehlen Mittel und Unterstützung, oft auch die fachliche Qualifikation des Personals, das nur sporadisch Zugang zu Fortbildungstagungen hat.

Dispensarien

Die 72 Dispensarien des Landes sind ambulante Krankenstationen, die die kurative Betreuung der Bevölkerung gewährleisten sollen (Diagnostik, Labor, Behandlung). Gelegentlich führen sie auch ambulante Geburten durch. Eine stationäre Aufnahmemöglichkeit fehlt in der Regel. Durch bauliche Veränderungen und durch Programmerweiterungen im präventiven Bereich (Ernährungsberatungszentren) sollen sie langfristig in Gesundheitszentren umgewandelt werden.(6)

Maternités

Sie sind geburtshilfliche Einrichtungen, die Schwangere vor, während und nach der Geburt betreuen. Sie sind als eigenständige Stationen die Ausnahme; in der Regel sind sie in die Gesundheitszentren und Krankenhäuser integriert.

cès sporadique aux stages de formation permanente.

Les dispensaires

Les 72 dispensaires du pays ont pour but d'assurer les traitements curatifs des malades(diagnostics, analyses de laboratoire, traitements). A l'occasion, ils procèdent à des accouchements. En règle générale, il n'y a pas de possibilité d'hospitalisation. A long terme, il est prévu de transformer ces dispensaires en Centres de Santé par des modifications de locaux et par l'élargissement des programmes en matière préventive (centre nutritionnel).(6)

Les maternités

Elles se limitent à la surveillance médicale des femmes enceintes avant, pendant et après l'accouchement. Elles constituent une exception par leur autonomie; en général, elles sont intégrées aux Centres de Santé et aux hôpitaux.

Les cabinets de dentiste

Il y en a trois dans tout le Rwanda: un à Kigali, un à Butare et un à Ruhengeri. Seule une minorité a accès à des soins dentaires ayant pour but de conserver les dents. On peut se faire extraire des dents dans tous les dispensaires.

Le Sanatorium de Rwamagana

Il se trouve dans la préfecture de Kibungo et a été construit dans les années 50 sur modèle européen pour soigner les malades atteints de tuberculose. Aujourd'hui, on aspire à traiter les malades par le biais des Centres de Santé, sans hospitalisation, les patients devant rester intégrés à leurs familles. Cependant, il n'existe encore aucun programme antituberculeux étatique bien strucutré. Le dépistage et le traitement de cette maladie échouent souvent à cause de difficultés techniques de laboratoire, par manque de médicaments et en raison de sa tabouisation. Beaucoup de thérapies sont interrompues par manque de compréhension de la nécessité du traitement. Le nombre réel mais inconnu des malades atteints de tuberculose est estimé très haut.

Programme contre la lèpre

Ce programme des Amis du Père Damien, belge, s'occupe des malades atteints de la lèpre dans tous le pays

Zahnarztpraxen

Insgesamt gibt es in Rwanda nur drei Zahnarztpraxen: in Kigali, Butare und Ruhengeri. Nur eine Minderheit hat Zugang zu einer zahnerhaltenden Behandlung. Zähne können in jeder Krankenstation gezogen werden.

Tuberkulosekrankenhaus

Das Sanatorium in Rwamagana, Präfektur Kibungo, wurde in den 50er Jahren nach europäischem Vorbild zur Langzeitbetreuung von Tuberkulose-Kranken errichtet. Heute strebt man eine ambulante Behandlung durch die Gesundheitszentren an. Die Patienten sollen in ihre Familien integriert bleiben.Es gibt jedoch noch kein gut strukturiertes staatliches Tuberkulose-Programm. Die Früherkennung und Behandlung dieser Krankheit scheitert häufig an labortechnischen Schwierigkeiten, fehlenden Medikamenten und Tabuisierung dieser Krankheit. Durch mangelnde Einsicht in die Notwendigkeit einer Behandlung gibt es viele Therapieabbrüche. Die Dunkelziffer der an Tuberkulose Erkrankten wird sehr hoch geschätzt

Lepraprogramm

Das Programm der belgischen "Amis de Père Damien" betreut mit einer mobilen Ambulanz landesweit Leprapatienten durch regelmäßige Sprechstunden in den Gesundheitszentren. Die Problematik der Langzeitbehandlung ist ähnlich wie bei der Tuberkulose (Tabuisierung, Behandlungsabbrüche). Die Anzahl der Leprakranken in Rwanda ist im Vergleich zu westafrikanischen Ländern eher gering.

Psychiatrien

Es gibt zwei psychiatrische Krankenhäuser, in Butare und in Kigali, die nach westlichen Methoden behandeln. Psychische und psychiatrische Erkrankungen (wie man sie nach europäischer Auffassung nennt) werden von der Bevölkerung als 'einheimische Krankheiten' bezeichnet, die nach ihrer Meinung nicht durch westliche Medizin geheilt werden können. Ein Großteil dieser Kranken läßt sich zusammen mit der Familie bei traditionellen Heilkundigen behandeln, oft mit gutem Erfolg.Seit 1978 existiert ein Zentrum der traditionellen Medizin in Bare,in dem eine Gruppe traditioneller Medidiziner und in westlicher Medizin ausgebildete Heilkundige praktizieren. Ziel ist, je nach Krankheit eine geeignete Be-

avec une ambulance mobile et des consultations régulières dans les Centres de Santé. La problématique du traitement de longue durée est similaire à celle de la tuberculose (tabouisation, interruption des traitements). Le nombre de lépreux au Rwanda est plutôt faible par rapport aux pays de l'Afrique de l'Ouest.

La psychiatrie

Il existe deux hôpitaux psychiatriques, un à Butare et un à Kigali, qui traitent les malades selon les méthodes occidentales. Les maladies psychiques (dénommées ainsi en Europe) sont désignées par la population sous le terme de "maladies indigènes" qui à leur avis ne peuvent pas être guéries par la médecine occidentale. La majorité de ces malades se font traiter avec leurs familles par des guérisseurs traditionnels, et souvent avec succès.

Depuis 1978, il existe à Bare un centre dans lequel des médecins traditionnels et des personnes formées à la médecine occidentale pratiquent ensemble leur métier en essayant de conserver les connaissances sur les plantes médicinales et les méthodes traditionnelles. La médecine traditionnelle joue un rôle important parmi les soins que reçoivent les malades. La majorité des malades s'adressent à des guérisseurs traditionnels soit exclusivement, soit en plus des institutions médicales occidentales. En raison de la propagation de la médecine dite moderne, ces guérisseurs ont de plus en plus été poussés à l'écart et discriminés. Des connaissances précieuses menacent de se perdre. Ce n'est que récemment que la médecine traditionnelle jouit d'une certaine revalorisation.

Le personnel dans le domaine de la santé

En 1985, 247 médecins travaillaient au Rwanda. (7)

Chaque année, 25 à 30 médecins sont formés à l'Université de Butare. Il n'y a pratiquement pas de spécialistes tels que des ophtalmologistes, des anéstésistes ou des radiologues; actuellement, cinq à dix médecins rwandais apprennnent une spécialité à l'étranger. La densité des médecins est très variable suivant les régions et est caractérisée par une nette concentration dans les villes. La moyenne du pays pour 1981 était

handlung anzuwenden und gleichzeitig das Wissen um Heilpflanzen zu erhalten. Die traditionelle Heilkunst spielt in der Krankenversorgung eine wichtige Rolle. Die Mehrzahl aller Erkrankten sucht - zusätzlich zu westlichen Gesundheitseinrichtungen oder auch ausschließlich traditionelle Heilkundige auf. Durch die Ausbreitung der sogen. modernen Medizin wurden diese zunehmend ins Abseits gedrängt und diskriminiert;wertvolles Wissen droht verloren zu gehen. Erst in jüngerer Zeit erfährt die traditionelle Medizin wieder eine Aufwertung.

Personal im Gesundheitsbereich

In Rwanda arbeiteten 1985 insgesamt 247 Ärzte.(7) Jährlich werden 25 bis 30 Mediziner an der Universität Butare ausgebildet. Fachärzte wie Augenärzte, Narkoseärzte, Röntgenologen u.a. gibt es kaum; seit kurzem nehmen rwandische Ärzte an Facharztausbildungen im Ausland teil. Die Arztdichte ist regional sehr unterschiedlich und durch eine deutliche Konzentration auf den städtischen Bereich gekennzeichnet.Im Landesdurchschnitt kamen 1981 auf einen Arzt 29 443 Einwohner (Vergleich: BRD, 1978: 1 Arzt pro 472 Einwohner).(8) Eine wichtige Rolle in der Krankenversorgung spielen die Medizinalassistenten und Krankenschwestern, die in den Gesundheitszentren und während der ambulanten Sprechstunden der Krankenhäuser die Mehrzahl aller Patienten betreuen. Es gibt verschiedene Ausbildungen: für Medizinalassistenten und Krankenschwestern-Hebammen eine vierjährige Ausbildung in insgesamt vier Schulen (Butare, Kigali, Kabgayi, Rwamagana), eine zweijährige Ausbildung für Hilfskrankenschwestern in Mugonero und Kilinda. Medizinalassistenten und Krankenschwestern erhalten eine umfassende, den Anforderungen ihres späteren Einsatzes angepaßte Ausbildung. Zu ihren Aufgaben gehören Diagnostik und Behandlung der häufigsten Erkrankungen, Laboruntersuchungen, Durchführung kleinerer chirurgischer Eingriffe, selbständige Tätigkeit in der Geburtshilfe einschließlich geburtshilflicher Eingriffe, Schwangerschaftsvorsorgeuntersuchungen, Betreuung von Mutter und Kind nach der Geburt. Hebamme als eigenständiges Berufsbild gibt es nicht. Krankenschwestern und Medizinalassistenten üben

de un mèdecin pour 29.443 habitants (à titre de comparaison: RFA, 1978: 1 médecin pour 472 habitants).(8)
Les assistants médicaux et les infirmières qui reçoivent la majorité des patients dans les Centres de Santé et au cours des consultations données par les hôpitaux jouent un rôle important dans le domaine des soins médicaux apportés aux malades. Il existe différentes sortes de formation: une formation de quatre ans possible dans quatre écoles (Butare, Kigali, Kabgayi, Rwamagana) pour les assistants médicaux et les infirmières-accoucheuses, une formation de deux ans pour les aides-infirmières à Mugonero et Kilinda. Les assistants médicaux et les infirmières-accoucheuses reçoivent une formation approfondie, adaptée aux exigences de leur futur emploi. On compte parmi leurs tâches: le diagnostic et le traitement des maladies les plus courantes, les analyses de laboratoire, les petites interventions chirurgicales, les accouchements, y compris les petites interventions gynécologiques, les examens obstétriques, la surveillance médicale de la mère et de l'enfant après l'accouchement. La profession de sage-femme uniquement n'existe pas. Les infirmières et les assistants médicaux prennent en fait la fonction d'un médecin dans beaucoup de domaines. En tant que directeurs ou directrices des centres ruraux, ils sont responsables pour toutes les questions de santé de la commune.
Les soins de base au sens européen sont donnés par des membres de la famille du malade et par le personnel auxiliaire des centres. Ce personnel auxiliaire est composé d'hommes et de femmes ou de jeunes filles provenant le plus souvent de la commune même, tandis que le personnel qualifié est affecté à un poste par le Ministère de la Santé Publique. Le personnel auxiliaire sans qualification est formé par les employés diplômés. Ses tâches comprennent les travaux de nettoyage, l'entretien du matériel et des instruments, la distribution des médicaments, les pansements, l'assistance pendant les accouchements ainsi que les activités éducatives dans le domaine de la prévention (entretiens-conseils, consultation prénatale, éducation en matière d'hygiène etc....). Depuis 1981, une

in vielen Bereichen faktisch die Funktion eines Arztes aus. Als Leiter/innen der ländlichen Zentren sind sie für alle gesundheitlichen Belange der Gemeinde verantwortlich.

Die Grundkrankenpflege im europäischen Sinn wird von den Angehörigen der Kranken und vom Hilfspersonal der Zentren übernommen. Dieses Hilfspersonal setzt sich zusammen aus Männern und Frauen, bzw. Mädchen, die meist aus der jeweiligen Gemeinde selbst kommen. Dagegen wird dem Fachpersonal der Arbeitsplatz vom Gesundheitsministerium zugewiesen.
Das unausgebildete Hilfspersonal wird vom diplomierten Personal angelernt.Zu den Aufgaben gehören Reinigungsarbeiten, Material- und Instrumentenpflege, Medikamentenausgabe, das Anlegen von Verbänden, Mithilfe bei Entbindungen bis hin zu erzieherischen Aktivitäten im präventiven Bereich (Beratungsgespräche, Schwangerenvorsorge, Hygieneerziehung u.a.). Seit 1981 wird ein Teil dieser Hilfskräfte in einem einjährigen Lehrgang zu 'Auxiliaires de Santé' (Präventivmedizinisches Hilfspersonal) ausgebildet. In Zusammenarbeit mit Gemeinde und Gesundheitszentren sollen sie anschließend präventiv-medizinische Programme durchführen. Dies ist ein neues Regierungsprogramm, welches sich noch in der Aufbauphase befindet. Anfangsschwierigkeiten sind Finanzierung der Ausbildung, Ausbildungsinhalte, spätere Bezahlung. Für den Einsatz dieser präventiv-medizinischen Hilfskräfte müssen die entsprechenden Strukturen auf Gemeindeebene noch geschaffen werden.
In Gatagara und Butare gibt es seit kurzem Ausbildungsstätten für Laborantinnen und Laboranten.
Sozialpädagoginnen und auch Sozialpädagogen werden in Sekundarschulen ausgebildet und auf ihre zukünftigen Aufgaben, u.a. in Programmen der Gesundheitsvorsorge, vorbereitet. Eine solche Ausbildungsinstitution wird im Beitrag von Peter Pieck beschrieben.

Programme und Strukturen des Gesundheitswesens

Im Rahmen einer Umstrukturierung verschiedener Ministerien wurde 1984 das Gesundheitsministerium mit dem

partie de ces employés auxiliaires sont formés dans un cours d'une année leur donnant le titre "d'auxiliaires de santé" (personnel auxiliaire de médecine préventive). A la suite de cette formation, ils doivent réaliser des programmes de médecine préventive en coopération avec la commune et le Centre de Santé. Ceci est un nouveau projet gouvernemental se trouvant encore en phase de développement. Les difficultés de démarrage sont le financement et le contenu de la formation ainsi que la rémunération ultérieure du personnel. Les structures au niveau de la commune restent encore à créer pour employer ces auxiliaires de santé.
A Gatara et Butare, il existe depuis peu des centres de formation pour laborantines et laborantins. Les assistantes sociale, et depuis peu, les assistants sociaux également, sont formés dans des écoles secondaires et préparés à leurs tâches futures, entre autres, par des programmes de prévention sanitaire. Une telle institution de formation est décrite dans l'article de Peter Pieck.

Programmes et structures de la santé publique

Dans le cadre d'une restructuration de différents ministères en 1984, le Ministère de la Santé et le Ministère des Affaires Sociales ont fusionné: Ministère de la Santé Publique et des Affaires Sociales (MINISAPASO). Le but était d'intensifier et d'améliorer la coordination des actions de prévention dans le domaine de la santé publique.
Le troisième plan quinquennal du gouvernement (1982-1986) laisse clairement apparaître que les stratégies de la politique de la santé, qui ont été élaborées selon les grandes lignes de la conférence de l'Organisation Mondiale de la Santé à Alma Ata en 1978, s'orientent dans le sens d'une médecine préventive(9):

1. Education concernant les problèmes de santé qui se posent ainsi que les méthodes de prévention et de lutte qui leur sont applicables.
2. Promotion de bonnes conditions alimentaires et nutritionnelles.

Sozialministerium zusammengeschlossen (MINISAPASO). Hiermit soll eine Intensivierung und verbesserte Koordination der präventiven Aktionen im Gesundheitsbereich möglich werden.
Am dritten Fünf-Jahresplan der Regierung (1982-1986) läßt sich deutlich die präventivmedizinische Ausrichtung der gesundheitspolitischen Strategien ablesen, die in Anlehnung an die Leitlinien der Konferenz der Weltgesundheitsorganisation (WHO) in Alma Ata 1978 erarbeitet wurden. (9)

1. Gesundheitserziehung zu anstehenden Problemen und über angepaßte Vorsorgemethoden,
2. Förderung von guten Bedingungen bezüglich Nahrungsmittel und Ernährung,
3. Versorgung mit sauberem Wasser und Durchführung enstprechender Maßnahmen,
4. Mutter-Kind-Vorsorge, einschließlich Familienplanung,
5. Impfung gegen die häufigsten Infektionskrankheiten,
6. Vorsorge und Kontrolle von regionalen endemischen Krankheiten,
7. Behandlung von Krankheiten und Verletzungen,
8. Versorgung mit den wichtigsten Medikamenten.

Der Gesamthaushalt des Gesundheitsministeriums betrug 1983 889 Mill. Frw = 4,82% des Nationalhaushalts (10) (Erziehungswesen 24%, Nationale Verteidigung 16,5%, Landwirtschaft 5%, (11)). Seit 1977 (450 Mill.) hat sich der Gesundheitshaushalt nahezu verdoppelt, anteilmäßig am Gesamtbudget ist er jedoch stark abgefallen (1977: 7,06%). (10) Den größten Posten in der Haushaltsplanung stellen die Gehälter des Personals mit 60% dar. (12) Dieser Anteil wird sich mit dem Einsatz neuer Personalkategorien wie Laboranten, Auxiliaires de Santé noch vergrößern. Schon jetzt müssen z.B. Sozialpädagoginnen nach Abschluß der Ausbildung mehr als ein Jahr auf ihre Anstellung warten, wenn das Personalkostenbudget keine Neueinstellungen ermöglicht.
15% des Gesundheitshaushalts entfallen auf Medikamente und Ausstattung. (13) OPHAR, die staatliche Zentralapotheke, ist für die Versorgung von Krankenhäusern und

3. Approvisionnement en eau saine et mesures d'assainissement de base.
4. Protection maternelle et infantile, y compris la planification familiale.
5. Vaccination contre les grandes maladies infectieuses.
6. Prévention et contrôle des endémies locales.
7. Traitement des maladies et lésions courantes.
8. Fourniture de médicaments essentiels.

Le budget total du Ministère de la Santé Publique s'élevait à 889 millions de Frw en 1983, ce qui correspond à 4,82 % du budget national.(10) (Education Nationale: 24 %, Défense Nationale: 16,5 %, Agriculture: 5 % (11). Depuis 1977 (450 millions FRW), le budget de la Santé a presque doublé, cependant son volume par rapport au budget national a fortement baissé (1977 : 7,06 %). Le poste le plus important du plan budgétaire est occupé par les salaires du personnel sanitaire et représente 60 % du budget.(12) Ce chiffre augmentera encore avec l'emploi de nouvelles catégories de personnel telles que laborantins et les auxiliaires de santé. Actuellement déjà, des assistantes sociales doivent attendre plus d'un an après leurs formation pour être employées parce que le budget du personnel ne permet pas de créer de nouveaux postes.
Les médicaments et l'équipement représentent 15 % du budget de la Santé.(13) OPHAR (Office Pharmeceutique du Rwanda), la pharmacie centrale étatique, a pour fonction d'approvisionner les hôpitaux et les Centres de Santé en médicaments. Ceux-ci sont achetés à l'étranger, selon une liste de priorités limitée (environ 250 sortes différentes de médicaments). On trouve des "médicaments de luxe" dans quelques pharmacies privées en ville, à des prix abordables pour une petite minorité seulement. Un institut de recherche de l'université de Butare fait pousser des plantes médicinales traditionnelles et effectue des recherches sur leurs effets. Le but est de fabriquer et commercialiser des médicaments locaux à base de plantes et de réduire l'importation de médicaments onéreux.

Gesundheitszentren mit Medikamenten zuständig. Nach einer begrenzten Prioritätenliste (ca. 250 verschiedene Arzneimittel) werden die Medikamente im Ausland eingekauft. 'Luxusmedikamente' sind in den wenigen privaten Apotheken der Städte erhältlich, aber nur für einen kleinen Personenkreis erschwinglich.

In einem Institut der Universität Butare werden traditionelle Heilpflanzen angepflanzt und deren Wirkung erforscht. Ziel ist die kommerzielle Herstellung einheimischer Naturheilmittel und eine Verminderung der Abhängigkeit von teueren importierten Medikamenten.

Administrative Strukturen

Seit Jahren verfolgt das Gesundheitsministerium eine Politik der Dezentralisierung des Gesundheitswesens. Das Land ist in zehn Gesundheitsbezirke eingeteilt, die jeweils dem Gebiet einer Präfektur entsprechen. Der zuständige Regionaldirektor, häufig der Chefarzt des Präfekturkrankenhauses, ist verantwortlich für sämtliche Gesundheitsbelange dieser Region.

Universitäts-Zentrum für Gesundheit in Butare -
Centre Universitaire de Santé Publique à Butare

Structures administratives
Depuis des années, le Ministère de la Santé poursuit une politique de décentralisation de la santé publique . Le pays est divisé en dix régions sanitaires, chacune desquelles correspond à une préfecture. Le directeur régional compétent, souvent le médecin en chef de l'hôpital de la préfecture, est responsable pour toutes les questions de santé de la région. Il supervise les centres de sa circonscription, il coordonne l'affectation de tout le personnel (mutations, remplacements de congés, paiement des salaires, etc.), il répartit les médicaments et le matériel,il organise les réunions de personnel et il est responsable de la réalisation de tous les programmes de santé.

ONAPO (Office National de la Population)
L'Office National de la Population a été créé en 1981. Il relève du Ministère de la Santé Publique. Il est financé par l'US-AID (United States Agency for International Development) et d'autres organisations étrangères, dont l'Assistance Technique Allemande (Deutsche Gesellschaft für Technische Zusammenarbeit GTZ), organisme de coopération technique allemand, qui travaille dans la préfecture de Gikongoro.
Pendant les quatre premières années de sa création, l'ONAPO s'est surtout occupé de développer une structure d'administration, de réaliser des campagnes d'information, de compléter la formation du personnel et d'effectuer des études sur les problèmes démographiques du Rwanda. La centrale de Kigali est assistée par un bureau régional dans chaque préfecture. C'est à partir de ces bureaux que les programmes de planning familial sont organisés dans les Centres de Santé et les hôpitaux de la préfecture. Jusqu'à maintenant, l'accent était porté sur la formation complémentaire du personnel sanitaire par des séminaires et sur la sensibilisation de la population. Ceci avait lieu dans tout le pays au cours des réunions communales. Les travaux d'information de la population se font également au moyen d'émissions de radio régulières sur des sujets de planning familial, de publications dans le journal étatique IMVAHO, par l'édition de deux révues

Er supervisiert die Zentren seines Bezirks, koordiniert den Einsatz des gesamten Personals (Versetzungen, Urlaubsvertretungen, Auszahlung der Gehälter, u.a.), verteilt Medikamente und Material, organisiert Personalversammlungen und ist für die Durchführung aller Gesundheitsprogramme zuständig.

ONAPO (Office National de la Population)

1981 wurde die nationale Familienplanungsbehörde ONAPO gegründet. Sie untersteht dem Gesundheitsministerium. Finanziert wird sie von US-AID (United States Agency for International Development) und weiteren ausländischen Organisationen, darunter auch von der Deutschen Gesellschaft für Technische Zusammenarbeit (GTZ), die in der Präfektur Gikongoro mitarbeitet.

In den ersten vier Jahren befaßte sich ONAPO schwerpunktmäßig mit dem Aufbau einer Verwaltungsstruktur, der Durchführung von Aufklärungskampagnen, der Weiterbildung des Personals, mit Studien über die demographischen Probleme Rwandas. Neben der Zentrale in Kigali gibt es pro Präfektur ein Regionalbüro. Ausgehend von diesen Büros werden in den Gesundheitszentren und Krankenhäusern des Einzugsgebietes Familienplanungsprogramme aufgebaut. Im Vordergrund standen bisher die Weiterbildung des Gesundheitspersonals durch Seminare und die Sensibilisierung der Bevölkerung. Dies geschah landesweit durch Gemeindeversammlungen. Weitere Aufklärungsarbeit erfolgt über regelmäßige Rundfunksendungen zu Themen der Familienplanung, durch Veröffentlichungen in der staatlichen Zeitung IMVAHO, durch Herausgabe von zwei Zeitschriften und verschiedenen didaktischen Materialien, Plakaten, Kalendern. Besondere Aufmerksamkeit ist den Schulen gewidmet (Fortbildung der Lehrer, Überarbeitung der Biologiekurse, Schulwettbewerbe, etc.).

Erklärter Schwerpunkt der Familienpolitik ist die Vergrößerung der Abstände zwischen den Geburten zum Wohle von Mutter und Kind. Gleichzeitig sollen verschiedene Maßnahmen wie Impfprogramme und Ernährungsberatung die gesundheitliche Situation verbessern und die kindliche Sterberate senken.

et de matériel didactique, d'affiches, de calendriers. Les écoles bénéficient d'une attention plus particulière (perfectionnement des instituteurs, remaniement des cours de biologie, concours dans les écoles, etc).
L'objectif principal de la politique familiale est d'allonger les écarts entre les naissances pour le bien-être de la mère et de l'enfant. En même temps, différentes mesures telles que des programmes de vaccination et de promotion nutritionnelle ont pour but d'améliorer la situation sanitaire et d'abaisser le taux de mortalité infantile.
Les hommes de science, les politiciens et surtout les experts étrangers soulignent constamment le problème de la surpopulation au Rwanda et réclament des "succès" rapides dans le domaine de la planification familiale. Face à cela, la population a une attitude réservée: avoir des enfants est très important pour les familles rwandaises. Au point de vue religieux, ils garantissent la continuation de la famille; au point de vue économique, ils sont l'assurance-vieillesse de leurs parents. Ne pas pouvoir avoir d'enfants est considéré comme un grand malheur. La plupart des familles souhaitent avoir beaucoup d'enfants (moyenne du nombre d'enfants souhaité: 6,32, selon une enquête de l'ONAPO de 1985 (14). La mortalité infantile (enfants de moins de 5 ans) de 25 % est encore très élevée (15), ce qui implique que beaucoup d'enfants doivent être nés pour assurer la survie de la famille et la vieillesse des parents. La sensibilité et la patience sont indispensables pour organiser des programmes de planning familial. Une condition préalable à ces programmes consiste en des mesures qui aident à amérioler les conditions de vie socio-économiques de la famille.(16) Les résistences contre les programmes de planning familial de l'Etat proviennent de l'Eglise catholique. Elle défend la position officielle du Vatican et propage uniquement les méthodes de contraception naturelles (méthode Billings), dont l'applicabilité et les effets sont contestés. Ainsi est-il impossible d'associer les institutions sanitaires catholiques au programme de l'ONAPO.

Wissenschaftler, Politiker und vor allen Dingen ausländische Experten heben immer wieder das Problem der Überbevölkerung in Rwanda hervor und fordern rasche 'Erfolge' auf dem Gebiet der Familienplanung. Demgegenüber steht die zurückhaltende Einstellung der Bevölkerung. Nachkommen haben in rwandischen Familien einen hohen Stellenwert. Unter religiösen Aspekten garantieren sie das Weiterleben der Familie, ökonomisch betrachtet sind sie die Alterssicherung der Eltern. Kinderlos zu bleiben, gilt als großes Unglück. Die meisten Familien wünschen sich viele Kinder (durchschnittliche Zahl der gewünschten Kinder: 6,32 laut einer ONAPO-Umfrage 1985).(14)

Die Kindersterblichkeit mit 26% aller Kinder unter fünf Jahren ist immer noch sehr hoch (15), so daß nur die Geburt vieler Kinder eine Garantie dafür ist, die Familie weiterzuführen und im Alter versorgt zu sein. Programme der Familienplanung erfordern eine sensible, geduldige Vorgehensweise. Vorbedingung sind Maßnahmen, die die sozio-ökonomischen Lebensbedingungen der Familien verbessern helfen.(16)

Widerstände gegen das staatliche Familienplanungsprogramm kommen von der Seite der katholischen Kirche. Sie vertritt die offizielle Position des Vatikans und propagiert nur die natürlichen Verhütungsmethoden (Methode Billings), deren Anwendbarkeit und Wirksamkeit jedoch umstritten sind. Somit können die katholischen Gesundheitseinrichtungen nicht in das ONAPO-Programm einbezogen werden.

Impfprogramm der Weltgesundheitsorganisation

Seit 1978 arbeitet die Weltgesundheitsorganisation (WHO) mit dem MINISAPASO an einem nationalen Impfprogramm. Zielgruppen sind Säuglinge und Kinder im Vorschulalter (bis zu 5 Jahren), welche die gefährdetste Bevölkerungsgruppe darstellen. Geimpft wird gegen Tuberkulose, Masern, Diphterie, Tetanus, Keuchhusten (Dreifachimpfung) und gegen Kinderlähmung (Schluckimpfung). Schwangere Frauen erhalten während der Schwangerenvorsorge Impfungen gegen Wundstarrkrampf (Tetanus), um das Neugeborene vor Wundstarrkrampf als Folge von Nabelinfektion zu schützen.

Le programme de vaccination de l'Organisation Mondiale de la Santé)

Depuis 1978, l'Organisation Mondiale de la Santé (OMS) travaille en coordination avec le MINISAPASO à un programme de vaccination national. Les groupes-cibles sont les nourrissons et les enfants jusqu'à 5 ans, qui représentent la couche de population la plus exposée. Les enfants sont vaccinés contre la tuberculose, la rougeole, la diphtérie, le tétanos, la coqueluche (3 injections) et la poliomyélithe (vaccin buccal). Les femmes enceintes sont vaccinées contre le tétanos au cours des consultations prénatales afin de protéger les nouveaux-nés contre le tétanos pouvant résulter d'une infection du nombril. Depuis le début de ce programme, des postes de vaccination ont été installés dans tout le pays grâce à des fonds considérables (OMS, USAID, UNICEF). Les difficultés principales concernaient la logistique, comme par exemple, le transport des vaccins et leur réfrigération jusqu'au moment de la vaccination de l'enfant. Le courant électrique faisant défaut dans beaucoup de centres, ceux-ci ont du être équipés de réfrigérateurs au pétrole (qui tombent souvent en panne) et de réserves de pétrole. Les vaccinateurs (67 en 1984) (17) ne pouvant s'occuper de toutes les communes, c'est le plus souvent le personnel médical qualifié qui mène les campagnes de vaccination dans les Centres de Santé. Les campagnes de vaccination mobiles sur les collines constituent plutôt une exception en raison des difficultés de transport et du manque de personnel. La réussite de ce programme de vaccination national est absolument remarquable: en 1984, 42 % de tous les enfants du pays étaient vaccinés (84 % de l'objectif fixé).(18) Dans beaucoup de régions, on a pu enregistrer une nette diminution des cas de rougeole. La vaccination systématique de tous les enfants est le seul moyen d'enrayer efficacement les maladies graves et parfois très répandues telles que la tuberculose, la poliomyélite, la rougeole et le tétanos.

Seit Beginn dieses Programms wurden mit erheblichem finanziellem Aufwand (WHO, US-AID, Unicef) Impfposten in allen Teilen des Landes errichtet. Hauptschwierigkeiten waren logistische Probleme wie Transport von Impfstoffen und Einhaltung der Kühlkette bis zum Kind. Da es in vielen Zentren keinen Strom gibt, ist eine Ausrüstung mit leider häufig sehr störanfälligen Petroleumkühlschränken und ständiger Nachschub von Petroleum notwendig.
Da die Impftechniker (1984 insgesamt 67) nicht alle Gemeinden versorgen können, werden die Impfkampagnen meist vom medizinischen Fachpersonal in den Gesundheitszentren durchgeführt.(17) Mobile Impfkampagnen 'auf den Hügeln' sind wegen Transportschwierigkeiten und Personalmangel eher die Ausnahme. Der Erfolg dieses nationalen Impfprogramms ist durchaus bemerkenswert: 1984 waren landesweit 42% aller Kinder geimpft (84% der vorgegebenen Zielsetzung).(18) In vielen Regionen wurde eine deutliche Abnahme der Masernfälle festgestellt. Nur mit zunehmender Durchimpfung aller Kinder können schwere, z.T. weitverbreitete Erkrankungen wie Tuberkulose, Kinderlähmung, Masern, Tetanus wirkungsvoll eingedämmt werden.

BUFMAR (Bureau des Formations Médicales Agréées du Rwanda)

BUFMAR wurde 1974 als Dachorganisation aller privaten (kirchlichen) Gesundheitseinrichtungen gegründet. 95 Zentren sind Mitglieder, davon 72 von der katholischen, 20 von verschiedenen protestantischen Kirchen, 3 unterstehen freien Trägern (insgesamt 40% aller Gesundheitseinrichtungen des Landes).(19)
BUFMAR importiert steuerfrei preiswerte Basismedikamente (z.B. von MEDEOR) und Grundstoffe zur Herstellung von Salben, Zäpfchen und Lösungen im eigenen Labor. Die Mitgliedszentren, die durch ihren autonomen Haushalt über finanzielle Mittel verfügen, können diese Medikamente preiswert einkaufen. Außerdem bietet BUFMAR Ausstattungshilfen an, wie z.B. das Programm der Solarenergie-Stromversorgung für Gesundheitszentren und unterhält den einzigen technischen Wartungs- und Reparaturdienst für medizinische Geräte.

BUFMAR (Bureau des Formations Médicales Agréées du Rwanda)

BUFMAR a été créé en 1974 pour coiffer toutes les institutions sanitaires privées (religieuses) du Rwanda. 95 centres sont membres de BUFMAR, parmi lesquels 72 appartiennent à l'Eglise catholique, 20 à différentes Eglises protestantes et 3 sont rattachés à des institutions libres (en tout, 40 % de tous les Centres de Santé du pays).(19) BUFMAR importe des médicaments de base peu couteux (p. ex. de MEDEOR) et des produits de base pour la fabrication de pommades, de suppositoires et de solutions dans ses propres laboratoires, en étant éxonéré d'impôts. Les centres membres de BUFMAR disposant de leur budget autonome, peuvent acheter ces médicaments bon marché. En outre, BUFMAR propose son assistance pour les équipements, comme par exemple le programme d'approvisionnement en électricité par énergie solaire pour les Centres de Santé, et entretient le seul service de maintenance et de répartitions pour les appareils médicaux du pays.
Un point important du travail de BUFMAR consiste à organiser des programmes de médecine préventive avec son propre atelier pour la fabrication du matériel didactique. Les employés de BUFMAR rendent visite aux différents centres et forment le personnel sanitaire à leur travail pédagogique à l'aide de ce matériel éducatif. Ce qui est particulièrement attrayant et important pour les centres membres de BUFMAR sont les week-ends de formation permanente organisés tous les trois mois dans la capitale Kigali. Les thèmes proposés sont variés et orientés vers la pratique. Pour beaucoup d'assistants médicaux et d'infirmières qui travaillent dans des régions isolées, ils représentent une occasion d'échanger ses expériences avec des collègues.

Un Centre de Santé rural dans la commune de Kibayi

Etant donné que 95 % des Rwandais vivent à la campagne, les institutions sanitaires rurales jouent un rôle important dans la dispense des soins médicaux.
Ces centres soignent la majorité des malades et tou-

Ein Schwerpunkt der Arbeit von BUFMAR liegt in der Gestaltung von präventiv-medizinischen Programmen mit einem eigenen Atelier zur Herstellung von Didaktikmaterial. Mitarbeiterinnen von BUFMAR besuchen die verschiedenen Zentren und bilden das Gesundheitspersonal für die pädagogische Arbeit fort.
Besonders attraktiv und wichtig für die Mitgliedszentren sind die vierteljährlichen Fortbildungswochenenden in Kigali. Das Themenangebot ist vielseitig und praxisorientiert. Für viele Medizinalassistenten und Krankenschwestern, die in abgelegenen Regionen arbeiten, bieten sie eine Möglichkeit zum Erfahrungsaustausch mit Kolleginnen und Kollegen.

Ein ländliches Gesundheitszentrum in der Gemeinde Kibayi

Da 95% aller Rwander auf dem Lande leben, spielen ländliche Gesundheitseinrichtungen eine wichtige Rolle für die Gesundheitsversorgung. Sie betreuen die Mehrheit aller Kranken und erreichen mit ihren präventiven Programmen einen Großteil der Bevölkerung. Deshalb soll hier eine solche Einrichtung ausführlicher beschrieben werden, das Gesundheitszentrum Nyabisagara/ Kibayi in der Gemeinde Kibayi. Auf die Lebensbedingungen der Bevölkerung dieser Gemeinde wird im Beitrag von Hildegard Schürings näher eingegangen.
Vor dem Bau des Zentrums bestand für die ca. 20 000 Menschen dieser Region nur eine unzureichende Gesundheitsversorgung. Mangels öffentlicher Transportmittel mußten Kranke lange Fußwege auf sich nehmen, um sich im Zentrum im Norden der Gemeinde oder in den Nachbargemeinden behandeln zu lassen. Familien brachten ihre Schwerkranken in einer Trage sogar bis in das Krankenhaus von Butare (36 km). Es bestand daher großes Interesse an einer zentral gelegenen Gesundheitseinrichtung.
Auf eine Anfrage des Bürgermeisters an die Diözese Butare wurden von Misereor die Gelder für das Projekt zur Verfügung gestellt. Einen beträchtlichen Beitrag zum Bau des Zentrums erbrachte die Bevölkerung in

chent une grande partie de la population par leurs programmes de prévention. Le Centre de Santé Nyabisagara/Kibayi de la commune de Kibayi a été choisi comme exemple pour une description approfondie d'un centre. Les conditions de vie de la population de cette commune sont étudiées de plus près dans l'article de H. Schürings.

Avant la construction de ce centre, il n'y avait, pour les près de 20.000 habitants de cette région, qu'une infrastructure sanitaire insuffisante. Les moyens de transport publics faisant défaut, les malades devaient entreprendre de longues marches à pied pour se faire soigner dans le centre du nord de la commune ou dans les communes voisines. Les familles emmenaient même leurs grands malades sur des civières jusqu'à l'hôpital de Butare (36 km). Il y avait donc un intérêt général à ce qu'un centre de santé soit construit au centre de la commune.

Sur demande du bourgmestre au diocèse de Butare, Misereor fournit des fonds pour le projet. La population apporta une contribution notable à la construction du centre sous forme de travaux communautaires (Umuganda), par exemple, en creusant et en applandissant le terrain de construction, en transportant les pierres, l'eau et les matériaux de construction.

En 1978, au bout de deux ans de chantier, les bâtiments étaient terminés, mais le Ministère de la Santé ne pouvait pas affecter de personnel qualifié. Le bourgmestre s'adressa une nouvelle fois à l'évêque de Butare qui fit une demande de personnel qualifié étranger auprès du Service de Volontaires Allemands (S.V.A. = Deutsche Entwicklungsdienst (DED). A la fin de 1979, le centre fut pourvu d'un aide-infirmier et d'un assistant médical et ils purent commencer à recevoir et soigner des malades. Au milieu de l'année 1980 le S.V.A. envoya deux volontaires: une infirmière et une sage-femme. Pendant ce temps, un contrat fut conclu entre le diocèse et le Ministère de la Santé, lesquels nommèrent l'évêque comme représentant légal. Le centre obtint ainsi le statut privé en tant qu'institution sanitaire relevant du diocèse.

Gemeinschaftsarbeit (Umuganda), z.B. durch das Ausheben und Ebnen des Bauplatzes, durch den Transport von Steinen, Wasser, Baumaterial.
1978, nach zweijähriger Bauzeit, waren die Gebäude fertiggestellt, jedoch konnte das Gesundheitsministerium kein qualifiziertes Personal bereitstellen. Daraufhin wandte sich der Bürgermeister nochmals an den Bischof von Butare, welcher beim Deutschen Entwicklungsdienst (DED) nach ausländischem Fachpersonal anfragte.

Ende 1979 wurde das Zentrum mit einem rwandischen Krankenpfleger und einem Medizinalassistenten besetzt; die Krankenversorgung konnte aufgenommen werden. Mitte 1980 begann der DED seine Mitarbeit mit zwei Entwicklungshelferinnen, einer Krankenschwester und einer Hebamme. Im gleichen Zeitraum wurde ein Vertrag zwischen Diözese und Gesundheitsministerium geschlossen, der den Bischof zum legalen Repräsentanten ernannte. Somit erhielt das Zentrum einen privaten Status als Gesundheitseinrichtung der Diözese.

Gebäude und Ausstattung
Als Standort für das neue Gesundheitszentrum wurde ein Platz im Zentrum der Gemeinde, in der Nähe des Gemeindebüros, der Primarschule und der Kirche ausgewählt. Außer einem kleinen Marktflecken, einigen Läden und Kneipen gibt es keine weiteren öffentlichen Einrichtungen in diesem Teil der Gemeinde.
Das Gebäude umfaßt einen Behandlungstrakt mit Konsultationszimmer, Behandlungsraum/Labor, Verbandszimmer, Apotheke, Lager und einem Raum für Entbindungen, an den zwei Zimmer mit insgesamt sechs Betten für die geburtshilfliche Abteilung angeschlossen sind. Der 'Krankenhaustrakt' gegenüber ist aufgeteilt in vier kleine Zimmer für Männer, Frauen, Kinder und Patienten mit Infektionskrankheiten (insges. 16 Betten). In einem Anbau ist das Einschreibebüro mit der Krankenkartei untergebracht. Der überdachte Innenhof dient als Wartehalle für die Patienten.
Ein schwer zu lösendes Problem ist die Wasserversorgung. Im näheren Umkreis gibt es keine geeignete Quel-

Les bâtiments et l'équipement
L'emplacement du nouveau centre a été choisi au centre de la commune, près du bureau communal, de l'école primaire et de l'église. A part un petit centre commercial avec marché hebdomadaire, quelques boutiques et quelques bars, il n'y a pas d'autre institution publique dans cette partie de la commune. Le bâtiment comprend une aile de consultation avec un cabinet de consultation, une pièce réservée aux traitements et au laboratoire, une pièce pour les pansements, une pharmacie, une pièce d'entrepôt et une pièce pour les accouchements, sur laquelle donnent deux autres pièces pourvues de six lits en tout pour le service obstétrique. L'aile-hôpital lui faisant face est divisée en quatre petites chambres de malades pour les hommes, les femmes, les enfants et les patients atteints de maladies infectieuses (en tout 16 lits). Le bureau d'inscription et le fichier des malades se trouvent dans une pièce juxtaposée au bâtiment. La cour intérieure est recouverte d'un toit et sert de salle d'attente.
Un problème difficile à résoudre est l'approvisionnement en eau. Dans les environs immédiats, il n'y a aucune source convenant à une adduction d'eau par gravité ou à un bélier hydraulique, qui ont tous les deux l'avantage d'être d'un entretien peu couteux. La source la plus proche se trouve au fond d'une vallée, à une différence d'altitude de 120 mètres. L'idée de l'installation d'une pompe à moteur a échoué jusqu'à présent, non seulement en raison de son coût d'achat, mais aussi à cause des coûts d'exploitation trop élevés pour la commune comme pour le centre. Le Centre de Santé est donc approvisionné par des citernes qui emmagasinnent l'eau pendant la saison des pluies. En cas de manque d'eau pendant la saison sèche, ce sont des ouvriers et les parents des malades qui doivent apporter de l'eau de la source dans des bidons. Kibayi n'a pas d'électricité. Il faut donc employer des appareils adaptés tels qu'un microscope fonctionnant à la lumière du jour, une ventouse manuelle en obstétrique, etc. L'installation récente d'un éclairage fonctionnant à l'énergie solaire facilite considérablement

le für eine Wasserleitung durch Schwerkraft oder für eine Widderpumpe, beides im Unterhalt günstig. Die nächste Quelle befindet sich tief unten in einem Tal mit einem Höhenunterschied von 120 m. Die Installierung einer Motorpumpe scheiterte bisher nicht nur an den Anschaffungskosten, sondern auch an den hohen Betriebskosten, für die weder Gemeinde noch Zentrum aufkommen können. So versorgt sich das Gesundheitszentrum aus Zisternen, die in der Regenzeit Wasser speichern. Bei Wasserknappheit in der Trockenzeit müssen Arbeiter und Angehörige der Patienten das Quellwasser in Kanistern hochtragen.
Kibayi hat keine Stromversorgung. Daher müssen angepaßte Geräte wie Tageslichtmikroskop, handbetriebene Saugglocke für die Geburtshilfe u.a. eingesetzt werden. Vor kurzem wurde eine mit Solarenergie gespeiste Beleuchtung installiert, die die Krankenversorgung und die Entbindungen bei Nacht wesentlich erleichtert.
Bei der Einweihung des Neubaus durch den Präsidenten Juvénal Habyarimana erhielt Kibayi ein Ambulanzfahrzeug, mit dem Schwerkranke in das Universitätskrankenhaus von Butare gebracht werden können.

Das Personal und seine Aufgaben

Nach anfänglichen Verzögerungen in der Personalbesetzung und einigen Umbesetzungen verfügt Kibayi über ein Team, das über mehrere Jahre stabil blieb und der Aufbauphase des Zentrums Kontinuität verlieh. Vom Gesundheitsministerium sind zwei rwandische Fachkräfte entsandt, ein Medizinalassistent mit vierjähriger und eine Krankenschwester mit zweijähriger Ausbildung. Beide kommen aus anderen Regionen des Landes und wurden nach ihrer Ausbildung in das abgelegene Kibayi versetzt.
Der DED entsandte Entwicklungshelferinnen, eine Hebamme, eine Krankenschwester, später eine Pädagogin für die präventiven Aktivitäten.
Der Aufgabenbereich der diplomierten Mitarbeiter erstreckt sich über Diagnostik, Labor, Verordnung und Ausführung der Behandlung bei ambulanten und stationären Patienten, kleine chirurgische Eingriffe, Geburtshilfe, Konzeption und Ausführung der präventiven Pro-

les accouchements et les soins donnés aux malades la nuit. Au cours de l'inauguration du bâtiment neuf par le président Juvénal Habyarimana, Kibayi reçut un véhicule d'ambulance avec lequel les grands malades pourront être transférés à l'hôpital universitaire de Butare.

Le personnel et ses attributions

Passés les débuts faits d'attentes puis de quelques changements de personnel, Kibayi dispose maintenant d'une équipe sanitaire qui est restée stable pendant plusieurs années et qui a donné une certaine continuité au centre pendant sa phrase de démarrage. Le Ministère de la Santé a envoyé deux employés qualifiés: un assistant médical ayant reçu une formation de 4 ans et une infirmière ayant reçu une formation de deux ans. Tous deux sont originaires d'autres régions du pays et ont été affectés à Kibayi juste après leur formation.

Le S.V.A. a envoyé des volontaires: une sage-femme, une infirmière et plus tard, une pédagogue pour les activités de prévention. Le domaine des attributions du personnel diplômé comprend les diagnostics, la prescription et l'éxécution du traitement des patients en consultation et hospitalisés, les petites interventions chirurgicales, l'ostétrique, la conception et la réalisation des programmes de prévention tels que les vaccinations, la protection maternelle et infantile, ainsi que les tâches administratives et l'apprentissage du personnel auxiliaire.

La commune a engagé un chauffeur pour les transports de malades en ambulance et son salaire a ensuite été pris en charge par le Ministère. Le chauffeur tient en outre le fichier des malades à jour et leur distribue leurs fiches tous les matins.

Le MINISAPASO paie aussi deux ouvriers de la commune qui sont chargés des travaux de nettoyage et des gros travaux tels que la lessive, couper le bois et chercher l'eau. Ils se relaient pour la garde de nuit dans le Centre.

Quatre jeunes filles de la commune ont été engagées pour assister le personnel diplômé; elles ont été formées en pratique et en théorie dans le centre même. La

gramme wie Impfen, Schwangerschaftsvorsorge sowie Verwaltungsaufgaben und Fortbildung der Mitarbeiter.
Für die Krankentransporte stellte die Gemeinde einen Fahrer ein, dessen Gehalt später vom Ministerium übernommen wurde. Dieser führt zusätzlich die Krankenkartei und teilt jeden Morgen die Behandlungskarten an die Patienten aus. Das MINISAPASO finanziert auch zwei Arbeiter aus der Gemeinde, die für Reinigungsarbeiten und schwere körperliche Tätigkeiten wie Holzhacken, Wäsche kochen, Wassertragen zuständig sind. Abwechselnd übernehmen sie die Nachtwache im Zentrum.
Zur Unterstützung des diplomierten Personals wurden vier junge Mädchen aus der Gemeinde eingestellt, die im Zentrum selbst praktisch und theoretisch für bestimmte Aufgaben ausgebildet wurden. Einstellungsvoraussetzung war der Abschluß der Primarschule (damals sechs Jahre) und einer dreijährigen Haushaltsschule (école familiale). Der große Andrang von Bewerberinnen und Bewerbern nach Bekanntgabe dieser freien Arbeitsplätze zeigte deutlich die enormen Schwierigkeiten junger Leute, einen Arbeitsplatz außerhalb der Landwirtschaft zu finden. In Kibayi, wie in allen ländlichen Regionen Rwandas, ist das Arbeitsplatzangebot für Jugendliche mit Schulbildung sehr begrenzt. Aufgrund des hohen Arbeitsanfalls hätten noch weitere Hilfskräfte beschäftigt werden können, jedoch wäre durch weitere Gehaltszahlungen die Selbstfinanzierung unmöglich geworden.
Zu den Aufgaben der Mädchen gehören neben Reinigungsarbeiten, Wäschewaschen, Desinfektion und Sterilisation von Instrumenten eine Vielfalt von medizinischen Tätigkeiten wie Medikamentenverteilung einschließlich Zubereitung, Verbände und Wundpflege, Pflege der Hospitalisierten, Ernährungsberatung, Hygieneerziehung, Mitarbeit im geburtshilflichen Bereich, Neugeborenen- und Frühgeborenenbetreuung bis hin zu Geburtsüberwachung und selbständig durchgeführten Geburten. Eine wichtige Rolle kommt ihnen im präventiven, erzieherischen Bereich zu. Da sie mit ihren Familien im gleichen Milieu wie die Patienten leben, ja oft ihre Nachbarn sind, haben sie einen direkteren Kontakt und eine genauere Kenntnis der Lebensumstände als das Fachper-

condition de leur embauche était le certificat de l'école primaire (6 ans à l'époque) et 3 ans d'école familiale. La foule de candidates et de candidats qui se sont présentés pour ces postes a clairement témoigné que les jeunes ont d'énormes difficultés à trouver du travail en dehors de l'agriculture. A Kibayi comme dans toutes les régions rurales du Rwanda, les offres d'emploi pour les jeunes ayant reçu une instruction scolaire sont très limitées.
En raison de la quantité du travail existant dans le Centre de Santé, celui-ci aurait pu occuper d'autres auxiliaires, mais son auto-financement aurait été compromis par le paiement de salaires supplémentaires.
Les attributions des jeunes filles consistent à faire du nettoyage et de la lessive, désinfecter et stériliser les instruments, mais comprennent aussi des actes médicaux tels que préparer et distribuer les médicaments, soigner les plaies et faire les pansements, donner des soins aux malades hospitalisés, donner des conseils en matière de nutrition, éduquer en matière d'hygiène, assister dans le domaine de l'obstétrique, soigner les nouveaux-nés et les prématurés et même surveiller et assister des accouchements. Elles jouent un rôle important dans le domaine de la prévention et de l'éducation. Etant donné qu'elles vivent avec leurs familles dans le même milieu que les malades, qu'ils sont même souvent voisins, elles ont un contact plus direct et une connaissance plus précise des conditions de vie de leurs patients que le personnel qualifié, qui lui, est souvent devenu étranger à la population rurale dans sa manière de vivre et ses formes d'expression. C'est pour cela que l'on attache beaucoup d'importance à la formation de ces jeunes filles.
Le personnel du Centre Nutritionnel se compose d'une assistante sociale rwandaise, d'une pédagogue allemande, de deux jeunes filles et d'un jeune homme de la commune. Ces derniers ont été formés par le personnel diplômé; deux d'entre eux ont reçu une formation spéciale au Centre de Formation en Nutrition de Ruhengeri.

sonal, welches häufig der Landbevölkerung in Lebensweise und Ausdrucksformen entfremdet ist. Auf die Anleitung dieser Mädchen wurde daher besonderer Wert gelegt.
Das Personal der Abteilung für Ernährungsberatung besteht aus einer rwandischen Sozialpädagogin, einer deutschen Pädagogin, zwei jungen Mädchen und einem jungen Mann aus der Gemeinde. Letztere wurden von den diplomierten Mitarbeiterinnen angelernt, zwei von ihnen erhielten eine formale Zusatzausbildung im Centre de Formation en Nutrition de Ruhengeri (Ausbildungszentrum in Ernährung in Ruhengeri).

Aufgabenbereiche eines ländlichen Gesundheitszentrums

Krankenbehandlung

Die Versorgung der Kranken erfolgt in der Regel ambulant. Durchschnittlich kommen täglich etwa 140 Patienten ins Zentrum (1981: 35 996 Behandlungen) (20), zwei Drittel sind Kinder unter fünf Jahren. Die tägliche Patientenzahl sinkt in der Regenzeit (Pflanzzeit) und an den Markttagen (Mittwoch) ab und steigt in der Trockenzeit (Erntezeit, mehr verfügbares Geld) auf über 200 pro Tag.
Die häufigsten Krankheiten sind Malaria(Nähe des Akanyaru-Sumpfgebietes), verschiedene Wurmerkrankungen, Kinderkrankheiten wie Masern, Keuchhusten, Windpocken, Durchfälle mit Dehydrierung (lebensgefährliche Austrocknung), Infektionen der Atemwege, Lungenentzündungen, Vitaminmangelerscheinungen, Fehl- und Mangelernährungen (Kwashiorkor und Marasmus), Verletzungen, entzündete Wunden. Bedingt durch die Höhenlage und das gemäßigte Klima gibt es außer Malaria kaum Tropenkrankheiten.
Auch kleinere chirurgische Eingriffe wie Nähen von Wunden, Spaltung von Abszessen, Fremdkörperentfernungen, Zähneziehen werden durchgeführt. Schwerkranke und gehunfähige Patienten werden in der Krankenstation aufgenommen. Wie in fast allen Gesundheitseinrichtungen Rwandas üblich, bleibt die Familie im Falle eines Krankenhausaufenthaltes für die Grundversorgung des

Les domaines d'attributions d'un Centre de Santé rural

Le traitement des malades

Normalement, les malades ne sont soignés en consultation. Le Centre de Santé recoit chaque jour une moyenne d'environ 140 patients (1981: 35.996 traitements) (20), dont les deux tiers sont des enfants de moins de 5 ans. Le nombre de visites par jour baisse pendant la saison des pluies (période des plantations) et les jours de marché (le mercredi) et s'élève pendant la saison sèche (période des récoltes, plus d'argent disponible) à plus de 200 par jour. Les maladies les plus courantes sont la malaria (proximité de la région marécageuse d'Akanyaru), les verminoses, les maladies infantiles telles que la rougeole, la coqueluche, la varicelle, les diarrhées avec désydratation, les infections des voies respiratoires, les pneumonies, les carences de vitamines, la malnutrition (le kwashiorkor et le marasme), les blessures, les plaies infectées.
En raison de l'altitude et du climat tempéré du Rwanda, il n'y a pratiquement pas d'autre maladie tropicale que la malaria.
Les petites opérations chirurgicales consistant à recoudre les plaies, débrider les abscès, retirer des corps étrangers ou extraire des dents, sont également effectuées au centre. Les patients gravement malades ou incapables de marcher sont hospitalisés au centre. Comme dans presque toutes les institutions sanitaires du Rwanda, c'est la famille qui, dans le cas d'une hospitalisation, est responsable des soins de base que reçoit le malade; autrement dit, un parent s'occupe nuit et jour du malade et le soigne avec le personnel. Les mères sont toujours admises avec l'enfant malade ou les nourrissons avec leur mère malade. Les familles préparent les repas de leurs malades dans une cuisine simple au centre, ou bien ils les ont emportés de chez eux, souvent même quand les malades sont transférés à l'hôpital de Butare.
En plus de quelques appareils simples tels que stéthoscopes, thermomètres, otoscope, le centre dispose, pour les diagnostics, d'un petit équipement de labora-

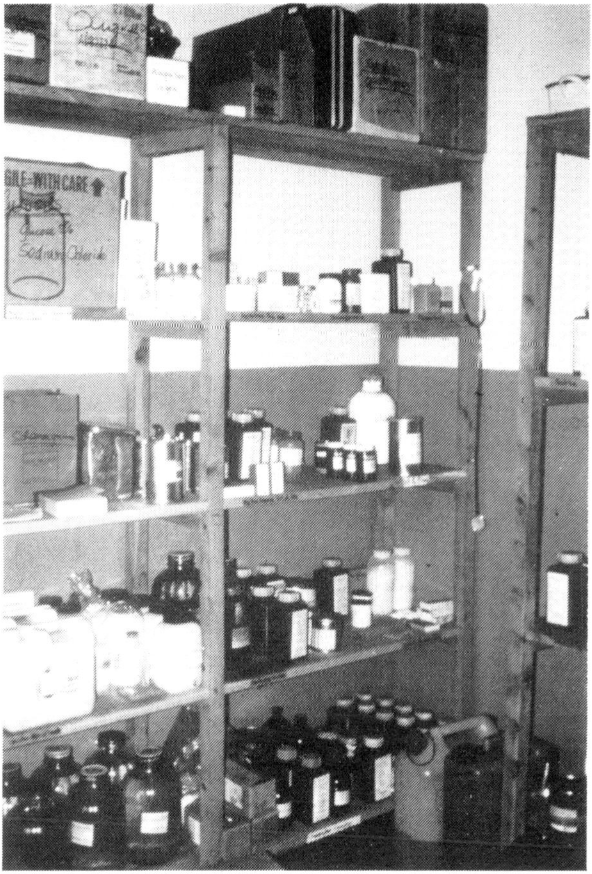

Apotheke des Gesundheitszentrums Kibayi - Pharmacie du Centre de Santé Kibayi

Kranken verantwortlich, d.h. ein Familienmitglied kümmert sich Tag und Nacht um den Erkrankten und pflegt ihn gemeinsam mit dem Personal. Mütter werden immer mit dem kranken Kind, Säuglinge mit der kranken Mutter aufgenommen. In einer einfachen Küche bereiten die Angehörigen das Essen für ihre Kranken zu oder tragen es täglich von Zuhause in die Station, häufig sogar bis in das Stadtkrankenhaus Butare, wenn die Angehörigen dorthin verlegt werden müssen.
Zur Diagnostik steht neben einigen einfachen Hilfsmitteln wie Stethoskop, Thermometer und Ohrenspiegel eine kleine Laborausstattung zur Verfügung, mit deren Hilfe

toire à l'aide duquel on peut dépister la malaria, les verminoses, les maladies vénériennes, les infections des voies urinaires ou la tuberculose.
Les médicaments proviennent d'un stock de base sélectionné de la pharmacie du centre. Ils doivent être bon marché et efficaces (p. ex. pénicilline, chloroquine, aspirine, pas de préparations combinées ni de ("médicaments de luxe"). Les sirops pour la toux, les solutions de réhydratation et les désinfectants sont fabriqués sur place. L'emploi occasionnel au début de médicaments envoyés de l'étranger, pour la plupart des échantillons pour médecins, fut rapidement abandonné à Kibayi. Les modes d'emploi étaient écrits en une langue étrangère au personnel rwandais, la date limite de conservation était souvent dépassée. Souvent, il s'agissait de médicaments pour des indications pratiquement inexistantes au Rwanda. Certains de ces médicaments comme p.ex. contre le rhumatisme, étaient même interdits en Europe.
En tant que membre de BUFMAR, Kibayi peut s'approvisionner en médicaments auprès de cet organisme. En outre, l'OPHAR alloue chaque année une subvention d'une valeur de 80.000 Frw à tous les Centres de Santé privés.

La maternité

La plupart des femmes vivant à la campagne accouchent à la maison avec l'aide de la belle-mère ou d'une accoucheuse traditionnelle expérimentée. Ce sont donc principalement des femmes primipares ou dont la grossesse présente ou annonce des complications, qui viennent accoucher au centre. Cela représente environ 20 à 30 femmes par mois. Le personnel qualifié effectue les petites interventions telles que l'épisiotomie, l'accouchement à l'aide d'une ventouse ou le curetage. En cas d'urgence nécessitant une césarienne, l'ambulance se tient prête à transporter la femme jusqu'à l'hôpital de Butare. Après une naissance sans complications, les femmes rentrent chez elles le lendemain;autrement, elles sont soignées pendant 3-4 jours au centre. La mère et l'enfant partagent le même lit et la mère allaite son enfant dès le premier jour. A la campagne,

Malaria, Wurmbefall, Geschlechtskrankheiten, Harnwegsinfekte oder Tuberkulose erkannt werden können.
Die Medikamente zur Behandlung kommen aus einem ausgewählten Grundstock der zentrumseigenen Apotheke. Sie müssen preiswert und wirksam sein (z.B. Penicillin, Chloroquin, Aspirin, keine Kombinationspräparate oder 'Luxusmedikamente'). Hustensaft, Rehydrierungs- und Desinfektionslösungen werden im Zentrum selbst hergestellt. Vom anfänglichen, gelegentlichen Gebrauch ausländischer Medikamentespenden, größtenteils Ärztemuster, nahm man in Kibayi sehr schnell wieder Abstand. Die Gebrauchsanleitungen waren in einer dem rwandischen Personal fremden Sprache, das Haltbarkeitsdatum der Medikamente häufig überschritten. Oft enthielten die Spenden Arzneien, für die es in Rwanda kaum Anwendungsgebiete gibt (Beta-Blocker, Koronar- und Herzmittel, Medikamente gegen Übergewicht).Einige der Medikamente, wie z.B. bestimmte Rheumamittel, waren sogar in Europa verboten.
Als BUFMAR-Mitglied kann Kibayi bei dieser Organisation alle notwendigen Medikamente einkaufen. Außerdem gewährt OPHAR, die staatliche Apotheke, jährlich einen Medikamentenzuschuß im Wert von 80 000 Frw an alle privaten Zentren.

Geburtshilflicher Bereich (Maternité)
Die meisten Frauen im ländlichen Raum entbinden zu Hause mit Hilfe der Schwiegermutter oder einer erfahrenen traditionellen Hebamme. So kommen hauptsächlich Erstgebärende, Frauen mit Risikoschwangerschaften oder mit Komplikationen während der Geburt zur Entbindung ins Zentrum, monatlich etwa 20 bis 30 Frauen.
Kleinere Eingriffe wie Dammschnitt und Naht, Entbindung durch Saugglocke oder Ausschabungen führt das Fachpersonal durch. Für Notfälle, die einen Kaiserschnitt erfordern, steht die Ambulanz zum Transport in das Stadtkrankenhaus bereit. Bei unkompliziertem Geburtsverlauf gehen die Frauen am nächsten Tag nach Hause, ansonsten werden sie drei bis vier Tage im Zentrum betreut. Mutter und Kind teilen dasselbe Bett, das Neugeborene wird vom ersten Tag an gestillt. Säuglingsernährung durch Milchflasche ist auf dem Land -

on ne sait - heureusement - pas ce que c'est de nourrir un bébé au biberon.
La maternité traite aussi les naissances prématurées et les fausses-couches. Vu la situation sociale difficile des femmes qui sont encore sans enfants malgré le grand nombre de leurs grossesses (fausses-couches), les soins du prématuré font partie du programme de planning familial. On arrive souvent à sauver des enfants prématurés à l'aide de bouillotes, d'un allaitement fréquent, de soins et de conseils donnés à la mère sur une longue période de temps. Les naissances prématurées et les fausses-couches fréquentes ainsi que le faible poids de naissance des nouveaux-nés (le plus souvent moins de 3000 g), sont dûs, entre autres, à l'épuisement corporel des femmes par des grossesses très rapprochées, de gros travaux champêtres et ménagers et un faible niveau de santé et de nutrition.

Le programme de Protection Maternelle et Infantile
Etant donné que beaucoup de femmes accouchent chez elles, la protection maternelle et infantile a une importance d'autant plus grande. Ce programme est volontiers accepté par les femmes enceintes comme une sécurité de plus aux préparatifs traditonnels à la naissance. Les consultations ont lieu deux fois par semaine l'après-midi, et il se présente chaque fois 15 à 20 femmes. Après l'établissement de l'anamnèse, chaque femme est examinée: constatation de la position de l'enfant et âge de la grossesse, contrôle du poids et de la tension, vaccination contre le tétanos et consultation individuelle.
Enfin, les femmes se réunissent pour une causerie au cours de laquelle on leur présente et on discute des sujets suivants: alimentation et hygiène pendant la grossesse, les bases de l'anatomie chez l'homme et la femme, le cycle de la femme, la création et le développement de l'enfant dans le ventre de sa mère, le déroulement de la naissance et les complications possibles les soins du nourrisson et les vaccinations, différentes possibilités du planning familial. Ce programme-causerie a été élaboré en collaboration avec le personnel du Centre Nutritionnel. Le personnel

glücklicherweise - so gut wie unbekannt.
Auch die Behandlung von Früh- und Fehlgeburten erfolgt in der Maternité. Angesichts der gesellschaftlich schwierigen Stellung von Frauen, die trotz vieler Schwangerschaften (Fehlgeburten) kinderlos sind, gehört die Betreuung der Frühgeborenen zum Familienplanungsprogramm. Mit Hilfe von Wärmflaschen, häufigem Stillen, langfristiger Betreuung und Beratung der Mütter können immer wieder Frühgeborene erfolgreich durchgebracht werden. Die Ursachen für die häufigen Früh- und Fehlgeburten, auch für das niedrige Geburtsgewicht (meist unter 3000 gr), sind unter anderem auf die körperliche Überbelastung der Frauen durch schnell aufeinanderfolgende Schwangerschaften, schwere Feld- und Hausarbeit und einen reduzierten Gesundheits- und Ernährungszustand zurückzuführen.

Schwangerschaftsvorsorge

Da viele Frauen zu Hause entbinden, kommt der Schwangerschaftsvorsorge eine besondere Bedeutung zu. Dieses Programm wird von den Schwangeren neben den traditionellen Geburtsvorbereitungen gern als zusätzliche Sicherheit und Betreuung angenommen. Die Sprechstunde findet zweimal wöchentlich am Nachmittag statt, es kommen jeweils etwa 15 bis 20 Frauen. Nach Aufnahme der Vorgeschichte der Schwangerschaft wird jede Frau einzeln untersucht: Feststellung der Kindslage und des Schwangerschaftsalters, Gewichts- und Blutdruckkontrolle, Tetanusimpfung und individuelle Beratung.
Anschließend setzen sich die Frauen zu einem Gesprächskreis zusammen, in dem folgende Themen vorgetragen und diskutiert werden: Ernährung und Hygiene während der Schwangerschaft, Grundlagen weiblicher und männlicher Anatomie, Zyklus der Frau, Entstehung und Entwicklung des Kindes im Mutterleib, Ablauf der Geburt und mögliche Komplikationen, Säuglingspflege und Impfungen, verschiedene Möglichkeiten der Familienplanung. In Zusammenarbeit mit den Mitarbeitern des Ernährungsberatungszentrums wurde ein inhaltliches Programm ausgearbeitet. Fach- und Hilfspersonal leiten im Turnus die Gesprächskreise.

Wochenprogramm im Dispensarium und in der Entbindungsstation
Programme hebdommadaire au Dispensaire et à la Maternité

Tage/jours	Vormittag/matin 7.00-12.00 h	Nachmittag/après-midi 14.00-17.00 h
Montag Lundi	Ausgabe der Behandlungskarten Distribution des fiches des malades Versorgung der stationären Patienten - Soins des malades hospitalisés	Impfungen-Vaccinations Sprechstunde für Familienplanung(Einzelberatung) - Consultations de planning familial Laboruntersuchungen - Examens de laboratoire Verwaltungsarbeiten - Tâches administratives Putz- u. Reinigungsarbeiten - Nettoyage
Dienstag Mardi	Untersuchung der ambulanten Patienten - Examination des malades en consultation Vorbereitung der Laboruntersuchungen (z.B. Blutabnahme, Färben der Ausstriche) - Préparation des examens de laboratoire (p.ex. Prise de sang, coloration de frottis)	Schwangerenvorsorge - Consultations prénatales Gesundheitserziehung für Schwangere - Causeries aux femmes enceintes Laboruntersuchungen - Examens de laboratoire Verwaltungsarbeiten - Tâches administratives Putz- und Reinigungsarbeiten (Waschtag) - Nettoyage (Lessive)
Mittwoch Mercredi	Behandlung der ambulanten Patienten - Traitement des malades en consultation	Arbeitsbesprechung des gesamten Personals - Réunion de tout le personnel Laboruntersuchungen - Examens de laboratoire Verwaltungsarbeiten - Tâches administratives Putz- und Reinigungsarbeiten - Nettoyage
Donnerstag Jeudi	Chirurgische Eingriffe - Interventions chirurgicales Versorgung der Neuaufnahmen und Entlassungen - Soins aux patients nouvellement admis ou quittant l'hôpital	Schwangerenvorsorge - Consultations prénatales Gesundheitserziehung für Schwangere -Causeries aux femmes enceintes Laboruntersuchungen - Examens de laboratoire Verwaltungsarbeiten - Tâches administratives Putz- und Reinigungsarbeiten - Nettoyage

Freitag Vendredi	Patienteneinzelgespräche/Untersuchungen Consultations/Examens individuels Anleitung der Familienangehörigen - Conseils aux parents	Fortbildung f.d.Personal - Perfectionnement Laboruntersuchungen - Examens de laboratoire Verwaltungsarbeiten - Tâches administratives Putz- und Reinigungsarbeiten - Nettoyage
Samstag Samedi	Versorgung der stationären Patienten Soins des malades hospitalisés Umuganda	Bereitschaftsdienst für Entbindungen - Service de garde pour les accouchements
Sonntag Dimanche	Ambulante Sprechstunde nur für einbestellte Patienten - Consultations pour des patients ayant rendez-vous Notfälle und Enttindungen - Cas urgents et accouchements	und Notfälle et des urgences

Quelle/Source: Pahsmann, Rita: Ländliche Gesundheitsversorgung in Rwanda, ein Beispiel des Basisgesundheitsprogramms des Deutschen Entwicklungsdienstes, Beilage zu Deutsche Krankenpflegezeitschrift, Juli, Stuttgart 1987.

qualifié et le personnel auxiliaire se relaient pour mener ces causeries.

Le programme des vaccinations

En raison des mauvaises répercussions des diverses maladies infantiles, la préparation et la réalisation d'un programme continu de vaccination ont été prioritaires pendant la phase de début du centre. L'OMS--Rwanda a fourni du matériel, comme par exemple, un réfrigérateur fonctionnant au pétrole, du pétrole et des vaccins et a offert son aide pour les problèmes de logistique par le biais d'un responsable de la préfecture de Butare. L'importance de la vaccination peut être illustré à l'aide de l'exemple de la rougeole: ce qui se déroule généralement comme une légère maladie infantile en Europe, met souvent la vie des enfants rwandais en danger. La rougeole survient par épidémies le plus souvent pendant la saison sèche. Le cours de la maladie est cacactérisé par une forte fièvre, des diarhées avec des risques de déshydratation, des pneumonies, des infections de la bouche et des yeux. Beaucoup de familles perdent un ou plusieurs enfants au cours de telles épidémies. La plupart des enfants atteints ont moins de deux ans, ils viennent d'être sevrés et ne sont plus protégés par les anticorps du lait maternel. Les enfants de cet âge souffrent souvent d'une malnutrition latente due à un sevrage trop rapide, une alimentation de transition non adaptée ou des diarrhées. Une rougeole à ce moment-là aggrave cet état de nutrition insuffisant. Les conséquences peuvent en être de graves maladies de malnutrition telles que le kwashiorkor (carence de protéines) ou le marasme (sous-alimentation générale).

La première grosse campagne de vaccination a duré plus de quatre mois; maintenant, il y a des jours de vaccination tous les mois. En collaboration avec le bourgmestre et les conseillers communaux, ces dates sont rappelées à la population pendant les réunions communales et après la messe du dimanche.

Tandis que les premières vaccinations ont été menées avec succès, (6437 vaccinations au début, puis environ 200 par mois) (21), le nombre des deuxièmes et des

Impfprogramm
Die Vorbereitung und Durchführung eines kontinuierlichen Impfprogramms wurde angesichts der Auswirkungen verschiedener Kinderkrankheiten zur ersten Priorität in der Anfangsphase des Zentrums. Ein Büro der Weltgesundheitsorganisation in Kigali stellte Material wie Petroleumkühlschrank, Petroleum und Impfstoffe zur Verfügung und bot logistische Beratung durch einen Verantwortlichen in der Präfektur Butare an.
Die Wichtigkeit des Impfens wird deutlich am Beispiel der Masernerkrankung: Was in Europa meist als leichte Kinderkrankheit verläuft, ist für rwandische Kinder oft lebensbedrohlich. Masern treten epidemieartig auf, meist während der Trockenzeiten. Der Krankheitsverlauf ist gekennzeichnet durch hohes Fieber, schwere Durchfälle mit Austrocknung, Lungenentzündungen, Mund- und Augeninfektionen. Viele Familien verlieren eines oder mehrere Kinder während einer solchen Epidemie. In der Mehrzahl erkranken Kleinkinder unter zwei Jahren, die sich in der Abstillphase befinden und nicht mehr durch die Abwehrkörper der Muttermilch geschützt sind. Kinder dieser Altersgruppe sind häufig schon latent mangelernährt durch zu rasches Abstillen, unangepaßte Übergangsernährung oder Durchfallerkrankungen. Eine zusätzliche Masernerkrankung verschärft diesen verminderten Ernährungszustand. Als Spätfolge können dann schwere Fehl- oder Mangelernährungskrankheiten wie Kwashiorkor (Eiweißmangelerkrankung) oder Marasmus (allgemeine Mangelernährung) auftreten.
Nach einer ersten großen Impfkampagne, die sich über vier Monate erstreckte, werden nun regelmäßig monatliche Impftermine angeboten. In Zusammenarbeit mit Bürgermeister und Gemeinderäten, durch Bekanntgabe auf Gemeindeversammlungen und nach der Sonntagspredigt wird immer wieder auf die Impftermine hingewiesen.
Während die Erstimpfungen mit gutem Erfolg durchgeführt wurden (6437 Impfungen in der Anfangsphase, dann ca. 200 monatlich (21)), blieb die Zahl der Zweit- und Drittimpfungen niedrig. Für einen ausreichenden Schutz müssen die Kinder jedoch dreimal geimpft werden. Erst mit der Eröffnung des Ernährungsberatungszentrums und der Verzahnung des Impfprogramms mit dessen Aktivitä-

troisièmes vaccinations est resté bas. Cependant, les enfants doivent être vaccinés trois fois pour avoir une protection suffisante. Ce n'est qu'à partir de l'ouverture du Centre de Nutrition et de l'association du programme de vaccinations à ces activités qu'une amélioration a pu être obtenue. Pendant les causeries, les mères ont plus intensément été informées de l'importance de la protection immunitaire et on a contrôlé les vaccinations de chaque enfant à l'aide du fichier. Un grand succès remporté par le programme de vaccinations est la régréssion marquée des cas de rougeole en peu d'années: avant le début des vaccinations, on enregistrait jusqu'à 30 nouveaux cas de rougeole par semaine pendant les périodes d'épidémie; trois ans plus tard, la rougeole n'apparaissait que de manière sporadique.

Le fichier des malades

Sans un minimum de bureaucratie, il est impossible d'assurer un bon service de santé publique continu au Rwanda. La tenue d'un fichier des malades est onéreuse, mais ce fichier peut considérablement améliorer la qualité de la surveillance médicale des patients et plus particulièrement de ceux qui encourent le plus de risques, c'est-à-dire les petits enfants et les femmes enceintes. En même temps, ce fichier fournit des renseignements importants pour les programmes de prévention.

Pour chaque famille s'adressant au centre, on commence une fiche familiale, classée par secteur de commune. Chaque fiche comprend des cartes individuelles pour chaque membre de la famille et sur lesquelles toutes sortes de données sont notées: maladies contractées, les traitements, les résultats de laboratoire, les hospitalisations, les cas de décès, etc... Les femmes enceintes ont un feuillet spécial de consultation prénatale sur lequel on trouve toute l'anamnèse de la grossesse (nombre de grossesses antérieures, fausses-couches, complications, nombre d'enfants vivants). Pour les jeunes enfants, on conserve un duplicata du carnet de vaccinations. Ces fiches familiales permettent de faire des déductions sur les problèmes de

ten konnte eine Verbesserung erreicht werden. Denn in den Gesprächskreisen wurden die Mütter intensiver über die Bedeutung des Impfschutzes aufgeklärt, und jedes Kind wurde mit Hilfe seiner Wiegekarte auf vollständigen Impfschutz überprüft. Ein sichtbarer Erfolg des Impfprogramms ist die markante Abnahme der Masernfälle innerhalb weniger Jahre: Vor dessen Beginn zählte man während Epidemiezeiten bis zu 30 Fälle pro Woche, drei Jahre später traten Masern nur noch sporadisch auf.

Krankenkartei

Ohne ein Mindestmaß an Bürokratie ist auch in Rwanda keine gute kontinuierliche Gesundheitsversorgung zu gewährleisten. Der Unterhalt eines Patientenarchivs ist zwar mit hohen Kosten verbunden, doch kann dieses Archiv die qualitative Betreuung der Kranken und vor allem der Risikogruppen wie Kleinkinder und schwangere Frauen enorm verbessern helfen. Gleichzeitig gibt es wichtige Informationen als Grundlage für präventive Aufgaben. Für jede Familie, die das Zentrum aufsucht,

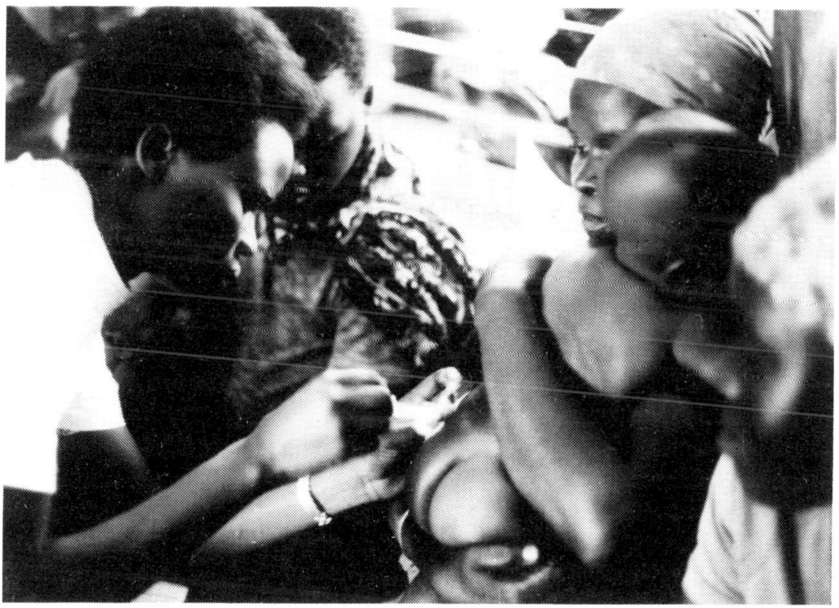

Impfung - Vaccination

santé particuliers à une famille, p. ex.,des maladies répétées comme celles dues aux vers, la malaria, les pneumonies ou les grossesses annuelles de la mère, les maladies de carence des enfants, etc. Elles permettent des consultations individualisées.

Le budget du centre

En tant qu'institution sanitaire de statut privé, le centre de Kibayi a un budget autonome. Il administre lui-même ses recettes provenant des frais de traitement et doit ainsi couvrir toutes ses dépenses, tandis que les centres étatiques versent directement leurs recettes au Ministère qui les fournit en médicaments et en matériel. En principe, les traitements médicaux ne sont pas gratuits, il n'existe aucune assurance-maladie au sens européen. Ainsi, un traitement sans hospitalisation coûte 20 Frw à Kibayi pour le premier jour, 5 Frw pour les jours suivants, une journée d'hospitalisation coûte 10 Frw, une intervention chirurgicale comme une suture ou une extraction de dent 50 Frw, un accouchement 100 Frw, l'établissement d'une fiche familiale ou d'un feuillet de consultation prénatale 20 Frw (salaire journalier minimum d'un ouvrier = 120 Frw). Ces sommes sont relativement élevées pour un agriculteur vivant pratiquement en autarcie et ne disposant que d'un peu d'argent juste après les récoltes. Les patients insolvables peuvent payer en nature (bois) ou bien un membre de la famille travaille sur les champs du centre pour l'équivalent du coût du traitement. Les recettes mensuelles provenant des traitements oscillent entre 35.000 et 40.000 Frw. Elles doivent couvrir la totalité des dépenses courantes: les médicaments, le savon, le pétrole, le matériel de laboratoire, et ce qui représente le poste le plus important, les salaires du personnel auxiliaire non-étatique (salaire mensuel de 4.200 Frw plus les cotisations sociales). Plus d'un tiers de la totalité des recettes est consacré aux salaires. Jusqu'à présent, le centre a réussi à s'autofinancer grâce à une gestion budgétaire extrêmement sévère. La commune apporte une contribution importante en payant les salaires de deux auxiliaires. Elle a

wird ein Familienkarteiblatt angelegt, geordnet nach verschiedenen Gemeindesektoren. Es enthält individuelle Karten für jedes Familienmitglied, auf dem alle Daten wie Art der Erkrankung, Behandlung, Laborergebnisse, Krankenhausaufenthalte, Sterbefälle u.a. eingetragen werden.
Werdende Mütter erhalten eine besondere Karte für die Schwangerschaftsvorsorge,aus der die Schwangerschaftsanamnese (Anzahl der Schwangerschaften, Fehlgeburten, Komplikationen, Anzahl der lebenden Kinder) hervorgeht. Für Kleinkinder liegt ein Duplikat des Impfausweises zur Überprüfung bei. Diese Familienkarten lassen Rückschlüsse auf die besonderen gesundheitlichen Probleme einer Familie zu, wie z.B. auf sich ständig wiederholende Erkrankungen wie Wurmbefall, Malaria, Lungenentzündungen oder jährliche Schwangerschaft der Mutter, Mangelerkrankungen der Kinder usw. Sie ermöglichen eine individuelle Beratung.

Budget

Als Gesundheitseinrichtung mit privatem Status hat das Zentrum von Kibayi einen autonomen Haushalt. Es kann seine Einnahmen aus den Behandlungsgebühren selbst verwalten und muß damit alle anfallenden Kosten decken im Gegensatz zu staatlichen Zentren, die die Einnahmen an das Gesundheitsministerium abführen und dafür mit Medikamenten und Material versorgt werden. Grundsätzlich ist medizinische Behandlung nicht kostenlos, es gibt keine Krankenversicherung im europäischen Sinn. So kostete z.B. in Kibayi eine ambulante Behandlung 20 Frw für den ersten Tag, 5 Frw für jeden weiteren, ein Tag Krankenhausaufenthalt 10 Frw, ein chirurgischer Eingriff wie Wundnaht oder Zähneziehen 50 Frw, eine Entbindung 100 Frw, das Anlegen einer Familienkarte oder eines Blattes für die Schwangerschaftsvorsorge 20 Frw(Mindesttageslohn eines Arbeiters 120Frw). Dies sind relativ hohe Summen für einen Subsistenzbauern, der oft nur nach der Ernte über Geld verfügt.
Zahlungsunfähige Patienten können Naturalien (Holz) mitbringen, oder ein Familienmitglied arbeitet für die Kosten der Behandlung auf den Feldern des Zentrums.
Die monatlichen Einnahmen aus den Behandlungsgebühren

également mis un champ de café à la disposition du centre, le produit des récoltes constituant une source de revenus supplémentaire.
L'exploitation d'une ambulance est un problème particulièrement délicat pour les Centres de Santé. Ce n'est qu'avec d'énormes difficultés que le centre ou la commune réussissent à l'entretenir. Par exemple, les coûts de réparation de l'ambulance (soumise à un rude traitement sur des routes en mauvais état) s'élevaient à 95.000 Frw en 1982 (20), ce qui représente environ 1/6 de la totalité des recettes. En 1981, 111 cas d'urgence ont été transférés à l'hôpital de Butare en ambulance; la moitié d'entre eux étaient des femmes présentant des complications au moment d'accoucher et nécessitant une césarienne.(22)

Le Centre Nutritionnel

Vouloir améliorer la situation de santé de la population par une médecine curative uniquement, c'est-à-dire par le traitement des maladies déclarées, serait une entreprise audacieuse et vouée à l'échec. Les problemès de santé ont des causes variées et ne peuvent être traités que par des efforts à plusieurs niveaux (l'agriculture, l'approvisionnement en eau, l'instruction scolaire, la formation des adultes, l'amélioration des revenus de la population rurale, etc...). Enfin, ils sont aussi un problème politique.
Par exemple, les diarhées et les maladies causées par les vers risquent toujours de revenir même après une guérison si la situation hygiénique ou l'approvisionnement en eau ne s'améliorent pas. Beaucoup de maladies graves très répandues comme les pneumonies ou la rougeole n'apparaîtraient que plus rarement ou auraient une évolution plus bénigne si les enfants étaient suffisament nourris et étaient donc plus résistants.
Les Centres Nutritionnels ont pour but de contribuer à l'amélioration des conditions de vie en constituant des forums d'éducation permanente et de consultation pour les parents. Dans la langue du pays, ils sont nommés "Ishuli ry'ababyeyi", ce qui signifie "école

schwanken zwischen 35 000 und 40 000 Frw. Damit müssen sämtliche laufenden Kosten gedeckt werden: Medikamentenbedarf, Seife, Petroleum, Labormaterial und als größter Posten die Gehälter des nichtstaatlichen Hilfspersonals (monatlich je 4200 Frw plus Sozialabgaben).
Allein für die Gehälter wird mehr als ein Drittel aller Einnahmen ausgegeben. Mit äußerst sparsamer Mittelbewirtschaftung ist eine Selbstfinanzierung des Zentrums bisher gelungen. Die Gemeinde leistet durch die Übernahme der Gehälter von zwei Hilfskräften einen wichtigen Beitrag. Sie stellte außerdem dem Zentrum ein Kaffeefeld zur Verfügung, dessen Ernteerträge ein zusätzliches Einkommen schaffen.
Ein besonders heikler Punkt ist in den Gesundheitszentren der Unterhalt eines Ambulanzfahrzeugs. Es kann vom Zentrum oder von der Gemeinde nur unter größten Schwierigkeiten unterhalten werden. So beliefen sich allein die Reparaturkosten der Ambulanz (starke Beanspruchung durch schlechte Straßen) im Jahre 1982 auf 95 000 Frw (22),ca. ein Sechstel der gesamten Einnahmen. 1981 wurden 111 Notfälle mit der Ambulanz in das Krankenhaus Butare verlegt, etwa die Hälfte davon Frauen mit geburtshilflichen Komplikationen.(22)

Ernährungsberatungszentrum (Centre Nutritionnel)

Die Gesundheitssituation der Bevölkerung allein durch kurative Medizin, d.h. durch Behandlung der auftretenden Erkrankungen verbessern zu wollen, wäre ein hoffnungsloses Unterfangen. Gesundheitsprobleme haben vielfältige Ursachen und können nur durch Anstrengungen auf verschiedenen Ebenen verbessert werden (Land wirtschaft, Wasserversorgung,Schul- und Bildungswesen, Erwachsenenbildung, Erhöhung des Einkommens der ländlichen Bevölkerung u.a.). Sie sind nicht zuletzt ein politisches Problem.
Beispielsweise werden Durchfälle oder Wurmbefall nach einer eventuellen Heilung immer wieder auftreten, wenn sich die hygienische Situation oder die mangelhafte Wasserversorgung nicht verbessern. Viele der schweren

des parents". C'est à eux que revient la surveillance des enfants en âge préscolaire, c.-à-d. de 0 - 5 ans. L'état de santé et de nutrition de ces derniers est surveillé à l'aide de contrôles réguliers du poids. Les centres et les parents, en général les mères, cherchent en commun des moyens d'améliorer la situation nutritionnelle au cours de consultations individuelles ou de discussions en groupe.

Les activités du Centre Nutritionnel de Kibayi ont démarré deux ans après l'ouverture du département curatif, ce retard étant dû au manque de personnel et de locaux appropriés. Les centres de ce genre étaient connus de la population car il en existait déjà dans les communes voisines; le désir d'en avoir un, implanté de manière centrale, a souvent été exprimé auprès du personnel sanitaire. Il est certain que l'espoir de recevoir des distributions gratuites de produits alimentaires de la part du Catholic-Relief-Service-Programm (C.R.S.) américain, comme cela se passe dans beaucoup de centres, a du jouer un rôle important dans ce désir.
Pendant la phase de démarrage, des réunions ont été tenues dans tous les secteurs de la commune pour présenter les objectifs et le programme de ce nouveau département. Une stagiaire de l'Ecole Sociale de Karubanda, Butare, a fait une étude sur la situation socio-économique de la population avec le personnel du centre. Les résultats de cette étude devaient aider à déterminer le contenu du programme (cf. l'article de H. Schürings).
Le nombre des enfants inscrits s'élevait à 1202 en mars 1982 (23), parmi lesquels 30 % étaient d'un poids insuffisant et 10 % d'un poids très insuffisant. Les enfants sont répartis dans différents groupes, selon leur âge et leur état de nutrition (voir tableau).
Une attention particulière est accordée aux bébés en train d'être sevrés, entre 7 mois et un an. Les petits enfants sont particulièrement vulnérables à ce moment-là en raison d'un sevrage trop rapide, d'une transition abrupte vers l'alimentations des adultes, puis l'apparition de diarrhées dues à une nourriture

Massenerkrankungen wie Lungenentzündungen oder Masern würden seltener auftreten oder leichter verlaufen, wenn Kleinkinder ausreichend ernährt und damit widerstandsfähiger wären.
Die Ernährungsberatungszentren sollen als Fortbildungs- und Beratungsforen für Eltern einen Beitrag zur Verbesserung der Lebensbedingungen leisten. Sie werden in der Landessprache auch 'Ishuli ly'ababyeyi' = Elternschule genannt. Ihnen obliegt die Betreuung von Kindern im Vorschulalter, d.h. von 0 bis 5 Jahren.
Diese werden mit Hilfe von regelmäßigen Gewichtskontrollen auf ihren Gesundheits- und Ernährungszustand überprüft. Mit den Eltern, in der Regel meist den Müttern, sollen durch Einzelberatungen und Gruppendiskussionen nach Möglichkeiten zur Verbesserung der Ernährungssituation gesucht werden.

Die Aktivitäten des 'Centre Nutritionnel' begannen in Kibayi, verzögert durch das Fehlen von Personal und geeigneten Räumlichkeiten, zwei Jahre nach Eröffnung der kurativen Abteilung. Zentren dieser Art waren der Bevölkerung durch die Einrichtungen der Nachbargemeinden bekannt; der Wunsch nach einem zentral gelegenen Ernährungsberatungszentrum wurde immer wieder an die Mitarbeiter herangetragen. Dabei spielte sicherlich auch die Hoffnung auf kostenlose Lebensmittelverteilungen des amerikanischen Catholic Relief Service (C.R.S.), wie sie in vielen Zentren stattfindet, eine Rolle.
In der Anfangsphase wurden in allen Sektoren der Gemeinde Versammlungen abgehalten, in denen die Ziele und Aufgaben der neuen Abteilung vorgestellt wurden. Eine Praktikantin der Sozialschule von Karubanda, Butare, erstellte zusammen mit den Mitarbeiterinnen eine umfassende Studie über die sozio-ökonomische Situation der Bevölkerung. Die Ergebnisse dieser Studie sollten die inhaltlichen Programme mitbestimmen (vgl. den Beitrag von H.Schürings).
Die Zahl der eingeschriebenen Kinder betrug im März 1982 1202 Kinder (23), von denen 30% untergewichtig und 10% stark untergewichtig waren. Die Kleinkinder werden verschiedenen Gruppen zugeteilt, je nach

préparée dans des conditions pas complètement hygiéniques. On s'occupe de manière tout aussi intensive des groupes d'enfants souffrant d'un poids insuffisant ou de carences alimentaires, qui viennent une à deux fois par semaine au centre. Les enfants atteints de malnutrition grave (kwashiorkor et/ou marasme) peuvent être exceptionnellement hospitalisés. Mais en règle générale, on aspire à un traitement sans hospitalisation, à l'aide d'aliments disponibles à la maison, car c'est ainsi que l'on peut réussir à modifier les habitudes alimentaires de manière plus durable. Les parents attribuent souvent les succès des traitements effectués en hôpital aux médicaments et au supplément de nourriture riche en protéines. L'enfant "guéri" est renvoyé chez lui dans des conditions inchangées et souffre souvent d'une rechute peu de temps après.

La malnutrition a diverses causes, et la pauvreté ou le manque d'aliments appropriés ne sont souvent pas les causes les plus importantes. Avec les produits alimentaires dont dispose une famille paysanne moyenne (sont par exemple riches en protéines: le sorgho, les haricots, les pois, le mais, les oeufs), les enfants peuvent être nourris d'une manière qualitativement complète, les besoins en protéines peuvent être couverts. En plus des problèmes agricoles du Rwanda comme le manque croissant de terres, qui se renforce par les partages de succession, comme l'érosion et le lessivage des sols par leur exploitation intensive, la commercialisation et le stockage des récoltes - pour ne nommer que ceux-là - beaucoup de problèmes sociaux jouent un rôle important dans l'apparition des maladies de carence. En voici quelques exemples:

- la surcharge de la femme dans ses tâches agricoles et familiales, l'éducation des enfants,
- les grossesses se succèdant à peu d'intervalle; la mère plus occupée par le nouveau-né a moins de temps pour l'avant-dernier enfant,
- l'absence du mari parti à la recherche d'un travail, effectuant des travaux saisonniers, dans les familles polygames,
- la séparation, le divorce des parents, le décès du

Lebensalter und Ernährungszustand (vgl. Übersicht über Wochenarbeitsplan). Besondere Aufmerksamkeit wird den Säuglingen im Abstillalter von sieben Monaten bis zu einem Jahr gewidmet. Kleinkinder sind in diesem Zeitraum besonders gefährdet durch zu schnelles Abstillen,durch abrupten Übergang zu 'Erwachsenennahrung', dann durch Auftreten von Durchfällen als Folge von hygienisch nicht einwandfreier Nahrung. Ebenso intensiv werden auch die Gruppen der untergewichtigen oder mangelernährten Kinder betreut, die ein- bis zweimal wöchentlich ins Zentrum kommen. Kinder mit schweren Fehl- oder Mangelernährungen(Kwashiorkor und/ oder Marasmus) können in Ausnahmefällen stationär behandelt werden. Grundsätzlich wird jedoch eine ambulante Betreuung mit Hilfe von zu Hause verfügbaren Nahrungsmitteln angestrebt, da auf diese Weise nachhaltiger eine Veränderung der Eßgewohnheiten zu erreichen ist. Behandlungserfolge im Krankenhaus führen die Eltern häufig auf die verabreichten Medikamente und die proteinreiche Zusatzernährung zurück. Das 'geheilte' Kind wird in eine unveränderte häusliche Situation entlassen und erleidet oft nach kurzer Zeit einen Rückfall.

Fehl- und Mangelernährung haben vielfältige Ursachen, wobei Armut oder Mangel an geeigneten Nahrungsmitteln oft nicht im Vordergrund stehen. Mit den verfügbaren Lebensmitteln einer durchschnittlichen Bauernfamilie (z.B. als hochwertige Eiweißträger: Sorgho, Bohnen, Erbsen, Mais, Eier) können die Kinder qualitativ vollwertig ernährt werden, der Eiweißbedarf kann ausreichend gedeckt werden.
Neben den landwirtschaftlichen Problemen Rwandas wie der zunehmenden Bodenknappheit, die sich durch Erbteilung verschärft, wie Erosion und Auslaugung der Böden durch intensive Nutzung, Vermarktung und Lagerung der Ernte - um nur einige zu nennen - spielen viele soziale Probleme beim Auftreten von Mangelernährungserkrankungen eine wichtige Rolle. Hierzu einige Beispiele:

père ou de la mère, les orphelins pris en charge par des parents,

- les problèmes familiaux comme p. ex. des difficultés de communication entre les parents. Le planning financier qui est entre les mains du mari en tant que chef de famille. Les revenus provenant des récoltes sont souvent dépensés à autre chose (produits de consommation, alcool). La femme n'a pas la possibilité d'acheter de nourriture supplémentaire pour les enfants de temps en temps,
- le changement des habitudes alimentaires, la cuisson "moderne" des aliments dans plusieurs casseroles séparées. L'enfants ne mange par exemple que des patates douces (glucides),
- l'ignorance, quelques comportements traditionnels négatifs (il y en a aussi beaucoup de positifs!), les produits alimentaires tabous,
- le "manque d'amour", ainsi que l'a rapporté un collaborateur du centre.(24)

L'Emploi du temps d'une journée au Centre Nutritionnel

Le matin, les femmes arrivent au centre avec leurs enfants et commencent la journée en travaillant ensemble sur les champs qui ont été légués par la commune au centre afin d'y être exploités. Les champs sont cultivés selon les méthodes traditionnelles connues; le seul outil agricole est la houe. On cultive, suivant les conditions locales, des haricots, des patates douces, du manioc, du sorgho, du maïs, des cacahuètes et des plantes vertes locales ressemblant aux épinards. On fait pousser des boutures dans des carrés de semis, y compris des espèces de légumes moins répandues comme le chou, la tomate, le poireau. Les femmes peuvent acheter des graines et des boutures à des prix intéressants pour leurs propres champs. La plantation de différents arbres comme l'avocatier, le papayer et le goyavier a pour but d'inciter à la consommation de fruits. Les femmes travaillent également ensemble à des mesures anti-érosives sur les champs. Un engrais organique est obtenu dans une fosse à compost que les femmes ont préparée elles-mêmes. Une partie des ré-

- Überbelastung der Frau durch ihre Aufgaben in der Landwirtschaft, Versorgung der Familie, Kindererziehung;
- kurz aufeinanderfolgende Schwangerschaften; die Mutter wendet sich verstärkt dem Neugeborenen zu und kann sich weniger um das Zweitjüngste kümmern;
- Abwesenheit des Mannes wegen Arbeitssuche, Saisonarbeit, in polygamen Familien;
- Trennung, Scheidung der Eltern, Tod eines Elternteils, Waisen,die bei Verwandten aufgenommen werden;
- familiäre Probleme wie Kommunikationsschwierigkeiten zwischen den Eltern; familiäre Finanzplanung, die in den Händen des Mannes als Familienoberhaupt liegt; das Einkommen aus dem Ernteverkauf wird häufig für andere Zwecke (Konsumgüter, Alkohol) ausgegeben; die Frau hat keine Möglichkeit, gelegentlich zusätzliche Nahrung für die Kinder zu kaufen;
- veränderte, 'moderne' Koch- und Eßgewohnheiten in mehreren Töpfen; das Kind ißt z.B. nur Süßkartoffeln (Kohlehydrate);
- ungenügendes Wissen, einige negative traditionelle Verhaltensweisen (es gibt auch viele positive!), Nahrungsmitteltabus;
- "Manque d'amour" - Mangel an Zuwendung, wie es ein Mitarbeiter ausdrückte.(24)

Tagesablauf im Ernährungsberatungszentrum

Am Morgen kommen die Frauen mit ihren Kindern ins Zentrum und beginnen mit gemeinsamer Arbeit auf den Feldern, die dem Zentrum von der Gemeinde zur Nutzung überlassen wurden. Es wird nach den bekannten traditionellen Methoden angebaut; einziges landwirtschaftliches Gerät ist die langstielige Hacke. Bohnen, Süßkartoffeln, Maniok, Sorgho, Mais, Erdnüsse, auch einheimische spinatartige Grünpflanzen werden entsprechend den lokalen Standortbedingungen angebaut. In Saatbeeten werden Setzlinge herangezüchtet, unter anderem auch weniger verbreitete Gemüsesorten wie Kohl, Tomaten, Lauch. Die Frauen können neben Saatgut auch Setzlinge zu günstigen Preisen für den Anbau auf ihren eigenen Feldern erwerben. Die Pflanzung verschiedener Bäume wie Avocado,Papaya und Guaven soll zur Förderung

Premièrement nous devons faire soigner nos enfants et les protéger contre le Kwashiorkor et par après nous allons prendre des mesures pour espacer les naissances.
Zunächst müssen wir unsere Kinder behandeln lassen und anschließend etwas unternehmen, damit die Abstände zwischen den Schwangerschaften größer werden.

C'est un très bon conseil.
Das ist ein sehr guter Ratschlag.

Source/Quelle: Calendrier de ONAPO, Septembre 1987
ONAPO-Kalender, September 1987

Wochenarbeitsplan des Ernährungsberatungszentrums
Programme hebdomadaire du Centre Nutritionnel

Tage/jours	Vormittag/matin 7.00-12.00 h	Nachmittag/après-midi 14.00-17.00 h
Montag Lundi	Elterngruppe mit untergewichtigen Kindern - Consultations pour les parents ayant des enfants sous-poids	Impfungen - Vaccinations Neueinschreibungen - Inscriptions des nouveaux cas Verwaltungsarbeiten - Tâches administratives Putzarbeiten - Nettoyage
Dienstag Mardi	dito	Vorbereitung der Unterweisungen - Préparation des causeries Verwaltungsarbeiten - Tâches administratives Putzarbeiten - Nettoyage
Mittwoch Mercredi	Elterngruppe mit Kindern von 0 - 6 Monaten - Consultations de nourrissons de 0 à 6 mois	Arbeitsbesprechung des Personals - Réunion du personnel Verwaltungsarbeiten - Tâches administratives Putzarbeiten - Nettoyage
Donnerstag Jeudi	Elterngruppe mit Kindern von 7 Monaten - 1 Jahr - Consultations aux parents ayant des enfants de 7 mois à 1 an (cours de sevrage)	Hausbesuche - Visites à domicile Verwaltungsarbeiten - Tâches administratives Putzarbeiten - Nettoyage
Freitag Vendredi	Elterngruppe mit Kindern von 1 Jahr bis 5 Jahre - Consultations aux parents ayant des enfants de 1 à 5 ans	Fortbildung f.d.Personal - Perfectionnement Verwaltungsarbeiten - Tâches administratives Putzarbeiten - Nettoyage
Samstag Samedi	Elterngruppe mit untergewichtigen Kindern - Consultations aux parents ayant des enfants sous-poids - Umuganda	frei - libre

Quelle/Source: Pahsmann, Rita: Ländliche Gesundheitsversorgung in Rwanda, a.a.O.

coltes est employée à des démonstrations de cuisine, le surplus étant vendu à bas prix aux parents.
Lorsque les travaux des champs sont terminés, les enfants sont pesés, on contrôle leur état général de santé et on vérifie si ils ont reçu tous les vaccins. Si l'état de nutrition de l'enfant s'est aggravé, les employés du centre essaient d'en découvrir les causes et de trouver des moyens d'y rémédier en s'entretenant avec la mère. Lorsque cela est nécessaire et souhaité, le père, en tant que dernier ressort de décision dans la famille, est également convoqué à un entretien.
Après les pesées, les femmes se rassemblent autour d'une employée du centre pour une causerie. L'employée du centre fait un exposé théorique sur un certain thème, à la suite duquel on ouvre une discussion. Le thème est choisi parmi une palette variée: alimentation complète à l'aide des produits alimentaires locaux, l'hygiène, les vaccins, le planning familial, le sevrage des enfants, la malnutrition et ses causes, l'entretien du ménage, les maladies et les mesures de prévention, il y a aussi des thèmes agricoles comme la protection contre l'érosion, l'amélioration des méthodes de culture, l'élevage du petit bétail, la culture des fruits et légumes. Du matériel didactique comme par exemple des flanellographes ou des séquences d'images se rapportant à certains thèmes illustrent le contenu des exposés.

Les modèles de clapiers, de poulaillers et de chèvreries ont pour but d'encourager les parents à enrichir l'alimentation de leurs enfants par l'apport de protéines animales. En fin de matinée,les mères préparent un repas qui est ensuite consommé par les enfants. Ce repas est composé de produits alimentaires locaux, enrichi d'ingrédients moins répandus mais plus riches comme p. ex. des cacahuètes, du poisson séché, du soja, des variétés de légumes locales. On espère ainsi inciter à une amélioration qualitative du menu quotidien.
Deux après-midis par semaine, les employés du centre font des visites à domicile, et au besoin, des réunions à différents niveaux avec les autorités locales,

des Konsums von Früchten anregen. Gemeinsam führen die Frauen auch Anti-Erosionsmaßnahmen auf den Feldern durch. In einer selbstangelegten Kompostgrube wird organischer Dünger gewonnen. Ein Teil der Ernte wird für die gemeinsame Küche verwendet, der Überschuß zu günstigen Preisen an die Eltern verkauft.

Im Anschluß an die Feldarbeit werden die Kinder gewogen und ihr allgemeiner Gesundheitszustand und die Vollständigkeit der Impfungen überprüft.
Bei Verschlechterung des Ernährungszustandes versuchen die Mitarbeiter des Zentrums in einem Einzelgespräch mit der Mutter, die Ursachen zu ermitteln und Verbesserungsmöglichkeiten zu finden. Wenn nötig und erwünscht, wird auch der Vater des Kindes als Entscheidungsträger der Familie zu einem Gespräch eingeladen.
Nach dem Wiegen setzen sich die Frauen mit einer Mitarbeiterin zu einem Gesprächskreis zusammen. Es folgt eine theoretische Unterweisung über ein bestimmtes Thema mit anschließender Diskussion. Das Themenangebot ist breit gefächert: vollwertige Ernährung mit lokalen Nahrungsmitteln, Hygiene, Impfungen, Familienplanung, landwirtschaftliche Inhalte wie Erosionsschutz, Verbesserung der Anbaumethoden, Kleinviehhaltung, Obst- und Gemüseanbau, das Abstillen, Mangelernährung und Ursachen, Haushaltsführung, Erkrankungen und Vorbeugung. Didaktische Materialien wie Flanellographen, Bildfolgen zu bestimmten Themen veranschaulichen die Inhalte der Vorträge.

Die Modellställe für Kleinviehhaltung (Kaninchen, Hühner, Ziegen) sollen die Eltern ermutigen, durch tierische Eiweiße die Ernährung der Kinder zu verbessern. Zum Abschluß des Vormittags wird das von den Müttern zubereitete Essen gemeinsam von den Kindern verzehrt. Es besteht aus lokalen Nahrungsmitteln, die durch weniger verbreitete, aber hochwertige Zutaten wie Erdnüsse, getrocknete Fische, Soja , einheimische Gemüsesorten angereichert sind. So soll eine qualitative Verbesserung des täglichen Speiseplans angeregt werden.

les conseillers communaux, la population de certains secteurs ou de l'ensemble de la commune. Les visites à domicile et les réunions ont pour but de sensibiliser et informer la population sur les problèmes de la santé publique. Les travailleurs sociaux s'efforcent de mieux connaître les conditions de vie des familles chez elles et leurs difficultés particulières, p. ex. de rechercher les causes d'une éventuelle maladie d'un enfant ou d'apporter une aide concrète dans un cas déterminé.
Il existe au Rwanda deux sortes différentes de Centres Nutritionnels. Les deux tiers des centres, dont beaucoup relèvent de l'Eglise, travaillent avec le Catholic-Relief-Service (C.R.S.) américain qui dirige la réalisation des programmes de protection maternelle et infantile depuis le début des années 60. Ce système est basé sur l'organisation de distributions régulières et gratuites de produits alimentaires (lait en poudre, farine de maïs,huile provenant de l'étranger).

Aide alimentaire - Nahrungsmittelhilfe

Didaktisches Material - Matériel didactique du Centre Nutritionnel

An zwei Nachmittagen in der Woche führen die Mitarbeiter Hausbesuche und je nach Bedarf Versammlungen auf verschiedenen Ebenen, mit den lokalen Autoritäten, den Gemeinderäten, der Bevölkerung einzelner Sektoren oder der gesamten Gemeinde durch. Die Hausbesuche und Versammlungen haben das Ziel, die Bevölkerung für Probleme der Gesundheitsvorsorge zu sensibilisieren und zu informieren. Die Mitarbeiter bemühen sich, die häusliche Situation der Familien und ihre besonderen Schwierigkeiten besser kennenzulernen, z.B. die Ursachen für eine eventuelle Krankheit eines Kindes zu ermitteln oder konkrete Hilfestellung im Einzelfall zu leisten.

Es gibt in Rwanda zwei verschiedene Arten von Ernährungsberatungszentren. Zwei Drittel aller Zentren, darunter viele kirchliche Einrichtungen, arbeiten mit dem amerikanischen Catholic Relief Service

Cet apport de nourriture a pour but d'améliorer l'alimentation des enfants. Au cours des dernières années, la critique de ce système n'a cessé de croître, jusqu'aux prises de position officielles du Ministère de la Santé (25). Les raisons du refus croissant de ce modèle sont les suivantes: affaiblissement de la propre responsabilité et de l'initiative des parents, création d'une dépendance vis-à-vis de produits importés, qui de plus, ne correspondent pas aux habitudes alimentaires de la population, vente de ces produits par les familles sur les marchés locaux et emploi de l'argent pour d'autres biens de consommation dont ne bénéficie pas l'enfant, réduction des travaux d'éducation et d'information du personnel du centre car une grande partie de leur temps de travail est prise par l'organisation de la distribution, du transport et du stockage de ces produits.
Le Ministère de la Santé préfère le modèle consistant en un programme de prévention ayant comme objectif d'éduquer et d'informer la population et d'améliorer sa situation nutritionnelle et sanitaire à l'aide de ressources propres au pays (26). Les Centres Nutritionnels sont intégrés aux Centres de Santé. Le personnel sanitaire sera affecté de manière interdisciplinaire. La surveillance et la protection des enfants menacés seront réalisées par une collaboration étroite et permanente des différents services du Centre de Santé.
Les Centres Nutritionnels de ce genre, dont fait partie Kibayi, ont souvent la difficulté de ne pas être assez reconnus par la population, qui préfère les dons sous forme de produits alimentaires. C'est pour cela que les centres qui ne distribuent pas de produits alimentaires, ont moins d'affluence que les autres. Beaucoup de parents ne comprennent pas les bénéfices de la consultation et de la formation permanente qui exigent de plus des efforts personnels et certains changements d'habitudes.
Cet article limite à la description des structures existantes et au contenu des programmes de la santé publique sans pouvoir entrer dans le détail de beaucoup d'aspects importants. Cependant, il n'était pas

(C.R.S.) zusammen, der seit Anfang der 60er Jahre landesweit die Ausführung der Mutter-Kind-Programme bestimmt.

Diese beruhen auf der Organisation von regelmäßigen kostenlosen Lebensmittelverteilungen (Trockenmilch, Maismehl, Öl aus dem Ausland). Mit diesen zusätzlichen Nahrungsmitteln soll eine Verbesserung der Ernährungssituation der Kinder erreicht werden. In den letzten Jahren ist die Kritik an diesem System immer lauter geworden, bis hin zu offiziellen Stellungnahmen des Gesundheitsministeriums.(25) Gründe der zunehmenden Ablehnung dieses Modells sind: Schwächung der Eigenverantwortlichkeit der Eltern, Erzeugung einer Abhängigkeit von importierten Lebensmitteln, die zudem nicht den Eßgewohnheiten der Bevölkerung entsprechen, Verkauf dieser Lebensmittel durch die Familien auf den lokalen Märkten und Umsetzung in andere Gebrauchsgüter, die nicht dem Kind zugute kommen, mangelnde Erziehungs- und Aufklärungsarbeit des Personals, da ein Großteil dessen Arbeitszeit von der Organisation der Verteilung, Transport und Lagerung in Anspruch genommen wird.

Das vom Gesundheitsministerium bevorzugte Modell besteht in der Bereitstellung eines präventiven Programms, das die Erziehung und Aufklärung der Bevölkerung zum Ziel hat und eine Verbesserung der Ernährungs- und Gesundheitssituation mit Hilfe eigener Ressourcen anstrebt.(26) Die Ernährungsberatungszentren sind integrierter Teil der Gesundheitszentren. Das Gesundheitspersonal soll interdisziplinär eingesetzt werden. Durch ständige enge Zusammenarbeit der einzelnen Abteilungen des Gesundheitszentrums soll eine umfassende Betreuung der gefährdeten Kinder erreicht werden.

Ernährungsberatungszentren dieser Art, zu denen auch Kibayi gehört, haben häufig die Schwierigkeit, von der Bevölkerung zu wenig anerkannt zu werden, da diese Lebensmittelgeschenke bevorzugt. Daher sind die Zentren, die keine Lebensmittel verteilen, meist auch weniger besucht. Der unmittelbare Nutzen einer Beratung und Fortbildung, die auch noch eigene Anstrengungen und Veränderungen der Lebensgewohnheiten verlangen, ist

possible de parler de la médicine préventive et de la médicine curative séparément. Même le meilleur système de santé publique ne réussit pas à améliorer les conditions de santé d'un pays à long terme, ni à enrayer les épidémies, s'il n'est pas intégré dans un concept global de développement rural. Seule une concentration simultanée des efforts dans les domaines de l'agriculture, de la protection des sols, de l'approvisionnement en eau, et de l'éducation, entre autres, peut améliorer les conditions de vie et donc l'état de santé de la population de manière durable.

Traduction: Christine Briotet-Ohlsen

Distribution de médicamts - Ausgabe der Medikamente, Centre de Santé Kibayi

für viele Eltern nicht einsichtig.
Da sich dieser Beitrag auf die Beschreibung der bestehenden Strukturen und die inhaltlichen Programme des Gesundheitswesens beschränkt, konnte auf viele wichtige Aspekte nicht näher eingegangen werden. Jedoch können Gesundheitsvorsorge und Krankenversorgung nicht isoliert gesehen werden. Auch das beste Gesundheitssytem erreicht langfristig keine Verbesserung der Gesundheitssituation, keine Erfolge bei der Bekämpfung der 'Massenerkrankungen', wenn es nicht in ein umfassendes Konzept der ländlichen Entwicklung eingebettet ist. Nur wenn gleichzeitig Schwerpunkte im Bereich Landwirtschaft, des Bodenschutzes, der Wasserversorgung, im Bildungswesen u.a. gesetzt werden, können sich die Lebensbedingungen und damit auch der Gesundheitszustand der Bevölkerung nachhaltig verbessern.

Anmerkungen - Annotations

1) nach: Görgen,Regina: Förderung des nationalen Familienplanungsprogramms in Rwanda. Gutachten im Auftrag der GTZ, April 1985, S. 19.
2) DIALOGUE, Nr. 112, Sept.-Octobre 1985,Kigali, S. 68.
3) Ministère de la Santé Publique et des Affaires Sociales (MINISAPASO): Mission d'évaluation de la situation sanitaire dans tout le pays, 1984, S.35.
4) Ambassade du Rwanda à Bonn: Bulletin mensuel, Mars-Avril 1986, S. 10a.
5) MINISAPASO, a.a.O., S.99
6) a.a.O., S. 36
7) DIALOGUE, Nr. 112, S. 31
8) Bichmann, Wolfgang: Evaluierung des Programms: Ländliches Gesundheitswesen, staatliche Träger, DED Rwanda 1983, S. 26.
9) MINISAPASO, a.a.O., S.3
10) DIALOGUE, Nr. 112, S. 30
11) Görgen, R., a.a.O., S. 6
12) a.a.O., Tabelle 4
13) a.a.O., Tabelle 4
14) Office National de la Population (ONAPO): Famille, Santé, Développement, Nr. 4, Dec. 1985, S. 11.
15) Weltentwicklungsbericht 1986, hrsg. von der Weltbank, Washington D.C. 1986, S. 258.
16) vgl. Schürings, Hildegard: Bevölkerungswachstum als Ursache der Unterentwicklung? Wie reagieren die Betroffenen? In: ded-Brief, Nr. 1/April 1985
17) ONAPO, a.a.O., S. 58
18) DIALOGUE, Nr. 112, S. 27
19) Bichmann, W., a.a.O., S. 23 f.
20) Pahsmann, Rita: Ländliche Gesundheitsversorgung in Rwanda, ein Beispiel des Basisgesundheitsprogramms des Deutschen Entwicklungsdienstes, 1986, Beilage zu Deutsche Krankenpflege Zeitschrift, Stuttgart, Juli 1987
21) Pahsmann, Rita/Grill, Maria: Gemeinsame Projektberichte 1981/82, DED Kigali, S. 3.
22) a.a.O., S. 3
23) a.a.O., S, 2
24) Niwemutoni, X./Schürings, H.: Ernährungssituation und Gesundheitserziehung in Rwanda. In: Schürings, H.: Ländliche Entwicklung und gemeinsames Lernen. Frankfurt 1986, S. 131.
25) MINISAPASO, a.a.O., S. 97 - 100.
26) a.a.O., S. 97-100.

En capitale – In der Hauptstadt Kigali

Vente de produits artisanaux – Verkauf von Kunsthandwerk

Au marché de Kigali – Auf dem Markt von Kigali

Vaches – Kühe

La danse des Batwa – Tanz der Batwa

20c
RWANDA
ANNEE DE LA PRODUCTION VIVRIERE
ELEVAGE
O BONNEVALLE
1985 - I.P.M. S.A.

30c
RWANDA
ANNEE DE LA PRODUCTION VIVRIERE
COMMERCIALISATION DES PRODUITS AGRICOLES
O BONNEVALLE
1985 - I.P.M. S.A.

50c
RWANDA
ANNEE DE LA PRODUCTION VIVRIERE
ELEVAGE
O BONNEVALLE
1985 - I.P.M. S.A.

9F
RWANDA
ANNEE DE LA PRODUCTION VIVRIERE
TRANSFORMATION DES PRODUITS
O BONNEVALLE
1985 - I.P.M. S.A.

10F
RWANDA
ANNEE DE LA PRODUCTION VIVRIERE
VULGARISATION AGRICOLE
O BONNEVALLE
1985 - I.P.M. S.A.

50F
RWANDA
ANNEE DE LA PRODUCTION VIVRIERE
EMPLOI DES ENGRAIS
O BONNEVALLE
1985 - I.P.M. S.A.

80F
RWANDA
ANNEE DE LA PRODUCTION VIVRIERE
RESERVE ALIMENTAIRE ET STOCKAGE
O BONNEVALLE
1985 - I.P.M. S.A.

100F
RWANDA
ANNEE DE LA PRODUCTION VIVRIERE
REVALORISATION DE LA BANANERAIE
O BONNEVALLE
1985 - I.P.M. S.A.

Ulrich Schäfer

WIR MÜSSEN AUF UNSERE EIGENEN KRÄFTE ZÄHLEN

Afrika erscheint vielen Europäern als ein weiter und wüster Kontinent. Aus den Medien erfahren sie in der Regel nur von Katastrophen und Hungersnöten, von Staatsstreichen und Banditentum. Ohne europäische Unterstützung und Einflußnahme, so glauben sie, seien die Afrikaner wie hilflose Kinder, unfähig ihr Zusammenleben zu organisieren, unfähig zu irgendwelcher Entwicklung. Sogenannte Experten bestätigen sie noch in diesem Urteil wie beispielsweise Peter Scholl-Latour, der in einem Interview äußerte: "Und die ganze Dritte Welt entzieht sich zunehmend unserem Einfluß und fällt wieder in ihren Urzustand zurück: in ein großes Chaos, in dem sie sich befand, bevor die Kolonialmächte zugriffen" .(1) Abgesehen davon, daß diese Ansicht historisch schlichtweg falsch ist - in Afrika existierten lange vor der Ankunft der Weißen gut funktionierende Gesellschaften (2) -, sie trifft auch heute nicht zu. Am Beispiel der Gemeinde Nyakabuye soll im folgenden Beitrag dargestellt werden, welche durchaus demokratischen Strukturen in Rwanda bestehen und welche Anstrengungen zu einer eigenen Entwicklung auf lokaler Ebene unternommen werden.

Die Gemeinden spielen im politischen Leben Rwandas eine große Rolle. Schon 1973 erklärte Staatspräsident Habyarimana, die wirtschaftliche Entwicklung gehe nur über den Weg der Entwicklung der gesamten Bevölkerung. Die Grundzelle dazu seien die Gemeinden, da sie den Bürgern am nächsten seien. Um die Entwicklung der Massen zu fördern, müßten die Gemeinden umstrukturiert werden und zu Zentren sozialer, ökonomischer und kultureller Aktivitäten werden .(3)

Mit dem Gemeinderat, einer Technischen Kommission und einem Entwicklungsrat besitzt jede Gemeinde Gremien, in denen die Ziele und Durchführung gemeindeeigener

Ulrich Schäfer

NOUS DEVONS COMPTER SUR NOS PROPRES FORCES

L'Afrique: vaste et déserte, telle est l'image qu'ont de nombreux européens de ce continent. Par l'intermédiaire des médias, en général, ils n'entendent parler que de catastrophes, de famines, de coups d'Etat et de banditisme. Nombreux sont ceux qui pensent que sans le soutien et l'influence européens, les Africains ne seraient que de pauvres enfants, incapables d'organiser une vie en communauté et inaptes à n'importe quel développement. "Dans son ensemble, le tiers-monde se détourne de plus en plus de notre influence et retombe dans son état d'origine qui était celui du chaos avant la main-mise des puissances coloniales sur lui" tel est le point de vue de Peter Scholl-Latour exprimé lors d'une interview.(1) De tels points de vue, venant de la part de prétendus experts, confirment les Européens dans leur jugement sur l'Afrique. Mis à part le fait que cette opinion est tout simplement erronée d'un point de vue historique, car longtemps avant l'arrivée des blancs en Afrique, existaient déjà des sociétés qui fonctionnaient bien (2), elle l'est également encore à notre époque. L'exemple de la commune de Nyakabuye nous aidera à montrer, dans le présent article, quelles sont les structures absolument démocratiques du Rwanda et quels sont les efforts entrepris, au niveau local, en faveur d'un auto-développement. Les communes jouent un rôle important dans la vie politique du Rwanda. Déjà en 1973, le Président Habyarimana déclarait que le développement économique ne se réaliserait qu'avec le développement de la population toute entière, la cellule de base étant constituée par la commune, organisation la plus proche des citoyens. Pour promouvoir le développement des masses, il faudrait restructurer les communes et les transformer en centres d'activités sociales, économiques et culturelles.(3)

Entwicklungsvorhaben diskutiert, geplant und überwacht werden. Dadurch soll die Einbeziehung der Bevölkerung in die Ausarbeitung und Ausführung von Programmen gewährleistet werden. Den gleichen Interessen sollen auch die örtlichen Parteigremien dienen gemäß dem Manifest der MRND: "Das Volk muß den Staat kontrollieren,und der Staat muß geleitet sein von den wirklichen Bedürfnissen des Volkes, wobei die Politik der Partei immer wieder anzupassen ist an seine ökonomische, soziale und kulturelle Entwicklung" .(4)

Verwaltungsmäßig ist Rwanda unterteilt in zehn Präfekturen und 143 Gemeinden. Als Zwischeninstanzen zwischen Präfektur und Gemeinden dienen Unterpräfekturen oder sind im Aufbau. Die Gemeinden selbst sind untergliedert in Sektoren, diese wiederum in Zellen. Eine Gemeinde ist also eine Verwaltungseinheit und nicht vergleichbar mit einem deutschen Dorf, gruppiert um die Kirche und das Gasthaus. Dörfer in diesem Sinne gibt es in Rwanda kaum, höchstens kleinere lokale Zentren. Ansonsten ist das ganze Land übersät von einzelstehenden Häusern und Gehöften.

Eine Gemeinde stellt sich vor

Nyakabuye liegt im Südwesten Rwandas, in der Präfektur Cyangugu. Die Gemeinde umfaßt 158 qkm. Von einer niederen Region im Süden und Südosten (1200-1400 m) erhebt sie sich bis zu einem langgezogenen Kamm im Westen und Nordwesten (um 2000 m ü. NN). Zahlreiche Bäche, die von der höheren Region nach allen Seiten hin abfließen, schneiden tiefe Täler in das Relief der Gemeinde. Verwaltungsmäßig ist sie in zehn Sektoren und diese wiederum in 54 Zellen untergliedert. Eine Zählung im Jahr 1984 ermittelte 32 374 Einwohner, im Schnitt 205 Einwohner/qkm.(5) Beinahe die Hälfte der Bevölkerung besteht aus Kindern und Jugendlichen bis zu 19 Jahren.(6)
Fast alle Bewohner leben von der Landwirtschaft. Der Wechsel von zwei Regen- und Trockenzeiten bestimmt den Jahresrhythmus. Überall findet man Felder mit Bohnen, Mais oder Süßkartoffeln, wachsen verschiedene Arten von Obstbäumen. In der tieferen Region werden dazu vor

Les instances du conseil communal, de la commission technique et du conseil de développement, que l'on retrouve dans toutes les communes, permettent à ces dernières de discuter, de planifier et de contrôler les objectifs et la réalisation des projets de développement communaux. Ces instances permettent également de garantir une participation de la population à l'élaboration et à la réalisation des programmes de développement. Conformément au manifeste du MRND, les instances locales du parti devront assurer ces mêmes intérêts: "Le peuple doit contrôler l'Etat et l'Etat doit être guidé par les besoins réels du Peuple en adaptant constamment la politique du Mouvement à son évolution économique, sociale et culturelle."(4)

Administrativement, lc Rwanda est subdivisé en dix préfectures et 143 communes. L'instance intérmédiaire entre la préfecture et la commune étant la sous-préfecture. Certaines d'entre elles en sont encore au stade de l'organisation. Les communes, proprement dites, sont subdivisées en secteurs, étant eux-mêmes subdivisés en plusieurs cellules. La commune est, par conséquent, une unité administrative qui ne peut être nullement comparée à un village européen groupé autour d'une église et d'un restaurant. Les villages, dans le sens européen du terme, n'existent pas au Rwanda, il existe tout au plus quelques petits centres locaux. Par contre, tout le pays est parsemé de maisons et de fermes.

Une commune se présente

La commune de Nyakabuye se trouve au Sud-Ouest du Rwanda, dans la préfecture de Cyangugu. Sa superficie est de 158 km². Elle est située à la fois dans une région de plaine dans le sud et le sud-est (1200 - 1400 m) et dans une région de crête allant de l'ouest au nordouest (plus de 2000 m d'altitude). Nombreux sont les ruisseaux qui, coulant de part et d'autre de la crête, creusent des vallées profondes dans le relief de cette commune. Du point de vue administratif, elle comprend dix secteurs, subdivisés en 54 cellules. Au recensement de l'année 1984, on comptait 32 374 habitants,avec une moyenne de 205 habitants au km².(5) Presque la moitié de la population est composée d'enfants et de jeunes de moins de 20 ans.(6)

Blick auf Nyakabuye - Vue sur Nyakabuye

allem Bananen, Maniok, Sorghum und zunehmend Kaffee angebaut.(7) Auf den ärmeren Böden der hochgelegenen Gemeindegebiete gedeihen noch Erbsen, Bananen dagegen nur in beschränktem Maße. Hier prägen ausgedehnte Teepflanzungen das Landschaftsbild. Selbst 1984, als die Frühjahrsregenzeit sehr bald aussetzte und überall in Rwanda Ernteeinbußen zu verzeichnen waren, wurden in Nyakabuye noch beachtliche Erträge erzielt.(8)
Ein Teil der Ernte gelangt auf die lokalen Märkte. Teilweise handelt es sich dabei um Überschüsse, teilweise sind die Produzenten aus Mangel an Lagerungsmöglichkeiten zum Verkauf gezwungen oder sie brauchen ganz einfach momentan Geld, um Steuern oder Schulgeld zu bezahlen, um Petroleum oder einen Stoff auf dem Markt einzukaufen. Insgesamt sollen dem Jahresbericht des Gemeindeagronomen zufolge 1984 Nahrungsmittel mit einem Wert von 519,5 Mio Frw, nach damaligem Umrechnungskurs etwa 15,7 Mio DM, vermarktet worden sein,

Pour la plupart des habitants, l'agriculture constitue leur principale ressource. L'alternance des saisons, pluies et sécheresse, détermine le rythme de l'année. On trouve partout des champs de haricots, de maïs et de patates douces. Différentes espèces d'arbres fruitiers sont également cultivées. Dans les régions de basse altitude, on trouve en plus des cultures de bananes, de manioc, de sorgho et de plus en plus aussi de café.(7) Sur les terres moins fertiles des régions plus élevées de la commune poussent encore des petits pois et quelques bananiers. Dans ces régions, le paysage est caractérisé par de vastes plantations de thé. Même en 1984, où la fin de la saison des pluies est arrivée très tôt et que l'on a enregistré de mauvaises récoltes dans tout le pays, Nyakabuye a cependant réussi à obtenir de bons rendements.(8)
La partie de la récolte arrivant sur les marchés locaux provient soit d'une surproduction, soit de l'obligation des producteurs de vendre, faute de possibilités de stockage ou tout simplement par besoin immédiat d'argent afin de pouvoir payer les impôts ou les frais de scolarités de leurs enfants, ou pour acheter du pétrole ou du tissu sur le marché local. Selon le rapport annuel de 1984 de l'agronome de notre commune, des aliments d'une valeur de 519,5 mio. francs rwandais - ce qui équivaut à 15,7 mio. DM, selon le taux de change de cette année-là - ont été vendu sur le marché. Cependant, la moitié de cette somme provient de la vente de bananes.(9) Quant aux fruits et aux légumes, nous ne disposons pas du chiffre d'affaires réalisé. Du premier coup d'oeil, ces millions semblent être énormes; répartis sur l'ensemble de la population, il ne reste plus que 500 DM par habitant, par an. Dans la région de la plaine, de nombreuses familles plantent du café sur de petites parcelles, ce qui leur assure un revenu supplémentaire très apprécié.(10) Dans la région élevée, il y a, à part les plantations de l'usine de thé toute proche, encore 468 ha de plantations cultivées et récoltées par les paysans eux-mêmes, ce qui leur procure une source de revenus importante.(11)
De plus, les paysans cultivent du quinquina sur une

wovon allerdings mehr als die Hälfte aus dem Verkauf von Bananen stammte.(9) Über den Umsatz von Obst und Gemüse liegen keine Zahlenangaben vor. Auf den ersten Blick nehmen sich diese Millionen sehr gewaltig aus. Umgerechnet auf die Gesamtbevölkerung verbleiben aber gerade 500 DM pro Einwohner der Gemeinde. In den tieferen Lagen bebauen viele Familien kleinere Parzellen mit Kaffeesträuchern (zusammen 309 ha) und erwirtschaften dadurch einen willkommenen Verdienst.(10) In der Hochregion gibt es außer den Plantagen einer nahegelegenen Teefabrik noch 468 ha Teepflanzungen, die von den Bauern selbst unterhalten und abgeerntet werden, was ihnen ein wichtiges Einkommen verschafft.(11) Ferner sind 95 ha mit Chinabäumen bepflanzt, was aber kaum noch Erträge bringt, da kein regelmäßiger Ankauf der Chinarinde gewährleistet ist. Außerdem sind viele Bäume von einer Pilzkrankheit befallen. Erwähnenswert ist noch die Viehhaltung, wobei auffällt, daß die Zahl der Rinder 1984 vielleicht wegen der Dürre stark rückläufig war.(12) Viele Familien halten sich nur noch Ziegen, Schafe oder Schweine. Vielerorts findet man

Gemeindeversammlung - Réunion communale

surface de 95 ha. Le rendement est faible car il ne se vend pas régulièrement. En outre, de nombreuses plantes souffrent d'une mycose. L'élevage est une autre activité digne d'être mentionnée. Il est frappant de constater que le cheptel bovin a été très réduit en 1984. Cela est peut-être une conséquence de la grande sécheresse.(12) De nombreuses familles n'ont plus que des chèvres, des moutons ou des porcs. Souvent, on trouve des poules, quelques fois aussi des lapins.
L'artisanat occupe encore une place de moindre importance et n'est représenté que par quelques professions. Les statistiques de la commune mentionnent les menuisiers et les charpentiers, les tailleurs et les couturiers, les maçons, les briquetiers, les forgerons et les cordonniers, au total 715 personnes.(13) Mais de nombreux artisans n'ont pas de revenus réguliers du fait qu'ils ne travaillent souvent que les jours de marché, ou alors sur commande, comme par exemple les menuisiers. Dans de nombreux cas, il faut davantage considérer leur activité comme une possibilité subsidiaire de gagner de l'argent. Les statistiques ne mentionnent pas la poterie, surtout exercée par les Batwa (0,6% de la population), ni par exemple, le tressage de corbeilles et de nattes.
Toujours d'après ces statistiques, il existe 22 magasins, 25 boutiques, 100 cabarets et 12 restaurants et on compte à Nyakabuye, 14 commerçants enregistrés. Mais il n'existe aucune statistique sur les petits commerçants qui, les jours du marché, vendent des boîtes de conserves vides, des bouteilles, du tissu et des robes ou qui installent des stands pour vendre du savon, des piles, du sucre, du sel, etc... ou les vendeurs dans les magasins et les bars, les domestiques, les travailleurs journaliers employés par ceux qui gagnent davantage d'argent, les veilleurs de nuit surveillant les écoles et les commerces etc.
Rares sont ceux qui disposent vraiment d'un revenu régulier. Ce sont les 38 employés et les travailleurs communaux, 198 employés de l'Etat, notamment ceux de la sous-préfecture, du tribunal et du Centre de Santé ainsi que les instituteurs et institutrices, 85 travailleurs et employés du secteur privé, tels que

Hühner, in einzelnen Fällen auch Kaninchen.
Das Handwerk spielt noch eine untergeordnete Rolle und ist nur durch wenige Berufe vertreten. Die Gemeindestatistiken nennen Schreiner und Zimmerer, Schneider, Maurer, Ziegeleiarbeiter, Schmiede und Schuster, insgesamt gerade 715 Personen.(13) Viele dieser Handwerker beziehen allerdings kein regelmäßiges Einkommen, da sie wie die Schneider und Schuster oft nur an den Markttagen arbeiten oder, was die Schreiner anbetrifft, auf Bestellung produzieren. Man muß ihre Tätigkeit also in vielen Fällen eher als Nebenerwerb einschätzen. Unerwähnt bleiben in der Statistik die Töpferei, die von der Volksgruppe der Batwa (0,6% der Bevölkerung) ausgeübt wird, und beispielsweise das Flechten von Matten und Körben. Dagegen werden aufgelistet 22 Läden, 25 Verkaufsstände, 100 Kneipen und zwölf Restaurants. Immerhin gibt es in Nyakabuye 14 eingetragene Kaufleute. Nicht festgehalten ist die Zahl der Kleinhändler, die an den Markttagen Büchsen, Flaschen, Stoffe und Kleider verkaufen oder kleine Stände mit Seife, Batterien, Zucker, Salz usw. aufbauen, die Verkäufer in den kleinen Läden und Bars, die Hausangestellten und die Tagelöhner bei den Besserverdienenden, die Nachtwächter vor den Schulen und Läden usw.
Nur wenige verfügen wirklich über ein regelmäßiges Einkommen. Es sind dies 38 Angestellte und Arbeiter der Gemeinde, 198 Staatsbedienstete z.B. der Unterpräfektur, des Gerichts und des Gesundheitszentrums, sowie Lehrer und Lehrerinnen, 85 Arbeiter und Angestellte des privaten Sektors wie der Teefabrik Shagasha oder der Zementfabrik im benachbarten Bugarama. Kaum einer von diesen lebt aber ausschließlich von seinem Gehalt. Fast alle besitzen nach wie vor ihre Parzellen und Äcker, die von Familienangehörigen oder von Tagelöhnern bestellt werden. Für die einen ist dies ohnehin notwendig, weil ihr Salär nicht ausreicht, davon alleine die Familie zu ernähren. Die anderen verwenden ihr Gehalt lieber, um sich damit Primus-Bier (Bier europäischen Standards) oder Artikel des gehobenen Bedarfs zu kaufen, die sich eine gewöhnliche Familie nicht leisten kann.

l'usine de thé de Shagasha ou la cimenterie du village voisin de Bugarama. Presque aucun d'eux ne vit uniquement de son salaire. Même en étant employés, ils possèdent leurs parcelles et leurs champs, cultivés par la famille ou par des travailleurs journaliers. Pour certains d'entre eux, cela est absolument nécessaire du fait que leur salaire ne suffit pas pour nourrir la famille. Les autres préfèrent s'acheter avec leur salaire de la bière Primus (bière d'un standard européen) ou des articles de luxe qu'une famille normale ne pourrait jamais s'offrir.

La hiérarchie administrative et les instances du parti

La cellule

Comme cela a été dit plus haut, la commune Nyakabuye est subdivisée en secteurs et en cellules. A vrai dire, ces dernières ne sont plus des unités administratives, mais elles constituent le niveau le plus bas du MRND. Environ 50 à 100 familles sont regroupées dans une cellule.
La cellule est dirigée par le comité de cellule, élu par la population pour cinq ans. Pour les élections du

MRND: Mouvement Révolutionnaire National pour le Développement. Ce mouvement est le parti étatique et unique. Tous les citoyens rwandais en sont membres. Il fut fondé en 1975 par le Président de la République, Juvénal Habyarimana, qui est également le Président du MRND. En sa qualité de Président, il détermine l'orientation du parti et en contrôle ses organes. Il en nomme le Secrétaire Général et les membres du Comité Central. Le MRND est, par ailleurs particulièrement bien soutenu par la "Fondation Conrad Adenauer".
L'appareil de l'Etat et celui du parti sont étroitement liés l'un à l'autre. Les statuts du MRND stipulent que le candidat unique pour l'élection du Président de la République doit être le chef du parti unique. Le président nomme aussi bien les préfets que les bourgmestres des différentes communes. En vertu de leur charge, ils sont représentants du MRND dans respectivement la préfecture et la commune.

Verwaltungsaufbau und Parteigremien

Die Zelle

Wie schon erwähnt ist die Gemeinde Nyakabuye untergliedert in Sektoren und Zellen. Letztere sind aber genaugenommen keine Verwaltungseinheiten mehr, sondern bilden die unterste Ebene der MRND. Eine Zelle umfaßt ungefähr 50 bis 100 Familien. Sie wird von einem Zellenkomitee geleitet, welches von der Bevölkerung auf fünf Jahre gewählt ist. Zur Wahl des Zellenkomitees kann jedes Mitglied der Zelle seine Kandidatur anmelden, die allerdings vom Rat des Sektors und vom Bürgermeister bestätigt werden muß. Der Kandidat mit den meisten Wählerstimmen wird Verantwortlicher der Zelle. Das Komitee tritt einmal im Monat oder bei Bedarf zusammen. Nach den Parteisatzungen ist es verpflichtet, die Mitglieder der Zelle für die Politik der MRND zu sensibilisieren, Anstöße für die Entwicklung der Zelle zu geben und Sicherheit und Ordnung in ihrem Bereich zu überwachen. Es soll ferner das fachliche Wissen der Mitglieder erhöhen und sie anhalten, mehr zu produzieren.(14) Ein weiteres Organ ist die Zellenversammlung, zu der alle Mitglieder mindestens jeden zweiten Monat zusammenkommen.

MRND - Mouvement Révolutionnaire National pour le Développement - Revolutionäre Nationale Bewegung für Entwicklung, der alle rwandischen Bürger automatisch angehören. Die Bewegung wurde 1975 von Staatspräsident Juvénal Habyarimana gegründet, der gleichzeitig Präsident der MRND ist. In dieser Eigenschaft bestimmt er die Parteilinie und kontrolliert alle Parteiorgane. Er ernennt den Generalsekretär und die Mitglieder des Zentralkomitees. Die MRND wird übrigens von der Konrad-Adenauer-Stiftung kräftig unterstützt.
Partei- und Staatsapparat sind eng miteinander verflochten. Die Statuten der MRND schreiben vor, daß der Parteivorsitzende einziger Kandidat für die Wahl zum Staatspräsidenten ist. Der Präsident ernennt sowohl die Präfekten als auch die Bürgermeister der einzelnen Gemeinden. Diese sind kraft ihres Amtes erste Vertreter der Partei in der Präfektur beziehungsweise der Gemeinde.

Bourgmestre

Conseil de développement
- Bourgmestre
- Directeurs des services
- Membres de la commmission technique
- Conseillers communaux

Commission Technique
- 5 - 10 membres

(ils sont nommés)

Services
- Service agronomique
- Service vétérinaire
- Service sanitaire
- Monitorat de jeunes
- Police
- Justice
- Service SColaire

Conseil communal
- Bourgmestre
- Conseillers des secteurs

Comité communal
- Bourgmestre
- Membres de la commission technique
- Habitants de la commune

Congrès communal
- Bourgmestre
- Directeurs des services
- Membres du congrès communal
- Conseillers et responsables des cellules

Conseiller du secteur

Comité de secteur
- Conseiller du secteur
- Directeurs des services
- Responsables des cellules

Assemblée de secteur
- Membres du comité de secteur
- Membres des comités de cellule

Responsable de cellule

Comité de cellule

Assemblée de cellule

Population = Membres du MRND

Bürgermeister

Entwicklungsrat
- Bürgermeister
- Leiter d. Dienstleistungseinrichtungen
- Mitglieder d. Technischen Kommission
- Gemeinderäte

Technische Kommission
- 5 bis 10 Mitglieder (werden ernannt)

Dienstleistungseinrichtungen
- Landwirtschaftl. Dienst
- Veterinärdienst
- Gesundheitswesen
- Jugendbetreuung
- Sozialdienst
- Polizei
- Justiz
- Schulwesen

Gemeinderat
- Bürgermeister
- Räte der Sektoren

Gemeindekomitee
- Bürgermeister
- Mitglieder der Techn. Kommission
- Bürger d. Gemeinde

Gemeindekongreß
- Bürgermeister
- Leiter d. Dienstleistungseinrichtungen
- Mitglieder des Gemeindekongresses
- Räte u. Verantwortliche der Zellen

Rat des Sektors

Sektorkomitee
- Rat des Sektors
- Leiter d. Dienstleistungseinr.
- Verantwortliche der Zellen

Sektorversammlung
- Mitglieder des Sektorkomitees
- Mitglieder der Zellenkomitees

Verantwortliche der Zelle
Zellenkomitee

Zellenversammlung

Bevölkerung = Mitglieder der MRND

comité de cellule, tout membre de cette cellule peut présenter sa candidature qui doit être confirmée par le conseiller du secteur et par le bourgmestre. Le candidat obtenant le plus de voix devient responsable de cellule. Ce comité se réunit une fois par mois ou en cas de besoin. Conformément aux statuts du parti, sa tâche est de sensibiliser les membres de la cellule à la politique du MRND, de fournir des idées pour le développement de la cellule et de veiller à la sécurité et à l'ordre dans le secteur. En outre, il devra contribuer à rehausser le niveau professionnel des membres et les motiver à produire davantage.(14) Un autre organe est l'assemblée de cellule à laquelle participent tous les membres au moins une fois tous les deux mois.

Le secteur

A Nyakabuye, quatre à six cellules forment un secteur. Chaque secteur est dirigé par un conseiller élu pour cinq ans au scrutin secret par la population. Tout citoyen rwandais âgé de plus de 21 ans, habitant depuis plus d'un an dans le secteur concerné et sachant lire et écrire, peut présenter sa candidature. Cette candidature a également besoin de l'accord des instances concernées du parti. Le conseiller devra surtout stimuler et coordonner les différentes activités économiques, sociales et culturelles dans son secteur. Les tâches suivantes lui reviennent: diriger les réunions de la population, retenir et communiquer ses propositions et ses désirs, inciter la population à réaliser les programmes de développement décidés par le conseil communal et à coopérer activement avec les services communaux. Tous les conseillers reçoivent une indemnité de frais de 5000 Frw par mois.(15)
Dans un secteur, tout conseiller est le représentant suprême du parti. Il est soutenu dans son travail par le comité du secteur, composé des responsables des cellules et des chefs des services communaux et étatiques travaillant dans le secteur. Ces directeurs sont par exemple l'agronome de la Commune, le vétérinaire, l'encadreur de la jeunesse ou d'autres personnes. Le

Der Sektor

Vier bis sechs Zellen bilden in Nyakabuye einen Sektor. Jeder Sektor wird geleitet von einem Rat. Dieser ist ebenfalls in geheimer Wahl von der Bevölkerung auf fünf Jahre gewählt. Kandidieren kann jede(r) rwandische Staatsbürger(in) ab 21 Jahre, der (die) mehr als ein Jahr in dem betreffenden Sektor wohnt und lesen und schreiben kann. Auch hier müssen die zuständigen Parteigremien der Kandidatur zustimmen. Dem Rat obliegt es in erster Linie, in seinem Sektor wirtschaftliche, soziale und kulturelle Aktivitäten anzuregen und zu koordinieren. Insbesondere hat er folgende Aufgaben: Versammlungen der Bevölkerung zu leiten, deren Anregungen und Wünsche aufzugreifen und weiterzugeben, sie anzuregen, die vom Gemeinderat beschlossenen Entwicklungsprogramme durchzuführen und dabei aktiv mit den kommunalen Dienstleistungseinrichtungen zusammenzuarbeiten. Alle Räte erhalten eine Aufwandsentschädigung von 5000 Frw pro Monat.(15)
Der Rat ist gleichzeitig erster Repräsentant der Partei in seinem Sektor. Er wird dabei von einem Komitee unterstützt, dem die Verantwortlichen der Zellen angehören und die Leiter der in diesem Sektor tätigen kommunalen und staatlichen Dienste, z.B. der Gemeindeagronom, der Veterinär, der Jugendbetreuer oder andere. Das Sektorkomitee tritt mindestens einmal pro Quartal zusammen. Es hat die Durchführung von Entscheidungen ihm unmittelbar übergeordneter Parteigremien zu überwachen, die Anordnungen der MRND an die Bevölkerung weiterzugeben und sie bei der Verwirklichung dieser Anweisungen zu unterstützen. Ein weiteres Parteiorgan ist, ähnlich wie in den Zellen, eine Sektorversammlung, welche alle Fragen zu prüfen hat, die ihr das Sektorkomitee unterbreitet. Ihr gehören neben den Mitgliedern des Sektorkomitees noch alle Zellenkomitees des jeweiligen Sektors an. Sie tritt vierteljährlich zusammen.

comité se réunit au moins une fois tous les trois mois. Il a pour charge de surveiller la réalisation des décisions prises par les comités du parti, auquel il est directement soumis ainsi que de communiquer les directives ordonnées par le MRND à la population et de soutenir cette dernière dans leur réalisation. Un autre organe du parti sur le plan sectoral, est l'assemblée de secteur, comparable à l'assemblée de la cellule; elle débat de toutes les questions présentées par le comité de secteur. A part les membres du comité de secteur, tous les comités de cellule du secteur prennent part à cette assemblée qui se réunit tous les trois mois.

La commune

Les conseillers de tous les secteurs forment avec le bourgmestre le conseil communal. Il se réunit deux fois par mois pour les sessions régulières. Aux occasions particulières et sur demande d'un tiers de ses membres, il se retrouve pour une session extraordinaire. Le bourgmestre préside les réunions et détermine l'ordre du jour. Les réunions sont publiques. Toutes

Pour la première fois dans la deuxième République, un parlement appelé Conseil National pour le Développement, a été élu en 1981. En 1983, il y eut de nouvelles élections. Le parlement compte actuellement 70 députés dont neuf femmes.(16) Chaque préfecture fournit, selon le nombre de ses habitants, entre cinq et huit députés. La liste d'élection de chaque préfecture comptait deux fois plus de candidats que de députés prévus pour le parlement. Proposés par les comités locaux, les candidats devaient être confirmés par le comité central du MRND. Evidemment, tous se présentaient comme candidats du MRND. En plus de sa fonction législative, ce parlement s'est en outre donné comme tâche d'être le catalyseur pour le développement du pays. (17) Bien que son rôle d'organe de contrôle et de force politique indépendante semble être encore faiblement établi - car la politique est toujours dominée par le président et le parti, et le processus de formation des opinions se fait, en général, du haut vers le bas de la hiérarchie politique - tel que cela est également le cas dans la plupart des parlements allemands le Conseil National a cependant la possibilité de devenir une tribune sur laquelle on peut librement et publiquement échanger ses idées sur les objectifs du développement national.

Die Gemeinde

Die Räte aller Sektoren bilden zusammen mit dem Bürgermeister den Gemeinderat. Er muß zweimal pro Monat zu einer ordentlichen Sitzung zusammenkommen. Bei besonderem Anlaß oder wenn ein Drittel der Mitglieder es verlangt, ist eine außerordentliche Sitzung einzuberufen. Sitzungsleiter ist der Bürgermeister, der auch die Tagesordnung festlegt. Die Sitzungen sind öffentlich. Entscheidungen werden mit einfacher Mehrheit getroffen. Der Gemeinderat soll wegweisend sein für die Entwicklung der Gemeinde. Er entscheidet in allen kommunalen Angelegenheiten, beschließt eine Satzung hinsichtlich der Verwaltung, der Polizei und des Straßenbaues und verabschiedet das Gemeindebudget. Neben diesem administrativen Organ gibt es selbstverständlich auf Gemeindeebene auch noch Parteiorgane, als da sind das Gemeindekomitee und der Gemeindekongreß. Das Gemeindekomitee setzt sich zusammen aus dem Bürgermeister, den Mitgliedern der Technischen Kommission und ebensovielen vom Gemeindekongreß gewählten Bürgern und

1981 wurde zum ersten Mal in der 2. Republik ein Parlament gewählt, der Conseil National pour le Développement - Nationaler Entwicklungsrat. 1983 gab es Neuwahlen. Das Parlament zählt nun 70 Abgeordnete, darunter neun Frauen.(16) Jede Präfektur stellt zwischen fünf und acht Abgeordnete gemäß der Bevölkerungszahl. Die Wahlliste jeder Präfektur enthielt doppelt so viele Kandidaten, wie Abgeordnete in das Parlament einziehen konnten. Die Kandidaten wurden von den örtlichen Gremien vorgeschlagen, mußten aber vom Zentralkomitee der MRND bestätigt werden. Es ist klar, daß alle als Kandidaten der MRND auftraten. Dieses Parlament hat sich neben seiner Funktion als Legislative noch eine zweite Aufgabe gestellt, ein Katalysator für die Entwicklung des Landes zu sein.(17) Zwar erscheint seine Position als Kontrollorgan und als eigenständige politische Kraft eher noch als schwach ausgeprägt, da die Politik nach wie vor vom Präsidenten und der Partei dominiert wird und die Meinungsbildung in der Regel von oben nach unten verläuft - wie dies im übrigen aber auch in den meisten deutschen Parlamenten der Fall ist. Dennoch birgt der Conseil National die Möglichkeit in sich, zur Bühne eines freimütigen und öffentlich geführten Meinungsaustausches über Ziele der nationalen Entwicklung zu werden.

les décisions sont prises à la majorité simple. Le conseil communal oriente le développement de la commune. Toutes les décisions communales relèvent de sa compétence. Il fixe les statuts des services administratifs, policiers et de construction des routes. Il vote également le budget de la commune.
A part cet organe administratif qu'est le conseil communal, il existe au niveau communal d'autres organes du parti tels que le comité communal et le congrès communal. Le comité communal étant composé du bourgmestre, des membres de la commission technique et du même nombre de citoyens élus par le congrès communal. Il se réunit tous les trois mois sous la présidence du bourgmestre. Le congrès communal est composé des membres du comité communal, des conseillers en tant que représentants des secteurs, des responsables des cellules, des dirigeants des services communaux tels que l'agronome communal, le vétérinaire, le président du tribunal, le directeur du centre sanitaire, une assistante sociale diplômée, le chef de la police, deux inspecteurs des écoles, un encadreur de la jeunesse et d'autres personnes. Les réunions ont lieu tous les six mois, elles se font sous la présidence du bourgmestre en tant que premier représentant du MRND au niveau de la commune. Les deux instances, aussi bien le congrès que le comité communal, sont responsables de l'exécution de la politique du parti et des questions politiques, économiques, sociales et culturelles.

Le bourgmestre

Comme nous l'avons déjà mentionné ci-dessus, le bourgmestre n'a pas de mandat, mais il est nommé sur proposition du ministre de l'Intérieur. Il est le représentant local de l'administration centrale. Dans cette fonction, il n'est pas seulement le chef du personnel de la commune, mais aussi celui des employés de l'Etat de sa commune. Sa tâche consiste à encourager le développement économique, social et culturel de sa commune et à faire respecter les lois et les directives. Il est responsable des finances et il gère toutes les institutions et propriétés communales. Il représente

tritt einmal pro Quartal unter dem Vorsitz des Bürgermeisters zusammen. Dem Gemeindekongreß gehören neben den Mitgliedern des Gemeindekomitees noch die Räte als Vertreter der Sektoren, die Verantwortlichen der Zellen und die Leiter der örtlichen Dienstleistungseinrichtungen wie der Gemeindeagronom, der Veterinär, der Gerichtspräsident, der Leiter des Gesundheitszentrums, eine diplomierte Sozialpädagogin, der Polizeichef, zwei Schulaufsichtsbeamte, der Jugendbetreuer und andere mehr an. Sie versammeln sich halbjährlich. Vorsitzender ist auch hier der Bürgermeister als erster Vertreter der MRND in der Gemeinde. Beide Gremien sind zuständig für die Durchführung der Parteipolitik und für Fragen politischer, wirtschaftlicher, sozialer und kultureller Art.

Der Bürgermeister

Wie schon erwähnt, besitzt der Bürgermeister kein Mandat, sondern wird auf Vorschlag des Innenministers vom Präsidenten ernannt. Er ist der Vertreter der Zentralverwaltung auf lokaler Ebene und in dieser Funktion nicht nur Dienstherr des Gemeindepersonals, sondern auch der Staatsangestellten in seiner Gemeinde. Seine Aufgabe ist die wirtschaftliche, soziale und kulturelle Entwicklung der Gemeinde und die Sorge um die Einhaltung von Gesetzen und Verordnungen. Er zeichnet sich verantwortlich für das gesamte Finanzwesen, verwaltet alle kommunalen Einrichtungen und Besitzungen und ist der juristische Vertreter der Gemeinde. Kurz gesagt, er ist mit einer Fülle von Aufgaben belastet, und das auf ihn zugeschnittene Verwaltungssystem verlangt es sogar, daß er sämtliche amtlichen Schreiben gegenzeichnet, alle Personalausweise eigenhändig unterschreibt, die Ziviltrauung vornimmt und vieles mehr.

Die Gemeindeverwaltung

Bei seinen administrativen Aufgaben wird der Bürgermeister, verglichen etwa mit deutschen Verhältnissen, von einer eher bescheidenen Schar von Mitarbeitern un-

également sa commune sur le plan juridique. Bref, il est chargé de toute une multitude de devoirs et le système administratif orienté sur sa personne exige même qu'il signe tous les écrits officiels, toutes les cartes d'identité, qu'il préside lui-même aux mariages civils, pour ne citer que quelques exemples.

L'administration de la commune

Dans ses tâches administratives, le bourgmestre est soutenu par un nombre plutôt modeste de collaborateurs en comparaison à la réalité allemande. L'administration, par exemple, de la commune campagnarde de Selters dans le Canton (Kreis) de Limburg-Weilburg en Hesse, comptant 7000 habitants, employait en 1984, 31 personnes dont: Quatrte fonctionnaires, 14 employés et 13 ouvriers. Selon les statistiques, le bourgmestre de la commune de Nyakabuye, qui compte quatre fois plus d'habitants que Selters, avait en 1983, 24 collaborateurs dont un secrétaire, un comptable, deux percepteurs, un agent de recensement, une dactylographe, neuf policiers, un encadreur des coopératives, un encadreur de la jeunesse, trois monitrices sociales, deux moniteurs agricoles, un fontainier et un planton. Les employés de l'Etat étaient: deux agronomes, un moniteur agricole, un garde-forestier, en ce qui concerne le secteur vétérinaire un assistant vétérinaire, un moniteur agricole et un porteur de médicaments. Quant au secteur social, il y avait deux assistantes sociales diplômées. A cela s'ajoutaient encores deux volontaires allemands avec chacun un collaborateur rwandais pour un projet forestier et un projet pour l'approvisionnement en eau. Entre temps les deux rwandais ont été employés par la commune et parl'Etat, l'un étant fontainier et l'autre moniteur forestier. A la fin de l'année 1983, le Service des Volontaires Allemands (SVA) s'est retiré du projet pour l'approvisionnement en eau. En revanche, il soutient maintenant la promotion de la jeunesse avec du personnel. Nous reviendrons sur ce sujet par la suite de façon plus détaillée.

terstützt. Die Verwaltung der ländlichen Gemeinde Selters im hessischen Landkreis Limburg-Weilburg beispielsweise, die um die 7000 Einwohner zählt, umfaßte 1984 31 Personen: Vier Beamte, 14 Angestellte und 13 Arbeiter. Dem Bürgermeister der mehr als viermal so großen Gemeinde Nyakabuye standen nach der Statistik von 1983 gerade 24 Mitarbeiter zur Seite, nämlich ein Sekretär, ein Buchhalter, zwei Steuereinnehmer, ein Zensusbeamter, eine Schreibkraft, neun Polizisten, ein Verantwortlicher für Kooperativen, ein Jugendbetreuer, drei Sozialarbeiterinnen, zwei Landwirtschaftliche Berater, ein Wassermeister und ein Bote. An staatlichem Personal waren in der Gemeinde eingesetzt zwei Agronomen, zwei Landwirtschaftliche Berater und ein Waldwächter, ferner für den tierärztlichen Sektor ein Hilfsveterinär, ein Fischzuchtberater und ein Träger, im Sozialbereich zwei diplomierte Sozialpädagoginnen. Dazu kamen noch zwei deutsche Entwicklungshelfer mit jeweils einem rwandischen Mitarbeiter für ein Forst- und ein Wasserversorgungsprojekt. Beide Rwander wurden inzwischen von der Gemeinde als Wassermeister beziehungsweise vom Staat als Forstwirtschaftlicher Berater übernommen. Ende 1983 zog sich der Deutsche Entwicklungsdienst (DED) aus dem Wasserversorgungsprojekt zurück. Dafür unterstützt er nun personell die Jugendförderung. Darüber aber mehr an anderer Stelle.

Staatliche Einrichtungen

In diesem Zusammenhang sei auf weitere staatliche oder zumindest teilweise staatlich unterstützte Dienstleistungsbereiche hingewiesen, die in Nyakabuye vertreten sind. Da wäre zunächst das Gericht zu nennen, ein Gericht der untersten Instanz, an dem hauptsächlich Zivilprozesse verhandelt werden.(18) Als nächstes ist ein Gesundheitszentrum zu erwähnen. Es umfaßt eine Krankenstation, eine Entbindungsstation und ein Ernährungsberatungszentrum, einen Krankensaal und mehrere Personalwohnhäuser.(19) Die Einrichtung und die Medikamente werden teils vom rwandischen Staat, teils von der schwedischen Pfingstkirche finanziert. Ein rwandischer Medizinalassistent leitet das Zentrum. Die mei-

Les institutions de l'Etat

Dans ce contexte, il faut mentionner d'autres services de l'Etat ou du moins soutenu par l'Etat et représentés à Nyakabuye. Tout d'abord, le tribunal. C'est un tribunal de première instance où ont surtout lieu des procès civils.(18) Ensuite, le Centre de Santé. Il comprend un dispensaire, une maternité, un centre de nutrition, une salle pour les malades et plusieurs habitations pour le personnel.(19) Les installations et les médicaments sont financés en partie par l'Etat du Rwanda, le reste étant financé par l'Eglise des Pentecôtistes en Suède. Un assistant médical rwandais dirige le centre. La plupart des patients viennent aux consultations quotidiennes pour des maladies causées par des vers, la malaria et des infections. Nombreuses sont également les maladies de l'estomac et du foie. Ce centre ne se limite pas pour autant à la médecine curative. Il donne également des consultation pour la surveillance de la grossesse .Il propose régulièrement des vaccinations et des consultations pour enfants de bas-âge et, en plus, des cours de nutrition, d'hygiène et bien d'autres encore.

A Nyakabuye, il y a huit écoles primaires où enseignaient en 1984, 77 instituteurs et institutrices à 4214 élèves des classes du cours préparatoire à la huitième. Il est frappant de voir que le nombre des élèves diminue considérablement au cours des huit années d'école.(20) Les raisons peuvent en être multiples. Peut-être que les parents ne sont plus en mesure ou ne veulent plus payer les frais de scolarité pour chacun de leurs enfants. Peut-être les enfants sont-ils, au fur et à mesure qu'ils grandissent, indispensables pour travailler à la maison ou dans les champs.

A Nyakabuye, il n'y a pas d'école secondaire. Les 36 garçons et 25 filles, qui en 1983, fréquentaient une école secondaire, vivaient comme partout au Rwanda, dans un internat. 11 jeunes de la commune poursuivèrent des études universitaires. Au cours des dernières années, deux centres scolaires ont été complétés d'un CERAI (Centre d'Enseignement Rural et Artisanal Intégré). Dans les CERAI, des garçons et des filles

sten Patienten kommen wegen diverser Wurmkrankheiten, Malaria und Infektionen zu den täglichen Sprechstunden. Zahlreich sind außerdem Magen- und Leberleiden. Das Zentrum beschränkt sich allerdings nicht auf kurative Medizin. Es führt auch Schwangerschaftsberatung und Vorsorgeuntersuchungen durch, bietet regelmäßige Impfaktionen und Untersuchungen für Kleinkinder an, ferner Kurse über Ernährungsfragen, Hygiene und anderes mehr.

Es gibt acht Primarschulzentren, an denen 1984 insgesamt 77 Lehrer und Lehrerinnen 4214 Schüler in den Klassen Eins bis Acht unterrichteten. Es fällt auf, daß die Zahl der Schüler von der ersten bis zur achten Klasse stark abnimmt.(20) Die Gründe dafür können mannigfacher Art sein. Vielleicht sind die Eltern nicht in der Lage oder nicht willens, das Schulgeld für jedes Kind zu zahlen. Vielleicht werden die Kinder mit zunehmendem Alter als Hilfskraft zuhause oder auf dem Feld gebraucht. Eine Sekundarschule gibt es in Nyakabuye nicht. Die 36 Jungen und 25 Mädchen, die 1983 eine weiterführende Schule besuchten, waren, wie dies für Sekundarschulen üblich ist, in Internaten untergebracht. Elf junge Männer aus der Gemeinde studierten an der Universität. An zwei Schulzentren wurde in den vergangenen Jahren ein CERAI (Centre d'Enseignement Rural et Artisanal Intégré - Zentrum für integrierte ländlich-handwerkliche Ausbildung) angegliedert. Hier werden Jungen und Mädchen, welche die achte Klasse abgeschlossen haben, in allgemeinen sowie in praktischen Fächern drei Jahre lang weiter ausgebildet.

Der Vollständigkeit halber ist noch zu erwähnen, daß seit 1983 in Nyakabuye der Sitz der neugeschaffenen Unterpräfektur Bugumya ist, welche neben Nyakabuye noch die Nachbargemeinden Karengera und Bugarama umfaßt. Die Verwaltung dieser Unterpräfektur befindet sich allerdings erst im Aufbau. Da sie noch über kein eigenes Gebäude verfügt, sind die Diensträume zur Zeit provisorisch untergebracht.

ayant terminé la classe de huitième reçoivent une formation supplémentaire de trois ans dans des matières générales et pratiques.
Enfin, il faut mentionner que Nyakabuye est depuis 1983 le siège de la nouvelle sous-préfecture de Bugumya qui comprend la commune de Nyakabuye et les communes voisines de Karengera et de Bugarama. L'Administration de cette sous-préfecture en est encore au stade de l'organisation. Comme elle ne dispose pas encore d'un bâtiment approprié, les bureaux sont actuellement abrités provisoirement.

La planification au niveau communal

Dans toutes les communes, il devrait y avoir une commission technique et un conseil de développement. En général, la commission technique est formée de cinq à dix membres, nommés par le Ministère de l'Intérieur sur proposition du bourgmestre et accord du préfet. Elle se réunit deux fois par trimestre sous la présidence de celui qui aura été élu par elle. C'est un organe de planification de la commune et elle a pour devoir de soutenir le bourgmestre et le conseil communal dans la planification conceptionnelle du développement de la commune. De même, elle aide à examiner et à élaborer des projets ainsi qu'à chercher des possibilités de les financer. Elle doit suivre activement la vie de la commune et informer le bourgmestre d'éventuelles erreurs ou lacunes dans des projets de développement.
Au Conseil de développement participent le bourgmestre en tant que président, les membres de la commission technique, les conseillers communaux et les chefs des services représentés dans la commune. Le conseil se réunit au moins une fois tous les trois mois sur l'invitation du bourgmestre. C'est aussi le bourgmestre qui détermine l'ordre du jour. Le conseil de développement est l'organe de jonction entre la commune et les autorités de planification de l'Etat. Il a pour tâche de contrôler régulièrement tous les projets et de délibérer des nouveaux.
Au cours des années passées, différents projets de développement ont été réalisés à Nyakabuye: par exemple,

Kommunale Planung

In allen Gemeinden sollte es eine Technische Kommission und einen Entwicklungsrat geben. Der Technischen Kommission gehören im allgemeinen zwischen fünf und zehn Mitglieder an, die auf Vorschlag des Bürgermeisters und mit Zustimmung des Präfekten vom Innenminister ernannt werden. Sie sollte in jedem Quartal mindestens zweimal unter dem Vorsitz eines von ihr gewählten Präsidenten zusammentreten. Sie ist ein Planungsorgan der Gemeinde und hat die Aufgabe, den Bürgermeister und den Gemeinderat bei der Konzeption der Gemeindeentwicklung zu unterstützen. Gleichermaßen hilft sie bei der Prüfung und Ausarbeitung von Projekten und der Suche nach Finanzierungsmöglichkeiten. Die Technische Kommission soll das Gemeindeleben aktiv verfolgen und den Bürgermeister auf mögliche Fehler und Mängel bei Entwicklungsvorhaben aufmerksam machen.
Dem Entwicklungsrat gehören an: der Bürgermeister als Vorsitzender, die Mitglieder der Technischen Kommission, die Gemeinderäte und die Leiter der in der Gemeinde vertretenen Serviceeinrichtungen. Er versammelt sich mindestens einmal vierteljährlich auf Einladung des Bürgermeisters, der auch die Tagesordnung festlegt. Der Entwicklungsrat dient als Verbindungsglied zwischen der Gemeinde und den staatlichen Planungsbehörden. Er hat die Aufgabe, alle Projekte regelmäßig zu überprüfen und neue Vorhaben zu beraten.
In den vergangenen Jahren sind in Nyakabuye verschiedene Entwicklungsprojekte durchgeführt worden wie zum Beispiel der Bau und der Unterhalt von Straßen und Schulgebäuden, die Wiederaufforstung und der Neubau eines Gemeindebüros. Viele dieser Aufgaben können landesweit nur bewältigt werden dank der tatkräftigen Mithilfe der Bevölkerung.

Straßenbau und Unterhalt

Straßenbau und der Unterhalt von Straßen fallen, soweit es sich nicht um Hauptverkehrswege handelt, in den Aufgabenbereich der Gemeinden. 1984 war das Strassennetz in Nyakabuye etwa 100 km lang. Diese Straßen

Umuganda est une forme de travail communautaire institutionalisée. Tout adulte est obligé d'y participer bénévolement un matin par semaine. Sa présence est notée dans un carnet. Une absence injustifiée peut entraîner une amende, des absences fréquentes peuvent être punies par une peine de prison.
Dans sa signification éthymologique, Umuganda signifie perche de construction ou pilier d'une maison.(21) Au sens figuré, ce terme a été utilisé dans la société rwandaise traditionnelle pour désigner l'aide apportée à un voisin qui, soudainement et fortuitement, tombe dans la misère. Si, par exemple, sa maison avait brûlé, on l'aidait avec ce qu'on avait sous la main c'està-dire avec un pilier ou de la paille ou on lui donnait un coup de main pour construire une nouvelle maison. Cette aide était volontaire et bénévole. La signification éthymologique du terme fût perdue à l'époque féodale et ensuite coloniale. L'administration coloniale belge contraignit les paysans à construire ensemble des routes et des ponts, à creuser des fossés contre l'érosion et à cultiver des plantations. Ces travaux furent éxécutés à contre-coeur et même délibérément détruits par la suite.
Quelle est l'importance de l'Umuganda aujourd'hui? Dans une interview parue dans un journal, le Président de la République, Habyarimana le formule de la façon suivante: "La philosophie de l'Umuganda...C'est la politique de compter sur soi-même ... compter sur nos propres efforts".(22) C'est ainsi que, grâce au travail direct de la population, partout dans le pays, des écoles et des dispensaires sont construits, des collines dénudées sont reboisées, des sources sont captées, des fossés sont creusés pour la protection contre l'érosion, et dans les villes, pour les câbles électriques et téléphoniques. Les travaux faits dans le cadre de l'Umuganda ne sont généralement pas décidés par les paysans mais par une autorité supérieure. Si le Président lance une devise pour l'année, les ministères l'adaptent, la transmettent aux préfectures et aux communes et c'est à ce niveau que l'ordre est donné par exemple de planter 60 000 petits arbres par secteur ou de creuser des fossés contre l'érosion sur une longueur déterminée. A cela s'ajoutent les plans de développement élaborés au niveau communal. De plus, beaucoup de projets étrangers, exigent une participation de la population dans le cadre de l'Umuganda car cela démontre une coopération active et l'intérêt de la population.

Umuganda ist die institutionalisierte Form von Gemeinschaftsarbeit. Jeder Erwachsene ist verpflichtet, an einem Vormittag pro Woche unentgeltlich daran teilzunehmen. In einem Heftchen wird die Anwesenheit bestätigt. Unentschuldigtes Fehlen kann mit einer Geldbuße belegt, sehr häufige Nichtteilnahme sogar mit Gefängnis bestraft werden.
In der Grundbedeutung heißt Umuganda Stange oder Pfosten zum Bau eines Hauses.(21) Im übertragenen Sinne wurde dieses Wort in der traditionellen rwandischen Gesellschaft gebraucht für die Hilfe, die man einem Nachbarn angedeihen ließ, der plötzlich und unverschuldet in Not geriet. War beispielsweise sein Haus abgebrannt, so half man aus mit dem, was man zur Verfügung stellen konnte, etwa mit Pfosten, mit Stroh oder durch Handanlegen beim Bau eines neuen Hauses.
Diese Hilfe war freiwillig und unentgeltlich. In der feudalen und später der kolonialen Epoche der rwandischen Geschichte ging dieser ursprüngliche Sinn verloren. Die belgische Kolonialverwaltung zwang die Bauern zum gemeinsamen Straßen- und Brückenbau, zum Anlegen von Erosionsschutzgräben und Pflanzungen. Diese Arbeiten wurden nur widerwillig ausgeführt und sogar nachher absichtlich wieder zerstört.

Welchen Stellenwert hat Umuganda heute? In einem Zeitungsinterview formulierte es Staatspräsident Habyarimana folgendermaßen: "Die Philosophie des Umuganda ... Das ist die Politik des Zählens auf sich selbst... zählen auf unsere eigenen Anstrengungen".(22) So werden heute im ganzen Land durch die Eigenleistung der Bevölkerung Schulen und Krankenstationen gebaut, kahle Hügel wiederaufgeforstet und Quellen gefaßt, Erosionsschutzstreifen werden angelegt, in der Stadt auch Leitungsgräben für Telefon- und Stromkabel ausgehoben. Was durch Umuganda gemacht wird, darüber entscheiden die Bauern in der Regel nicht selbst, sondern dies wird von höherer Stelle angeordnet. Stellt der Präsident ein Jahr unter ein bestimmtes Motto, so greifen die zuständigen Ministerien dieses Leitthema auf, geben es an die Präfekturen und Gemeinden weiter, und dort erscheint es dann etwa als Vorgabe, 60 000 Bäumchen pro Sektor zu pflanzen oder eine vorgegebene Länge an Erosionsschutzgräben auszuheben. Dazu kommen die auf Gemeindeebene ausgearbeiteten Entwicklungspläne. Darüber hinaus beanspruchen viele der ausländischen Projekte eine bestimmte Umugandaleistung, wodurch ja die aktive Mitarbeit und das Interesse der Bevölkerung verdeutlicht werden sollen.

Il semble que l'Umuganda soit un instrument plutôt ambigu. D'une part, cette confiance en ses propres possibilités est certainement valable, surtout dans un pays structurellement faible tel que le Rwanda, qui en plus ne possède que des ressources financières limitées; d'autre part, la participation hebdomadaire à l'umuganda est peut-être davantage ressentie par certains Rwandais comme une obligation pesante plutôt que comme une possibilité d'amélioration de leur situation personnelle par l'action commune. Leur façon de voir l'Umuganda et leur engagement dépendent de facteurs divers comme la compréhension ou non de l'engagement qui leur est demandé ou la mesure dans laquelle ils peuvent être motivés.

la construction et l'entretien de routes et des bâtiments scolaires, le reboisement et la construction d'un bureau communal. Partout dans le pays, les nombreux travaux ne peuvent être maîtrisés que grâce à la collaboration active de la population.

La construction et l'entretien des routes

Tant qu'il ne s'agit pas de grands axes, la construction des routes et leur entretien relèvent du domaine des communes. En 1984, le réseau routier de Nyakabuye avait une longueur de 100 km. Il faut entendre par ce terme de "routes", en fait des pistes qui ne sont parfois que très difficilement praticables pendant la saison des pluies. La plupart de ces routes sont situées dans la région montagneuse du nord-ouest. Cela est dû au fait qu'au moment de la récolte du thé, les petits camions viennent y chercher le thé. La partie sud-ouest est également traversée par une route, venant de Bugarama, dans le sud, pour aller à la commune voisine de Karengera, qui, elle, se trouve au nord de Nyakabuye. Cette route permet également l'accès au bureau communal et au marché. L'état de cette route est souvent bon, car elle est régulièrement entretenue par une équipe d'entretien. Quatre fois par semaine, un bus fait l'aller - retour entre la place du marché de Nyakabuye, Cyangugu et Kamembe où se trouvent la préfecture et le plus grand marché de la région. Pendant longtemps, il n'y avait qu'une seule

Das Instrument Umuganda scheint also zwiespältig zu sein. Einerseits ist das Bauen auf die eigenen Kräfte sicher sinnvoll, zumal in einem strukturschwachen Land wie Rwanda mit seinen beschränkten Finanzmitteln. Auf der anderen Seite wird aber der wöchentliche Umugandaeinsatz von manchen Rwandern vielleicht eher als eine lästige Pflicht empfunden denn als die Möglichkeit, die eigene Situation durch gemeinschaftliches Handeln zu verbessern. Wie sie den Umuganda betrachten und wie stark sie sich engagieren, hängt von verschiedenen Faktoren ab, zum Beispiel ob ihnen der verlangte Einsatz einsichtig ist, und inwieweit sie dafür motiviert werden konnten.

sind alle als Pisten zu verstehen, die während der Regenzeiten teilweise nur schwer mit einem Fahrzeug passierbar sind. Der größte Teil verläuft in der westlichen und nordwestlichen Hochregion, was damit zusammenhängt, daß dort an den Pflücktagen der Tee von Kleintransportern der Teefabrik abgeholt werden muß. Auch den südwestlichen Teil durchquert eine Straße, die von Bugarama, also von Süden kommend, in die nördlich gelegene Nachbargemeinde Karengera weiterführt, und über die auch das Gemeindebüro und der Markt zu erreichen sind. Sie ist meist in recht gutem Zustand, da sie von einer Baukolonne regelmäßig unterhalten wird. Vom Markt Nyakabuye aus verkehrt an vier Tagen in der Woche ein Bus nach Cyangugu und Kamembe, wo sich die Präfektur beziehungsweise der größte Markt der Region befinden. Jedoch gab es lange nur eine einzige Straßenverbindung, die vom Gemeindebüro und vom Mark aus die Gemeinde durchquerend in die höhergelegenen Sektoren führte, eine Piste zudem, die wegen des schwierigen Geländes während der Regenzeit meistens unbefahrbar war. Um dem Abhilfe zu schaffen, wurde eine zweite Straße geplant, die nun ebenfalls die beiden Gemeindeteile verbindet. Diese Trasse wurde von der Bevölkerung mit Hacke und Schaufel in Umugandaarbeit angelegt. Der Unterhalt aller Straßen, mit Ausnahme der Verbindung von Bugarama nach Karengera, geschieht ebenfalls durch Umuganda.

route allant du bureau communal au marché pour traverser toute la commune jusqu'au régions les plus élevées. Cette route était une piste, qui, à cause du terrain difficile, était souvent impraticable à la saison des pluies. Pour remédier à ce problème, une deuxième route fut planifiée pour relier les deux parties de la commune. Cette route fut construite par la population dans le cadre de l'umuganda. L'entretien de toutes les routes sauf celle allant de Bugarama à Karengera, est également assuré par l'umuganda.

La construction des écoles

Aujourd'hui la plupart des écoles primaires du Rwanda sont publiques. Cela signifie que les instituteurs sont employés et rémunérés par l'Etat tandis que les communes se chargent des locaux. A Nyakabuye,on compte huit centres scolaires. Même si tous les enfants en âge de scolarité ne vont pas à l'école, le nombre croissant d'élèves suffit, de temps à autre, à dépasser les capacités des salles de classe. Un aggrandissement des centres scolaires s'avère alors nécessaire. Cela se fait par l'umuganda du secteur scolaire. La plupart des salles de classe sont construites en torchis comme presque toutes les maisons, ce qui permet à tout le monde d'aider à construire. Les tôles pour les toits et l'équipement sont financés par le fonds scolaire auquel tous les parents doivent verser 300 Frw par enfant et par an. L'équipement est plutôt rudimentaire: il y a souvent juste un grand tableau, une table et une chaise pour l'instituteur. Les élèves des plus petites classes sont quelques fois assis sur des troncs d'arbre. Pour les plus âgés, les bancs et les tables sont construits avec des poteaux et des planches en bois.

La lutte contre l'érosion

Nyakabuye est touchée par l'érosion des sols, tout comme d'autres régions du Rwanda. Beaucoup de collines sont déboisées. La croissance démographique rapide force les paysans à rechercher même des terres en

Schulbau

Die meisten Primarschulen in Rwanda sind heute staatlich. Das bedeutet, die Lehrer werden vom Staat eingestellt und bezahlt, für die Schulgebäude sind die Gemeinden verantwortlich. In Nyakabuye gibt es acht Schulzentren. Auch wenn nicht alle Kinder im schulpflichtigen Alter die Schule besuchen, so sprengt doch die steigende Schülerzahl von Zeit zu Zeit die Kapazität an Klassenräumen, und es wird notwendig, die bestehenden Schulzentren zu erweitern. Dies geschieht durch Umugandaeinsatz des Sektors, in dem das betreffende Schulzentrum liegt. Da die meisten Klassenzimmer, wie im übrigen auch fast alle Wohnhäuser, aus Lehm gebaut werden, ist es möglich, sie in Eigenhilfe zu konstruieren. Die Wellbleche als Dachbedeckung und die Schuleinrichtung werden aus dem Schulfonds finanziert, in den alle Eltern jährlich bis zu 300 Frw pro Kind einzahlen müssen. Die Einrichtung ist allerdings meist nicht sehr groß. Sie besteht vielfach gerade aus einer Tafel und Tisch und Stuhl für den Lehrer. Den Schülern der unteren Klassen dienen manchmal nur Baumstämme als Sitzgelegenheit. Für die Älteren sind die Bänke und Schreibunterlagen oft aus Pfosten und einfachen Brettern gezimmert.

Erosionsschutz

Wie weite Teile Rwandas so ist auch Nyakabuye von der Bodenerosion betroffen. Viele Hügel sind abgeholzt. Die steigende Bevölkerungszahl zwingt die Bauern, auch auf vormals brachliegendes Land und in immer steilere Hänge auszuweichen, um dort Nahrungsmittel anzubauen, was wiederum nachhaltig die Bodenerosion begünstigt. Der Regen kann nun leicht jedes Jahr einen Teil der fruchtbaren Krume zu Tal schwemmen. Um dem entgegenzutreten, begann man 1981 in sechs Versuchssektoren damit, Erosionsschutzmaßnahmen durchzuführen. Dazu werden in gleichmäßigen Abständen parallel zum Hang Gräben ausgehoben und zusätzlich Setaria-Gräser angepflanzt. Nachdem der Staatspräsident das Jahr 1982 zum Jahr des Bodenschutzes proklamiert hatte, wurden diese

friches jusqu'alors, ou des pentes de plus en plus fortes pour y cultiver de quoi se nourrir,ce qui accélère l'érosion des sols. La pluie emporte ainsi chaque année une partie des terres arables jusque dans les vallées. Pour faire face à cela, on a commencé en 1981 à prendre des mesures de protection contre l'érosion dans six secteurs d'essai: on a creusé des fossés parallèles à la pente et à intervalles réguliers et on y a planté des sétarias. A la suite de la déclaration du président de la République selon laquelle l''année 1982 a été proclamée Année de la Protection des Sols, on a redoublé ces efforts, et ceci dans toute la commune. Jusqu'au milieu de l'année 1985 environ 1000 km de fossés contre l'érosion ont été creusés dans le cadre de l'umuganda.

Le reboisement

Le programme de reboisement doit être considéré sous un double point de vue. D'une part, le reboisement des surfaces agricoles qui ne sont plus utiles au labourage ou au pâturage, sert à la protection contre la progression de l'érosion et, d'autre part, ce reboisement est nécessaire afin de satisfaire les besoins toujours croissants de bois. Le bois n'est pas seulement le combustible le plus important pour la plus grande partie de la population mais il est également nécessaire dans la construction et les menuiseries. A Nyakabuye, ces actions de reboisement avaient également pour but la protection du lopin de forêt naturelle qui avait été déclaré zone de protection forestière. Sa superficie est de 500 ha. A part cette forêt, les statistiques mentionnent pour l'année 1983, 214,4 ha de reboisement communal, 13,62 ha d'accotement reboisés et 139,62 ha de reboisement privé.
Comme, pour les raisons déjà mentionnées, la commune voulait augmenter la production du bois mais, à cause du manque de financement ceci n'aurait pas été réalisé si le SVA n'était pas intervenu. C'est grâce au SVA que depuis 18981, un forestier travaille comme volontaire à Nyakabuye. Le SVA soutient ainsi le reboisement en finançant l'achat des semences, des sachets en

Erosionsschutz - Lutte anti-érosive

Anstrengungen noch verstärkt und nun in der gesamten Gemeinde durchgeführt. Dabei wurden bis Mitte 1985 in Umugandaarbeit etwa 1000 km Erosionsschutzgräben angelegt.

Wiederaufforstung

Das Aufforstungsprogramm ist unter zwei Gesichtspunkten zu sehen. Zum einen dient die Aufforstung von landwirtschaftlich oder zur Weidewirtschaft nicht mehr nutzbaren Flächen als Schutz vor fortschreitender Erosion. Zum anderen ist sie notwendig, um den ständig wachsenden Holzbedarf zu decken. Holz ist nicht nur für den größten Teil der Bevölkerung wichtigstes Brennmaterial, es wird ebenso benötigt als Bau- und Möbelholz. Speziell in Nyakabuye sollten die Aufforstungen zudem dazu dienen, den Druck von einem erhalten geblieben Stückchen Naturwald zu nehmen, der als Schutzzone ausgewiesen ist. Seine Fläche wird mit 500

plastique pour les plantations et en rémunérant ceux qui travaillent dans les pépinières. En revanche, la plus grande partie des travaux tels que la préparation des trous des plantes, les transports locaux et la plantation elle-même est assurée, dans ce cas également, par l'umuganda. C'est ainsi qu'entre 1981 et 1984, 100 ha de forêts communales, selon les statistiques de la commune, ou 46 ha, selon les informations du SVA, ont été reboisés.(23) De même c'est avec succès qu'on réussit à cultiver des arbres fruitiers et à intensifier les mesures agro-forestières qui consistent à inciter les paysans à planter des arbres dans leurs champs. Dans l'ensemble, l'idée du reboisement et de l'économie agro-forestière a été favorisée par l'Année de l'Arbre, proclamée en 1983 par le président de la République. Lors de cette action, on a essayé de sensibiliser la population à la nécessité du reboisement et de la production de bois.

L'approvisionnement en eau potable

L'amélioration de l'approvisionnement en eau potable a également tenu, au cours des cinq dernières années, une place importante. La commune de Nyakabuye est richement pourvue en sources. Quelques-unes d'entre elles ont été captées à l'époque où l'administration mandataire belge était au pouvoir. Mais la plupart d'entre elles se trouvaient dans leur état naturel. Les femmes et les enfants puisaient l'eau dans de petits trous qu'ils avaient creusés directement derrière la source, ou bien, la faisaient couler, en se servant de feuilles de bananier, dans des cruches et des jerrycans. Surtout pendant la saison des pluies, l'eau était souvent sale. La construction de simples captages a remédié à cette situation en améliorant la qualité de l'eau et en facilitant son puisage. Cette fois encore, c'est la population, dans le cadre de l'umuganda, qui a fait la plus grande partie des travaux: dégagement de la source, transports de sable et d'argile. Pour ce faire, elle était soutenue par diverses organisations. Tout d'abord, c'était la paroisse catholique de Mwezi, située dans la commune avoisi-

ha angegeben. Daneben weist die Statistik für 1983 214,4 ha kommunale Aufforstung, 13,62 ha Straßenbegleitpflanzung und 139,62 ha private Aufforstung aus. Da die Gemeinde aus den oben genannten Gründen die Holzproduktion gerne gesteigert hätte, sich aber zu einer intensiven Aufforstung weder personell noch finanziell in der Lage sah, bat sie den DED um Mithilfe. So arbeitet seit 1981 ein Förster als Entwicklungshelfer in Nyakabuye. Der DED unterstützt die Aufforstung mit Finanzmitteln zum Kauf von Saatgut, Pfanzbeuteln und zur Bezahlung von Pflanzgartenarbeitern. Der grösste Teil der Arbeiten allerdings, das Vorbereiten der Pflanzlöcher, lokale Transporte und das Anpflanzen selbst wird auch in diesem Falle durch Umuganda ausgeführt. Zwischen 1981 und 1984 wurden auf diese Weise nach der Gemeindestatistik etwa 100 ha, laut DED-Angaben insgesamt 46 ha Gemeindewald aufgeforstet.(23) Gleichzeitig bemüht man sich seit einiger Zeit mit Erfolg, sowohl Obstbäume heranzuziehen als auch agroforstwirtschaftliche Maßnahmen zu intensivieren, das heißt, die Bauern anzuregen, in ihren Feldern Bäume anzupflanzen. Insgesamt wurde der Gedanke der Aufforstung und der Agroforstwirtschaft durch das Jahr des Baumes begünstigt, welches der Präsident 1983 ausgerufen hatte und in dem die Bevölkerung gezielt auf die Notwendigkeit von Aufforstung und Holzproduktion hingewiesen wurde.

Trinkwasserversorgung

Großen Raum nahm in den vergangenen fünf Jahren ebenfalls die Verbesserung der Trinkwasserversorgung ein. Die Gemeinde ist mit Quellen reichlich gesegnet, von denen einige wenige noch in der Zeit der belgischen Mandatsverwaltung gefaßt wurden. Die meisten jedoch befanden sich in ihrem natürlichen Zustand. Die Frauen und Kinder schöpften das Wasser oft aus kleinen Kuhlen, die sie kurz hinter dem Quellaustritt gegraben hatten, oder sie leiteten es mit Bananenblättern in ihre Krüge und Kanister. Besonders während der Regenzeit war das Wasser häufig verschmutzt. Durch einfache Quellfassungen schuf man Abhilfe, verbesserte zum ei-

nante de Karengera mais desservant certains secteurs de Nyakabuye qui a commencé par mettre une équipe de dix capteurs à la disposition de trois secteurs. Ensuite, c'est en partie une société belgo-rwandaise, et de 1981 à 1983, un volontaire du SVA qui ont aidé à capter de nombreuses sources dans toute la commune. Ces organisations ont également fourni un soutien financier pour l'achat de tuyaux et de ciment. A cette époque, le SVA a aussi financé une petite adduction d'eau pour approvisionner le marché, le bureau communal et un centre scolaire. Depuis que le SVA s'est retiré de ce projet, un fontainier de la commune continue à capter 50 autres sources, le captage étant financé par la "Deutsche Welthungerhilfe". Le programme d'amélioration de l'approvisionnement en eau sera ainsi entièrement réalisé par le simple captage des sources.

L'agriculture

Si l'on se souvient que presque toute la population vit de l'agriculture, on se rend compte de l'importance du développement de l'agriculture et de l'élevage. Cela n'est pas seulement vrai depuis l'année 1984, proclamée par le président comme l'Année de la Production Vivrière. Mais les efforts fournis dans ce domai-

Quellfassung durch Umuganda - Captage de source par l'Umuganda

nen die Wasserqualität und erleichterte gleichzeitig auch das Wasserholen selbst. Für die Quellfassungen wurde der größte Teil der Arbeiten wie das Aufgraben der Quelle und Transporte von Sand und Ton von der Bevölkerung als Umugandaarbeit geleistet. Sie erhielt dabei Unterstützung von verschiedenen Seiten. Zunächst begann in drei Sektoren die katholische Pfarrei Mwezi, die in der Nachbargemeinde Karengera beheimatet ist, jedoch Teile Nyakabuyes mitbetreut, mit einer Gruppe von zehn Quellfassern. Später halfen zeitweise eine belgisch-rwandische Gesellschaft und von 1981 bis 1983 der DED, vertreten durch einen Entwicklungshelfer, zahlreiche Quellen in der ganzen Gemeinde zu fassen. Sie leisteten dabei auch finanzielle Unterstützung, indem sie hauptsächlich für die Bereitstellung von Rohren und Zement aufkamen. In dieser Zeit wurde ebenfalls eine vom DED finanzierte kleine Wasserleitung

ne ne sont pas aussi visibles que les actions de masse spectaculaires comme par exemple dans le domaine de la construction routière ou du reboisement. Travailler pour le développement signifie: avancer à petits pas, essayer de convaincre les paysans au cours de réunions et d'entretiens personnels ou par des exemples évidents; car le monde paysan montre beaucoup de réserve face aux innovations - attitude qui a certainement ses raisons - et il compte avant tout sur les méthodes traditionnelles qui ont fait leurs preuves dans la pratique. Et à Nyakabuye, les paysans ont toujours obtenu de bonnes récoltes grâce à la fertilité du sol. Cependant, il semble que les méthodes traditionnelles ne suffisent plus à elles seules pour nourrir de façon durable le nombre croissant de ses habitants. Au cours des années, la surface de terre disponible pour une famille devient de plus en plus petite. On essaye d'y remédier en cultivant des terres moins fertiles et des versants abrupts, ce qui entraîne une plus grande érosion du sol. Du fait qu'il n'y a plus de champs en friche, les sols sont de plus en plus lessivés. Et comme il y a de moins en moins de pâturages, les vaches sont de plus en plus maigres et donnent moins de lait qu'autrefois.
Au cours des premiers programmes agricoles, on exhortait les paysans à prendre des mesures de protection contre l'érosion et à utiliser de la semence sélectionnée dont les stocks sont cependant souvent épuisés. On propageait l'idée de combiner l'agriculture et l'élevage en essayant de persuader les paysans des avantages de la stabulation, le fumier étant utilisable comme engrais pour les champs. Une intensification de l'élevage du petit bétail et de la volaille devait améliorer l'approvisionnement en viande et en oeufs. L'Etat, lui aussi, avait déjà depuis longtemps, commencé à veiller à l'entretien des caféiers, car au Rwanda, le café a une grande importance, du fait que c'est le produit numéro 1 pour obtenir des devises. Ainsi l'entreprise nationale et monopoliste du café OCIR (Office des Cultures Industrielles au Rwanda) envoie dans la commune son propre conseiller chargé d'informer et de contrôler les producteurs.

gebaut, die den Markt, das Gemeindebüro und ein Schulzentrum versorgt. Seit dem Rückzug des DED aus diesem Projektbereich ist ein Wassermeister der Gemeinde dabei, 50 weitere Quellen zu fassen, wozu nun die "Deutsche Welthungerhilfe" Finanzmittel bereitgestellt hat. Damit wird das Programm zur Verbesserung der Versorgung durch einfache Quellfassungen weitgehend abgeschlossen sein.

Landwirtschaft

Ruft man sich noch einmal ins Gedächtnis, daß fast die gesamte Bevölkerung in der Landwirtschaft tätig ist, so wird klar, welch einen wichtigen Aspekt die Entwicklung von Landwirtschaft und Viehzucht darstellt. Und das nicht erst seit dem Jahr 1984, welches der Präsident zum Jahr der Nahrungsmittelproduktion erklärt hatte. Nur macht sich ein Engagement in diesem Bereich nicht so leicht bemerkbar durch spektakuläre Massenaktionen wie beim Straßenbau oder der Aufforstung. Für eine landwirtschaftliche Entwicklung arbeiten bedeutet, in kleinen Schritten vorzugehen und die Bauern auf Versammlungen, in Einzelgesprächen oder durch sichtbare Beispiele zu überzeugen versuchen. Denn eine bäuerliche Gesellschaft steht Neuerungen meistens etwas reserviert gegenüber-sicher nicht ohne Grund - und verläßt sich erst einmal auf die traditionellen und bewährten Methoden. Und dank fruchtbarer Böden hat man in Nyakabuye ja auch noch immer ausreichende Ernteerträge gehabt. Nur scheinen heute die traditionellen Methoden alleine nicht mehr zu genügen, um auf Dauer die wachsende Zahl der Bevölkerung zu ernähren. Das einer Familie zur Verfügung stehende Land wird über Jahre gesehen immer kleiner. Man weicht auf schlechtere Böden und in steilere Hänge aus. Dies führt zu verstärkter Bodenerosion. Die Böden laugen schneller aus, auch weil es keine Brache mehr gibt. Da weniger Weideland zur Verfügung steht, werden die Kühe magerer und geben weniger Milch als früher.

In den ersten landwirtschaftlichen Programmen wurden die Bauern angehalten, Erosionsschutzmaßnahmen zu ergreifen und ausgewähltes Saatgut zu verwenden, welches

L'Année de la Production Vivrière ayant été déclarée, on a redoublé les campagnes de sensibilisation et de mobilisation de la population rurale dans tous le pays. L'accent a été porté pendant deux ans (du fait que la devise a été gardée également pour l'année 1985 sur la protection contre l'érosion, l'installation de fosses à compost, la propagation de la stabulation et l'utilisation du fumier comme engrais pour les champs, un éventail plus large des cultures vivrières et l'installation des jardins maraîchers. Un certain succès est visible dans la mesure où de plus en plus de paysans construisent des petites étables et qu'à la suite d'une campagne intensive au printemps 1985 le nombre des fosses à compost a considérablement augmenté - ce qui ne veut pas encore dire qu'elles seront toutes utilisées. De telles actions ne peuvent pas seulement être menées par le personnel agricole de la commune, qui, avec ses deux agronoms et cinq moniteurs agricoles, est de toute façon trop faiblement representé, mais elles devaient aussi être soutenues par des paysans dits "progressistes" qui donnent l'exemple et incitent les voisins à les suivre. Afin de stimuler la population, le Ministère de l'Agriculture organise tous les ans un concours où tous les paysans peuvent participer. Les meilleurs paysans de chaque secteur, c'est-à-dire ceux ayant réalisé le plus grand nombre de programmes, sont récompensés par quelques petits prix. D'autre part, les paysans qui n'entretiennent pas suffisament leurs caféiers, qui ne creusent pas de fossés antiérosionnels ou qui ne disposent pas de fosse à compost, doivent payer une amende. A mon avis, cette pratique est risquée car l'agronome ou le moniteur agricole venant aujourd'hui comme contrôleur et distribuant des amendes ne sera pas facilement accepté le lendemain par la population en tant que conseiller bien intentionné des secteurs et des cellules. D'autre part, l'agronome aura également du mal à resister à une certaine contrainte de réussite venant d'en haut et traversant souvent tous les niveaux administratifs jusqu'à la commune. Un autre point faible me semble être la négligeance vis-à-vis des femmes: car ce sont elles qui

allerdings häufig nicht vorrätig ist. Man propagierte die Verknüpfung von Ackerbau und Viehzucht, indem man versuchte, die Bauern vom Vorteil der Stalltierhaltung zu überzeugen, da der so anfallende Mist zur Düngung der Felder verwendet werden könne. Eine Intensivierung der Kleintier- und Geflügelzucht sollte zur besseren Versorgung mit Fleisch und Eiern beitragen. Schon lange wurde zudem von staatlicher Seite auf den Unterhalt der Kaffeesträucher geachtet, denn dem Kaffee kommt als Devisenbringer Nr. 1 eine große Bedeutung zu. Das staatliche Kaffeeunternehmen OCIR - Office des Cultures Industrielles au Rwanda - welches das Monopol besitzt, bezahlt in der Gemeinde einen eigenen Berater, der die Produzenten anleiten und kontrollieren soll.
Mit der Proklamation des Jahres für den Nahrungsmittelanbau wurden im ganzen Land die Kampagnen zur Sensibilisierung und Mobilisierung der ländlichen Bevölkerung verstärkt. Schwerpunkte waren und sind, da auch für das Jahr 1985 dieses Motto beibehalten wurde, neben dem Erosionsschutz das Anlegen von Kompostgruben, die Propagierung der Stallviehhaltung und damit verbunden die Düngung der Felder mit Mist, ein breiteres Spektrum der angebauten Nahrungsmittel und das Anlegen von Gemüsegärten. Erfolge sind insofern sichtbar, als sich immer mehr Bauern einen kleinen Stall bauen und nach einer massiven Kampagne im Frühjahr 1985 die Zahl der angelegten Kompostgruben gewaltig stieg - was freilich noch nicht heißt, daß sie auch alle benutzt werden. Solche Aktionen können nicht nur vom landwirtschaftlichen Personal der Gemeinde getragen werden, welches mit zwei Agronomen und fünf Beratern ohnehin nach wie vor schwach besetzt ist, sondern es sollen sogenannte fortschrittliche Bauern in ihrem Umfeld mit gutem Beispiel vorangehen und die Nachbarn zu gleichen Anstrengungen animieren. Als materiellen Anreiz führt das Landwirtschaftsministerium jährlich einen Wettbewerb durch, an dem alle Bauern teilnehmen können. Die Besten eines jeden Sektors, also diejenigen, welche die meisten Programme verwirklicht haben, werden mit kleinen Preisen belohnt. Doch andererseits legt man Bauern, die ihre Kaffeebäume nicht ausreichend unterhalten, die keine Erosionsschutzgräben an-

font la plus grande partie des travaux dans les champs; pourtant les programmes agricoles ne s'adressent que rarement à elles et ce ne sont par exemple pas elles qui obtiennent les prix des concours.(24)

Le CCDFP

CCDFP est le sigle du Centre Communal de Développement et de la Formation Permanente. A partir de 1949, des centres sociaux ont été installés dans de nombreuses communes, afin de pouvoir instruire les femmes et les filles dans le savoir ménager. Après l'indépendance du Rwanda, des centres de nutrition et d'alphabetisation ont été fondé parallèlement à ces centres. Cette situation est restée la même jusqu'à ce que les nouveaux responsables de la 2ème République se déclarent insatisfaits de ce système de services parallèles. Afin d'élargir le groupe-cible des centres sociaux jusqu'alors limité à la population des femmes, on essaya tout d'abord d'atteindre les hommes et les jeunes également. On ne parla désormais plus que de centres sociaux de développement. En 1977, le terme de CCDFP fut inventé. A partir de cette date, tous les programmes et services de développement d'une commune étaient pris sous l'aile du CCDFP. Le CCDFP a été défini comme étant "une structure qui, dans la concertation permanente des services et de la population, vise à la fois à sensibiliser, conscientiser, motiver et mobiliser la population ainsi qu'à coordonner l'action des services de base en vue de la formation permanente de la population pour lui permettre de résoudre ses problèmes prioritaires et d'accéder à un développement intégré". (25)

Au cours d'un séminaire, organisé en mai 1981 par le Ministère des Affaires Sociales et du Développement Communautaire, les objectifs des CCDFP ont été définis comme suit:

1- encourager la population à prendre son propre développement en main,
2- l'amélioration continue de ses conditions de vie et de travail,

legen oder über keine Kompostgrube verfügen, Geldbußen auf. Hierin sehe ich allerdings eine Gefahr. Denn der Agronom oder der Landwirtschaftliche Berater, der heute als Kontrolleur kommt und Geldstrafen verteilt, wird morgen nur noch schwerlich als wohlmeinender Helfer in den Sektoren und Zellen von der Bevölkerung akzeptiert werden. Andererseits kann sich ein Agronom auch kaum dem Erfolgsdruck widersetzen, der oft durch alle administrativen Ebenen bis in die Gemeinden weitergeleitet wird. Eine zweite Schwachstelle scheint mir die Vernachlässigung der Frauen zu sein, die doch den Hauptteil der Feldarbeit verrichten, aber selten von den landwirtschaftlichen Programmen angesprochen werden und beispielsweise auch bei der Preisverleihung leer ausgehen.(24)

CCDFP

CCDFP steht als Abkürzung für Centre Communal de Développement et de la Formation Permanente, was man übersetzen könnte mit Zentrum zur Entwicklung und zum lebenslangen Lernen. Von 1949 an wurden in vielen Gemeinden Sozialstationen errichtet, in denen Frauen und Mädchen eine Unterweisung in Haushaltskunde erhielten. Nach der Erlangung der Unabhängigkeit entstanden parallel dazu verschiedentlich Ernährungsberatungs- und Alphabetisierungszentren, bis die Neuverantwortlichen der 2. Republik zu dem Schluß kamen, daß die Situation nebeneinander arbeitender Einrichtungen unbefriedigend sei. Als erstes versuchte man, um den Sozialstationen ihre ausschließlich auf die weibliche Bevölkerung gerichtete Zielsetzung zu nehmen, auch Männer und Jugendliche zu erreichen. Man sprach deswegen fortan von Sozialen Entwicklungszentren. Schließlich wurde 1977 der Begriff des CCDFP gefunden. Unter den Fittichen eines CCDFP sollten von nun an alle Entwicklungsprogramme und -dienste einer Gemeinde zusammenfinden. Das CCDFP wurde definiert als "eine Struktur, die in ständigem Einklang mit den Dienstleistungseinrichtungen und der Bevölkerung zugleich darauf abzielt, die Bevölkerung zu sensibilisieren und bewußter zu machen, sie zu motivieren und anzustacheln,als auch die Aktio-

3- la promotion d'une production alimentaire plus poussée,
4- la promotion de techniques adaptées en faveur d'une amélioration des conditions de vie et l'accélération du progrès social et culturel,
5- l'utilisation rationnelle de la main-d'oeuvre humaine,
6- un accès plus facile à tous les services importants.(26)

La stratégie des CCDFP devait consister à:
- sensibiliser et mobiliser les fonctionnaires et la population,
- promouvoir la collaboration entre les différents services, et cela à tous les niveaux,
- informer et former les fonctionnaires et la population,
- promouvoir des facteurs de développement tels que la mise à disposition de semences sélectionnées, un service vétérinaire efficace et la possibilité d'obtenir des crédits ruraux.

De plus, les CCDFP doivent initier la création de coopératives, encourager les initiatives prises par la population et régulièrement surveiller les actions déjà en cours.(27)

Un des éléments-clés de cette stratégie consiste à former les formateurs: c'est un système de multiplicateurs allant jusqu'aux animateurs de base des cellules et des secteurs. Par animateur de base, on entend les conseillers des secteurs, les responsables des cellules et les chefs d'équipe. Une équipe est la plus petite unité, elle est formée de dix familles qui élisent un chef d'équipe. La formation théorique et pratique des animateurs de base doit englober l'agriculture et l'élevage, la santé, l'hygiène et l'alimentation, les problèmes démographiques et le planning familial, les questions sociales, la création de coopératives et l'alphabétisation. On attend des animateurs de base qu'ils transmettent ensuite leur savoir aux autres membres de l'équipe et qu'ils donnent le bon exemple.

Quant à l'équipement, au financement, au nombre de personnes employées et surtout à la construction de

nen der basisnahen Dienstleistungseinrichtungen im Hinblick auf die ständige Schulung der Bevölkerung zu koordinieren, um ihr zu ermöglichen, ihre dringlichsten Probleme zu lösen und Zugang zu haben zu einer eigenständigen Entwicklung".(25)
Auf einem Seminar, welches im Mai 1981 unter der Federführung des Ministeriums für soziale Angelegenheiten und Entwicklung der Gemeinschaft stattfand, wurden als Ziele der CCDFP genannt,
1. die Bevölkerung zu bestärken, gemeinsam die eigene Entwicklung in die Hand zu nehmen,
2. eine fortdauernde Verbesserung ihrer Lebens- und Arbeitsbedingungen,
3. Förderung einer gesteigerten Nahrungsmittelproduktion,
4. Förderung angepaßter Techniken im Hinblick auf die Verbesserung der Lebensbedingungen und Beschleunigung des sozialen und kulturellen Fortschritts,
5. rationeller Gebrauch der menschlichen Arbeitskraft und
6. leichter Zugang zu allen wichtigen Dienstleistungseinrichtungen.(26)
Die Strategie der CCDFP sollte bestehen in
- der Sensibilisierung und Mobilisierung der Kader sowie der Bevölkerung,
- der Förderung der Zusammenarbeit zwischen den verschiedenen Dienstleistungseinrichtungen auf allen Ebenen,
- der Information und Schulung der Kader und der Bevölkerung,
- der Förderung von Entwicklungsfaktoren wie Bereitstellung von ausgewähltem Saatgut, einem wirkungsvollen Veterinärdienst und Zugang zu ländlichen Krediten.
Ferner sollten die CCDFP zur Bildung von Genossenschaften anregen, Initiativen seitens der Bevölkerung bestärken und begonnene Aktionen regelmäßig überprüfen.(27)
Ein Hauptbestandteil ihrer Strategie ist die sogenannte Ausbildung der Ausbilder, also ein Multiplikatorensystem, welches bis hinunter in die Sektoren und Zellen zu den Basisausbildern reicht. Darunter werden verstanden die Räte in den Sektoren, die Verantwort-

bâtiments CCDFP, les objectifs étaient ambitieux et ne sont certainement pas encore réalisés dans beaucoup de communes, faute d'argent. Ainsi, en octobre 1981, on comptait 44 CCDFP au Rwanda. Il était prévu de continuer à en installer 25 par an. D'après une information à la radio, leur nombre n'était que que de 58 en juillet 1985. Néamoins, la plupart des communes qui ne disposent pas encore des locaux prévus travaillent, comme à Nyakabuye, dans l'esprit d'un CCDFP et selon leurs possibilités.
En 1983, il existait à Nyakabuye quatre centres sociaux où travaillaient deux monitrices sociales et une assistante sociale diplômée en tant que directrice. Par centre social, il ne faut entendre qu'une petite salle de réunion équipée de quelques bancs, de chaises et d'un tableau, ainsi que d'un débarras. A cela s'ajoute encore un champ-modèle pour cultiver des légumes et des produits vivriers. Les centres sociaux sont uniquement fréquentés par des mères et des jeunes filles qui reçoivent une instruction, aussi bien pratique que théorique, dans les domaines de l'agriculture, de l'économie du ménage ainsi que dans des questions d'hygiène, d'alimentation et d'éducation des enfants.
Selon le rapport officiel de la commune, la seconde assistante sociale diplômée est chargée du CCDFP sans que sa tâche ne soit précisée. Jusqu'à aujourd'hui, rien n' a été changé à l'installation des locaux ni à la structure du personnel. En outre, ces centres ne proposent toujours pas de cours pour les hommes adultes et les jeunes. En somme, il est difficile d'apprécier le travail du CCDFP par rapport à sa fonction, de savoir dans quelle mesure il remplit son rôle de coordination et où il donne de nouvelles impulsions. La coopération avec les responsables d'autres services existe, comme, par exemple, avec l'agronome communal. On pourrait aussi bien rattacher des stages sur des thèmes agricoles aux activités du CCDFP que des cours sur des questions de démographie et de planning familial que la Croix Rouge organise en collaboration avec l'Office National de la Population (qui est un service para-étatique oeuvrant dans le domaine du planning fa-

lichen der Zellen und die Gruppenleiter, wobei eine Gruppe als unterste Einheit aus jeweils zehn Familien besteht, die sich ihren Leiter wählen. Die theoretische wie praktische Ausbildung der Basisausbilder sollte Landwirtschaft und Viehzucht umfassen, Gesundheit, Hygiene und Ernährung, Probleme des Bevölkerungswachstums und Familienplanung, soziale Fragen, die Bildung von Kooperativen und Alphabetisierung. Von den Basisausbildern wird dann erwartet, daß sie ihr erworbenes Wissen an die anderen Gruppenmitglieder weitergeben und mit gutem Beispiel vorangehen.
Bezüglich der Ausstattung, der Finanzierung, der Personalstärke und vor allem des Baues von CCDFP-Gebäuden setzte man sich ehrgeizige Ziele, die wohl in vielen Gemeinden noch nicht erreicht wurden, weil es einfach an den finanziellen Mitteln fehlt. So gab es im Oktober 1981 in Rwanda insgesamt 44 CCDFP. Es war geplant, jährlich weitere 25 CCDFP einzurichten. Nach einer Radiomeldung betrug ihre Zahl im Juli 1985 aber erst 58. Dennoch wird sicher in den meisten Gemeinden, die noch nicht über die geplanten Gebäude verfügen, ähnlich wie in Nyakabuye im Rahmen der vorhandenen Möglichkeiten im Sinne eines CCDFP gearbeitet.
1983 existierten in der Gemeinde vier Sozialzentren, in denen zwei Sozialarbeiterinnen und eine diplomierte Sozialpädagogin als Leiterin tätig waren. Unter einem Sozialzentrum darf man sich freilich nicht mehr vorstellen als einen kleinen Versammlungsraum, ausgestattet mit einigen Bänken und Stühlen und einer Tafel, sowie einem Abstellraum. Dazu gehört noch ein Demonstrationsfeld zum Anbau von Gemüse und Nahrungsmitteln. Die Sozialzentren werden ausschließlich von Müttern und jungen Frauen besucht, die dort in Landwirtschaft sowie in Fragen der Hygiene, der Ernährung und der Kindererziehung theoretisch und praktisch unterwiesen werden.
Eine zweite diplomierte Sozialpädagogin kümmerte sich nach den Angaben des Gemeindeberichts um das CCDFP, ohne daß allerdings ihr Tätigkeitsfeld näher beschrieben wurde. Bis heute hat sich weder an der räumlichen Ausstattung noch an der Personalstruktur etwas geändert. Auch bieten die Sozialzentren nach wie vor keine

milial). De même, une grande campagne d'alphabétisation est actuellement menée dans tous les secteurs. Elle est dirigée par l'encadreur des coopératives et pour quelques instituteurs y travaillent pendant leurs vacances. Par contre, le fontainier de la commune, dont la tâche ne consiste pas uniquement à capter des sources, mais également à sensibiliser la population pour entretenir ces sources et à renforcer une certaine prise de conscience concernant l'hygiène et l'eau propre, ne fait pas partie du CCDFP.

La Promotion de la jeunesse

Comme cela a été dit pendant la présentation de Nyakabuye, presque la moitié de ses habitants a moins de 20 ans. Si l'on veut faire progresser le développement de la commune, il semble logique de tenir compte de la jeunesse, non seulement parce qu'elle représente une grande partie de la population par son nombre, mais encore et surtout, parce que c'est elle qui déterminera l'image de demain. Les responsables de la commune sont déjà conscients de cette tâche depuis longtemps. Selon certains documents que je possède, l'idée de créer un centre artisanal et agricole a déjà été conçue en 1973.(28) Ce centre était surtout conçu pour des jeunes, il devait être ouvert aux garçons et aux filles et devait s'orienter selon les besoins de leur environnement rural. On prévoyait de familialiser les jeunes avec de nouvelles méthodes agricoles et avec l'élevage de gros et de petit bétail. Puisqu'on avait compris qu'à long terme, il n'y aurait plus de place pour tout le monde dans l'agriculture et que le milieu rural aurait également un besoin croissant d'artisans qualifiés, il fallait assurer une formation artisanale.

Grâce à l'aide d'une paroisse de Berlin et de "Brot für die Welt", les bâtiments d'une ancienne ferme coloniale ont été rénovés et transformés en "Centre de Métier". Depuis 1981, les premiers stages y ont lieu. Au total, la formation professionnelle dure trois ans. Les jeunes cultivent des produits vivriers et un jardin maraîcher. Il y font aussi un peu d'élevage de pe-

Kurse für Männer und Jugendliche an. Überhaupt ist es schwierig, die Arbeit des CCDFP in seiner Funktion einzuschätzen, inwieweit es Koordinierungsaufgaben übernimmt und wo es neue Impulse setzt. Es besteht eine Zusammenarbeit mit den Leitern verschiedener Serviceeinrichtungen, zum Beispiel mit dem Gemeindeagronomen. Und so könnte man Schulungen über landwirtschaftliche Themen ebenso den Aktivitäten des CCDFP zuordnen wie Kurse zu Fragen des Bevölkerungswachstums und der Familienplanung, die das Rote Kreuz in Zusammenarbeit mit ONAPO - Office National de la Population (parastaatlicher Dienst, der sich mit Fragen der Familienplanung usw. beschäftigt) - veranstaltet. Ferner wird zur Zeit in allen Sektoren eine breit angelegte Alphabetisierungskampagne durchgeführt, die der Berater für Kooperativen leitet, und wofür einige Lehrer einen Teil ihrer Ferien zur Verfügung gestellt haben. Andererseits ist aber der Wassermeister der Gemeinde, der nicht nur Quellen faßt, sondern auch die Bevölkerung zum Unterhalt dieser Fassungen anhalten und ganz allgemein ihr Bewußtsein für Hygiene und den Gebrauch von sauberem Wasser stärken soll, nicht in das CCDFP eingebunden.

Jugendförderung

Wie bei der Vorstellung Nyakabuyes bereits erwähnt wurde, ist fast die Hälfte der Bewohner jünger als 20 Jahre. Will man die Entwicklung der Gemeinde vorantreiben, so erscheint es deswegen logisch, die Jugend miteinzubeziehen, nicht nur weil sie zahlenmäßig einen Großteil der Bevölkerung stellt, sondern vor allem, weil sie das Bild von Morgen bestimmen wird. Die Verantwortlichen in der Gemeinde haben diese Aufgabe schon früh erkannt. Nach mir vorliegenden schriftlichen Unterlagen wurde 1973 die Idee geboren, ein Handwerks- und Landwirtschaftszentrum einzurichten.(28) Dieses Zentrum war vor allem für Jugendliche gedacht. Es sollte sowohl Jungen als auch Mädchen offenstehen und sich an den Bedürfnissen ihrer ländlichen Umwelt orientieren. Man sah vor, die Jugendlichen mit neuen Anbaumethoden sowie mit Fragen der Viehzucht und der

tit bétail. Les garçons apprennent la maçonnerie ou la menuiserie. Les filles suivent des cours de couture, de travaux manuels et de cuisine. L'emploi du temps comprend également des cours théoriques obligatoires aussi bien pour les garçons que pour les filles. Il est prévu d'aggrandir le centre pour y installer un atelier de mécanique et pour construire des étables pour des vaches et des cochons mais aussi pour l'élevage de petit bétail. Le fumier ainsi obtenu devra être utilisé comme engrais dans les champs. Quant au personnel, le centre emploie un directeur, deux formateurs maçons, un formateur menuisier et une formatrice pour les filles. De plus, depuis le début de l'année 1984, un volontaire collabore dans le domaine de l'organisation. Sa seconde tâche consiste à encadrer des groupes de jeunes. Il partage cette tâche avec l'encadreur de la jeunesse et l'encadreur des coopératives de la commune. Beaucoup de garçons et de filles se sont organisés ou ont l'intention de s'organiser sous forme de groupes ressemblant à des coopératives afin de réaliser ensemble des projets agricoles ou artisanaux. Ainsi, il y a par exemple, des coopératives de pisciculture ou d'apiculture ou des groupes qui cultivent et vendent du café ou des produits vivriers. Dans le domaine artisanal, il y a quelques coopératives de menuiserie et de briqueterie.
Une importance particulière est accordée au soutien de l'artisanat local afin de réduire la dépendance structurelle de l'agriculture. Il y a donc de bonnes chances pour les personnes adroites car la demande d'articles d'usage quotidien tels que les tables ou les chaises a augmenté ces dernières années. Cependant, il y a encore de nombreux obstacles, tels que les décrit une étude sur la situation de l'artisanat dans la préfecture de Gisenyi.(29) Sur de nombreux points, cette étude peut certainement s'appliquer à la situation que l'on retrouve dans la préfecture de Cyangugu, qui doit être considérée comme une des régions structurellement très pauvres du Rwanda. Selon cette étude, de nombreux artisans n'ont pas de formation qualifiée. De plus, il y a des problèmes d'approvisionnement en outillage et en matériaux. Le manque de formation et l'outillage

Kleinviehhaltung vertraut zu machen. Aus der Erkenntnis heraus, daß auf lange Sicht die Landwirtschaft nicht mehr für alle Platz biete und daß auch im ländlichen Raum der Bedarf an qualifizierten Handwerkern wachse, sollte gleichzeitig eine handwerkliche Ausbildung stattfinden. Inzwischen wurden mit Hilfe einer Berliner Kirchengemeinde und "Brot für die Welt" die Gebäude einer ehemaligen Farm renoviert und zu einem Handwerkszentrum ausgebaut. Seit 1981 finden die ersten Kurse statt. Insgesamt dauert die Ausbildung drei Jahre. Die Jugendlichen bauen Nahrungsmittel an und pflegen einen Gemüsegarten. Es wird ein wenig Kleinviehhaltung betrieben. Die Jungen erlernen Mauern oder Schreinern. Die Mädchen erhalten Unterricht in Nähen, Handarbeit und Kochen. Für alle stehen daneben theoretische Fächer auf dem Stundenplan. Es ist beabsichtigt, das Zentrum um eine Metallwerkstatt zu erweitern und Ställe für Kühe und Schweine sowie für Kleintierzucht zu errichten. Der so gewonnene Mist soll zur Düngung der Felder verwendet werden. Für das Zentrum sind neben dem Direktor zwei Maurer- und Schreinereiausbilder eingestellt sowie eine Ausbilderin für die Mädchen. Daneben kümmert sich seit Anfang 1984 ein Entwicklungshelfer mit um organisatorische Belange. Sein zweites Aufgabengebiet ist die Betreuung von Jugendgruppen zusammen mit dem Jugendbetreuer und dem Betreuer für Kooperativen der Gemeinde. Zahlreiche Jungen und Mädchen haben sich zu genossenschaftlichen Gruppen zusammengeschlossen oder beabsichtigen es,um gemeinsam landwirtschaftliche oder handwerkliche Projekte durchzuführen. So gibt es zum Beispiel Fischzucht- und Imkereigenossenschaften und Gruppen, die Kaffee oder Nahrungsmittel anbauen und vermarkten. Im handwerklichen Bereich haben sich einige Schreiner- und Ziegeleikooperativen gebildet.
Ein besonderes Gewicht liegt auf der Unterstützung von lokalen Handwerkern, um die strukturelle Abhängigkeit von der Landwirtschaft zu mindern. Dabei bieten sich für tüchtige Leute einige Chancen, da in den letzten Jahren die Nachfrage nach Produkten des täglichen Gebrauchs wie Tische und Stühle stieg. Allerdings ergeben sich noch zahlreiche Hindernisse, wie sie in einer

désuet et insuffisant entraînent la fabrication de produits de mauvaise qualité. Un autre handicap est le manque ou l'insuffisance de locaux. Beaucoup d'artisans ne disposent pas de fonds suffisants et comme, en général, ils ne peuvent pas présenter de bilans de comptabilité ni de garanties suffisantes, ils n'obtiennent pas non plus de crédits auprès des banques. De plus, beaucoup d'artisans ne connaissent même pas les conditions de crédits accordées par la Banque Populaire. Très peu d'artisans ont le courage et des idées pour créer de nouveaux produits mais lorsqu'ils le font, ils réussissent souvent à se créer un marché. Enfin, il manque une forme d'organisation capable de représenter les intérêts des artisans et qui pourrait avoir une influence sur la politique artisanale de l'Etat.

L'encadreur de la jeunesse, l'encadreur des coopératives et le volontaire déjà mentionné essayent, en coopération avec la commune, d'aider les artisans et les groupes voulant créer des coopératives de production. Ainsi, la commune a déjà gratuitement mis un terrain à la disposition de plusieurs groupes. Il est prévu d'installer un centre artisanal dans tous les secteurs. Ce centre sera équipé d'un outillage de base et ouvert à tous les intéressés. Une maison sera louée pour y créer un atelier de mécanique, ce qui élargira l'éventail de l'offre d'une branche prometteuse. Au point de vue du personnel, ces coopératives sont surtout soutenues dans les domaines de l'organisation, de l'achat de l'outillage et de la comptabilité. Le problème le plus crucial est celui du manque de fonds de départ dont a par exemple besoin une coopérative de menuisiers pour l'achat des outils et des matériaux afin de commencer à produire. Certains groupements profitent du jumelage entre Nyakabuye et une commune de la Rhénanie-Palatinat en République Fédérale d'Allemagne et ont déjà obtenu une aide financière de départ. Le volontaire assume le rôle d'intermédiaire car malgré ce jumelage, qui devait être une relation entre partenaires égaux, les donateurs allemands préfèrent encore confier leur argent à un blanc. Certes, pas tous les groupements ne vont réussir et il faudra ac-

Studie über die Situation des Handwerks in der Präfektur Gisenyi dargestellt werden.(29) Diese Analyse kann in vielen Punkten sicher auch auf die Präfektur Cyangugu übertragen werden, die zu den strukturell benachteiligten Regionen Rwandas gezählt werden muß. Danach mangele es vielen Handwerkern schon an einer fundierten Ausbildung. Ferner stellten sich Probleme bei der Beschaffung von Werkzeugen und Materialien. Die ungenügende Ausbildung sowie veraltete und unzureichende Werkzeuge bedingten eine schlechte Qualität der hergestellten Produkte. Ein weiteres Handikap bildeten unzureichende oder gar fehlende Räumlichkeiten. Es mangele vielen Handwerkern am notwendigen Betriebskapital. Da sie in der Regel keine Buchführung vorlegen könnten und keine ausreichenden Garantien, blieben ihnen Bankkredite versperrt. Zudem wüßten viele gar nicht Bescheid über die Bedingungen, welche etwa die Volksbanken an eine Kreditvergabe knüpften. Nur ganz wenige Handwerker hätten den Mut und die Ideen, neue Produkte zu entwickeln, womit sie sich aber nicht selten erfolgreich einen Markt erschließen könnten. Schließlich fehle es an einer Interessenvertretung des Handwerks, die auf die staatliche Handwerkspolitik Einfluß nehmen könne.

Der Jugendbetreuer, der Betreuer der Kooperativen und der eben angesprochene Entwicklungshelfer versuchen in Zusammenarbeit mit der Gemeinde, Handwerkern und solchen Gruppen, die sich zu Produktionsgemeinschaften zusammenschließen wollen, zu helfen. Die Gemeinde hat bereits mehreren Gruppen unentgeltlich ein Gelände zur Verfügung gestellt. Es ist geplant, in jedem Sektor ein Handwerkerzentrum einzurichten, welches allen Interessenten offensteht und über eine Grundausstattung an Werkzeug verfügt. Für eine Metallwerkstatt soll ein Haus angemietet werden, wodurch die Angebotspalette um eine zukunftsträchtige Sparte erweitert würde. Personell werden die Genossenschaften besonders bei Fragen der Organisation, der Werkzeugbeschaffung und der Buchführung unterstützt. Das heikelste Problem bilden oft die fehlenden Finanzmittel, die beispielsweise eine Schreinergenossenschaft zum Kauf von Werkzeug und Material benötigt, um überhaupt mit der Produktion be-

cepter des échecs - même en Allemagne Fédérale, pas tous les métiers ne connaissent la gloire. Cependant, un début est en train de se faire. Il donne aux jeunes de Nyakabuye la possibilité de s'assurer une existence dans leur milieu et d'être préservés de la détresse qui pourrait les faire partir vers les quelques villes où ils ne trouveraient guère de possibilités de gagner de l'argent.

Les mesures de construction publiques

Un plan d'action communal établi en 1975 (30) prévoyait la construction des bâtiments et des équipements suivants dans chaque commune: bureau communal, un CCDFP, un silo communal, un véhicule communal, une poste, une maison de passage, une pharmacie communale, une banque populaire. Pour des raisons financières, aucune commune n'était capable d'éxécuter - et ne serait-ce qu'une partie de ces mesures d'infrastructure. Les finances de la plupart des communes se trouvent dans un état lamentable et quelquefois, elles ne suffisent pas à payer les salaires des employés et à entretenir les projets communaux. Cela est également dû au fait que les communes ont de plus en plus été chargées de domaines qui relèvent en fait de la compétence de l'Etat.(31) A Nyakabuye, la situation est la même, et le bilan budgétaire négatif a poussé la commune à chercher des emprunts pour financer des projets ayant des frais importants tels que le reboisement, l'approvisionnement en eau potable et la transformation du centre de métier. Pour l'année budgétaire 1984, la commune a comptabilisé un total de recettes d'environ 5 millions Frw dont 2,08 Mio provenaient des impôts sur les personnes, 135 000 Frw des impôts sur le bétail, 3 millions Frw de la taxe sur le marché et une partie des amendes, etc.... A cela s'opposaient des dépenses d'environ 5,5 mio Frw, ce qui faisait chiffrer les dettes de la commune à 3 millions Frw. Faisons encore une comparaison entre Nyakabuye et la commune allemande de Selters: pour 1984, la commune de Selters avait un budget de 10,8 millions de DM.
Cependant, Nyakabuye commençait à vivre une aventure

ginnen zu können. Einige Gruppen profitierten schon von der sogenannten Partnerschaft zwischen Nyakabuye und einer rheinland-pfälzischen Gemeinde und erhielten eine finanzielle Starthilfe. Der Entwicklungshelfer fungiert dabei als Kontaktmann, denn trotz Partnerschaft vertrauen deutsche Spender ihre Gelder immer noch lieber einem Weißen an. Sicherlich werden nicht alle Gruppen Erfolg haben, und man wird Rückschläge in Kauf nehmen müssen. Schließlich hat auch in der Bundesrepublik Deutschland nicht jedes Handwerk einen goldenen Boden. Aber ein Anfang ist gemacht, der den Jugendlichen aus Nyakabuye eine Chance bietet, sich in ihrer Umgebung eine Existenz sichern zu können, und der sie vor einer Misere bewahrt, die sie in die wenigen Städte treiben könnte, wo sie kaum eine Erwerbsmöglichkeit fänden.

Öffentliche Baumaßnahmen

Ein im Jahr 1975 erstellter kommunaler Aktionsplan (30) hatte unter anderem vorgesehen, in jeder Gemeinde sollten folgende Einrichtungen bereitgestellt werden: Gemeindebüro, CCDFP, gemeindeeigenes Silo, Gemeindefahrzeug, Post, Gästehaus, Gemeindeapotheke, Volksbank. Aus finanziellen Gründen zeigte sich jedoch kaum eine Gemeinde imstande, auch nur einen Teil dieser Infrastrukturmaßnahmen zu realisieren. Die Finanzen der meisten Kommunen sind in einem beklagenswerten Zustand und reichen manchmal nicht aus, die Gehälter der Angestellten auszuzahlen und kommunale Projekte zu unterhalten. Dies auch, weil den Gemeinden immer mehr Lasten auferlegt wurden, die eigentlich dem Staat zufallen.(31) In Nyakabuye sieht die Situation nicht anders aus, und die negative Haushaltsbilanz bedingte es im übrigen, daß man für kostenintensive Projekte wie Aufforstung, Trinkwasserversorgung und den Ausbau des Handwerkszentrums eine Fremdfinanzierung suchte. Im Haushaltsjahr 1984 konnte die Gemeinde Einnahmen von ungefähr 5 Mio Frw verbuchen, die sich zusammensetzten aus 2,08 Mio Frw Personensteuern, 135 000 Frw Viehsteuer und 3 Mio Frw Einnahmen aus der Markttaxe, aus Bußgeldern usw. Dem standen Ausgaben von etwa 5,5 Mio

financière en 1983 avec la construction d'un nouveau bureau communal, lequel devait remplacer le vieux bâtiment étroit avec ses locaux de service provisoires. La construction des centres d'administration communaux, qui devait rassembler tous les services et bureaux d'une commune en un lieu central était déjà prioritaire dans le plan d'action de 1975. Lorsque l'Etat obligea toutes les communes à disposer d'un tel centre d'administration en 1986, au plus tard, Nyakabuye ne put plus passer outre. Afin de financer au moins une partie des frais de construction, chaque famille dut cotiser 200 Frw de taxe spéciale. Les employés de la commune, les instituteurs etc... durent contribuer à ce fonds spécial en payant 10% de leur salaire mensuel. La population fut chargée, dans le cadre de l'Umuganda, d'applanir le terrain de construction et surtout d'y apporter les moellons pour les fondations. Les travaux de construction, proprement dits furent confiés à une entreprise de Kigali. Entre temps, le corps du bâtiment,pour le financement duquel la commune a déjà dû recourir à des crédits auprès des caisses et institutions publiques, est achevé. Le bureau sera bientôt meublé puisqu'il doit être prêt à emménager en 1986.(32)
Ce sera ensuite au tour des bureaux des secteurs. Dans un secteur, on a déjà commencé à construire cette année. Là aussi, la population établie a dû donner une cotisation de 200 Frw par famille, ou 10% du revenu mensuel, pour les salariés. Les briques sont formées et cuites dans le cadre de l'Umuganda. Des macons et des charpentiers du secteur construisent le corps du bâtiment, également dans le cadre de l'Umuganda. Ainsi a-t-on déjà économisé beaucoup d'argent. Dans les autres secteurs aussi, on commencera sûrement bientôt la construction des bureaux.

Conclusion

Cette description des travaux réalisés au cours des dernières années à Nyakabuye en vue du développement n'a pas la prétention de rendre l'ordre des priorités ni d'être absolument complète. Etant donné qu'elle a

Frw gegenüber, was die Schuldenlast auf 3 Mio Frw ansteigen ließ. An dieser Stelle sei noch einmal ein Vergleich mit der bereits aufgeführten deutschen Gemeinde Selters gezogen: Ihr Haushaltsplan wies für 1984 einen Etat von 10,8 Mio DM auf.
Dennoch startete Nyakabuye 1983 in ein finanzielles Abenteuer, den Bau eines neuen Gemeindebüros, welches das alte und beengte Gebäude mit den angebauten provisorischen Diensträumen ersetzen soll. Der Neubau von kommunalen Verwaltungszentren, die an einem zentral gelegenen Platz alle Dienste und Ämter einer Gemeinde zusammenfassen sollten, war schon ein prioritärer Bestandteil des Aktionsplanes von 1975 gewesen. Als nun von staatlicher Seite allen Gemeinden zur Auflage gemacht worden war, bis spätestens 1986 über ein solches Verwaltungszentrum zu verfügen, konnte sich dem auch Nyakabuye nicht verschließen. Um zumindest einen Teil der Baukosten aufzufangen, mußte jede Familie 200 Frw als Sonderabgabe zahlen. Gehaltsempfänger wie Gemeindeangestellte, Lehrer usw. hatten 10% eines Monatslohnes diesem Sonderfonds beizusteuern. Dazu war die Bevölkerung gefordert, in Umugandaleistung das Baugelände zu planieren und vor allem Bruchsteine für die Fundamente herbeizuschaffen. Die Bauarbeiten selbst waren an einen Unternehmer aus Kigali vergeben worden. Inzwischen ist der Rohbau vollendet, für dessen Finanzierung die Gemeinde bereits bei Öffentlichen Kassen und Einrichtungen Kredite aufnehmen mußte. Mit der Einrichtung des Büros wird wohl bald begonnen werden müssen, soll es 1986 bezugsbereit sein.(32)
Als nächstes steht der Bau von Sektorenbüros an. In einem Sektor wurde in diesem Jahr bereits damit begonnen. Auch dazu mußte die ansässige Bevölkerung einen Obolus von 200 Frw pro Familie, beziehungsweise Gehaltsempfänger 10% eines Monatseinkommens entrichten. In Umugandaeinsätzen wurden Ziegel geformt und gebrannt. Im Sektor wohnhafte Maurer und Zimmerleute erstellten als Umugandaleistung den Rohbau. Dadurch wurden bereits erhebliche Kosten eingespart. In den anderen Sektoren wird sicher ebenfalls bald mit dem Bau der Büros begonnen werden.

été terminée en août 1985, il se peut que d'autres projets aient été commencés et même terminés depuis. Ce qui est vrai pour Nyakabuye n'est pas forcément applicable à d'autres communes, car les problèmes et les nécessités, les conditions et la réalité diffèrent selon les communes. On peut cependant dire que de grands progrès ont été faits dans beaucoup de domaines, dans tout le pays, et ceci en partie grâce à une politique qui s'est fixé pour maxime: Paix, Unité, Progrès - Paix interne du pays et relations de bon voisinage avec tous les autres Etats, Unité de toutes les ethnies du Rwanda, Progrès pour tout le peuple.

Übersetzung: Marlene Peter-Schmidt
Christine Briotet-Ohlsen

Four à briques - Ziegelbrenner

Schlußbetrachtung

Die vorangegangene Beschreibung der in den letzten Jahren in Nyakabuye geleisteten Entwicklungsarbeit gibt in ihrer Reihenfolge keine Prioritäten wieder, noch erhebt sie den Anspruch auf Vollständigkeit. Da sie im August 1985 abgeschlossen wurde, mögen zudem neue Vorhaben hinzugekommen, andere Projekte vielleicht abgeschlossen worden sein. Was für Nyakabuye gilt, muß nicht gleichermaßen auf andere Gemeinden zutreffen, da die Probleme und Notwendigkeiten, die Voraussetzungen und die jeweiligen Gegebenheiten von Gemeinde zu Gemeinde differieren. Es kann aber gesagt werden, daß im ganzen Land auf vielen Gebieten große Fortschritte erzielt werden konnten, nicht zuletzt auch dank einer Politik, die sich zur Maxime gesetzt hat: Frieden, Einheit, Fortschritt - Frieden im Innern und gutnachbarliche Beziehungen zu allen Staaten, die Einheit aller Ethnien Rwandas, Fortschritt für das ganze Volk.

Anmerkungen - Annotations

1) Medium, Zeitschrift für Hörfunk, Fernsehen, Film, Presse 12/83, S. 15
2) Vergleiche z.B.: Ki-Zerbo, Joseph, Die Geschichte Schwarz-Afrikas, Wuppertal, 1979
   Büttner, Thea, Geschichte Afrikas von den Anfängen bis zur Gegenwart, Berlin 1976; Rodney, Walter, Afrika, Berlin 1980
3) Discours Programme du Président de la République le ler août 1973
4) Manifeste et Statuts du MRND, Programme Général, S. 95,
5) Alle Zahlenangaben über Nyakabuye sind, soweit nicht anders angegeben, entnommen der "Monographie de la Commune Nyakabuye 1984", einem Jahresbericht, der von jeder Gemeinde erstellt wird. Da die Berichte aus Nyakabuye in ihrem Inhalt variieren, sind Vergleiche nicht immer möglich, oder mußten Zahlenangaben aus zurückliegenden Jahren herangezogen werden.
   Lorsqu'ils ne portent pas d'autre indication, les chiffres sur Nyakabuye sont extraits la "Monographie de la Commune Nyakabuye de 1984", un rapport annuel fait dans chaque commune.Le contenu des rapports de Nyakabuye variant d'une année à l'autre, les comparaisons ne sont pas toujours possibles. Quelques fois, nous avons dû nous référer à des chiffres des années précédentes.
6) Nach der Monographie 1983 waren 47,53 % der Bevölkerung jünger als 20 Jahre. /Selon la monographie de 1983, 47,53 % de la population avaient moins de 20 ans.
7) 1981: 296 862 Kaffeebäume; 1984: 543 998 Kaffeebäume. Das bedeutet eine Steigerung gegenüber 1981 um 83 %.
   1981: 296 862 caféiers; 1984: 543 998 caféiers. Par rapport à 1981, cela représente une augmentation de 83 %.
8) 19 866 t Bananen/de banane; 7 058 t Maniok/de manioc; 6 937 t Süßkartoffeln/de patates douces; 3 428 t Bohnen/de haricots; 1 657 t Mais/de maïs; 371 t Erbsen/de petits pois; 308 t Sorghum/de sorgho; 112 t Colocase/de colocases; 82 t Erdnüsse/d'arachides; 66 t Yamswurzeln/d'ignames;16 t Soja/de soja; 96 t Gemüse/de légumes; 2 415 t Avocados/d'avocats; 204 t Mangos/de mangues; 70 t Papayas/de papayes; 41 t Maracuja/de maracujas; 19 t Ananas/d'ananas.
9) Verkaufszahlen für 1984 in Mio Frw / Chiffres de vente pour 1984 en Mio Frw:
   Bananen/bananes: 285; Bohnen/haricots: 98,7; Maniok/manioc: 56,5 Süßkartoffeln/patates douces: 52; Mais/maïs: 18,2 ;Sorghum

/sorgho: 4,5; Erdnüsse/arachides: 2,5; Erbsen/petits pois: 1,5.

10) Der Verkauf von 335t Kaffee erbrachte 40,2 Mio Frw
La vente de 335 t de café rapportait 40,2 Mio Frw

11) Die Ablieferung von 474,9 t Teeblättern erbrachte 5,7 Mio Frw
La vente de 474,9 t de feuilles de thé rapportait 5,7 Mio Frw

12) 1983: 962 Rinder/boeufs - 1984: 451 Rinder/boeufs; ferner/en plus de cela: 1938 Schafe/moutons, 889 Schweine/cochons, 7797 Stück Geflügel/ volailles

13) 191 Zimmerleute und Schreiner/charpentiers et menuisiers, 71 Schneider/tailleurs, 75 Maurer/maçons, 9 Schmiede/forgerons. 1983 wurden zusätzlich noch aufgeführt: 15 Schuster, 93 Ziegeleiarbeiter./ En 1983 on répertoriait en outre 15 cordonniers et 93 briquetiers.

14) Alle Angaben über Parteigremien wie Zellenkommitee, Zellenversammlung usw. sind entnommen:
Toutes les indications relatives aux comités du parti tels que le comité de cellule, l'assemblée de cellule etc... sont extraites du:
Statuts du MRND, Kigali 1984.

15) Allen Angaben über administrative Organe, Räte, Bürgermeister usw. liegt zugrunde / Toutes les indications sur les organes administratifs, conseils, bourgmestre etc... sont extraites du:
Document présentant l'administration communale, l'organisation et le fonctionnement de la Préfecture, rédigé par Monsieur Tite Niyibizi du MININTER,
veröffentlicht von / publié par: Groupe de Contact des Organisations de Volontaires et des Partenaires Rwandais - O.V.P.R., Kigali 1984.

16) Dialogue Nr. 103, S. 59 ff (p. 59 et suiv.), Kigali 1984

17) Le système parlementaire en Afrique et au Rwanda, in/dans Dialogue Nr. 111, S. 6 ff/p. 6 et suiv. Kigali 1985

18) Das Gerichtspersonal besteht aus dem Gerichtspräsidenten, drei Richtern, zwei Schreibern, zwei Boten, einem Gerichtsposten. Angaben 1983.
Le personnel du tribunal se compose du président du tribunal, de trois juges, deux greffiers, deux plantons et un sentinelle (d'après les statistiques de 1983).

19) Das Personal der Krankenstation setzt sich nach den Angaben von 1983 wie folgt zusammen: ein rwandischer Medizinalassistent als Leiter, eine schwedische Krankenschwester, eine Krankenschwester-Hebamme, zwei Hebammen, vier Hilfshebammen, ein Arbeiter zum Reinigen der Säle, zwei Wäscherinne n, drei Wächter.

Selon les statistiques de 1983, le personnel du dispensaire se compose d'un assistant médical qui en est le directeur, une infirmière suédoise, une infirmière-accoucheuse, deux accoucheuses, quatre aides-accoucheuses, un chargé de soins ménagers, deux laveuses, trois veilleurs de nuit.

20) Angaben aus der Monographie 1982/ Indications tirées de la monographie de 1982:
Klasse/classe - Schüler/Schülerinnen - élèves garçons/filles
1./1ère: 320 - 336 2./2ème: 249 - 232 3./3ème: 255 - 248
4./4ème: 224 - 273 5./5ème: 274 - 232 6./6ème: 161 - 175
7./7ème: 142 - 94 8./8ème: 94 - 100
Die Schulbesuchsquote wird mit 50,4 % für Jungen und 49,6 % für Mädchen angegeben/ Selon ces indications, 50,40% des garçons et 49,60% des filles vont à l'école.

21) Runyinya, B., L'Umuganda, in Dialogue Nr. 98, S.39 ff/p. 39 et suiv., Kigali 1983

22) zitiert nach Dialogue Nr. 98, S. 42/ Cité d'après Dialogue N° 98, p. 42

23) ded-Dokumentation, Gutachten '84, DED-Forstprojekte in den Gemeinden Bugarama, Gishoma und Nyakabuye, Gutachter Prof. Günther Gutschick, Berlin 1984.
Die Monographie 1982 gibt an 115,98 ha kommunale Forstfläche, die Monographie 1983 weist 214,4 ha aus. Die Differenz zwischen den DED-Angaben und den Zahlen der Gemeinde Nyakabuye rührt vielleicht daher, daß der DED nicht in allen Sektoren tätig war.
La monographie de 1982 indique 115,98 ha de forêts communales. La monographie de 1983 indique 214,4 ha. La différence entre les indications du SVA et les chiffres de la commune de Nyakabuye est peut-être due au fait que le SVA n'a pas travaillé dans tous les secteurs.

24) Siehe dazu auch/cf. également: Görgen, Regina, Ein Kopf allein kann sich keine Ratschläge geben, in/en DED-Brief Nr. 3/83, S. 23 ff/p. 23 et suiv., Berlin 1983.

25) Réorientation de l'éducation populaire par la création et l'organisation des centres de développement et de formation permanente, S. 2/p.2, veröffentlicht vom/publiée par le Ministère des Affaires Sociales et du Développement Communautaire, Kigali 1981

26) A.a.O., S.3 /ibidem p. 3

27) Ebd. /ibidem

28) Kleine Dokumentation in deutscher und französischer Sprache.

über Entstehen und Entwicklung des durch unsere Kirchengemeinde initiierten Partnerschaftshilfe-Projekts in der weltlichen Gemeinde Nyakabuye, Präfektur Cyangugu, der südwestlichen Grenzlandregion der Republik Rwanda, Ostafrika, hrsg. von K.H. Rasmussen, Vorsitzender des Nyakabuye-Arbeitskreises der Evangelischen Kirche Grünes Dreieck an der Heerstraße, Berlin 1981.

29) Projektgutachten zur Handwerksförderung in Rwanda (Zentralafrika), Projekt im Rahmen der Partnerschaf Rheinland-Pfalz/Rwanda, Gutachter: Dipl.-Volkswirt Reinhard Braun, veröffentlicht von CARE-Deutschland.

30) Ministère du Plan, Plan d'action communale, Avant Projet, Kigali 1975

31) Résumé du IIIème Plan National de Développement (1982-1986); Annexe III, Bilan et Perspectives du Plan d'action communal, S. 12 ff/p. 12 et suiv., herausgegeben vom/édité par le Ministère du Plan, 2ème Table Ronde des Organismes Non Gouvernementaux, Kigali 1985

32) Dem Bulletin mensuel, Publié par L'Ambassade du Rwanda à Bonn, Mai 1986, S. 43ff ist zu entnehmen, daß das neue Gemeindebüro von Nyakabuye am 28.4.1986 eingeweiht wurde. Die Baukosten beliefen sich auf 7 Mio Frw, davon stellte das Innenministerium 3 Mio Frw zur Verfügung, der Entwicklungsfonds gab einen Kredit von 1 Mio Frw. 717 000 Frw stammten aus der Gemeindekasse. Die Bevölkerung brachte 935 000 Frw auf, ihre Umugandaleistung wurde auf 578 000 Frw beziffert. 1 Mio Frw steuerte die Präsidentur der MRND für die Ausstattung des Neubaues bei. Sie wurde von den CERAI in Nyakabuye und von genossenschaftlich organisierten Jugendlichen aus der Gemeinde hergestellt. Die alten Gebäude sollen jetzt dem CCDFP zur Verfügung gestellt werden.
Extrait du Bulletin mensuel, publié par l'Ambassade à Bonn, mai 1986. Selon les pages 43 et suiv., le nouveau bureau communal de Nyakabuye a été inauguré le 28.4.1986. Les frais de construction se sont élevés à 7 mio Frw. 3 mio ont été fournis par le Ministère de l'Intérieur. Le fonds de développement a donné un crédit d'un mio. 717 000 Frw ont été tirés de la caisse communale. La population a apporté une contribution de 935 000 Frw. Le travail réalisé dans le cadre de l'Umuganda a été évalué à 578 000 Frw. Le comité du MRND a fourni 1 mio Frw pour l'équipement du nouveau bâtiment. Tout le mobilier a été fait par les CERAI à Nyakabuye et les jeunes organisés dans des coopératives de la commune. Les anciens bâtiments seront mis à la disposition du CCDFP.

Beim Igisoro-Spiel - Au jeu d'igisoro

Jean-Népomouscène Gahururu

POLITIQUE, COOPERATION ET AIDE AU DEVELOPPEMENT

Ceux qui abordent le problème du développement se réfèrent à des concepts économiques, politiques ou idéologiques parfois théoriques et difficiles. Des littératures abondent dans ce sens. L'ironie du sort: c'est que malgré la richesse de cette littérature qui nous propose "des mesures à prendre et des moyens à mettre en oeuvre", l'analphabétisme, les maladies, la malnutrition, etc... sont des thèmes journaliers d'une presse omniprésente peu scrupuleuse pour ce qui concerne la personne en lutte pour sa survie, contre l'impasse. Détresses et malheurs servent à assouvir la faim du sensationnel des mass-médias tandis que certaines organisations caritatives n'hésitent pas à faire fortune à l'aide d'une publicité sans respect de ceux qu'elles prétendent vouloir aider.

Quelle est la stratégie qui permette l'amélioration rapide du bien-être de la population d'un pays? Quelles doivent être les priorités d'une politique raisonnable et efficace de développement? Mais aussi que signifie développement?

Pour répondre à ces questions, les grands théoriciens s'affrontent dans une sorte de guerre comparable à celle des tribus: économistes, sociologues, politologues, associations d'aide au développement, politiciens et idéologues sudistes et/ou nordistes. Chacun peut s'y perdre, l'homme de la rue, le simple rwandais sur l'une de nos mille collines, certainement encore plus.

En se référant à l'évolution du contenu du terme développement et à quelques de ses centres d'intérêts au cours de ce quart de siècle écoulé, l'objectif de cette contribution est de susciter la réflexion. Quelques exemples tirés de la réalité rwandaise pourront aider à rendre la discussion plus simple et plus concrète. Les appréciations formulées sont discutables. Elles se

Jean-Népomuscène Gahururu

POLITIK, ZUSAMMENARBEIT UND ENTWICKLUNGSHILFE

Jene, die sich mit dem Problem von Entwicklung beschäftigen, beziehen sich auf ökonomische, politische oder ideologische Konzepte, die manchmal sehr theoretisch und schwierig sind. Die Veröffentlichungen zu diesem Thema sind umfangreich. Ironie des Schicksals ist, daß trotz des Reichtums an dieser Literatur, die uns "Maßnahmen, die zu ergreifen sind, und Mittel, diese umzusetzen" vorschlägt, Analphabetismus, Krankheiten, Fehlernährungen u.a. tägliche Themen einer allgegenwärtigen Presse sind. Diese hat wenig Skrupel gegenüber dem Menschen, der sich im Kampf um das Überleben, gegen die Ausweglosigkeit befindet. Verzweiflungen und Unglücke dienen dazu, den Sensationshunger der Massenmedien zu stillen, während einige karitative Organsiationen nicht zögern, reich zu werden, und dies mit Hilfe einer, gegenüber den Menschen, denen sie angeblich helfen wollen, respektlosen Öffentlichkeitsarbeit.
Welche Strategie ermöglicht nun eine schnelle Verbesserung des Daseins der Bevölkerung eines Landes? Welche Prioritäten müssen von einer vernünftigen und wirksamen Entwicklungspolititik gesetzt werden? Aber auch - was bedeutet Entwicklung?
Um diese Fragen zu beantworten, liefern sich die großen Theoretiker eine Art Krieg, der jenem von tribalen Gruppen vergleichbar ist; es sind Wirtschaftswissenschaftler, Soziologen, Politologen, Entwicklungshilfeorganisationen, Politiker und Ideologen des Südens und/oder des Nordens. Jeder kann sich darin verlieren, der Mensch auf der Straße, der einfache Rwander auf einem unserer tausend Hügel gewiß noch mehr.
Indem dieser Beitrag sich auf die Entwicklung des Inhalts des Begriffs 'Entwicklung' im vergangenen Vierteljahrhundert und auf einige seiner wichtigsten Aspekte bezieht, soll er nachdenklich machen. Beispiele

basent sur des informations fragmentaires ou incomplètes, faute de données actuelles et/ou directement puisées à la source. Enfin, le sujet lui-même est très complexe et, de surcroît, à caractère plutôt normatif.

La théorie: un conte assez déroutant!

Car, en effet, les discussions engagées autour de la politique et/ou de toute action de développement sont pleines de controverses. Pour établir certaines règles, sur lesquelles on se réfère, on abstrait certaines influences ou on isole seulement les quelques traits qui intéressent l'analyse. Il en résulte des construction appelées modèles. Il faut à la fois être ouvert et critique envers ces modèles. Par exemple: en vérifiant si leur analyse ne contiendrait pas d'omissions et si le chemin qu'ils nous proposent vaut la peine d'être suivi. C'est le défi que nous devons lever, aujourd'hui et demain avec plus d'énergie qu'au lendemain de nos indépendances, cette période, où nous avons vécu la grande confusion.

aus der rwandischen Realität sollen die Auseinandersetzung einfacher und konkreter werden lassen. Die dargelegten Einschätzungen sind zu diskutieren. Sie basieren auf bruchstückhaften oder nicht vollständigen Informationen, bedingt durch mangelnde aktuelle und/ oder nicht direkt an der Quelle geholte Daten. Nun, der Gegenstand ist sehr komplex und hat überdies eher normativen Charakter.

Die Theorie: eine eher irreführende Erzählung

Tatsächlich sind die Diskussionen über Politik und/ oder Entwicklungshilfeaktivitäten voll von Widersprüchen. Um einige Regeln festzulegen, auf die man sich beziehen kann, betrachtet man gesondert einige Einflüsse oder zieht wenige Grundzüge heran, die für die Analyse bedeutsam sind. Daraus resultieren dann Gedankengebäude,die Modelle genannt werden. Man muß gleichzeitig offen und kritisch gegenüber diesen Modellen sein. So ist z.B. zu prüfen, ob die Analyse keine Unterlassungen enthält und ob der vorgeschlagene Weg es tatsächlich wert ist, gegangen zu werden. Dies ist eine Herausforderung, der wir uns heute und morgen stellen müssen und dies mit mehr Energie als am Tag nach unserer Unabhängigkeit, zu jener Zeit, in der wir in großer Verwirrung lebten.
Bekanntlich wurde damals alles auf eine einzige Formel reduziert: wirtschaftliche und soziale Entwicklung = Modernität und Wachstum. Die Länder Peru, Indien,Kenya und Rwanda zusammen besaßen weniger als z.B. die Schweiz, hatten weniger Infrastrukturen wie Straßen, Schulen, Gesundheitseinrichtungen, weniger qualifizierte Arbeitskräfte, weniger landwirtschaftliche Techniken und weniger Unternehmergeist.
Im Vergleich zu den vorgeblich entwickelten Ländern befanden sich unsere Länder nach diesem Konzept einfach in einem früheren Stadium innerhalb eines weltweit gültigen Wachstumsschemas. Die der Entwicklungspolitik zugeordneten Aufgaben waren direkt aus diesem Schema ableitbar. Die Methoden, die sich in Europa als richtig erwiesen hatten, sollten in Afrikas Breiten dasselbe erreichen. Die nach dem zweiten Weltkrieg mit

A cette époque chacun le sait, tout se réduisait à l'unique formule: Développement économique et social = Modernité + Croissance. Le Pérou, l'Inde, le Kenya, le Rwanda, ..., ce n'était somme toute que la Suisse par exemple, moins les infrastructures routières, scolaires, hospitalières, moins une main d'oeuvre qualifiée, moins un certain nombre de techniques agricoles et d'élevages, moins l'esprit d'initiatives.
Par rapport aux pays supposés "développés", nos pays se trouvaient donc simplement à un stade antérieur d'un schéma unique de croissance universellement valable. Les tâches assignées à la politique de développement ressortaient immédiatement de cette soustraction. Les méthodes qui avaient fait leur preuve en Europe devaient faire de même, là, sous les latitudes de l'Afrique. L'expérience européenne de l'après-guerre avec le fameux Plan Marshall passait pour un exemple applicable à nos jeunes nations désormais indépendantes. Les pays européens n'avaient-ils pas pu se construire rapidement et connaître vite ce qu'on appela en Allemagne Fédérale: le miracle économique.(1)
Il fallait donc recopier et imiter cette expérience. Comme objectif: se moderniser. Deux repères: le "traditionnel" et le "moderne" étaient respectivement les points de départ et d'arrivée du chemin à parcourir. Notre façon de penser et de nous comporter devait être dynamisée. Tout lycéen, comme nous à l'école de Rwamagana en 1967, se rappelle de l'ardeur de ces professeurs français ou belges qui étaient persuadés qu'en obtenant de nous (soi-disant futur levain du peuple!), une prononciation du français, de la même manière que la jeunesse "parisienne" ou "bruxelloise", c'était déjà une contribution à l'effort de mutation sociale au Rwanda. Elle était le préalable de la croissance économique. Celle-ci passait pour le développement en soi.
La tradition, bouc-émissaire de nos marasmes socio-économiques, était l'ennemi du développement contre lequel il fallait lutter. Tous les moyens étaient alors bons. Le chemin vers le moderne, c'est-à-dire, de la société traditionnelle à la société de consommation, doit passer d'abord par les étapes intermédiai-

dem berühmten Marshall-Plan in Europa gesammelten Erfahrungen galten als anwendbares Modell für unsere jungen, nunmehr unabhängigen Nationen. Hatten doch die europäischen Länder sich schnell wieder aufbauen können und bald das kennengelernt, was man in der Bundesrepublik Deutschland das Wirtschaftswunder nannte.(1) Also sollte man dieses Modell abschreiben und imitieren. Als Ziel galt, sich zu modernisieren. Zwei Markierungen, die 'Tradition' und die 'Moderne' waren Ausgangs- und Endpunkt des zurückzulegenden Weges. Unsere Art zu denken und uns zu verhalten, sollte dynamisiert werden. Jeder Gymnasiast, wie auch wir 1967 in der Schule in Rwamagana, erinnert sich an den Eifer der französischen und belgischen Lehrer, die davon überzeugt waren, daß, indem wir (der sogenannte zukünftige Sauerteig des Volkes) eine französische Aussprache wie die Jugendlichen in Paris oder Brüssel erreichen würden, dies schon ein Beitrag für die Anstrengungen sozialen Wandels in Rwanda sei. Dieser mußte dem wirtschaftlichen Wachstum, das Entwicklung an sich bedeutete, vorausgehen.
Die Tradition als Sündenbock unseres sozio-ökonomischen Darniederliegens war der Feind des Fortschritts, gegen den man ankämpfen mußte. Dazu waren alle Mittel recht. Der Weg zur Moderne, d.h. von einer traditionellen zur Konsum-Gesellschaft, mußte zunächst über einige Zwischenstufen wie die 'Zündung' (take-off) und die industrielle Konsolidierung erfolgen. Die Entwicklungshilfe sollte diesen Start ermöglichen und der internationale Handel als "engine of growth", als Motor des Wachstums dienen. Folglich war es notwendig, uns in die internationale Arbeitsteilung einzubetten. Die Länder, die die Rohstoffe liefern, würden angeblich in gleicher Weise wie jene Länder, die mit hoher Intensität Kapital produzieren, von den komparativen Kostenvorteilen profitieren. Sie müßten nur ausgiebig die manuelle Arbeit, einen im Überfluß vorhandenen Produktionsfaktor, nutzen.(2)
Diese Erwartungen wurden jedoch nicht erfüllt. Die industrialisierten Länder hatten günstigere Voraussetzungen als die armen Länder, die mit zahlreichen äußeren, aber auch durch ihre eigene Politik bedingten

res, du décollage (take off) et de la stabilisation industrielle. Si l'aide au développement doit viser à permettre ce décollage, c'est surtout le commerce international qui sert d'"engine of growth": de moteur de la croissance. D'où la nécessité de nous intégrer au sein de la division internationale du travail. Les pays fournisseurs de matières premières profiteraient des mêmes "avantages comparatifs" à ceux qui produisent à haute intensité de capitaux. Ils doivent seulement utiliser intensivement la main d'oeuvre, facteur de production dont ils disposent en abondance.(2)
Cette attente ne fût pourtant pas réalisée. Les pays industrialisés étaient dans des conditions plus favorables par rapport aux pays pauvres qui étaient et restent confrontés à tout un tas d'entraves exogènes ou induites par leurs propres politiques.
C'est en 1973, à Nairobi, que McNamara, alors Président de la Banque Mondiale avoua les échecs de la première décade de développement (1960-1970). Selon sa constatation, des centaines de millions de personnes vivent dans des conditions de vie dèshonorantes (maladies, analphabétisme, sous- et malnutrition, délaissement,...). La simple satisfaction des besoins de base ne leur est pas assurée par une croissance économique pourtant quantitativement satisfaisante.(3)
Par conséquent, la Banque Mondiale postula la stratégie dite de "redistribution with growth", redistribution avec croissance, dirigée contre la pauvreté absolue. Elle reconnut l'importance d'une croissance économique au service d'une distribution plus juste de revenus. Les secteurs modernes et traditionnels doivent dorénavant se partager équitablement les moyens d'investissement disponibles. Mais hélas, la tendance générale fut de ne favoriser finalement que les projets dits à haut rendement. Si un succès fut enregistré dans les pays du Sud-Est asiatique, le petit paysan africain, l'artisan, le nomade ou l'ouvrier simple ressentirent très peu ou rien des grands projets bilatéraux et multilatéraux. Ceci est valable pour le cas des projets de la même Banque Mondiale.(4)
Résultat: revenus minimes, demande insolvable, volume de production minime, emplois insuffisants, et le cer-

Hindernissen konfrontiert waren und noch immer sind. Im Jahr 1973 gab Mc Namara, damals Präsident der Weltbank, in Nairobi den Mißerfolg der ersten Entwicklungsdekade (1960 - 1970) zu. Er stellte fest, daß Hunderte Millionen Menschen unter menschenunwürdigen Bedingungen (Krankheiten, Analphabetismus, Unter- und Fehlernährung, Hilflosigkeit, ...) lebten. Die Befriedigung der Grundbedürfnisse war nicht einfach durch ein Wirtschaftswachstum, das quantitativ doch befriedigend war, gesichert. (3)
Konsequenterweise forderte die Weltbank eine Entwicklungsstrategie "Umverteilung mit Wachstum", die gegen die absolute Armut gerichtet war. Sie erkannte die Wichtigkeit des wirtschaftlichen Wachstums an, allerdings im Dienste einer gerechteren Verteilung der Einkommen. Die modernen und traditionellen Sektoren sollten sich zukünftig die verfügbaren Investitionsmittel angemessen teilen. Aber unglücklicherweise wurde es allgemeine Tendenz, schlußendlich nur solche Projekte zu fördern, die einen hohen Ertrag erwarten ließen. Wenn man auch in Süd-Ost-Asien Erfolge registrieren konnte, so merkten der kleine afrikanische Bauer, der Handwerker, der Nomade oder der einfache Arbeiter sehr wenig oder gar nichts von diesen großen bilateralen und internationalen Projekten. Dies gilt auch für die Projekte der obengenannten Weltbank. (4)
Ergebnis war: niedrige Einkommen, nicht zu erfüllende Nachfrage, geringes Produktionsniveau, fehlende Arbeitsplätze. Und der Teufelskreis der Armut begann, sich ebenso tragisch zu schließen, wie er geöffnet worden war! (5)

Gegen Ende der zweiten Entwicklungsdekade (1970-1980) half die Internationale Arbeitsorganisation (ILO) bei der Geburt der Grundbedürfnis-Strategie, die dann viel in den Zeitungen zitiert wurde. Außer den physischen, materiellen Gütern erkannten die Spezialisten die Bedeutung der immateriellen Faktoren wie die Wahrung der kulturellen Identität, die Entfaltung des Menschen, die Interessen seiner Familie, kurz, sein sozio-kulturelles Umfeld.

cle vicieux de la pauvreté de se refermer aussi tragiquement qu'il avait été ouvert!(5)

Vers la fin de la deuxième décade de développement (1970-1980), le Bureau International du Travail (BIT) est à la base de la naissance du courant des "basic needs" (besoins de base) qui fait la une des journaux. Au-delà des biens matériels physiques, les spécialistes reconnaissent l'importance de facteurs immatériels, comme la valorisation de l'identité culturelle, l'épanouissement de la personne humaine et l'intérêt à accorder à sa famille, bref, son environnement socio-culturel.
Les biens physiques et/ou collectifs de base sont: habits, produits alimentaires, services de santé et médicaments de base, eau potable et logement décent, ainsi que la technique et autres moyens de production de ces biens. Ceux-ci doivent être simples. Toute technologie complexe ne devrait être employée que là où son utilisation serait vraiment justifiée et nécessaire.(6)

Construction de la route, Bau der Straße Butare-Kigali

Die physischen und/oder kollektiven Grundbedürfnisse sind folgende: Kleidung, ausreichende Ernährung, Gesundheitseinrichtungen und Basismedikamente, sauberes Trinkwasser, anständige Wohnung sowie die Verfügung über die Techniken und andere Mittel, um diese Güter zu produzieren. Diese Techniken und Mittel sollten einfach sein. Hochtechnologien sollten nur dann eingesetzt werden, wenn die Anwendung sich als wirklich gerechtfertigt und notwendig erweist.(6)
Ein großes Motto: den ärmsten Schichten der Bevölkerung sollte Zugang zu den Produktionsmitteln verschafft werden, da nur eine produktive Arbeit ihnen die Möglichkeit geben würde, ihren Lebensunterhalt selbst zu verdienen. Die Befriedigung der Grundbedürfnisse ist für die verschiedenen politischen und ideologischen Richtungen gleichermaßen Basis zur Erreichung der Ziele,die in Veröffentlichungen über Theorie und Praxis von zahlreichen Entwicklungsprogrammen formuliert werden. Innerhalb welchen Systems diese Ziele zu erreichen sind, unterscheidet sich je nach der politischen Richtung, sei sie links oder rechts orientiert.(7)

Ein kurzer Blick auf Rwanda

Diese Strategie beeinflußt auch den dritten Entwicklungsplan für Rwanda. Der Fünf-Jahres-Plan (1982-1986) für Wirtschaft, Soziales und Kultur läuft mit Ende des Jahres 1986 aus. Er ist der zweite Plan, der unter der Regierung des seit dem 5. Juli 1973 amtierenden Präsidenten Habyarimana realisiert wurde. Im Gegensatz zu den Plänen der ersten Republik nennen die beiden Pläne der zweiten Republik quantitative Ziele für die verschiedenen Sektoren wie Industrie, Produktion in Landwirtschaft und Viehzucht, Beschäftigung u.a.
So visiert der dritte Entwicklungsplan für Wirtschaft, Soziales und Kultur folgende Ziele an:
- qualitative und quantitative Selbstversorgung mit Nahrungsmitteln;
- Schaffung von Arbeitsplätzen, die ein Familieneinkommen ermöglichen, um die Grundbedürfnisse befriedigen zu können;

Une grande devise: il faut ouvrir aux couches les plus pauvres de la population l'accès aux moyens de production, car seul un emploi productif leur donnerait les possibilités de gagner leur vie. Au-delà des différents courants politiques et idéologiques, la satisfaction des besoins de base est la plate-forme des objectifs, tels qu'ils sont formulés dans les différents documents sur la théorie et la pratique des nombreux programmes de développement. Mais les propositions concernant le genre de système en tant que cadre de leur réalisation diffèrent selon qu'il s'agit de telle ou telle tendance, de gauche ou de droite. (7)

Bref aspect du Rwanda

L'influence de cette stratégie prédomine également dans le texte du troisième plan de développement de Rwanda. Ce plan quinquennal économique, social et culturel (1982-1986) expire avec la fin de l'année 1986. Il est le deuxième à avoir été réalisé sous le régime de la deuxième République, dirigée par le président Habyarimana, au pouvoir depuis le 5 juillet 1973. Contrairement à ceux de la première République, les deux plans de la deuxième République fixent des objectifs chiffrés aux différents secteurs comme l'industrie, la production agricole et animale, l'emploi etc... Ainsi, le troisième plan de développement économique, social et culturel, vise:

- L'autosuffisance alimentaire en qualité et en quantité,
- la promotion de l'emploi pouvant procurer un revenu familial qui permet de satisfaire les besoins primaires,
- la promotion de l'instruction-formation qui permette à chacun de jouir pleinement de son rôle dans la vie économique et sociale,
- l'amélioration de l'état de santé de la population, la production de biens de consommation de masse et le développement de la vie culturelle et des loisirs
- le développement des relations extérieures à la fois dans le sens du désenclavement et dans celui de l'équilibre du commerce extérieur. (8)

- Verbesserung von Bildung/Ausbildung, um jedem zu ermöglichen, sich im wirtschaftlichen und sozialen Leben vollkommen zu entfalten;
- Verbesserung des Gesundheitszustands der Bevölkerung, die Produktion von Massengütern und die Förderung des kulturellen Lebens sowie der Freizeitgestaltung;
- Verbesserung der Außenbeziehungen, um die Binnenlage zu überwinden und das Außenhandelsgleichgewicht zu erhalten.(8)

Bezüglich des wirtschaftlichen Systems hat Rwanda einen Mittelweg zwischen den beiden klassischen Wirtschaftssystemen, der Marktwirtschaft und der Planwirtschaft gewählt. Der sich daraus ergebende geplante Liberalismus hat als zentrales Ziel, alle Kräfte der Nation zu mobilisieren und zu koordinieren, um für die rwandische Bevölkerung einen Fortschritt auf der Grundlage eines optimalen individuellen Beitrags zu erreichen. Alle sinnvollen Initiativen,besonders jene, die auf gemeinschaftlichen Anstrengungen wie z.B. Produktionskooperativen basieren, sollen vorrangig unterstützt werden.(9)

Ein konkretes Beispiel: Die Kooperative KIAKA und die Jugendlichen der Gemeinde Kanama

Was bedeuten all diese schönen Worte für die männlichen und weiblichen Mitglieder von KIAKA? Dies ist der Name einer Gruppe von Handwerkern in der Gemeinde Kanama, Präfektur Gisenyi.(10) KIAKA steht für "Koperative Ihuza Abanyabukolikoli b'i Kanama", d.h. Kooperative der Handwerker von Kanama.

Diese Kooperative wurde 1979 mit dem Ziel gegründet, bestimmte Produkte herzustellen und zu verkaufen, mit der Hoffnung, die lokalen Bemühungen um die Schaffung von Arbeitsplätzen zu unterstützen.

Zu Beginn dachten die Jugendlichen und ihre Betreuer daran, Körbe zu flechten und andere kunsthandwerkliche Artikel aus der Rinde der Bananenstaude herzustellen. Die Hoffnung auf Absatzmöglichkeiten war sehr groß, da zur gleichen Zeit ASPAR, eine Organisation zur Förderung des rwandischen Handwerks, gegründet wurde. Die

Pour ce qui est du système économique, le Rwanda a choisi l'équilibre des deux systèmes économiques classiques: l'économie du marché et l'économie planifiée. Le 'libéralisme planifié' qui en résulte a comme but central de mobiliser et de coordonner toutes les forces vives de la nation, en vue du progrès des populations rwandaises sur la base d'un rendement individuel optimum et d'encourager toute initiative valable, surtout et par priorité des initiatives communautaires, notamment les coopératives de production.(9)

Un exemple concret: La coopérative KIAKA et les jeunes de la commune de Kanama

Que représentent toutes ces bonnes formules pour le coopérateur ou la coopératrice de KIAKA? KIAKA c'est le nom d'un groupement de coopérateurs artisans dans la commune de Kanama en préfecture de Gisenyi.(10)
KIAKA est le sigle de "Koperative ihuza Abanyabukolikoli b'i Kanama" et signifie 'Coopérative des artisans de la commune de Kanama'. Cette coopérative fondée en 1979 avait le but de produire et de commercialiser ses produits avec l'espoir de participer à l'effort local de création de l'emploi.
Au départ, les jeunes et les encadreurs pensaient à la vannerie et à tant d'autres objets artisanaux à bases de feuilles de bananes. L'espoir de pouvoir les écouler était d'autant plus grand qu'à cette époque l'Association pour la Promotion de l'Artisanat Rwandais (ASPAR) venait également d'être créée. Les artisans de KIAKA espéraient de celle-ci des commandes destinées à l'exportation.
Le marché local n'est pas négligé, car la menuiserie, la forge et la biscuiterie s'ajoutent à la gamme des activités de production adaptées aux besoins de la population de la région. La biscuiterie connût au début beaucoup de problèmes, malgré une clientèle existante dans la préfecture de Gisenyi. Suite aux perturbations causées par les fluctuations de la main-d'oeuvre féminine, surtout à cause des mariages, il était difficile de produire des biscuits de qualité constante pour répondre aux besoins d'une clientèle probablement très

Handwerker von KIAKA erwarteten von ihr für den Export bestimmte Aufträge.
Der lokale Markt wurde nicht außer acht gelassen. So gehörten eine Schreinerei, eine Schmiede und eine Keksbäckerei zu dieser Palette von Aktivitäten, die den Bedürfnissen der Region entsprachen. Obwohl in der Präfektur Gisenyi eine Käuferschicht vorhanden war, gab es anfangs bei der Keksherstellung große Schwierigkeiten. Aufgrund vieler und besonders durch Heirat bedingter personeller Wechsel unter den Mitarbeiterinnen, war es problematisch, Kekse von gleichbleibender Qualität für die vermutlich sehr anspruchsvolle Käufergruppe herzustellen.
1980 gelang einem Jugendlichen, der in einer Lederwerkstatt ausgebildet worden war, mit einem kleinen Betriebskapital sowie wenig Arbeitsmaterial die Gründung einer Produktionsgruppe. Ein junger europäischer Bäcker verbrachte drei Monate in Kanama; aufgrund mangelnder Ausstattung und organisatorischer Schwierigkeiten mißlang es jedoch, die Jugendlichen im Bäckerhandwerk auszubilden.
1982 erhielt die Schreinerei von der Volksbank eine halbe Million rwandische Francs als Kredit für den Kauf gebrauchter Maschinen aus Europa. Dieser Kredit war vorher von der 'Rwandischen Bank für Entwicklung' (BRD) verweigert worden. Das Konzept von KIAKA ist, gebrauchte Maschinen,die einfach aber sehr robust sind, einzusetzen. Sie werden von kleinen, sich in Konkurs oder Auflösung befindenden Betrieben in Europa aufgekauft.
Im Jahr 1983 wurde in Kanama für 700 000 Frw ein Gebäude von 130 qm errichtet, das die Herstellungs- und Verkaufsabteilungen beherbergt. Im gleichen Jahr bildete ein pensionierter europäischer Schuster zwei Monate lang mit Erfolg Lederwaren-Handwerker aus.Dagegen scheiterte ein junger Metzger aufgrund seiner fehlenden persönlichen Ernsthaftigkeit und besonders mangelnder Kompetenz.
Die Hilfestellung durch pensionierte Handwerker während einiger Monate erweist sich als wirksamer als der Einsatz 'irgendeines Experten'. Die alten,pensionierten europäischen Handwerker sind froh, für einige Monate

exigeante.
En 1980, un jeune formé dans un atelier de maroquinerie réussit à constituer un groupement de production avec à la base un petit fond de roulement ainsi qu'un matériel minimum d'appoint. Un jeune boulanger européen passa trois mois à Kanama, mais les possibilités d'aider les jeunes à maîtriser ce métier de boulanger échouèrent surtout à cause de l'insuffisance de matériel et des capacités d'organisation.
En 1982, le secteur de la menuiserie reçut de la banque populaire un crédit d'un demi million de francs rwandais pour l'achat de machines d'occasion en Europe. Ce crédit lui avait été déjà refusé par la Banque Rwandaise de Développement (BRD). La stratégie de KIAKA est d'utiliser le matériel ancien, simple mais plus robuste. L'adresse d'acquisition: les petites entreprises en faillite ou en liquidation en Europe.

KIAKA:Production de couteaux - Herstellung von Messern

Batwa-Töpfer - Potiers Batwa

ihre hochtechnisierte Welt verlassen zu können, um hier die Techniken ihrer frühen Kindheit an Jugendliche weiterzuvermitteln. Letztere sind begierig, nicht allzu komplizierte Kenntnisse zu erwerben. Das gleiche Vorgehen wurde für die Lederarbeiten, die Bürstenherstellung und andere Produktionen gewählt. Ein belgischer Fabrikant verbrachte 1983 einige Monate in Kanama, um beim Aufbau dieser Arbeitsbereiche zu helfen. Außerdem wurde die Gruppe mit Hilfe von ehemaligen Schülern der Kunstschule in Nyundo um eine Abteilung für Skulpturen erweitert. Batwa-Töpfer halfen bei der Gründung der Töpferei. KIAKA ist wahrlich ein autonomer Verband geworden, der den Gruppen Hilfestellung bei der Vermarktung ihrer Produkte und der Ausweitung der Aktivitäten leistet. Seit 1984 umfaßt die Kooperative insgesamt zwölf Produktionsgruppen; u.a.: Artikel

En 1983, il est construit à Kanama un bâtiment de 130m² à raison de 700.000 Frw pour abriter les activités de prodution et de vente des objets artisanaux. Au cours de la même année, un cordonnier européen en pension, passa deux mois à former avec succès les artisans du cuir, tandis qu'un jeune charcutier échoua faute de manque de sérieux et, surtout de compétence. Le recours à des artisans pensionnés pour une période de quelques mois se revèle plus efficace que ne le serait l'appel à "n'importe quel expert": les vieux artisans européens en pension sont heureux de quitter leur monde hautement mécanisé pour quelques mois, et de venir enseigner les techniques de leur vieille enfance aux jeunes avides d'assimiler les connaissances moins compliquées! Ce fut le même cas pour le travail du cuir, la production de brosses et d'autres produits similaires. Un fabricant belge était venu pour quelques mois afin d'aider au démarrage de ces activités à Kanama pendant l'année 1983. Le groupement fut en outre renforcé par une section de sculpture, avec le concours des anciens élèves de l'école d'art de Nyundo, et, particulièrement, la mise sur pied de la poterie grâce à la participation des potiers Batwa.
KIAKA est devenue une véritable fédération autonome qui aide ses groupes à commercialiser leurs produits et à étendre les activités. Depuis 1984, KIAKA est devenue une coopérative vaste avec douze groupements de production dont entre autres: écorces de bananiers, sculpture en bois aussi bien moderne que traditionnel, cuir, tapis en peaux de chèvres, poteries, travail de sisal, brosses, boulangerie, menuiserie et soudure.
Grâce à cette expansion, les coopérateurs sont assez optimistes, malgré toute une série de grandes difficultés rencontrées ou non encore résolues, tel que la formation et perfectionnement, traitement et planification de données des petites entreprises, technologie locale non encore développée, organisation du service d'approvisionnement des produits importés, marketing, localisation et implantation, financement, obtention de lignes de crédits, manque d'appui de la part des autorités (fiscalités, douanes, tarifs pour intrants

aus der Rinde der Bananenstaude, sowohl traditionelle als auch moderne Holzskulpturen, Lederarbeiten, Teppiche aus Ziegenfell, Töpferei, Sisalarbeiten, Bürsten, Bäckerei, Schreinerei und Metallverarbeitung.
Dank dieser Ausweitung sind die Mitglieder der Kooperative trotz vieler großer Schwierigkeiten, die zum Teil noch nicht gelöst sind,einigermaßen optimistisch. Schwierigkeiten liegen z.B. in der Aus- und Fortbildung, Konzeption und Planung kleiner Betriebe, noch nicht ausgearbeiteten lokalen Techniken, Beschaffung von importierten Materialien, Marketing, Einbindung in den lokalen Absatzmarkt, Finanzierung, Bedingungen für Kreditgewährung und Mangel an Unterstützung durch die Behörden (Steuern, Zoll, Tarife für die Einfuhr bestimmter Mittel, Papiere für Ämter, die häufig sehr schwierig auszufüllen sind, usw.).

Was also? ... Die Magie?

Wie kann am Beispiel des Kleinbetriebs der Kooperative von Kanama ein so komplexes Problem wie Entwicklung dargestellt werden? Dies ist sehr schwierig. Wir sind uns über die Notwendigkeit der Befriedigung der Grundbedürfnisse einig. Trotz der Überzeugung, daß dieser besondere Aufmerksamkeit gewidmet werden muß, bleibt die Frage, in welcher Reihenfolge und in welchen Zeiträumen dies erfolgen und mit welchem Mitteleinsatz dieses Ziel erreicht werden soll. Eine Vielzahl von Konflikten ist zu lösen. Helfen kann dabei vielleicht weniger die Logik der Modelle und Pläne als vielmehr das Bewußtwerden der Ursachen von Mißerfolgen und Fehlern, die während des Zeitraumes einer ganzen Generation gemacht wurden. Die aus der Geschichte gelernten Lektionen lehren uns, daß Entwicklungsmaßnahmen nicht nur eine Vermehrung der Güter und Dienstleistungen anzielen dürfen, sondern ebenso die Schaffung von Arbeitsplätzen und die Partizipation eines jeden und aller unter den Prinzipien der Gleichheit und Gerechtigkeit und dies innerhalb eines Rahmens von Souveränität und nationaler Unabhängigkeit (magisches Fünfeck).(11)
Man kann sich viele Illusionen machen, doch die Wirk-

divers, documents administratifs à remplir très compliqués, etc...).

Quoi donc? ... La magie?

Dans quelle mesure la petite entreprise-coopérative de Kanama peut-elle servir à illustrer un problème aussi complexe que celui du développement? C'est très difficile. Mais restons sur la base du consensus qui existe déjà sur la nécessité de la satisfaction des besoins de base. Malgré la conviction qu'il faut leur consacrer une attention particulière, la question reste toujours posée de savoir dans quel ordre de priorités ou de hiérarchie dans le temps et l'importance des moyens pour réaliser cet objectif. Il y a toute une série de conflits à résoudre. C'est peut-être moins la logique des modèles et plans que la prise de conscience sur les raisons des échecs et erreurs pendant cette période de toute une génération qui peut mieux aider. Les leçons tirées de l'histoire, nous apprennent que les efforts de développement ne doivent pas seulement viser l'augmentation des biens et services, mais aussi promouvoir l'emploi, favoriser la participation de tous et de chacun, en veillant aux principes de l'équité, l'égalité ou la justice et dans un cadre de souveraineté et d'indépendance nationale ("pentagone magique"). (11)
Il y a lieu de se faire beaucoup d'illusions, mais la réalité est que ni les côtés ni les angles de ce pentagone magique ne peuvent être toujours égaux. Certains moments de ces cinq forces se laissent exprimer en termes de bénéfices qualitatifs et sociaux difficiles à mesurer et à comparer en termes de quantité. D'autre part une définition très maximaliste des objectifs tend à perdre sa valeur en tant que point de repère. Mais hélas, un pragmatisme sans critères d'orientation crée certainement beaucoup plus de confusion.(11) D'où la nécessité d'avoir quelques points de repères, surtout dans ce labyrinthe.

lichkeit zeigt, daß weder die Seiten noch die Winkel dieses magischen Fünfecks immer gleich sein können. Einige Aspekte dieser fünf Kräfte lassen sich in qualitativen und sozialen Vorteilen ausdrücken, die jedoch kaum meßbar und nicht in quantitativer Hinsicht vergleichbar sind. Andererseits verliert eine Zielformulierung, die Höchstforderungen beinhaltet, ihren Wert als Bezugspunkt. Doch schafft ein Pragmatismus ohne Orientierungspunkte gewiß noch mehr Verwirrung. Daher ist es gerade in diesem Labyrinth besonders wichtig, Bezugspunkte zu setzen.(11)

Wirtschaftliches Wachstum

Willy Brandt, der ehemalige deutsche Bundeskanzler, äußerte einmal, man dürfe wirtschaftliches Wachstum nicht mehr mit Entwicklung verwechseln. Ein Wachstum, das mit Entwicklung übereingeht, muß bestimmte qualitative Bedingungen erfüllen. Die Irrtümer der Wachstumsstrategie lagen darin, uns glauben gemacht zu haben, daß die ausschließliche Beschäftigung mit Wachstum automatisch unsere Armut beheben würde. Die Entwicklungsstrategie, welche die Erfüllung der Grundbedürfnisse anzielt, lehrt uns, daß die Ochsen wieder vor den Pflug gespannt werden müssen. Wir müssen also zunächst unsere Armut bekämpfen, und dies wird dann zu einem Wachstum unserer nationalen Wirtschaft beitragen.(12)
Sich mit der Armut zu beschäftigen, heißt nicht nur, die Frage nach der Verteilung zu stellen, sondern besonders nach der Verfügbarkeit dessen, was verteilt werden soll. Dies muß entweder lokal produziert oder in ausreichender Menge importiert werden. In einem Land wie Rwanda kann eine drakonische Politik der Importreglementierung nicht die Schwierigkeit lösen, eine Bevölkerung von sechs Millionen mit hoher Wachstumsrate versorgen zu müssen, wobei sich das verfügbare Ackerland zunehmend verringert. Trotzdem werden im folgenden einige Zahlen über den Wert der im Jahr 1983 importierten Güter genannt, die in einer gewissen Beziehung zu den Produkten von KIAKA stehen. Mehr als 500 Mill. Frw für verschiedene Werkzeuge, mehr als 200

La croissance économique

Ainsi l'importance de la remarque de l'ancien chancelier allemand, Willy Brandt, qui nous conjure de ne plus confondre croissance économique et développement. Une croissance conforme au développement doit remplir certaines conditions qualitatives. Les erreurs de la stratégie de la croissance, c'est de nous avoir fait croire qu'en nous occupant exclusivement de la croissance, celle-ci se chargerait automatiquement de notre pauvreté. La stratégie visant la satisfaction des besoins de base nous apprend qu'il faut remettre les boeufs devant la charrue, c'est-à-dire nous attaquer d'abord à notre pauvreté, ce qui contribuerait alors à la croissance de nos économies nationales.(12)
S'occuper de la pauvreté ce n'est pas seulement poser la question de la distribution, mais aussi et surtout celle concernant la disponibilité de ce qu'il faut distribuer. Il faut ou bien produire sur place ou alors importer en quantité suffisante. Ce n'est pas par une politique draconienne de réglementation des importations qu'un pays comme le Rwanda peut résoudre les problèmes d'approvisionnement d'une population de 6 millions de personnes et dont le rythme de croissance est explosif sur des lopins de terre d'une superficie sans cesse décroissante. Néanmoins, voici quelques chiffres sur la valuer des importations de biens, en 1983, qui ont un certain rapport avec les produits du programme de production de la KIAKA.
Plus de 500 millions Frw pour les outils divers, plus de 200 millions Frw pour les chaussures, articles en cuir et autres ouvrages analogues, plus de 700 millions pour les tôles ondulées et galvanisées, plus de 250 millions pour les produits et ouvrages en bois, environ 70 millions pour les produits céramiques et plus de 100 millions pour des articles de ménage en fonte, fer et acier, environ 35 millions pour les brosses et pinceaux et 5,5 millions pour les produits de la boulangerie et autres pâtisseries associées.(13)
Il en résulte des dépenses en devises d'environ deux milliards de francs rwandais dont la grande partie est gagnée à la sueur de cet agriculture de café ou de

Mill. Frw für Schuhe, Lederwaren und ähnliche Erzeugnisse, mehr als 700 Mill. Frw für Wellblech, mehr als 250 Mill. Frw für Holzprodukte, ungefähr 70 Mill. Frw für Keramik und Porzellan und mehr als 100 Mill. Frw für Haushaltsgegenstände aus Gußeisen,Eisen und Stahl, ungefähr 35 Mill. Frw für Bürsten und Pinsel und 5,5 Mill. Frw für Backwaren, Kekse und ähnliche Produkte.(13)
Insgesamt ergibt dies Ausgaben an Devisen in Höhe von ca. zwei Milliarden rwandischer Francs, wovon der größte Teil mit dem Schweiß der Bauern im Kaffee- oder Teeanbau (den wichtigsten Exportprodukten) erwirtschaftet wurde, oder auch mit dem Schweiß des früheren Bergarbeiters im Zinnerzabbau, des Arbeiters, der vielleicht heute aufgrund des spektakulären Konkurses der rwandischen Minengesellschaft SOMIRWA arbeitslos ist. Die Importe sind nicht deswegen notwendig, weil der Töpfer, der Schreiner, der rwandische Schmied oder sein Kollege im Nachbarland diese Güter nicht herstellen könnten, sondern eher weil bisher die Initiativen von Einzelnen oder Gruppen auf lokalem, nationalem oder regionalem Niveau nicht ausreichend unterstützt werden.

Es ist notwendig, im folgenden auf die Zusammensetzung der öffentlichen Entwicklungshilfe in Rwanda einzugehen. 1983 wurden zu Lasten unseres Landes insgesamt 5,3 Milliarden Frw für 'Technische Entwicklungshilfe' ausgegeben. Dies ist etwa doppelt so hoch wie das nationale Entwicklungsbudget im gleichen Zeitraum. Das Verhältnis von der sogenannten 'Humanitären Hilfe' zu 'Finanzierungen von Entwicklungsvorhaben' beträgt 7 zu 1, in absoluten Zahlen sind dies 900 Millionen Frw zu 125 Millionen Frw. Der Anteil für Wissenschaft, Technologie und berufliche Ausbildung ist sehr gering, er beträgt weniger als eine halbe Million Frw.(14)
Die gleiche Tendenz, nämlich humanitäre Aufgaben zu bevorzugen, kann man auch bei den Nicht-Regierungs--Organisationen (ONG) beobachten. Mehr als 80% ihrer Leistungen kommen dem beliebten Sektor Sozial-,Gesundheits- und Erziehungswesen zugute.(15)
Leider beziehen sich diese Angaben nur auf das Jahr

thé (produits principaux de nos exportations) ainsi qu'à celle de cet ancien mineur d'étain, aujourd'hui peut-être en chômage, depuis la faillite spectaculaire de la Société Minière du Rwanda (la SOMIRWA). Ces biens sont importés, non pas parce que le potier, le menuisier ou le forgeron rwandais ou son collègue des pays voisins ne pourraient pas en fabriquer, mais plutôt parce que l'effort d'encourager l'épanouissement de son initiative privée et/ou collective au niveau local, national ou régional est encore insuffisant.

Une remarque s'impose sur la structure de l'assistance publique au Rwanda, spécialement sur sa rubrique dite "assistance technique". Celle-ci a employé 5,3 milliards de francs rwandais en 1983 au compte de notre pays. Ce qui équivaut approximativement à deux fois les dépenses du budget de développement à cette époque. Les relations entre les rubriques appelées aide humanitaires et financement pour le développement sont de 7 sur 1 pour des valeurs absolues respectives de 900 et 125 millions de francs. Les postes dits de science, technologie et éducation professionnelle figurent presque pour mémoire, respectivement avec moins d'un demi million de francs rwandais.(14)
La même tendance qui privilégie les secteurs populaires peut être observée chez les organisations non-gouvernementales (ONG). Plus de 80% de leurs prestations concernent les secteurs populaires, sociaux, sanitaires et de l'éducation.(15)
Ces considérations se rapportent malheureusement sur 1983, époque où le Rwanda devait accorder hospitalité à des dixaines de milliers de réfugiés en provenance de l'Uganda, nécessitant un soutien massif afin de pouvoir aider ces personnes en détresse, venues surcharger les capacités précaires de notre pays.
Enfin, ces chiffres se rapportent au passé! Il serait plus significatif de se baser sur des données actuelles ou, mieux encore d'anticiper le futur! Ceci n'étant pas possible, il ne reste seulement qu'à espérer que la strucutre des interventions étrangères en faveur de notre pays ne soit pas aussi disproportionnée

1983, einen Zeitraum, in dem Rwanda Zehntausenden von Flüchtlingen aus Uganda Gastfreundschaft gewähren mußte. Da unser Land überbelastet war, benötigte es massive Unterstützung von außen, um diesen bedürftigen Menschen zu helfen. Nun, diese Zahlen beziehen sich auf die Vergangenheit. Es wäre sinnvoller, sich auf aktuelle Daten zu stützen oder noch besser, die Zukunft zu antizipieren. Da dies nicht möglich ist, bleibt uns zu hoffen, daß die ausländischen Interventionen zugunsten unseres Landes nicht so disproportioniert bleiben zum Nachteil der Sektoren: Produktion von Gütern und Dienstleistungen, Technologie und berufliche Bildung.(16) Sie sind sehr wichtig, um den unerfreulichen Folgen einer stagnierenden oder regressiven Wirtschaft vorzubeugen, nämlich der Instabilität der öffentlichen, politischen und sozio-ökonomischen Ordnung.

Es ist nicht zu vergessen, daß die reale Wachstumsrate der nationalen Wirtschaft mindestens genauso hoch wie die Bevölkerungswachstumsrate sein sollte, letztere beträgt für das ganze Land fast 3,7%. Diese Zahl wie auch die Bevölkerungsdichte (ca.200 Einwohner pro qkm) sind jedoch nur Durchschnittswerte, bei genauerem Hinsehen auf die reale Situation in einigen Regionen stellt man sehr erschreckende Zahlen fest.(17)

Beschäftigung

In den letzten Jahren hat die Anzahl der Betriebe in Rwanda beachtlich zugenommen. Sie stieg von 69 im Jahr 1972 auf 182 im Jahr 1982. Die Investitionskosten pro Arbeitsplatz betragen im industriellen Sektor vier Mill. Frw.(18) Dies ist ein großer Unterschied zu den Kosten in anderen Ländern Afrikas, der Karibik und des Pazifik, in den sogenannten AKP-Staaten. Dort belaufen sich die durchschnittlichen Kosten auf ungefähr 1,5 Mill. Frw für Industrieprojekte, die durch das Zentrum für industrielle Entwicklung (CDI, Institution zur Förderung der Industrie in den AKP-Staaten durch die Europäische Gemeinschaft) in Brüssel unterstützt werden.(19) Dieser Unterschied wird sicher durch den geringen Einsatz von Arbeitskräften mitverursacht.

au détriment des secteurs de production des biens et services, de la technologie, et la formation professionnelle.(16) Ils sont très importants pour nous aider à prévenir les suites facheuses d'une économie stagnante ou regressive: instabilité de l'ordre public, politique et socio-économique.
Surtout qu'il ne faut pas oublier que le seuil du taux de croissance réelle de l'économie nationale doit se situer au moins au même niveau que celui de la croissance démographique qui est pour l'ensemble du pays de près de 3,7%. Ce chiffre, tout comme celui de la densité (env. 200 habitants par km²) ne représente malheureusement que des moyennes générales, la réalité des chiffres de certaines régions prises en particulier est très effrayante.(17)

L'emploi

Au Rwanda, nous avons enregistré une croissance en nombre assez considérable d'entreprises. De 69 en 1972 le nombre d'unités de production enregistrées est passé à 182 en 1982. Mais il paraît que pour ce qui concerne l'emploi, le coût de l'investissement par personne engagée dans le secteur industriel est de 4 millions de francs rwandais.(18) Remarquons la grande différence avec le même coût ailleurs dans les autres pays d'Afrique, Caraïbe et Pacifiques (ACP) qui est à peu près de 1,5 millions de francs rwandais en moyenne pour les projets industriels encadrés par le Centre pour le Développement Industriel (CDI = organe de promotion industrielle ACP-CEE) à Bruxelles.(19)
Ce phénomène traduit certainement la part minime prise par les entreprises à forte intensité de main-d'oeuvre. Ne disposant pas de données précises, signalons le cas des entreprises RWANDEX-CHILLINGTON, (l'ex SOROA), la RWANDA STEEL co. et TOLIRWA, pour ne citer que celles qui ont dans leurs programmes de production, des secteurs qui on un rapport avec des techniques faisant partie du patrimoine artisanale de notre pays: la forge et la tuilerie. Il faut craindre avec raison si celles-ci ne risquent pas d'être progressivement marginalisées. En voulant augmenter la productivité avec

Obwohl uns genaue Angaben fehlen, seien doch die Unternehmen Rwandex-Chillington, Rwanda Steel Co. und TOLIRWA genannt, deren Produktion einen Bezug zu Techniken unseres handwerklichen Erbes hat, zur Schmiede und Ziegelbrennerei. Man muß mit Recht fürchten, daß dieses traditionelle Handwerk verdrängt wird. Denn indem man die Produktion mit Hilfe von hohem Kapitaleinsatz steigern möchte, anstatt die im Überfluß vorhandene (nicht qualifizierte ?) Arbeitskraft zu nutzen, zerstört der moderne Sektor einige traditionelle Produktionstechniken und entzieht einem Großteil der Bevölkerung ihre Überlebensmöglichkeiten, die auf dem Einsatz von lokaler Technologie basieren.(20)
Der Verlust dieser Techniken hat nicht nur materielle Folgen. Beschäftigung ist nicht nur unter Kosten- und/oder Einkommensaspekten wichtig, sondern hat einen sehr bedeutsamen sozio-ethischen Wert.(21) Man arbeitet nicht einfach für irgendein wirtschaftliches Wachstum! Im Gegenteil, die Beschäftigung dient der sozialen und politischen Integration der Person, die sie ausübt. Durch die Beschäftigung hat der Mensch die Möglichkeit, sich zu verwirklichen und sich nicht marginalisiert zu fühlen. Doch das Problem der Beschäftigung bedeutet nicht, daß unsere Mitbürger auf den Hügeln nichts zu tun hätten. Im Gegenteil, sie müssen täglich sehr hart arbeiten, aber ihre Arbeit ist gering oder überhaupt nicht bezahlt. Es wäre möglich, daß ihre Arbeit auf den lokalen oder regionalen Märkten besser bezahlt würde. Welchen Sinn hat es, Waren, die wir selbst herstellen können, zu importieren, dazu noch für jene Devisen, die wir so dringend für die Einfuhr von Investitionsgütern brauchen? Nur sehr wenige Erzeugnisse werden aus Zaire, Burundi, Tanzania oder Kenya eingeführt. Wir geben einen großen Teil der Devisen auf den Märkten jener Länder aus, die diese im Überfluß haben, und unsere Nachbarn tun sicher das Gleiche. Diese Importe verhindern die Schaffung von entlohnten Arbeitsplätzen. Dieses gilt besonders für Güter und Dienstleistungen, die wir selbst mit Hilfe einfacher, an unsere Bedingungen angepaßte Technologien, sei es lokal, regional und/oder im afrikanischen Raum herstellen können. Nur die lokale Fertigung kann

l'aide d'unités de production à haute intensité du capital plutôt qu'en employant une main-d'oeuvre abondante (non-qualifiée?), le secteur moderne démonte certaines techniques traditionnelles de production enlevant à la masse les possibilités de survie, basées sur l'emploi d'une technologie locale.(20)
La perte de ces techniques n'a pas seulement des conséquences matérielles. Car l'emploi n'est pas seulement un facteur de coût et/ou de revenus, mais aussi une valeur socio-éthique très importante.(21) On ne travaille pas seulement pour une quelconque croissance économique! Au contraire l'emploi sert à l'intégration sociale et politique de celui qui l'exerce. A travers lui et grâce à lui, il a la chance de se réaliser et de ne pas se sentir marginalisé. Le problème de l'emploi dans notre pays, n'est pas que nos compatriotes sur les collines n'ont rien à faire. Ils ont plutôt un travail journalier très dur, mais très peu ou pas du tout payé. Il est bien probable que leur travail serait mieux payé, par le marché local et régional existant. A quoi sert d'importer les produits que nous sommes à même de produire contre les devises dont nous avons tant besoin pour l'importation de biens d'investissement? Très peu de nos importations proviennent du Zaïre, du Burundi, de la Tanzanie ou du Kenya. Nous dépensons une grande partie de nos devises en monnaie forte sur le marché des pays qui les ont en surplus et nos voisins limitrophes font certainement de même. Ces importations compromettent les possibilités d'un emploi payé, surtout quand il s'agit de biens et services que nous pourrions produire à l'aide de technologies simples et adaptées à nos réalités locales, régionales et/ou africaines, seules capables de nous aider à résoudre le problème crucial d'une main-d'oeuvre sans cesse croissante. Les petites et moyennes unités comme KIAKA jouent un rôle très important dans la création de l'emploi. Les chances d'épanouissement individuel et de motivation sont d'autant plus grandes qu'il s'agirait de revalorisation des techniques traditionnelles.
Certes, ce n'est pas avec les mêmes techniques archaïques qu'on serait suffisament armé contre le défi

uns helfen, das schwierige Problem einer steigenden Verfügbarkeit von Arbeitskräften zu lösen. Die kleinen und mittelständischen Betriebe wie KIAKA spielen bei der Schaffung von Arbeitsplätzen eine sehr wichtige Rolle. Die Möglichkeiten der individuellen Entfaltung und die Motivation zu arbeiten, werden umso größer, je mehr die traditionellen Techniken aufgewertet werden. Gewiß kann man nicht mit archaischen Techniken so komplexe und dynamische Probleme wie die nationale oder regionale Wirtschaft in den Griff bekommen. Doch unsere traditonellen Techniken sind ebenso offen für Neuerungen wie entwicklungsfähig. Nicht nur die Supermaschine, sondern auch der Faktor Arbeit und die damit zusammenhängenden Faktoren können produktiv und wirtschaftlich rentabel arbeiten.(22)

Gleichheit und Gerechtigkeit

Der Wunsch nach Gerechtigkeit darf uns nicht vergessen lassen, daß der Kuchen zunächst gebacken sein muß, bevor er geteilt wird. Das bedeutet nicht, daß jene, die die besten Leistungen erbringen, bestraft werden. Aber warum ist es möglich, daß eine Person oder eine Gesellschaft einen Kredit für Importe im Wert von 10 Mill. Frw erhalten,während eine Produktionskooperative wie KIAKA mit einer beantragten Bagatelle von 700 000 Frw, die für den Kauf von Arbeitsgegenständen bestimmt ist, keinen Erfolg hat?
Ende 1983 beliefen sich die für den landwirtschaftlichen Sektor gewährten Kredite auf nur 2% der gesamten Kredite. Dabei beträgt der Anteil des landwirtschaftlichen Sektors am Brutto-Inlands-Produkt 45%. Die Kredite für Handel und Dienstleistungen und jene, die an Privatpersonen für den Kauf von Kraftfahrzeugen und den Bau von Immobilien genehmigt wurden, betrugen jedoch mehr als 43 % des gesamten Kreditvolumens. Der Beitrag dieser Aktivitäten zum Nationalprodukt liegt bei weniger als 20 %.(23)
Mit Blick auf die internationale Bühne erfahren wir, daß die Kosten für den Kauf eines modernen Kampfflugzeuges die Ausstattung von 40 000 Dorfapotheken ermöglichen würden. Ein Panzer kostet soviel, wie 30 Ge-

d'un problème aussi complexe et dynamique que celui de la maîtrise d'une économie nationale ou régionale. Mais nos techniques traditionnelles sont également capables d'innovation et de progrès nécessaire à cet effet. Ce n'est pas seulement la mégamachine qui peut être productive et rentable mais aussi le facteur travail et les facteurs dispositifs correlatifs.(22)

L'égalité ou l'équité et la justice

Précisons tout de suite que l'idée de la justice et de l'équité ne doit pas nous faire oublier qu'avant de de parler de partage de gâteau, il faut d'abord que celui-ci soit fait. Cette idée-là n'implique pas non plus la pénalisation de ceux qui enregistrent les meilleures performances. Mais pourquoi est-il possible qu'une personne ou une société importatrice obtiennent des crédits équivalents à plus d'une dixaine de millions alors que de l'autre côté, une coopérative de production comme KIAKA ne réussit pas à bénéficier d'une bagatelle de 700.000 Frw destinée à l'achat de matériel d'équipement.
Fin 1983, le crédit alloué à la production agricole ne représente que quelques 2% du total des crédits à l'économie, alors que la valeur ajoutée du secteur agricole représente environ 45% du PIB (Produit Intérieur Brut) total. Par contre, le commerce, les services et les crédits accordés aux particuliers pour achat de véhicules et construction des immeubles ont absorbé plus de 43% du total de crédits allouées à l'économie. La contribution de ces activités à la valeur ajoutée nationale est inférieure à 20%.(23)
Au niveau international, nous apprenons que les dépenses pour l'achat d'un avion moderne de combat peuvent couvrir la construction et l'équipement de 40.000 pharmacies de village. Un char de combat coûte ce que trente communes de notre pays nécessitent pour construire chacune une école assez bien équipée et pouvant accueillir les 1000 enfants qui naissent dans chaque commune en moyenne toute année. Chaque jour, plus de 40.000 bébés meurent au monde, faute de soins médicaux et du personnel qualifié suffisants.(24)

meinden unseres Landes benötigen, um eine gut ausgestattete Schule zu bauen, die jene 1000 Kinder aufnehmen könnte, die durchschnittlich in einem Jahr in jeder Gemeinde geboren werden. Aufgrund fehlender Gesundheitsversorgung und aus Mangel an ausreichend qualifiziertem Personal sterben auf der ganzen Welt täglich mehr als 40 000 Kleinkinder.(24)
Ein anderer wichtiger Tatbestand ist die Krise der landwirtschaftlichen Erzeugerpreise. In der Europäischen Gemeinschaft erhält der Bauer durch Subventionen Garantiepreise für den Verkauf und den Export. Diese Garantiepreise werden regelmäßig vom Rat der Landwirtschaftsminister festgesetzt. Das Ergebnis dieser Interventionspolitik ist eines der dornenreichen Probleme des internationalen Handels: Die Dumping-Preise für landwirtschaftliche Erzeugnisse verhindern jegliche Wettbewerbschancen unserer armen Länder auf dem Weltmarkt. Wenn die landwirtschaftlichen Überschüsse aus der EG zu subventionierten Preisen verkauft oder kostenlos in Rwanda verteilt werden, was nützen dann die großen Projekte für ländliche und landwirtschaftliche Entwicklung wie z.B. jenes in der Präfektur Gitarama, das gemeinsam von der rwandischen Regierung, der Internationalen Gesellschaft für Entwicklung (IDA) und dem Entwicklungsprogramm der Vereinten Nationen (PNUD) finanziert wird?(25)
Auf der einen wie der anderen Seite wäre es falsch, von gerechten oder gleichen Voraussetzungen zu sprechen. Aber man muß zunächst und im besonderen versuchen, vor der eigenen Tür zu kehren, um innerhalb dieser schwierigen Diskussion über das weltwirtschaftliche System glaubwürdig zu sein. Erst dann haben wir die Möglichkeit, unsere Stimme in diesem Konzert des Nord-Süd-Dialogs zur Geltung zu bringen.

Partizipation

Mit der Befriedigung der materiellen Grundbedürfnisse ist die Angelegenheit nicht abgeschlossen. Sie ist nicht von der Frage zu trennen, unter welchen politischen und sozialen Bedingungen diese befriedigt werden.

Erratum

Suite de la page 413

société le pouvoir sur l'individu et à ce dernier d'exiger davantage de la société au développement de laquelle il concourt de tous ses efforts et moyens à sa disposition" (26).

Le Président Habyarimana Juvénal ne cesse d'exprimer chaque fois son attachement aux principes des libertés fondamentales notament de presse et d'opinion. On ne peut pas se permettre ici beaucoup de poésie pour ignorer l'importance d'un système qui fonctionne, capable de déterminer les actions prioritaires, les faire exécuter, planifier et diriger le processus du développement. Mais pour cela, la violence et la terreur que nous connaissons sur notre continent ne sont pas nécessaires. Notons qu'au Rwanda la situation n'est pas du tout des plus mauvaises d'Afrique. Mais là aussi la voix de l'expert de la coopération, de l'homme écclésiastique, du commercant, du fonctionnaire, du militaire ou gendarme, s'entend beaucoup plus fort que celle du forgeron, du menuisier, du paysan, du potier ou du maçon.

Un autre fait significatif: la crise des prix agricoles; au niveau de la Communauté Economique Européenne, l'agriculture dispose de garanties des prix de vente et d'exportation sous forme de subventions régulièrement décidées par le conseil des ministres de l'agriculture. Le résultat de cette politique d'intervention constitue l'un des problèmes épineux du commerce international: les prix gâchés des produits agricoles, paralysent toutes possibilités de concurrence de nos pays pauvres sur le marché mondial. Ainsi, dans le cas où les excédents agricoles européens sont vendus à des prix subventionnés ou distribués gratuitement au Rwanda, à quoi serviraient les grands projets d'aide au développement rural et agricole comme celui de la Préfecture de Gitarama financé conjointement par le Gouvernement rwandais et l'Association Internationale pour le Développement (IDA) et le Programme des Nations-Unies pour le Développement (PNUD)?(25)
D'un côté comme de l'autre il serait faux de parler de conditions justes ou équitables. Mais il faut d'abord et surtout essayer de "balayer devant notre porte" afin de pouvoir être digne de foi dans ces discussions compliquées concernant le système économique mondial. Alors seulement nous avons la possibilité de faire entendre notre voix dans le concert du dialogue Nord-Sud.

La participation

La satisfaction des besoins matériels de base n'est pas une fin en soi. Elle ne doit pas être séparée de la question de savoir dans quelles conditions politiques et sociales ces besoins sont satisfaits.
Est-il nécessaire de citer ici le manifeste du Mouvement Révolutionnaire National pour le Développement? Celui-ci "se propose comme constante de sa doctrine politique, la défense des intérêts de l'homme et de la société en menant dans le dialogue une lutte acharnée contre toute tendance à mettre en cause la primauté de l'intérêt collectif sur l'intérêt individuel ou limité à un groupe donné de la société. Il confère à la

Ist es notwendig, das Manifest der Nationalen Revolutionären Bewegung für Entwicklung (MRND) zu zitieren? Dieses "versteht als Konstante seiner politischen Doktrin die Verteidigung der Interessen der Menschen und der Gesellschaft anzustreben, indem in einem Dialog ein hartnäckiger Kampf gegen alle Tendenzen geführt wird, die die Vorherrschaft der kollektiven Interessen gegenüber den individuellen oder jenen bestimmter gesellschaftlicher Gruppen verhindern wollen. Gesellschaftliche Interessen haben Vorrang vor individuellen Interessen, der Einzelne kann umsomehr von der Gesellschaft verlangen, zu deren Entwicklung er alle verfügbaren Kräfte und Mittel einbringt."(26)
Der Präsident Juvénal Habyarimana betont immer wieder sein Festhalten an den grundlegenden Freiheiten, besonders der Presse- und Meinungsfreiheit. Man kann sich hier kaum viel Poesie erlauben, wenn man die Notwendigkeit eines funktionierenden Systems deutlich macht, das fähig sein muß, die wichtigsten Ziele festzulegen und umzusetzen, den Entwicklungsprozeß zu planen und zu leiten. Aber dafür sind die Gewalt und der Terror, die wir auf unserem Kontinent kennen, nicht notwendig. Es bleibt festzuhalten, daß die Situation in Rwanda keinesfalls zu den schlechtesten im afrikanischen Raum gehört. Aber auch dort sind die Stimmen des Experten, des Kirchenmannes, des Händlers, des Beamten, des Militärs oder des Polizisten viel lauter zu hören als jene des Schmiedes, Schreiners, Bauern, Töpfers oder Maurers.
Partizipation, d.h. aktive Teilnahme, ist ein unabdingbarer Bestandteil von Entwicklung und im Gegensatz zur Marginalität zu verstehen, d.h. der Unmöglichkeit an politischen Entscheidungen oder an den kulturellen und materiellen Gütern der Gesellschaft teilzuhaben.(27)
Es gilt, immer einen wahrhaft hartnäckigen Kampf zugunsten von bestimmten Gruppen und sozio-ökonomischen Sektoren zu führen. Ist unsere Devise nicht: "Wir müssen zuerst auf unsere eigenen Kräfte zählen"? Es ist schwierig, ohne Teilnahme aller Produktivkräfte diesen Anspruch zu verwirklichen. Es könnte sein, daß man in die Inaktivität und die Erwartungshaltung auf auslän-

KIAKA: Production de brosses - Bürstenherstellung

La participation est un élement normatif du développement qu'il faut comprendre dans son sens contraire à la marginalité, c'est-à-dire, l'impossibilité de prendre part aux décisions politiques ou d'avoir part aux biens culturels et matériels de la société.(27)
Il y a toujours une lutte vraiment "acharnée" à mener en faveur de certains groupes et secteurs socio-économiques à cet effet. Car ne parlons nous pas de "comptons d'abord sur nos propres forces"? La réalité est qu'il est difficile de remplir cette mission sans la participation de toute les forces productives. Elles risqueraient de sombrer dans l'inactivité et l'attentisme des aides extérieures maintenant ainsi le pays dans la même situation de pensionnaire et/ou de mendiant perpétuel d'aumônes étrangères.

dische Hilfe versinkt und das Land gleichermaßen die Rolle eines Pensionärs oder ständigen Bettlers, der auf ausländische Almosen wartet, übernimmt.

Unabhängigkeit

Im Vergleich zu anderen afrikanischen Ländern erhält der Rwander nicht die meiste Hilfe, aber es ist festzustellen, daß die öffentliche Entwicklungshilfe etwa 10 % des nationalen Bruttoeinkommens beträgt. Durchschnittlich liegt der Anteil der öffentlichen Hilfe in afrikanischen Ländern bei 3,8 %. Im Rahmen der bilateralen Zusammenarbeit hat unser Land zwischen 1960 und 1980 von den OECD-Ländern 643,63 Mill. US $ erhalten. Während dieses Zeitraumes waren die wichtigsten Partner Belgien,Frankreich und die Bundesrepublik Deutschland. Im gleichen Zeitraum betrug die multilaterale Hilfe 304,84 Mill. US $.(28)
Es ist schwierig, genau festzustellen, für welche Zwecke diese Mittel ausgegeben wurden. Aber vermutlich wurde der größte Anteil für die Finanzierung von Projekten verwendet. Diese kleinen 'Entwicklungsinseln' werden später Posten auf der Liste für Unterhaltungskosten und dies zu Lasten unseres bescheidenen Investitionsbudgets.(29)
Tatsächlich befindet sich unsere Zahlungsbilanz in einem chronisch defizitären Zustand. Wir exportieren fast ausschließlich landwirtschaftliche Erzeugnisse. Wir leben über unsere Möglichkeiten. Die Investitionen sind nicht sorgfältig geplant, da die Wirtschaft nicht in der Lage ist, mittelfristig das notwendige Kapital zu produzieren, um das Ungleichgewicht unserer Transaktionen zu korrigieren. Offensichtlich sind die rwandischen Geschäftsleute auch nicht sehr risikobereit und ziehen es vor, ihr Kapital in Spekulationsobjekte wie im Bausektor, Transportwesen und Handel zu investieren. Die Banken profitieren davon, indem sie diese risikoarmen Aktivitäten finanzieren. Selbst "die rwandische Entwicklungsbank und die rwandische Sparkasse, die ein Beispiel bei der Auswahl der zu finanzierenden Vorhaben geben sollen, sind selten an risikoreichen Projekten und an Sonderkonditionen für

L'indépendance

Par rapport à la moyenne des pays africains, le Rwandais n'est pas le plus assisté, même s'il faut remarquer l'importance de l'aide publique qui se situe autour de 10% de la valeur de notre Produit National Brut (PNB) contre une moyenne africaine qui est autour de 3,8%. Entre 1960 et 1980 notre pays aurait reçu 643,63 millions de Dollars des pays de l'OECD dans le cadre de la coopération bilatérale. Nos grands partenaires au cours de cette période étaient la Belgique, la France et la République Fédérale d'Allemagne. Pendant cette même période, l'aide multilatérale équivalait à 304,84 millions US $.(28)
Il est difficile de préciser la destination exacte de tous ces milliards de francs rwandais. Mais il est très probable que la grande partie de ces fonds a été employée pour financer des projets. Ces petits "ilots du développement" deviennent plus tard candidats à la liste des dépenses de fonctionnement au détriment de nos budjets modestes d'investissement.(29)

En effet, l'observation de notre balance des payements nous montre un état chronique de déficit. Nos exportations sont presque exclusivement d'origine agricole. Nous vivons au dessus de nos moyens. Les investissements ne sont pas judicieusement bien choisis, car l'économie n'arrive pas à regénérer à moyen terme les capitaux nécessaires pour corriger le deséquilibre de nos transactions.
Il semble aussi, que les hommes d'affaires rwandais n'aiment pas beaucoup le risque et préfèrent canaliser leurs capitaux vers des investissements spéculatifs tel que l'immobilier, les transports et le commerce. Les Banques en profitent pour financer ces activités à faible risque. Même "la Banque Rwandaise de Développement et la Caisse d'Epargne qui sont sensées être des modèles dans le choix des activités à financer, s'intéressent rarement à des projets fortement risqués et à des conditions spéciales de garanties pour pouvoir octroyer le crédit".(30) Ceci peut signifier une hypothèque de notre indépendance et de notre avenir.

Kreditgewährung interessiert."(30) Dies kann eine schwere Belastung für unsere Unabhängigkeit und unsere Zukunft sein.
Unabhängigkeit darf sich nicht nur auf den Wirtschaftssektor beziehen, sondern damit ist im weitesten Sinn Souveränität in den Auslandsbeziehungen gemeint. Sie ist auch nicht mit der sogenannten Abkoppelungsstrategie zu verwechseln, die von jeder Intensivierung der Handelsbeziehungen abrät unter dem Vorwand, daß diese nur dem peripheren Kapitalismus dienten und somit ein Angriff auf die unveräußerlichen Rechte jedes Landes seien, seine Ressourcen und Reichtümer nach eigenem Geschmack zu nutzen.(31)
Was würde ein Anhänger der Abkoppelung auf eine dieser treffenden Fragen seines pragmatischen Mitbürgers antworten, der wissen will, warum ein solches tam-tam über die Frage gemacht wird, ob Sanktionen gegenüber Südafrika verhängt werden sollen oder nicht, und gleichzeitig will man ihm glauben machen, daß die Abkoppelung positiv für eine von innen kommende (endogene) Entwicklung für ein Land wie Rwanda sei.
Die Abkoppelungsstrategie entspringt der reinen Abstraktion der ideologisierten Theoretiker, außerdem ist sie vollkommen pessimistisch, was die Einschätzung der Verantwortlichen unseres Landes betrifft. Sie betrachtet sie alle als 'Brückenköpfe', die der Ausdehnung des Imperialismus dienen, und wertet jene ab, die in unserem Land als Träger von Reformen sehr notwendig sind. Das Unternehmen Entwicklung muß in einem Rahmen von Solidarität bei gegenseitiger Abhängigkeit und von nationalem und internationalem Verantwortungsbewußtsein getragen sein.(32) Weder Träume noch Pessimismus können dabei helfen.
Das bedeutet in keiner Weise, man müsse irgendetwas nachäffen. Die sogenannten entwickelten Länder mit der Zerstörung ihrer sozialen und familiären Werte, dem Druck der Werbung, der Umweltverschmutzung, Kriminalität, Selbstmorde, Sucht, dem besonderen Charakter der Arbeitslosigkeit, der Unsicherheit der Atomwirtschaft usw. sind keine Modelle von Entwicklung mehr, die man kritiklos imitieren muß.(33)

L'indépendance n'est pas à réduire au seul secteur économique, mais à comprendre dans le sens large de souveraineté dans nos rapports avec l'extérieur. Elle n'est non plus pas à confondre avec cette stratégie dite de la dissociation qui déconseille toute intensification des échanges commerciaux, sous prétexte que ceux-ci profitent seulement au capitalisme périphère et constituent ainsi une atteinte aux droits inaliénables dont dispose chaque pays de jouir à sa guise de ses ressources et richesses.(31)
Que répondrait ce partisan de la dissociation à l'une de ces questions pertinentes d'un compatriote pragmatique qui voudrait savoir pourquoi tant de tam-tam sur la question pour ou contre l'embargo envers l'Afrique du Sud, alors qu'on veut lui faire facilement croire que la dissociation est positive pour un développement endogène d'un pays comme le Rwanda?

La stratégie de la dissociation relève de la pure abstraction des théoriciens idéologiques; elle est par-dessus tout pessimiste en ce qui concerne l'appréciation des cadres de nos pays. Elle les traite tous de" ponts de liaison" servant à l'extension de l'impérialisme et disqualifie ainsi d'office ceux-mêmes qui sont sensés êtres les opérateurs des réformes très nécessaires dans nos pays. L'entreprise du développement est à mener dans un cadre de solidarité, d'interdépendance et de responsabilité nationale et internationale.(32) Ce ne sont ni les rêves, ni le pessimisme qui puissent aider.

Ceci n'implique aucune nécessité de "singer" qui que ce soit. Les pays dits "développés", avec la décomposition de leurs valeurs sociales et familiales, le stress de la publicité, la pollution de l'environnement, la criminalité, les suicides, la toxicomanie, le caractère particulier du chômage, l'insécurité d'une économie atomique,etc...,ne constituent plus de modèle d'un développement qu'il faut imiter sans critiques.(33)

Anstelle einer Schlußfolgerung

In unseren, zu Unrecht als weniger entwickelt bezeichneten Ländern gibt es Möglichkeiten und Chancen für Erfolg. In Rwanda sind Kräfte vorhanden, die das Vertrauen bestärken und den Willen haben, einen stabilen institutionellen Rahmen zu schaffen. Wir müssen uns dieses Vertrauen, das uns von einer zunehmenden Zahl an Partnern und Freunden entgegengebracht wird, immer wieder verdienen. Unsere Lebensfreude, unsere Würde und unsere traditionelle Philosophie "zuerst auf unsere eigenen Kräfte zu zählen" sind ebenfalls sichere und nützliche Bereicherungen, vorausgesetzt, daß wir immer Vertrauen in uns selbst haben.
Der Besucher, der in Bayern ankommt, ist überrascht über die Treue, die seine Bewohner gegenüber der lokalen Tradition haben. Dieses Festhalten an der Tradition hat das Bundesland nicht gehindert, einen sehr hohen Lebensstandard zu erreichen. Zu Beginn des Entwicklungsprozesses im 18. Jahrhundert fand man verbreitet über das gesamte Gebiet ein breitgefächertes Handwerk. Bei diesem Prozeß spielten die unabhängigen und selbständigen Handwerker die wichtigste Rolle.
Unterstützt wurden sie durch Besitzer kleiner Zulieferbetriebe oder von Verkaufsstellen. Diese standen in vertikaler und horizontaler Verbindung mit den Handwerkern. Gleichzeitig hat die Tradition die wichtige Rolle eines Energiekatalysators übernommen. (34)
In diesem Zusammenhang und um zu schließen, wollen wir den Vorschlag des Zentrums zur Förderung der industriellen Entwicklung (CDI) vorstellen, der sich auf die Organisation eines "Entwicklungsbetriebes" bezieht. (35) Das Konzept, das hier wiedergegeben wird, ist all jenen gewidmet, die in irgendeiner Form in der einen oder anderen Kooperative oder in einem kollektiven oder privaten Betrieb wie KIAKA engagiert sind.
Das Zentrum für industrielle Entwicklung fordert die Unterstützung kleiner Betriebe durch eine Gesamtheit von "integrierten Satelliten" der Produktion, des Verkaufs, der Serviceleistungen, der Reparatur. Diese Satelliten werden wiederum durch eine Zentralstelle für Ingenieurwesen, Planung und Verwaltung, Fortbil-

En guise de conclusion

Dans nos pays qualifiés à tort de "moins avancés", il y a des potentiels et facteurs de succès. Au Rwanda, c'est la présence d'un pouvoir qui inspire la confiance et dont la volonté de mettre en place un cadre institutionnel solide est visible. Nous devons constamment mériter cette confiance manifestée envers nous par un nombre sans cesse croîssant de partenaires et amis. La joie que nous avons de vivre, notre dignité et notre philosophie traditionnelle de "compter d'abord sur nos propres forces" sont également des enrichissements certains et utiles, pourvu que nous ayions constament confiance en nous-mêmes.
Le visiteur qui arrive en Bavière est frappé par la fidélité de ses habitants à la tradition locale. Ceci n'a pas empêché ce pays d'atteindre un standard de vie très élevé. Oui, un artisanat diversifié, dense et éparpillé ici et là sur l'ensemble du territoire fut au départ du processus de développement de la Bavière commencé au XVIII ème siècle. Les groupes de personnes qui ont joué le rôle important étaient des artisans indépendants et autonomes, secondés par des détenteurs de petites entreprises d'approvisionnement et de vente, en liaison verticale et horizontale avec les artisanats. Mais parallèlement, la tradition a joué le rôle important de catalysateur d'énergie.(34)

Dans ce même cadre et pour finir, mentionnons la proposition du Centre pour le Développement Industriel (CDI) relative à l'organisation de ce qu'il appelle "l'entreprise de développement".(35) En reproduisant ce concept ci-dessus, il est dédié à tous ceux qui sont engagés ici et là dans l'une ou l'autre coopérative ou entreprise collective ou privée du même genre que KIAKA.

Dans l'esprit du CDI il faut souhaiter le soutien de ces petites entreprises par un ensemble d'unités "satellites intégrées" de productions, de ventes, de services et de réparation, secondées elles-mêmes par une unité centrale d'ingénierie, de planification, de

dung und Herstellung betreut. Nur so werden all die zahlreichen Theorien über Entwicklung verständlich, die nur deswegen so schwierig erscheinen, da der nationale und internationale Rahmen nicht erlaubt, deren Tragweite zu verstehen.

Einige der Kriterien, die unter der metaphorischen Bezeichnung des "magischen Fünfecks" dargestellt wurden, können als Bezugspunkte in diesem mit vielen Fallen ausgestatteten Labyrinth gelten. Ein anderes wichtiges Entwicklungspotential sind paradoxerweise die 90 % der Bevölkerung im ländlichen Raum in Rwanda. Ich kenne ihre tiefverwurzelte Weisheit, ihren natürlichen Instinkt für all das,was den Respekt der sozio-ethischen Werte betrifft, aber auch ihre Dynamik. Es sei hier A. de Saint-Exupéry zitiert, der sagt, daß es den Bauern immer möglich ist oder sie in die Lage versetzt werden, daß sie für jeden Schlag, den sie mit der Hacke tun, den Sinn kennen.(36)

Übersetzung: Hildegard Schürings

PRINCIPE DE L'ENTREPRISE DE DEVELOPPEMENT

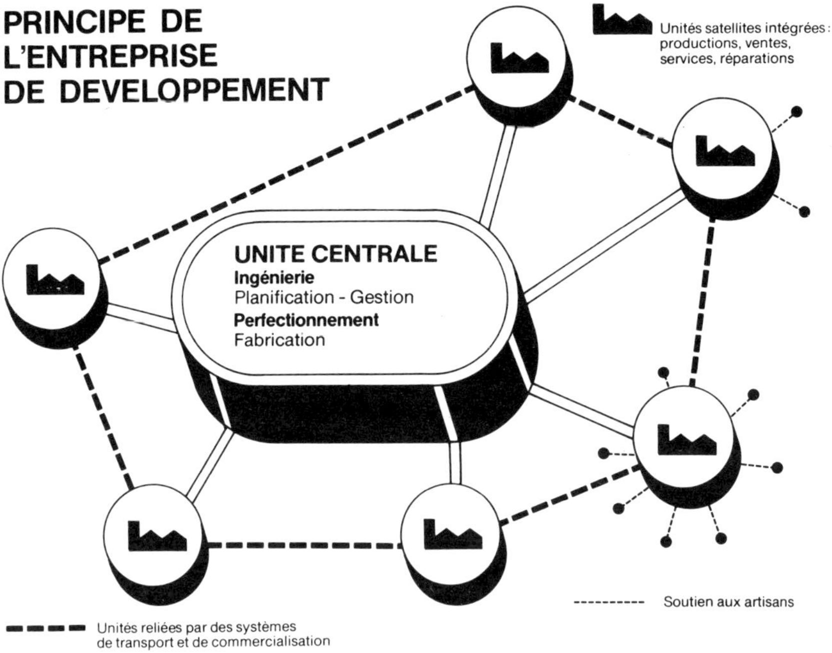

gestion, de perfectionnement et de fabrication. Alors, ils pourront comprendre ce que signifient concrètement toutes ces nombreuses théories sur le développement, qui ne leur sont compliquées que parce que le cadre national et international ne leur permet pas d'en saisir concrètement la portée.

Les quelques critères présentés sous la dénomination métaphorique "de pentagone magique" pourraient peut-être servir de référence dans ce labyrinthe plein d'embûches! Un autre potentiel important au Rwanda, c'est paradoxalement les 90% de la population rurale. Je connais leur sagesse profonde, leur instinct naturel pour tout ce qui concerne le respect des valeurs socio-éthiques, mais aussi leur dynamisme. Il suffit, pour paraphraser A. de Saint-Exupéry, qu'ils soient disposés et ou mis dans les conditions de toujours "connaître un sens" à tout leur "coup de pioche."(36)

Annotations - Anmerkungen

1) Heimo, M.: Le processus du développement une conception en mutation. In: Revue économique et sociale, No 1, Lausanne 1982, p. 143.

2) Timmermann, V.: Entwicklungstheorie und Entwicklungspolitik, Göttingen 1982, S. 130 ff.

3) Nohlen, D./Nuscheler, F.: Lexikon Dritte Welt. Baden-Baden 1984

4) Bunzenthal, R.: Weltbank und ländliche Entwicklung. In: Ländliche Entwicklung und gemeinsames Lernen. Schürings,H. (Hrsg.), Frankfurt/M. 1986

5) Nurkse, R.: Problems of capital formation in underdeveloped countries. New York 1953, p. 4

6) Kumar, B.: Die multilaterale Unternehmung und das Grundbedürfniskonzept. In: Entwicklungsländer als Handlungsfelder internationaler Unternehmungen. Pausenberger (Hrsg), Stuttgart 1982

7) cfr. Dialogue et le Coopérateur (coéd.): Débat, développement endogène, pour ou contre? Kigali 1981

8) Statistisches Bundesamt: Länderbericht Rwanda. Wiesbaden 1985 p. 72.
Journal Officiel de la République Rwandaise: III ème Plan de Développement Social, Economique et Culturel 1982-1986. Kigali 1982, p. 82 - 86.

9) Habyarimana, J.: Le libéralisme planifié. In: Dialogue N° 8, Kigali 1981, p. 2.

10) Godding, J.P.: Kanama: Artisanat Rural. In: Dialogue N° 110, Kigali 1985, p. 4 .

11) Nohlen,D./Nuscheler F. (Hrsg.): Was heißt Entwicklung?. In: Handbuch der Dritten Welt, Bd.1, Hamburg 1982, p. 48

12) Haq, M.U.C, zit. nach Nohlen D./Nuscheler F. (Hrsg.), op. cit., p. 57.

13) Banque Nationale du Rwanda: Bulletin n° 11, Kigali 1984, p. 113 - 141.

14) PNUD (Ed.): Rapport annuel pour 1983 sur l'Assistance au Développement. Kigali 1984, p. 7.

15) Délégation de la CEE en République Rwandaise: La coopération entre l'Europe communautaire et la République Rwandaise.
Rapport d'activités 1984, p. 67.

16) cfr. Ngirabacu, H.: Industrialisation du Rwanda, tâche facile? In: Dialogue, N° 109, Kigali 1985, p. 18.

17) Godding, J.P.: op. cit., p. 6-7.

18) Ngirira, M.: Panorama de l'industrie rwandaise en 1984. In: Dialogue N° 109, Kigali 1985, p. 5.
19) Le courrier N° 98: CDI - Possibilités de coopération industrielle, Bruxelles 1986
20) Senghaas, D.: Autozentrierte Entwicklung. In: Was heißt Entwicklung? op. cit.,p. 359.
21) Nohlen/Nuscheler,: Was heißt Entwicklung? op. cit., p. 58.
22) Neuhoff, H-P.: Der arbeitsorientierte Entwicklungsweg.... In: Nohlen/ Nuscheler, op. cit., p. 211.
23) Ministère du Plan: Evaluation 1982-1984. Kigali 1985
24) Brandt, W.: Der organisierte Wahnsinn. Köln 1985
25) Ambassade du Rwanda à Bonn: Bulletin Mensuel. Bonn 1986. p. 58.
26) MRND: Manifeste et Statuts. Kigali 1981, p. 89.
27) Nohlen/Nuscheler: Was heißt Entwicklung?, op. cit., p. 62.
28) Handbuch für Internationale Zusammenarbeit. August 1983
29) Koch, A.S.: Entwicklungshilfe und Folgekosten. In: Entwicklung und Zusammenarbeit, 2/1985, p. 14.
30) Ministère du Plan, op. cit.
31) Nohlen/Nuscheler: op. cit., p. 66.
32) Warnke J.: Zwischen Humanität und Ökonomie. In: Entwicklung und Zusammenarbeit, op. cit., p. 31.
33) Seers, D.: Was wollen wir messen? In: Nohlen/Nuscheler (Hrsg): Handbuch der Dritten Welt. Hamburg 1974, p. 222-238.
34) Schremmer, E.: Das 18. Jahrhundert, das Kontinuitätsproblem und die Geschichte der Industrialisierung: Erfahrung für die Entwicklungsländer? In: Zeitschrift für Agrargeschichte und Agrarsoziologie, 29. Jahrgang, H. 1, 1981, p. 58 - 78.
35) Mosgard, J.: Entreprise d'industrialisation ou de développement, Le courrier N° 88, Bruxelles 1984, p. 55.
36) Saint-Exupéry, A.: Terres des Hommes.

Wer ist unwissend?   Du bist unwissend!!!

ANHANG - ANNEXE

DIE AUTOR(INN)EN - LES AUTEURS

JEAN-DAMASCENE BIZIMANA, geb.1953 in Butaro, Rwanda, 1976 - 79 im Ministerium für öffentliche Arbeiten, Kigali, beschäftigt, 1980 - 86 Ingenieurstudium (Bauwesen) an der Fachhochschule in Köln. Ende 1986 Rückkehr nach Rwanda als Diplomingenieur, z.Z. im Ministerium für öffentliche Arbeiten,Kigali, beschäftigt.
JEAN-DAMASCENE BIZIMANA, né en 1953 à Butaro, Rwanda. De 1976 - 79 employé au Ministère des Travaux Publics à Kigali. De 1980 - 86 études d'ingénieur (construction) à l'école supérieure de Cologne, RFA. Fin 1986 retour au Rwanda, employé au Ministère des Travaux Publics à Kigali.

JEAN-NEPOMUSCENE GAHURURU, geb. 1954 in Ruhondo, Rwanda, Primarschule in Rwaza, Sekundarschule in Byumba, Ausbildung zum und Tätigkeit als Primarschullehrer, Generalsekretär des Roten Kreuzes, Rwanda; 1979-86 Studium der Betriebswirtschaft an der Fachhochschule Köln; 1986 Praktikum bei der Hoechst AG, Frankfurt, Ende 1986 Rückkehr nach Rwanda.
JEAN-NEPOMUSCENE GAHURURU, né en 1954 à Ruhondo, Rwanda. Ecole primaire à Rwaza, Ecole normale moyenne à Byumba; enseignant dans une école primaire, Secrétaire générale de la Croix Rouge Rwandaise. De 1979-86, études d'économie d'entreprise à l'école supérieure de Cologne, RFA. 1986 stage à la Hoechst AG, Frankfurt, RFA. Fin 1986 retour au Rwanda.

MARIA GRILL, geb. 1951 in Giebelstadt, Würzburg, arbeitete als Krankenschwester in Marburg, 1971-76 in Zürich (Schweiz), 1977-78 in Wellington (Neuseeland) und 1978-79 in Würzburg. 1980-83 als Entwicklungshelferin im ländlichen Gesundheitszentrum Kibayi, Rwanda, tätig; lebt und arbeitet seit 1984 in Bonn.
MARIA GRILL, née en 1951 à Giebelstadt, Würzburg, RFA; étant infirmière, elle à travaillé à Marburg, de 1971-76 à Zürich (Suisse), de 1977-78 à Wellington (Nouvelle Zélande) et de 1978-79 à Würzburg. De 1980-83, volontaire au Centre de Santé à Kibayi, Rwanda; depuis 1984, elle vit et travaille à Bonn.

GUDRUN HONKE, geb. 1946, verheiratet, 1 Kind, Literaturwissenschaftlerin, M.A. Nach Studium am Bibliothekar-Lehrinstitut in Köln und mehrjähriger Tätigkeit als Diplom-Bibliothekarin 1973 - 79 Studium der Literaturwissenschaft und Soziologie, bis 1983 wissenschaftliche Mitarbeiterin an der Universität Bielefeld. Lebt seit 1983 in Kigali, organisierte dort zusammen mit Otto Honke, Ferdinand Nahimana und Damien Rwegera eine Fotoausstellung über Rwanda während der deutschen Kolonialzeit (Katalog erscheint voraussichtlich Ende 1987). Ihr zweites Arbeitsgebiet sind Frauen in der Frühen Neuzeit. Veröffentlichungen dazu in:Schwestern berühmter Männer. Frankfurt 1985 und Töchter berühmter Männer.Frankfurt 1987.
GUDRUN HONKE, née en 1946 à Bochum, RFA. Après avoir été formée et exercé sa profession de bibliothécaire diplômée de 1966 - 73, études en Lettres et Sociologie à l'Université de Bielefeld, Maître ès Lettres, assistante à la même Université der 1979 - 83. Mariée et mère d'un enfant, elle vit à Kigali depuis 1983. C'est là qu'elle a organisé en 1985 avec Otto Honke, Ferdinand Nahimana et Damien Rwegera une exposition-photo sur la période allemande de l'histoire du Rwanda. (Le livre-album de cette exposition paraîtra à la fin de 1987). Elle mène aussi depuis longtemps des travaux scientifiques sur la vie des femmes aux 16e et 17e siècles. Les résultats de ces travaux ont été publiés dans "Schwestern berühmter Männer", Frankfurt 1985, et "Töchter berühmter Männer", Frankfurt 1987.

ALPHONSE MURERAMANZI, geb. 1960 in Huye, Rwanda, 1967 - 74 Besuch der Primarschule, 1975-77 Orientierungstufe (tronc commun) in Save, 1977-79 Sekundarschule (section pédagogique) in Runyombyi; 1979-82 Lehrer an einer Primarschule, 1982-86 Leiter des Zentrums für integrierte ländlich-handwerkliche Ausbildung (CERAI) in Sovu, Butare; seit Ende 1986 verantwortlich für die Primar- und CERAI-Schulen des Schulbezirks der Gemeinden Huye und Ngoma.
ALPHONSE MURERAMANZI, né en 1960 à Huye, Rwanda. De 1967-74 Ecole Primaire, de 1975-77 Tronc commun à Save, de 1977-79 Section pédagogique à Runyombyi. De 1979-82 enseignant à l'école primaire, de 1982-86 Directeur du Centre rural et artisanal intégré (CERAI) de Sovu, Butare; depuis 1986, Inspecteur de secteur scolaire (écoles primaires et CERAI) englobant les communes Huye et Ngoma, Butare.

VALENS NDOREYAHO, geb. 1946 in Kanembe, Rwanda, verheiratet, drei Kinder. Nach Besuch des altsprachlichen Gymnasiums in Bujumbura, Burundi und Bukavu, Zaire Studium der Landwirtschaft (1968-73) und Promotion (1978) an der Universität Bonn. Von 1976-78 Mitarbeiter im Forschungsprojekt "Agrotherm" der Landwirtschaftskammer Rheinland. Seit 1979 Professor an der Université Nationale du Rwanda, Teilnahme an nationalen und internationalen Tagungen zur Bodenkunde und Pflanzenernährung sowie als Berater für Weltbank und US-Agency for International Development in Rwanda tätig.

VALENS NDOREYAHO, né en 1946 à Kanembe, Rwanda, marié, trois enfants. Après les Humanités Anciennes (gréco-latines) à Bujumbura, Burundi et Bukavu, Zaïre, études d'ingénieur agronome (1968-73) et doctorales en Agronomie (1973-78) à l'Université de Bonn, RFA. De 1976-78, participation au projet de recherche "Agrotherm" de la Chambre d'Agriculture de Rhénanie. Depuis 1979, Professeur à l'Université Nationale du Rwanda. Participation à plusieurs séminaires et colloques aussi bien nationaux qu'internationaux dans les domaines de Pédologie et Nutrition végétale, Consultance pour la Banque Mondiale et l'Agence Internationale de Développement des Etats Unis au Rwanda.

PETER PIECK, geb. 1953 in Ibbenbüren/Westf., 1972-78 Studium der Soziologie in Frankfurt, Teilnahme an einem medizinsoziologischen Forschungsprojekt in Kamerun (1978), 1979-81 als Entwicklungshelfer in der Stadtplanungsabteilung des Mininsteriums für Öffentliche Arbeiten in Kigali, Rwanda. Seit 1982 als Lehrer für Soziologie an einer Schule für Sozialarbeit (Ecole Sociale de Karubanda) in Butare, Rwanda, tätig.

PETER PIECK, né en 1953 à Ibbenbüren, RFA. De 1972-78 études universitaires à Frankfurt en sociologie, 1978 participation à un projet de recherche en sociologie médicale au Cameroun; 1979-81 collaboration au Service de l'Urbanisme au Ministère des Travaux Publics à Kigali. Depuis 1982, enseignant de sociologie à l'Ecole Sociale de Karubanda à Butare, Rwanda, dans le cadre de la formation d'assistantes sociales.

DAMIEN RWEGERA, geb. 1945 in Kigoma, Rwanda, verheiratet, ein Kind. Nach dem humanistischen Gymnasium in Rwanda Studium in Paris und Straßburg, Staatsexamen in katholischer Theologie und Neuphilologie, Magister der Ethnologie, Mitverfasser von "Mariages en Afrique sub-saharienne", "Théologie africaine" und "Construire en Terre". Z.Z. Professor an der Université Nationale du Rwanda, arbeitet mit

Grundrun und Otto Honke sowie Ferdinand Nahimana über die Geschichte Rwandas während der deutschen Kolonialzeit. Außerdem ist er auch ein Mann des Theaters: in Frankreich war er Schauspieler, in Rwanda hat er bei drei Theaterinszenierungen Regie geführt.
DAMIEN RWEGERA, né en 1945 à Kigoma, Rwanda. Après les Humanités Générales, section gréco-latine au Rwanda, études universitaires à Paris et à Strasbourg, licencié en Théologie Catholique et en Lettres Modernes, Maîtrise ès Lettres, spécialité Ethnologie. Marié et père d'un enfant. Professeur à l'Université Nationale du Rwanda, il est co-auteur de trois publications sur "Mariages en Afrique sub-saharienne", "Théologie africaine", "Construire en Terre". Il poursuit avec Gudrun et Otto Honke ainsi que Nahimana Ferdinand des recherches sur la période allemande de l'histoire du Rwanda. Enfin il est un homme de théâtre, qui a été acteur en France et metteur en scène de trois pièces de théâtre au Rwanda.

ULRICH SCHÄFER, geb. 1949 in Frankfurt/M., Bautechniker, arbeitete von 1981 - 83 als Entwicklungshelfer in der Gemeinde Nyakabuye (siehe dazu: Trinkwasser in Nyakabuye. In: DED-Brief 2/1985).
ULRICH SCHÄFER, né en 1949 à Frankfurt/M., étant technicien du bâtiment, de 1981 - 83, il a travaillé comme volontaire dans la Commune de Nyakabuye (voir aussi: Trinkwasser in Nyakabuye. In: DED-Brief 2/1985).

HILDEGARD SCHÜRINGS, geb. 1948, Dipl.-Pädagogin, 1971-72 Lehrtätigkeit an einer Realschule,1973-78 wissenschaftliche Mitarbeiterin am Deutschen Institut für Fernstudien an der Universität Tübingen (DIFF), Mitarbeit an der Entwicklung von Fernstudienlehrgängen für die Lehrerfort- und -weiterbildung. 1978-79 als Entwicklungshelferin in der Internatsleitung der Mädchensekundarschule"Lycée Notre Dame d'Afrique" Nyundo, Rwanda, tätig; 1979 -82 verantwortlich für Aufbau und Leitung der ländlichen Zentren für Präventivmedizin Ruheru und Kibayi; seit 1984 wissenschaftliche Mitarbeiterin an der Universität Frankfurt, "Pädagogik: Dritte Welt".
HILDEGARD SCHÜRINGS, née en 1948, de 1967-72, études de Sciences de l'Education à Münster; de 1971-72, enseignante dans une école secondaire; 1973-78 chargée de recherches à l'Institut Allemand d'Enseignement à distance à l'Université de Tübingen, élaboration des cours de perfectionnement pour les enseignants. De 1978-79, travail à l'internat du "Lycée Notre Dame d'Afrique", Nyundo, Rwanda; de 1979-82 responsable des Centres Nutritionnels Ruheru et Kibayi, Rwanda; depuis 1984, chargée de recherches à l'Université de Frankfurt "Education: Tiers monde".

Die Fotograph(inn)en - Les Photographes

J. Casas (Joc Kigali, S.133)
Jan Czekanowski, 1917, Repro: Gudrun Honke (S.19,23,45)
Helmut Görgen (S.325)
Maria Grill (S.271, 289,299,312,316)
Franz Hangauer (S.169)
Hans Mühle (S.351)
M. Louise Nyirampakaniye (S.246)
Msgr. Patrick (S.398)
Sigrid Patzke (S.147)
Peter Pieck (S.193)
Jürgen Preiss (S.173,180 unt.,192)
Ulrich Schäfer (S.323,355,376)
Hildegard Schürings(Titel,S.95,97, 147 ob.,180 ob.,209,217,313,391)
Henner Voß (S.382)
Helmut Weigt (S.162,163)
Weltladen Eupen, Belgien (S.397,415)

Kolonie und Heimat, Jhrg. 1913, Repro: G.Honke:(S.17)

Eglise catholique au Rwanda, Photos historiques 1900-1975, Kabgayi (S.63, 79,83,84)

Farbfotos in der Reihenfolge der Wiedergabe/Photos en couleur suivant leur présentation: M.Grill(4), H.Schürings(2), M.Raschdorff(1) R.Wagner(1), R.Abelt(1), H. Schürings(1)

Afrika-Karte/Carte de l'Afrique: "The Africa Review", World of information, Sussex, United Kingdom 1987 (S.13)

Die Karte der Verwaltungsstruktur Rwandas von 1986 wurde mit freundlicher Genehmigung des Service de Carthographie, Ministère des Travaux Publics, Kigali, reproduziert.
La carte administrative du Rwanda 1986 est reproduite avec la permission du Service de Carthographie, Ministère des Travaux Publics, Kigali (S.14)

Ministère de l'Agriculture, de l'Elevage et des Forêts, Kigali: Résultats de l'Enquête Nationale Agricole 1984, Vol. I: Carte des régions agricoles du Rwanda (S.109)
MINAGRI, a.a.O,, Tab. 1.1.1 B: Tabelle/Tableau (S.141)

Principaux Sigles / Wichtigste Abkürzungen

ACP: Pays d'Afrique, Caraïbes et Pacifiques
AID: voir US-AID
ASPAR: Association pour la Promotion de l'Artisanat Rwandais
BRD: Banque Rwandaise de Développement
BUFMAR: Bureau des Formations Médicales Agréées du Rwanda
CCDFP: Centre Communal de Développement et de Formation Permanente
CDI: Centre pour le Développement Industriel
CEE: Communauté Economique Européenne
CERAI: Centre d'Enseignement Rural et Artisanal Intégré
C.R.S.: Catholic Relief Service
CTA: Coopération Technique Allemande
DED: Deutscher Entwicklungsdienst GmbH
EG: Europäische Gemeinschaft
FAO: Food and Agriculture Organization
Frw: Franc rwandais
GTZ: Deutsche Gesellschaft für Technische Zusammenarbeit
IDA: International Development Association
ILO: International Labour Organization
ISAR: Institut des Sciences Agronomiques du Rwanda
KIAKA: Koperative Ihuza Abanyabukolikoli b'i Kanama
Konfigi: Coopérative des Cultivateurs de Fruits et de Fabrication des Confitures à Gihindamuyaga
MINAGRI: Ministère de l'Agriculture, de l'Elevage et des Forêts
MINEPRISEC: Ministère de l'Enseignement Primaire et Secondaire
MINISAPASO: Ministère de la Santé Publique et des Affaires Sociales
MINSUPRES: Ministère de l'Enseigement Supérieur et de de Recherches Scientifiques
MRND: Mouvement Révolutionnaire National pour le Développement
OCIR: Office des Cultures Industrielles au Rwanda

OECD: Organisation for Economic Co-operation and Development

OMS: Organisation Mondiale de la Santé

ONAPO: Office National de la Population

ONG: Organisation Non-Gouvernementale

OPHAR: Office Pharmaceutique du Rwanda

OPROVIA: Office National pour le Développement et la Commercialisation des Produits Vivriers et des Produits Animaux

OVIBAR: Office de Valoriation Industrielle des Bananeraies du Rwanda

OXFAM: Oxford Famine Relief

PARMEHUTU: Parti du Mouvement de l'Emancipation Hutu

PIB: Produit Intérieur Brut

PMI: Protection Maternelle et Infantile

PNAP: Projet National d'Amélioration de la Pomme de Terre

PNB: Produit National Brut

PNUD: Programme des Nations Unies pour le Dévelopement

SOMIRWA: Société des Mines au Rwanda

Sonafruits: Société Nationale des Fruits

SORWATOM: Société Rwandaise des Tomates

S.V.A.: Service de Volontaires Allemands

UN: United Nations

UNICEF: United Nations Children's Fund

US-AID: United States Agency for International Development

WHO: World Health Organisation

EINIGE STATISTISCHE ANGABEN
QUELQUES DONNEES STATISTIQUES

Staatsname/Dénomination de l'Etat:
République Rwandaise / Republik Ruanda

Staatsgründung-Unabhängigkeit/Fondation de l'Etat-Indépendance:
Unabhängig seit dem 1. Juli 1962
Indépendant depuis le 1 juillet 1962

Verfassung/Constitution: neue Verfassung vom Dezember 1978/Nouvelle constitution de décembre 1978

Staats- und Regierungsform/Le système d'Etat et de Gouvernement: Präsidiale Republik seit 1962;
Zweite Republik seit dem Staatsstreich vom Juli 1973
Système présidentiel depuis 1962; 2ème République depuis le coup d'Etat de juillet 1973.

Staatsoberhaupt und Regierungschef/Le Chef d'Etat et du Gouvernement:
Staatspräsident Generalmajor Juvénal Habyarimana (seit Juli 1973, zugleich Oberbefehlshaber der Streitkräfte; Amtszeit 5 Jahre)
Président Général-Major Juvénal Habyarimana (depuis juillet 1973, en même temps Chef de d'Etat Major de l'armée; un mandat de 5 ans).

Volksvertretung-Legislative/Le Pouvoir législatif:
Nationalversammlung seit 1973 aufgelöst; 1978 ersetzt durch den Nationalen Entwicklungsrat.
L'Assemblée Nationale fut dissoute en 1973 et remplacée en 1978 par le Conseil National de Développement.

Staatspartei ist die 1975 neugegründete 'Nationale Revolutionäre Bewegung für Entwicklung' = MRND,
Le parti étatique est le 'Mouvement Révolutionnaire National pour le Développement' = MRND, fondé en 1975

Verwaltungsgliederung/Structure administrative:
10 Präfekturen/Préfectures, 143 Gemeinden/Communes

Internationale Mitgliedschaften/Membre des organisations internationales:
Vereinte Nationen und UN-Sonderorganisationen /Nations Unies et leurs commissions spéciales, Organisation für afrikanische Einheit = OUA Organisation de l'Unité Africaine = OUA, Wirtschaftsgemeinschaft der Länder der Großen Seen = CEPGL/Communauté Economique des Pays des Grands Lacs = CEPGL, Organisation für die Nutzung und Entwicklung des Kagera-Beckens = OBK/Organisation pour l'Aménagement et le Développement du Bassin de la Kagera = OBK, assoziiert mit dem Allgmeinen Zoll- und Handelsabkommen = GATT/associé à la convention générale sur tarifs et commerce = GATT und der Europäischen Gemeinschaft = EG /et à la Communauté Economique Européenne = CEE.

Zugehörigkeit zu internationalen Entwicklungsländerkategorien/Appartenance aux catégories internationales des pays en voie de développement:
MSAC (Most Seriously Affected Countries)
LLDC (Least Developed Countries)

Währung/Unité monétaire: rwandischer Franc/ Franc rwandais = Frw.
Umrechnugskurs/cours d'échange: 1 DM = 43,58 Frw, 100 Frw = 2,29 DM; 1 US $ = 77,73 Frw; 100 BFr = 210,04 Frw; 1 FF = 13,06 Frw; 1 SFR = 53,04 Frw, (18.5.1987, Banque Nationale du Rwanda)

Grundlegende Kennzahlen/Indicateurs de base

	Bevölkerung /Population (in Mio.) Mitte/Milieu 1985	Fläche Superficie (in 1000 km²)	BSP pro Kopf/ PNB p.habitant in $ 1985	BSP pro Kopf/ PNB p.habitant Durchschnittl. jährl.Zuwachs Croissance annuelle moy. 1965-85 (%)	Durchschnittl. jährl. Inflationsrate/ Taux annuel moyen d'inflation (%) 1965-80	Durchschnittl. jährl. Inflationsrate/ Taux annuel moyen d'inflation (%) 1980-85	Lebenserwartung bei d.Geburt/ Espérance de vie à la naissance 1985
Länder m.niedr.Eink./ Pays à faible revenu	2.439,4	32.547	270	2,9	4,5	7,5	60
China, Indien	1.805,5	12.849	290	3,5	2,7	4,4	63
Übrige Länder/Autres pays	633,9	19.698	200	0,4	11,4	18,9	52
Afrika Sub-Sahara	418,0	21.874	400	1,0	12,7	16,7	50
1 Äthiopien	42,3	1.222	110	0,2	3,3	2,6	45
2 Bangladesch	100,6	144	150	0,4	14,9	11,5	51
3 Burkina Faso	7,9	274	150	1,3	6,5	7,2	45
4 Mali	7,5	1.240	150	1,4	..	7,4	46
5 Bhutan	1,2	47	160	..	..	..	44
6 Mosambik	13,8	802	160	..	..	25,8	47
7 Nepal	16,5	141	160	0,1	7,8	8,4	47
8 Malawi	7,0	118	170	1,5	7,3	11,4	45
9 Zaire	30,6	2.345	170	-2,1	24,5	55,3	51
10 Burma	36,9	677	190	2,4	8,7	2,6	59
11 Burundi	4,7	28	230	1,9	8,4	6,6	48
12 Togo	3,0	57	230	0,3	7,1	6,9	51
13 Madagaskar	10,2	587	240	-1,9	7,7	19,4	52
14 Niger	6,4	1.267	250	-2,1	7,5	8,5	44
15 Benin	4,0	113	260	0,2	7,4	9,7	49
16 Zentralafrikanische Rep.	2,6	623	260	-0,2	8,4	10,8	49
17 Indien	765,1	3.288	270	1,7	7,4	7,8	56

18 Rwanda	**6,0**	**26**	**280**	**1,8**	**12,5**	**7,6**	**48**
19 Somalia	5,4	638	280	-0,7	10,1	45,4	46
20 Kenya	20,4	583	290	1,9	7,3	10,0	54
21 Tanzania	22,2	945	290	(.)	9,6	19,6	52
22 Sudan	21,9	2.506	300	(.)	11,5	31,7	48
23 China	1.040,3	9.561	310	4,8	(.)	2,4	69
24 Haiti	5,9	28	310	0,7	7,3	7,0	54
25 Guinea	6,2	246	320	0,8	2,8	8,3	40
26 Sierra Leone	3,7	72	350	1.1	7,8	25,0	40
27 Senegal	6,6	196	370	-0,6	6,5	9,7	47
28 Ghana	12,7	239	380	-2,2	22,8	57,0	53
29 Pakistan	96,2	804	380	2,6	10,2	8,1	51
30 Sri Lanka	15,8	66	380	2,9	9,5	14,7	70
31 Sambia	6,7	753	390	-1,6	6,4	14,7	52
32 Afghanistan	..	648	..	..	4,9	..	..
33 Tachad	5,0	1.284	..	-2,3	6,2	..	45
34 Kamputschea	..	181	..	..	..	..	..
35 Laos	3,6	237	..	..	..	..	45
36 Uganda	14,7	236	..	-2,6	23,8	..	49
37 Vietnam	61,7	330	..	..	..	..	65

	Länder m. niedr.Eink./ Pays à faible revenu	China, Indien	Übrige Länder/ Autres pays	Afrika Sub-Sahara	Rwanda
Landwirtschaft u. Ernährung /Agriculture et alimentation					
Getreideeinfuhr/Importations de céréales (in 1000 t)					
1974	24.110	15.101	9.009	3.921	3
1985	21.674	10.403	11.271	10.205	24
Nahrungsmittelhilfe (Getreide)/Aide alimentaire (céréales) (in 1000 t)					
1974/75	5.656	1.582	4.074	910	19
1984/85	7.282	566	6.716	4.812	36
Düngemittelverbrauch (100 g Pflanzennährstoffe/ha Anbaufläche)/ Consommation d'engrais (100 g nutritifs par ha de terre arable)					
1970	177	230	78	32	3
1984	657	923	197	70	7
Durchschnittl. Indexwert d. Nahrungsmittelprod. pro Kopf/ Indice moyen de production alimentaire par habitant (1979-81 = 100) 1983-85	120	123	112	107	106
Wertschöpfung in der Landwirtschaft/Valeur ajoutée dans l'agriculture (in Mio. $ 1980)					
1970					295
1985					614
Wachstum des Warenhandels/Croissance du commerce de marchandises					
Warenhandel/Commerce de marchandises (in Mio. $)					
Ausfuhr/Exportations 1985	52.704	37.587	15.117	31.861	75
Einfuhr/Importations 1985	82.554	57.134	25.420	28.004	235

Durchschnittliche jährliche Zuwachsrate/Taux annuel moyen de croissance (in %)					
Exporte/Exportations 1965-80	2.7	4.8	0.2	9.6	5.9
1980-85	5.0	7.6	0.1	5.0	0.9
Importe/Importations 1965-80	2.4	4.5	0.3	9.8	7.3
1980-85	7.3	12.1	- 0.5	9.4	2.1
Terms of Trade/Termes de l'échange (1980 = 100)					
1983	93	105	93	95	91
1985	94	107	94	94	102
Öffentliche Auslandsschulden und Schuldendienstrelationen/ Dette publique extérieure et ratios du service de la dette					
Ausstehende und ausgezahlte öffentliche Auslandsschulden/ Encours de la dette publique extérieure (in Mio. $)					
1970	15.490	...	7.381	5.294	2
1985	92.997	33.670	59.327	62.984	324
(in % des BSP/en pourcentage du PNB)					
1970	17.1	...	19.7	14.2	0.9
1985	15.7	7.3	46.5	39.1	19.1
Zinszahlungen/Versements d'intérêts (in Mio. $)					
1970	398	...	202	163	(.)
1985	2.249	...	1.448	2.956	4
Schuldendienst in % von/Service de la dette en pourcentage BSP/du PNB					
1970	1.2	...	1.5	1.2	0.1
1985	1.0	0.5	2.9	4.8	0.9
Ausfuhr v. Waren u. Dienstleistungen/Exportations de biens et services					
1970	12.4	...	8.4	5.3	1.2
1985	7.9	3.7	18.4	21.5	4.3

Zahlungsbilanzen und Reserven/Balance des paiements et réserves: Rwanda	1970	1985
Leistungsbilanzsaldo/Balance des opérations courantes (in Mio. $)	7	-42
Zufließende Gastarb.überweis./Repatriement de fonds des travailleurs à l'étranger(in Mio. $)	1	1
Private Nettodirektinvestitionen/Investissement direct privé net (in Mio. $)	(.)	15
Bruttowährungsreserven/Réserves internationales brutes (in Mio. $)	8	113
(Einfuhrdeckung in Monaten/En mois d'importations)		3.9

Bruttoauslandsverbindlichkeiten/Obligations brut vis-à-vis de l'extérieur: Rwanda

Langfristige Auslandsschulden/Dette à long terme (in Mio. $)		
Öffentliche und öffentlich garantiert/Dette publique et à garantie publique	2	324
Private nicht garantiert/Dette privée non garanti	0	0
Ausstehende IWF-Kredite/Recours au crédit FMI (in Mio. $)	3	0
Kurzfristige Auslandsschulden/Dette à court terme (in Mio. $)	...	27
Gesamte Bruttoauslandsverbindlichkeiten/Total des obligations brutes (in Mio. $)	...	351

Zufluß von öffentlichem und privatem Auslandskapital/Flux de capitaux extérieurs aux secteurs public et privé: Rwanda (in Mio. $)

Bruttozufluß öffentl. und öffentl. garantiert/Entrées brutes publics et à garantie publique	(.)	64
Privat nicht garantiert/Emprunts privés non garantis	0	0
Tilgung/Remboursement du principal (in Mio. $)		
Öffentl. und öffentl. garantiert/Emprunts publics et à garantie publique	(.)	11
Privat nicht garantiert/Emprunts privés non garantis	0	0
Nettozufluß/Entrées nettes (in Mio.$)		
Öffentl. und öffentl. garantiert/Emprunts publics et à garantie publique	(.)	53
Privat nicht garantiert/Emprunts privés non garantis	0	0

	Länder m. niedr.Eink./ Pays à faible revenu	China, Indien	Übrige Länder/ Autres pays	Afrika Sub-Sahara	Rwanda
Einnahmen aus öffentlicher Entwicklungshilfe/ Aide publique au développement reçue					
Netto-Auszahlungen aus allen Quellen/Décaissement nets d'ADP de toutes origines (in Mio. $)					
1979	9.680	1.367	8.313	5.998	148
1980	11.775	2.213	9.563	6.919	155
1981	11.258	2.387	8.871	6.933	154
1982	11.375	2.069	9.306	7.103	151
1983	11.046	2.412	8.651	6.877	149
1984	11.243	2.340	8.903	7.140	165
1985	12.674	2.410	10.264	8.168	181
Pro Kopf in $/Dollars par habitant 1985	5.2	1.3	16.2	19.5	30.1
In % des BSP/En pourcentage du PNB 1985	2.1	0.5	7.8	0.5	10.7
Bevölkerungswachstum und -projektionen/Accroissement passé et projeté de la population					
Durchschnittl. jährl. Bevölkerungswachstum/Taux annuel moyen d'accroissement (in %)					
1965-1980	2.3	2.2	2.7	2.7	3.3
1980-1985	1.9	1.6	2.7	3.3	3.2
1985-2000	1.9	1.5	2.7	3.3	3.7
Bevölkerung in Mio./Population (millions d'habitants)					
1985	2.439	1.805	634	418	6
1990	2.662	1.959	730	491	7
2000	3.177	2.270	945	666	10

Hypothetischer Umfang der stationären Bevölkerung (in Mio.)/					
Population stationnaire hypothétique (millions d'habitants)					40
Voraussichtl. Jahr einer Netto-Reproduktionsrate von 1/					
Année où, par hypothèse, le taux net de reproduction atteindra 1					2040
Bevölkerungseigendynamik/Elan démographique 1985					1.8
Demographie und Fruchtbarkeit/Démographie et fécondité					
Unbereinigte Geburtenziffer (je 1000 Einw.)/Taux brut					
de natalité pour mille habitants					
1965	43	42	46	48	52
1985	29	24	43	48	52
Unbereinigte Sterbeziffer (je 1000 Einw.)/Taux					
brut de mortalité pour mille habitants					
1965	17	16	21	22	17
1985	10	9	15	17	19
%-Veränderungen der/Variation en pourcentage du:					
Unbereinigten Geburtenziff./taux brut de natalité (1965-85)	-35.0	-43.3	-8.3	-0.4	1.0
Unbereinigten Sterbeziff./taux brut de mortalité (1965-86)	-41.8	-46.4	-28.6	-24.8	8.1
Zusammengefaßte Geburtenziffer/Indice synthétique de					
fécondité 1985	3.9	3.2	5.9	6.7	8.0
2000	3.2	2.5	4.7	5.6	6.7
Prozentsatz der verheirateten Frauen im gebärfähigen Alter,					
die Empfängnisverhütung praktizieren/Pourcentage de femmes					
mariées utilisant des moyens de contraception, 1970					0
1984					1
Lebenserwartung/Espérance de vie					
bei der Geburt (in Jahren)/à la naissance (années)					
Männer/Hommes 1965	47	48	44	41	47
1985	60	63	51	49	46
Frauen/Femmes 1965	50	51	45	44	51
1985	61	64	53	53	49

	Länder m. niedr.Eink/ Pays à faible revenu	China, Indien	Übrige Länder/ Autres pays	Afrika Sub-Sahara	Rwanda
Säuglingssterblichkeitsziffer (unter 1 Jahr)/Taux de mortalité infantile (moins de 1 an) 1965	127	116	150	167	141
1985	72	58	112	104	127
Kindersterbeziffer (1-4 Jahre)/Taux de mortalité juvénile (enfants de 1 à 4 ans) 1965	19	16	27	32	35
1985	9	6	19	18	26
Gesundheitsbezogene Kennzahlen/Indicateurs relatifs à la santé					
Einwohner je Arzt/Nombre d'habitants par médecin 1965	8.390	4.230	26.110	36.570	72.330
1981	5.770	2.530	17.350	26.760	32.100
Einwohner je Beschäftigtem in der Krankenpflege/Nombre d'habitants par infirmier(ère) 1965	4.880	4.440	7.350	5.340	7.450
1981	3.880	2.890	7.620	2.570	10.260
Tägl. Kalorienangebot/Apport journalier de calories Pro Kopf insgesamt/Par habitant total 1985	2.339	2.428	2.073	2.024	1.919
Erziehungswesen/Education					
Anzahl der Grundschüler in % ihrer Altersgruppe/Nombre d'inscrits dans l'enseignement primaire en % du groupe d'âge					
Insgesamt/Total 1965	74	83	44	41	53
1984	97	106	70	77	62
Männlich/Garçons 1965	76	...	58	52	64
1984	109	119	77	87	64
Weiblich/Filles 1965	46	...	31	30	43
1984	84	93	59	68	60
Anzahl der Sekundarschüler in % ihrer Altersgruppe/ Nombre d'inscrits dans l'enseignement secondaire en % du groupe d'âge					
Insgesamt/Total 1965	21	25	9	2	2
1984	32	36	23	21	2

Männlich/Garçons 1965	29	41	13	6	3
1984	41	43	27	27	3
Weiblich/Filles 1965	10	13	4	3	1
1984	25	28	15	14	1
Anzahl der Besucher höherer Schulen u. Universitäten (% der Bevölkerung im Alter von 20-24 Jahren)/Nombre d'inscrits dans l'enseignement supérieur en % de la population agée de 20 à 24 ans 1965	4	5	1	1	(.)
1984	4	4	3	2	(.)
Erwerbspersonen/Population active					
Bevölkerung im arbeitsfähigen Alter/Population en âge de travailler (15-64 Jahre/ans) 1965	54	55	52	52	51
1985	59	61	52	50	49
Anteil der Erwerbspersonen in/Population active travaillant (%)					
Landwirtschaft/dans l'agriculture 1965	77	77	79	79	94
1980	72	72	71	75	93
Industrie/dans l'industrie 1965	9	9	8	8	2
1980	13	14	10	9	3
Dienstleistungssektor/dans les services 1965	14	14	13	13	3
1980	15	14	19	16	4
Durchschnittl. jährl. Zunahme d. Erwerbspersonenzahl in %/ Taux annuel moyen d'accroissement de la population active %					
1965-1980	2.1	2.1	2.2	2.5	2.9
1980-1985	2.3	2.3	2.5	2.4	2.8
1985-2000	1.9	1.6	2.6	2.7	2.9

Konditionen der öffentlichen Kreditaufnahme/Conditions des emprunts publics extérieurs

	Zusagen/ Engagements (in Mio. %)		Durchschnittl. Zinssatz/ Taux d'intérêts moyen (%)		Durchschnittl. Laufzeit/ Echéance moyenne (années)		Durchschnittl. tilgungsfreier Zeitraum/ Différé d'amortissement moyen (années)		Öffentl.Darlehen m.variablen Zinsen in % der öffentlichen Schulden/ Emprunts publics assortis de taux d'intérêts variables en % de la dette publique	
Länder m.niedr.Eink./	1970	1985	1970	1985	1970	1985	1970	1985	1970	1985
Pays à faible revenu	3.613	11.160	3,0	4,6	30	30	9	7	0,1	5,8
China, Indien	..	..	..	..	..	..	..	..	..	..
Übr.Länder/Autr.pays	2.663	6.492	3,2	3,4	28	33	9	8	0,1	4,7
Afrika Sub-Sahara	1.848	5.643	3,6	5,8	26	25	8	6	0,9	17,8
1 Äthiopien	21	487	4,4	3,4	32	19	7	4	0,1	5,4
2 Bangladesch	..	772	..	1,0	..	41	..	10	..	0,1
3 Burkina Faso	9	93	2,3	1,7	37	41	8	9	0,0	0,6
4 Mali	34	120	1,1	1,3	25	43	9	9	0,0	0,4
5 Bhutan	..	..	..	..	..	..	..	..	..	..
6 Mosambik	..	..	..	..	..	..	..	..	..	..
7 Nepal	17	196	2,8	0,9	27	44	6	9	0,0	0,0
8 Malawi	14	128	3,8	1,2	29	48	6	10	0,0	9,4
9 Zaire	259	202	6,5	3,1	12	36	4	8	0,0	7,7
10 Burma	50	410	4,1	3,2	17	29	5	8	0,0	0,6
11 Burundi	1	139	2,9	1,3	5	38	2	9	0,0	1,5
12 Togo	3	61	4,5	0,8	17	49	4	10	0,0	6,8
13 Madagaskar	23	167	2,3	3,0	40	34	9	8	0,0	8,1
14 Niger	19	129	1,2	4,8	40	23	8	7	0,0	13,3
15 Benin	7	45	1,8	3,4	32	34	7	9	0,0	7,6